中华当代学术著作辑要

利用外资与产业竞争力

裴长洪 著

商务印书馆

图书在版编目(CIP)数据

利用外资与产业竞争力/裴长洪著.—北京:商务印书馆,2023
(中华当代学术著作辑要)
ISBN 978-7-100-21748-4

Ⅰ.①利… Ⅱ.①裴… Ⅲ.①外资利用—研究—中国 ②国际市场—市场竞争—研究—中国 Ⅳ.①F832.6 ②F752

中国版本图书馆 CIP 数据核字(2022)第 179089 号

权利保留,侵权必究。

中华当代学术著作辑要
利用外资与产业竞争力
裴长洪 著

商 务 印 书 馆 出 版
(北京王府井大街36号 邮政编码100710)
商 务 印 书 馆 发 行
北京市十月印刷有限公司印刷
ISBN 978-7-100-21748-4

2023年7月第1版	开本 710×1000 1/16
2023年7月北京第1次印刷	印张 27¾

定价:168.00元

中华当代学术著作辑要
出版说明

学术升降，代有沉浮。中华学术，继近现代大量吸纳西学、涤荡本土体系以来，至上世纪八十年代，因重开国门，迎来了学术发展的又一个高峰期。在中西文化的相互激荡之下，中华大地集中迸发出学术创新、思想创新、文化创新的强大力量，产生了一大批卓有影响的学术成果。这些出自新一代学人的著作，充分体现了当代学术精神，不仅与中国近现代学术成就先后辉映，也成为激荡未来社会发展的文化力量。

为展现改革开放以来中国学术所取得的标志性成就，我馆组织出版"中华当代学术著作辑要"，旨在系统整理当代学人的学术成果，展现当代中国学术的演进与突破，更立足于向世界展示中华学人立足本土、独立思考的思想结晶与学术智慧，使其不仅并立于世界学术之林，更成为滋养中国乃至人类文明的宝贵资源。

"中华当代学术著作辑要"主要收录改革开放以来中国大陆学者、兼及港澳台地区和海外华人学者的原创名著，涵盖语言、文学、历史、哲学、政治、经济、法律、社会学和文艺理论等众多学科。丛书选目遵循优中选精的原则，所收须为立意高远、见解独到，在相关学科领域具有重要影响的专著或论文集；须经历时间的积淀，具有定评，且侧重于首次出版十年以上的著作；须在当时具有广泛的学术影响，并至今仍富于生命力。

自1897年始创起，本馆以"昌明教育、开启民智"为己任，近年又确立了"服务教育，引领学术，担当文化，激动潮流"的出版宗旨，继上世纪八十年代以来系统出版"汉译世界学术名著丛书"后,近期又有"中华现代学术名著丛书"等大型学术经典丛书陆续推出,"中华当代学术著作辑要"为又一重要接续,冀彼此间相互辉映,促成域外经典、中华现代与当代经典的聚首,全景式展示世界学术发展的整体脉络。尤其寄望于这套丛书的出版,不仅仅服务于当下学术,更成为引领未来学术的基础,并让经典激发思想,激荡社会,推动文明滚滚向前。

商务印书馆编辑部
2016 年 1 月

再 版 前 言

承蒙商务印书馆抬爱,将作者1998年在社会科学文献出版社出版的《利用外资与产业竞争力》一书再版,除受宠若惊、深为感谢之外,还想就此书优劣以及作者在时隔22年之后的思考谈一谈有关的新认识以飨读者。

这本书的基础是作者1997年在对外经济贸易大学攻读博士学位时答辩用的博士学位论文,该论文曾获得2000年国务院学位委员会和教育部颁发的首届全国百篇优秀博士论文奖,当年获得该奖的人文社会科学类论文仅13篇,在中国工程院院士、中国社会科学院数量与技术经济研究所李京文所长的推荐下,拙作以唯一的经济学论文获奖。论文通过答辩后经过补充和完善,社会科学文献出版社谢寿光社长一力促成拙作很快出版。抚今思昔,作者对李京文所长、谢寿光社长心存感激,不能忘怀。

22年后回看这本书,尽管书中不乏济世忧国的激情,但年轻时的稚嫩初浅亦尽露无遗,多数地方都暴露出时代视野和思想水平的局限性。如今再版,如果说这本书还有一些可取之处的话,大概有以下几点:

第一是问题导向的写作动因。2016年5月17日习近平总书记在哲学社会科学工作座谈会上说:"坚持问题导向是马克思主义的鲜明特点。问题是创新的起点,也是创新的动力源。只有聆听时代的声音,回应时代的呼唤,认真研究解决重大而紧迫的问题,才能真正把握住历史脉络、找到发展规律，推动理论创新。"改革开放以后，我国制定了利用和吸引外资的一系列法律和政策措施，在实践中，这也是一个思想不断解放、认识不断深化的过程。20世纪80年代，思想解放表现为姓"社"姓"资"问题的讨论，20世纪90年代随着外商投资大量进入，一些缺乏市场竞争力的国有或集体企业受到冲击，负债严重、不堪重负，停工停产甚至破产。利用外资与保护民族企业、民族经济成为一个社会十分关注的重大经济民生问题。怎样正确认识和处理这个矛盾，成为实践向经济学研究者提出的时代之问。怀揣回答时代命题的理想，作者开始了对这个问题的研究，在《求是》和《中国工业经济》等刊物发表了一些文章，并奠定了写作这本书的选题方向。应该说，以我国现代化建设中的重大经济民生问题为导向来选择我们的研究方向仍然是今天中国经济学需要坚持的初心和使命。

第二是坚持实地调查研究的基本方法。以时代之问和实践的重大问题为研究导向，就不能只靠书斋学问，也不能只靠互联网信息。20世纪90年代中期，作者已经开始用386电脑输入文字写作，并用互联网通信，但网络上的经济社会信息仍然十分有限，田野调查对于了解真实情况尤其重要。1996年5—6月间，作者有幸参加了国家经贸委组织的利用外资调查，在广东、福建两省九市二十多个企业做了实地调查，取得了丰富的第一手材料以及两省、九市收集的综合性数据和有关材料。占有这些材料使作者有了写作的底气和分析论证的基础。今天，互联网已经能够提供大量有关经济问题的统计数据和信息，使我们的研究工作依赖田野调查的程度有所降低，但是，它仍然不能完全替代必要的田野调查，且不论网络数据信息不可能面面俱到，而且网络数据不可能提供实际生活中许多鲜活的内容以及人们的情感诉求，也不能替代你的分析以及分析数据的立场倾向。正是这些原因，与我同时代的许多研究者仍然十分重视实际调查。中国社会科学院学部委员、经济研究所朱玲研究员对农民工问题研究已历几十年，每年依然要做田野调查，对这个研究工作基本方法的坚守，是一种宝贵的精神。

第三是对马克思主义政治经济学指导意义的追求。怎样用马克思主义政治经济学的立场、基本观点指导中国经济问题的研究，始终是我们面临的一个重要问题，直至今日也没有得到很好解决。正如习近平总书记在哲学社会科学工作座谈会上所说："社会上也存在一些模糊甚至错误的认识。有的认为马克思主义已经过时，中国现在搞的不是马克思主义；有的说马克思主义只是一种意识形态说教，没有学术上的学理性和系统性。"为了对产业竞争力做出理论解释，这本书力图用马克思的劳动价值论和资本周转速度的基本原理作为理论依据和基础，可惜在全文的分析中不能贯彻始终，说明作者的马克思主义理论功底仍然不足，但是这种追求的精神仍然是可取的。实际上，对于怎样坚持马克思主义在许多具体经济问题上的指导，作者的理解也还是片面的，马克思主义经典作家不可能对大量后来才发生的社会主义经济实践问题提出具体的指导意见，但是他们提供的辩证唯物主义和历史唯物主义世界观和方法论则是基本的思想指导，而且常用常新。这个认识，直至作者超越耳顺之年才有所领悟，但愿年轻的读者能够比我觉悟得早一些。

第四是对中国利用外资经验的一些总结或结论。改革开放的实践证明，吸引外商投资是中国所有制结构调整、建立和完善社会主义市场经济以及基本经济制度的重要途径。中国产业竞争力的提高，不可能在原有封闭的、一大二公纯而又纯的公有制企业以及没有市场竞争中的环境中实现，而只能在公有制经济、民营经济、外资经济的混合经济形态和市场竞争中实现。在这个过程中，一些公有制企业破产和消亡是正常的，甚至是必要的，否则就不能实现资源的优化配置。因此从总体上看，外商投资的进入对中国产业竞争力提高的作用是正面的、显著的。但是，保护民族企业和民族经济也不是一个伪命题，它是世界上所有发展中国家在接受外国资本中遇到的普遍问题，而且往往是教训深刻的问题。因此，中国在吸引外资中实际上要回答两个问题：一、在多国籍产品生产中，谁是我们？二、保护的目的和规则是什么。这本书提出了谁是我们的三条标准：股权比例、经营管理权和技术控制权。保护的目的不应当是保护落后的生产力，而应是有利于发展先进的生产力、有利于完善社会主义市场经济体制，而且，保护的适用方法也应当尽量采取国际通行的规则。这些认识实际也是我国在独立自主、自力更生建设方针下吸引和利用外商投资中保护民族经济的基本实践和基本经验。以汽车工业为例，为了实行必要的保护，长期以来对于外商投资进入汽车工业，我国一直采取控制外资股权比例的措施，直至2018年5月才宣布分阶段、分类型放宽外资股权比例限制，2020年取消商用车外资股比限制；2022年取消乘用车外资股比限制，同时取消合资企业不超过两家的限制。从内容上看，随着合资企业配套产品国产化程度的提高，合资企业产品的"多国籍"特征愈益明显，形式上，产品品牌也发生了变化。原来以外资母国文字标识的品牌在中国生产后变成了用中国文字标识的品牌，例如"奥迪""华晨宝马""奔驰""东风雪铁龙""东风日产"等，这里已经大量加入了中国文化的元素，内容和形式都发生了变异，很难说它们还是原来的产品和品牌，事实上它们已经是融合性的"中国创造"。

由于历史和实践的局限性以及受作者的学识、思想水平的限制，这本书的缺点和不足也是十分明显的，从今天的眼光来看，主要有以下几点：

首先，对西方经济学理论缺乏科学与正确的分析和评价。 当年作者在写作这本书时，对西方经济学理论也进行过梳理，对其优劣的辨别也都是人云亦云，并无主见，其中比较推崇美国经济学家波特的理论，认为他的理论在分析竞争力问题上是最具有合理性的。当年我的认识与今天在我国的经济学理论的教学与研究中普遍存在的崇拜西方经济学的状况是完全一样的。

怎样分析和评价西方经济学理论？在当今中国的思想文化和社会科学领域，只有以马克思主义辩证唯物论和历史唯物主义立场、观点为准绳，才能一分为二、取其精华、去其糟粕，得到与中国实践和占统治地位的主流意识相符合的认识和结论。离开马克思主义的立场、观点和基本方法，任何分析和辩论，都只能见仁见智，莫衷一是。毛泽东说："没有哲学家头脑的作家，要写出好的经济学来是不可能的。马克思能够写出《资本论》，列宁能够写出《帝国主义论》，因为他们同时是哲学家，有哲学家的头脑，有辩证法这个武器。"[1] 习近平总书记也强调指出，辩证唯物主义是中国共产党人的世界观和方法论。

随着资本主义在世界市场中统治地位的确立，国际贸易新现象异彩纷呈，新古典经济学走上历史舞台，创立了不少贸易理论。尽管各种新古典贸易理论对于国际贸易竞争力的解释都具有某种程度实践观察意义和实践的可检验性，也均具有不同程度的合理成分，但它们都犯有同一个失误，那就是它们都分别只强调事物的某一方面，而不是全面看问题，只是静态地看问题，而不是动态地看问题。毛泽东在《矛盾论》中说，研究问题，忌带主观性、片面性和表面性。所谓片面性，就是不知道全面地看问题，只了解过去一方、不了解将来一方，只了解个体一方、不了解总体一方，一句话，不了解矛盾各方的特点，这就叫做片面地看问题，只看见树木，不看见森林。[2] 在哲学上它们是机械唯物论和形而上学的世界观和方法论，而不是辩证唯物主义和历史唯物主义，在经济学逻辑分析中缺乏历史观与实践观的统一性。波特的"国家竞争优势四因素"理论，明显是静态分析，缺乏历

---

[1] 《毛泽东文集》第八卷，人民出版社1999年版，第140页。
[2] 《毛泽东著作选编》，中共中央党校出版社2002年版，第95页。

史动态性的考察，因此是机械唯物论和形而上学的世界观和方法论。今天我们总结中国故事的逻辑，应避免西方理论的世界观和方法论的谬误，应力图运用辩证唯物主义和历史唯物主义的思想为指导，这是我们进行理论创新的唯一出路。

其次，对于中国产业竞争力的分析，缺乏"优势叠加"的辩证逻辑眼光和历史的动态考察方法。从今天的视野来看，按照实践逻辑和历史逻辑的顺序，中国制造业国际竞争力的优势叠加过程是：要素禀赋优势、开放合作优势、基础设施和产业集聚优势、大规模市场优势、技术创新潜力，这是综合竞争合作优势的形成过程。改革开放之前，我国制造业产品在国际上的竞争力仅仅只能依靠劳动力的要素禀赋优势，改革开放后，我国通过利用外资获得了开放合作优势，因此这是一个双优势的叠加过程。进入新世纪以后，随着中国工业化在城乡的普及发展以及产业集聚的出现，中国制造业的产业配套能力增强，就进入了三优势叠加的新阶段。再后来，中国基础设施的不断完善和大规模国内市场的形成为中国制造业的国际竞争力提供了四优势叠加的新动力：直至近十年运用互联网技术和新的分工，形成五优势叠加的当今中国产业竞争力的新局面。在新中国波澜壮阔的七十多年经济建设中，中国制造业国际竞争力的形成既不是一蹴而就，也不是"蛙跳式"的攀高跨越，而是一种具有中国特色的"滚雪球"、螺旋式上升的前进模式，这正是中国跨越"比较优势陷阱"和"中心-外围陷阱"的成功经验。劳动力、开放合作、产业集聚、基础设施、大规模市场与技术创新五种优势在改革开放历史演进中梯度递进、逐级叠加、螺旋上升，在前期优势形成过程中，下一期的优势也在不断孕育，两期优势"锯齿咬合"，多种优势集聚后的乘数效用形成了中国综合竞争合作优势。

再次，对于中国产业竞争力的分析，缺乏对社会经济体制这一重要外部条件的考察。中国制造业每一个优势的发挥和叠加过程，也是中国市场化改革与对外开放进程相互促进、互为因果的过程。因此中国综合竞争合作优势的形成与发展是中国经济社会体制改革的结果。它根植于中国持续深化的市场化改革，随着贸易政策、投资政策与汇率政策的改革不断深化，针对性不断增强，形成了促进和保护中国产业竞争力的体制机制保障，成为中国产业竞争力螺旋式上升的内在动力。在国际贸易具体实践中，中国市场化改革进程就是对国际贸易"硬约束"和"软约束"不断"解绑"以及破旧立新的过程，在这个过程中不断发现新矛盾，依据时空和对象的特点分解矛盾，解决矛盾，从而持续增强了对外贸易的动力。

这本书只是研究中国产业竞争力的一块很粗糙的铺路石，如何继续保持中国国际贸易竞争力仍然是今后我们所要面临的重要课题，也是中国继续走向贸易强国的历史性课题。在未来的新发展格局中，如何进一步创新贸易发展方式，运用数字经济的科技成果，构建自主可控安全的全球产业链、价值链、供应链和服务链，并在完善开放型经济新体制中，开拓规则、规制、管理和标准的制度性开放新领域，获得参与全球经济治理、国际金融治理的新机遇，从而把中国开放型经济成功推向2050年现代化强国水平，这些都是时代呼唤的理论创新命题。

借这本书再版之际，作者做了以上发挥，是为了让读者在阅读这本书的时候，多一些思考和批判，少一些盲目吸收和模仿，这样才能起到再版这本书的正确作用。

裴长洪

二〇二一年二月于北京

原　版　序

改革开放十几年来，在我国吸收的1 700多亿美元外商投资中，工业部门吸收的外商投资占最大的比重，到1996年，外商投资企业的工业产值已占全国工业总产值的17%。外商投资对中国产业竞争力究竟产生了什么影响，是研究外商投资影响中国工业发展的一个重要方面，也是本书选取的角度。

1995年全国第三次工业普查对49 559家独立核算的"三资"工业企业进行了主要经济指标统计，这49 559家企业分布在37个行业；《中国统计年鉴1996》公布的49 559家独立核算"三资"工业企业的主要经济指标与第三次工业普查指标相同，稍有不同的是，《年鉴》中49 559家企业分布在39个行业，多出"其他矿采选业"和"其他制造业"两项。无论根据二者中任一种文献资料，也都可以看出，外商投资在中国工业行业中的进入是很广泛的。因此，全面评价和判断外商投资对中国工业竞争力产生了哪些影响并做出定性定量的分析结论，绝不是本书作者敢于奢求的。

对于这项属于当今科研前沿课题的研究，本书所能做出的贡献主要在于以下四点：

第一是讨论了评价产业竞争力的立场问题。本书所说的产业竞争力，自然是指中国的产业竞争力，但在外商投资进入的情况下，中国产业包含了外商投资经济的成分，从而使划清中国代表不同国籍（或不同关税区和通货区）的产业竞争力成为进行所有评价和分析的出发点。找准我们的立场,是第一位要解决的问题。对这个问题的提出和分析该问题的方法,在当前学术研究中还是一项开创性的工作,本书对此进行了探讨。

第二是提出了分析产业竞争力的方法。这主要是确定产业分类和评价指标。十分明显,我们不可能笼而统之地谈论所有产业的竞争力而不加以分类。按照工业普查的分类,行业多达37—39项,显然不可能一一分析,因此要再分类,并在不同类别中找出少数典型行业加以分析,从而有可能达到事半功倍的效果。依据什么进行分类,这是本书要解决的第二个问题。

作者曾按一般贸易发展战略的方法,将"三资"工业企业分为出口导向型加工业和进口替代工业两类,并就此写过一篇文章,但这篇文章主要是说明大国条件下进口替代工业的一定合理性,而不是以分析产业竞争力为目的,因此这种分类在此不一定合适。但这种分类具有简明的优点,也可以合理吸收,本书第五、第六两章的分章方法,多少受到这种分类的启示。

作者认为,以分析产业竞争力为目的,产业分类的科学方法应主要从市场竞争类型出发。产品的可贸易程度和跨国公司在某行业中的支配强度是进行国际市场竞争类型划分的基本依据,由此分出的四种国际市场竞争类型,使挑选典型行业有据可依,并可能在典型行业的实证分析中得到最多的信息,包含最多的政策启示。解决了产业分类之后,针对某些行业的国际化生产现象,借鉴价值链的分析方法,也是本书的一个特点。

设置产业竞争力指标是寻找表层的分析工具。尽管尽可能罗列了各种指标,但作者心里明白,要完整地应用任何一个指标,在实际材料的收集上都存在不同程度的困难。因此,对于作者来说,设立指标体系的贡献,不在于作者马上应用了它,而在于揭示了它们之间的相互关系，各项指标的理论依据，以及产业竞争力来源的理论说明。

第三是对若干典型行业进行了实证分析和评论。根据实际材料的可获得性和产业分类的依据，作者对电子、汽车、服装、洗涤用品、轮胎、商业零售业等6个行业的产业竞争力状况做了初步分析。由于资料收集的困难，应用设置的指标体系来分析并不理想，尽管如此，但还是对这些行业的竞争力状况有了初步印象。作者的结论是，在全球竞争性行业中，外商投资对我国产业竞争力的提高是趋向于积极的；在多国内竞争性行业中，外商投资的作用趋向于消极，至少暂时是这样；在大宗贸易品的竞争性行业中，外商投资对我国产业竞争力有积极意义，同时又有明显的局限性；在纯国内竞争性行业中，在现行有限开放条件下，外商投资的影响基本是积极的。用典型行业的分析，得到较多的信息量，正是本书的目的。

第四是提供了提高我国产业竞争力的政策思考。按照上述分析方法，本书得到较多的政策启示。这主要是：①为了提高我国产业竞争力，与外商的合作如何从以资金合作为主转向资金合作与技术合作并重；②在外资政策上，要确立提高产业竞争力的目标地位，在引导上，要根据行业分类特点和跨国公司进入的特点制定具体措施；③我国产业组织合理化是提高竞争力的重要途径，产业组织合理化应从多方面入手；④规范市场并对民族产业给予合理援助，是政府帮助民族产业提高竞争力的职责，在市场经济和国际规范框架下履行政府职责与行政干预、保护落后有原则区别；⑤我国企业向海外投资也是提高国内产业竞争力的一个手段，要借鉴国际经验，明确海外投资目标，制定具体措施，使海外投资纳入国内产业升级的宏观政策之中。

本书结构分为八章。第一章主要是说明在外资大量进入的情况下，研究我国产业竞争力的重大意义，以及国内外前人的研究情况；第二章主要是研究我们的评价立场和本书采取的分类方法及分析方法；

第三章设置了产业竞争力的指标体系,对各项指标进行了解释和说明,并对产业竞争力来源进行了理论考察;第四章从理论、实际和模型分析等不同角度探讨了对外直接投资与竞争力之间的关系,这种关系对投资母国和东道国都具有启示;第五章分析了出口贸易性强的若干行业的竞争力状况,这些行业分属于全球竞争性行业和大宗贸易品的竞争性行业;第六章分析了国内市场的国际竞争,涉及的行业分属于全球竞争性行业、多国内竞争性行业和纯国内竞争性行业;第七章探讨了利用外资与提高产业竞争力的国际经验,为上述实证分析的政策启示提供进一步的实践依据;第八章讨论了提高我国产业竞争力的政策思路。

  本书是在王林生教授指导下写的。他的指导方式是与我讨论,并在此基础上帮助我推敲和拟定写作提纲。在他指导下写成的《FDI与我国开放型经济研究》和我们共同的研究成果《论对外贸易经济效益》这两本书,为我写作本书奠定了研究基础。在酝酿写作思路过程中,林桂军博士给了我不少实际的帮助。在学术思想和学术观点的形成中,王洛林教授、江小涓博士、徐鸣同志对我都有重要的影响。本书实际资料的收集,得益于参加国家经济贸易委员会组织的实际调查活动以及中国社会科学院国际投资研究中心所进行的各项学术调研活动。完成这部书稿的时候,我对师长和朋友的帮助,谨致深深的谢意。

一九九七年十月定稿

目 录

第一章 选题的现实与历史 ··· 1
1.1 研究角度与主题思想 ·· 1
1.2 西方研究的背景 ··· 3
1.3 西方学者讨论的内容及意见分歧 ······························· 8
1.4 西方研究的理论分析方法 ······································ 12
1.5 我国学术界的研究情况 ·· 17
1.6 本章小结 ··· 20

第二章 若干概念与经济分析框架 ································· 21
2.1 资本流动的概念与我国利用外资 ······························ 21
2.2 产业的概念与定义 ··· 22
2.3 谁是我们：企业与产品的"国籍" ······························ 25
2.4 经济分析框架：定位于何处？ ································· 30
2.5 经济分析框架：市场分类 ······································ 37
2.6 经济分析框架：价值链方法 ···································· 45
2.7 本章小结 ··· 54

第三章 竞争力指标与竞争力来源 ································· 56
3.1 产业竞争力指标的分析 ·· 56
3.2 竞争力来源：马克思主义经典著作中的论述 ················· 70
3.3 竞争力来源：国际贸易理论中的学说 ························· 79
3.4 竞争力来源：波特的理论 ······································ 88

xvi 利用外资与产业竞争力

3.5 本章小结 103

第四章 对外直接投资与竞争优势 106
4.1 对外直接投资的原因与竞争优势 106
4.2 20世纪90年代跨国公司的竞争力 113
4.3 对东道国经济与产业影响的一般分析 129
4.4 跨国公司在东道国技术转移的模型分析 140
4.5 本章小结 158

第五章 中国出口产业国际竞争力的分析 160
5.1 贸易专业化系数的一般分析 160
5.2 外商投资与出口增长：竞争力的因素 170
5.3 出口导向产品与外商投资行业相关性分析 181
5.4 电子行业国际竞争力分析 187
5.5 纺织、服装行业国际竞争力分析 194
5.6 价值链分析：出口产业竞争力深层透视 203
5.7 对加工贸易的经济福利分析 218
5.8 本章小结 227

第六章 中国内销市场的国际竞争分析 231
6.1 支柱产业分析 233
6.2 多国内产业分析：洗涤用品行业 249
6.3 多国内产业分析：轮胎行业 259
6.4 纯国内产业分析：商业零售业 274
6.5 税负：不平等竞争因素考察 290
6.6 本章小结 296

第七章 利用外资与提高产业竞争力的国际经验 300
7.1 日本利用外资与产业重组 300
7.2 亚洲发展中国家和地区的经验 315

7.3 拉美国家的经验 ………………………………… 329
7.4 本章小结 …………………………………………… 343

第八章 提高产业竞争力的宏观政策 ………………… 346
　8.1 政策目标与引导方式 …………………………… 346
　8.2 外资政策与产业政策 …………………………… 359
　8.3 产业组织与有效竞争 …………………………… 371
　8.4 市场规范与竞争援助 …………………………… 386
　8.5 海外投资与产业升级 …………………………… 398
　8.6 本章小结 ………………………………………… 413

参考文献 ………………………………………………… 417

第一章 选题的现实与历史

1.1 研究角度与主题思想

经济学是一门经世致用之学,它所研究的问题往往是特定时期重大的社会经济现象。尽管我们不应苛求理论研究采取急功近利以收立竿见影之效,但至少要对解释现实经济中的矛盾有所启迪。

从改革开放以来,利用外资作为我国对外开放的重要标志一直成为经济学界追踪研究的对象,发表的研究成果也难以胜数,但研究的基本视野主要是跨国投资的机理、利用外资的好处、扩大引资方式和领域以及对外商给予国民待遇等方面。这些理论建设对于扩大对外开放的舆论宣传和政策储备都起到了积极作用。但从1995年下半年以来,国内一些报刊陆续报道了某些行业的国有企业在外商投资企业的强大竞争态势下出让国产品牌、丢失市场份额以及个别国有企业被外商炒买炒卖的事例,向国人发出"外商抢占市场"的告诫,从而掀起了一场利用外资与发展民族工业的大讨论。1996年讨论进一步升温,国内一些有重大影响的报刊都用大版篇幅刊载了学者和经济界人士对问题的看法。[①] 公开

[①] "跨国公司对华投资与民族工业的发展",《国际商报》,1996年3月16日;"跨国公司对华投资与民族工业的发展",《国际商报》,1996年3月19日;"积极引进外资,坚定不移——1996年中国利用外资投资战略研讨会纪要",《国际商报》,1996年7月20日;"利用外资促进民族经济的发展",《国际商报》,1996年11月2日;《光明日报》1996年6月27日理论版等都以整版篇幅和以"利用外资与发展民族工业(经济)"为题登载了各方面的意见。

讨论中的焦点似乎不在于要不要利用外资,而在于外资大量进入的形势下怎样对待民族工业。一部分同志强调利用外资的有利一面,认为不存在民族工业受到生存威胁的问题,因此仍要把主要精力放到扩大利用外资上。另一部分同志认为,民族工业受到严峻挑战已是事实,提出保护民族工业已成为利用外资政策中必须给予考虑和重视的新课题。

1996年4月,作者与王林生教授讨论了一个多月后共同写就《利用外商投资与保护民族经济》一文,发表于《求是》杂志第13期。文中基本观点主张,我国一方面要积极利用外资,另一方面仍需注意保护民族经济,但这种保护要符合社会主义市场经济体制和国际规范的要求。这篇文章奠定了作者探讨这个问题的立场和观点。不久,中国社会科学院国际投资研究中心成立,王洛林教授主其事,作者有幸参与该中心运作,得以在商谈工作之时向他请教。王洛林教授的两个看法对作者有很大的影响和启发。第一是,他认为,这场讨论的双方虽然有时也使用一些带有意识形态色彩的字眼,但争论的实质是经济利益的冲突,因此发生这样的争论是必然的、不可避免的。第二是,引起争论的原因有两条:①外商投资企业在一系列工业部门中已经占据了相当重要的地位,因此和这些工业部门的民族工业企业的竞争日益激烈;②由于在民族工业中居主导地位的国有工业企业面临着一系列的困难,它们在同外商投资企业竞争的过程中往往处于不利地位,有的甚至在竞争中被挤垮。① 细心体会一下,他的看法实际上提出了民族工业的竞争力以及国际竞争的国民福利这两个带有根本性的问题,从而也是更具有实证分析与理论分析必要性的新课题。1996年5—6月间,中央财经领导小组办公室责成国家经贸委组织关于利用外资的调查,作者应邀参加了赴广东、福建两省的实地调查,沿途九市二十多个企业的实况大大丰

---

① 参见王洛林:"正确处理利用外资和发展民族工业的关系",《中国工业经济》,1996年第9期。

富了作者的感性认识。在参与调查报告的撰写中,与国家经贸委副主任俞晓松、李荣融以及对外经贸司负责人孟宪刚、张广义、徐鸣等同志座谈与交换意见中,作者进一步认识到,拓宽我们的研究视野、把问题引入新的研究前沿对于改进我们的外资政策,提高对外资的管理水平已具有十分现实的重要意义。

从上述学习与调研活动中作者初步形成了新的思想脉络:利用外资与民族经济的关系,在当今世界经济一体化的潮流下虽然已不具有民族对抗或投资母方与受资东道方对抗的特征,但仍然存在双方之间的利益分配矛盾。在国际投资交易中虽然双方都遵循平等互利和互惠互利的原则,但仍然不能排除由双方竞争实力的差异引起的利益分配不均等,甚至会因竞争力的悬殊而引发利益冲突。因此,在国际投资自由化趋势中,竞争力乃是国民福利的基础决定因素。对于产业竞争力尚不强的许多发展中国家来说,利用外资能否提高本国产业竞争力,从而增进其国民福利;或者换言之,保护民族工业的政策和措施能否通过提高本国产业竞争力的途径得以实现,从而在利用外资中达到最大限度的趋利避害的效果,乃是问题的关键所在。对这些问题的实证分析和理论分析是决定今后我们外资政策走向的基础性研究。

在写作中,作者常感力有不逮。进入选定的研究领域,作者已付出一番艰辛的摸索,但进入前沿并不意味着一定能够射中目标,这既有资料收集方面的困难,也有自己学识之不足。因此作者不敢预期太高,如果作者的劳动成果可以表明作者在研究前沿上做过一些有利于后人继续研究的工作,即可无愧于心。

1.2 西方研究的背景

开放经济下的国际竞争首先只能由那些意识到受到竞争挑战的国

家提出来并最早着手研究。从20世纪80年代初开始,美国产业的国际竞争地位问题已成为美国政界、舆论界和学术界十分关注的重大问题。在长达十余年的全国性大讨论中,美国官方和学术界以及新闻界发表了大量的研究报告、学术著作以及各种材料,从而开辟了开放经济下产业国际竞争力研究之先河。

美国率先研究其产业国际竞争力问题是不奇怪的。从20世纪70年代末和80年代初以后,随着生产国际化和世界经济一体化的发展,世界经济多极化趋势已日益显现。第二次世界大战后由美国扮演世界经济霸主地位的角色正面临日本、西欧在不少产业部门的有力竞争,而且使美国的若干产业在竞争中接连败北。1980年日本取代美国成为世界头号汽车生产国,产量超过1 000万辆,而美国仅生产了800万辆。当年进口小汽车已经占领美国市场的28.6%。[①]100年来,钢铁工业曾是美国力量的象征,但到20世纪70年代末却陷入深刻危机,在日本、西欧和其他一些发达国家的有力竞争下,1979年11月美国最大的钢铁公司美国钢铁公司关闭了16个钢铁厂;1982年和1983年美国钢铁工业共亏损67亿美元。1978年美国劳动生产率出现绝对下降,1979年下降1.2%,1980年再下降0.3%,从而导致美国工业产品在世界市场中竞争力的下降,从1981年起,美国外贸逆差逐年增大,1987年竟达到1 405亿美元。

一些重要的传统产业丧失竞争的优势,已使美国朝野感到不安,而高技术产业也逐渐失去竞争优势更使有识之士深感震惊。半导体集成电路芯片是电子工业产品的关键技术部分。然而从20世纪70年代末期开始,美国大规模集成电路芯片的很大一部分世界市场份额已被日本夺走。到20世纪80年代中期,美国出售的3/4以上的收音机和音

---

① 黄素庵:《美国经济实力的衰落》,世界知识出版社1990年版,第2页。

响组合系统,2/3 的黑白电视机和 15% 的彩色电视机都是外国厂商生产的。1981 年法国、联邦德国、英国和西班牙联合生产的空中客车夺走了喷气式客机世界市场的 26%,1982 年和 1983 年它还夺走了宽体客机世界市场销售额的一半以上和美国国内市场销售额的 1/3。1984 年,西欧生产的协和式飞机也打入了美国市场,从此打破了美国自波音 707 问世以来对世界民用客机市场的垄断地位,尤其令美国有关当局忧虑的是,西欧的联合航天机构正在为越来越多的国家发射各种民用卫星,每年抢走美国国家航空航天局的大批生意。

美国官方高度重视本国产业竞争力下降的现实。1979 年美国总统签署的贸易协定(草案)明确规定:总统应向国会报告有关影响美国厂商在世界市场上竞争能力的因素,以及增强美国竞争能力的政策。[1]1983 年初美国总统经济顾问委员会在他们编写的《总统经济报告》第三章中,专门就美国国际竞争地位问题提出了意见和看法。1983 年 6 月里根总统任命了一个有 30 个成员的"工业竞争能力总统委员会",成员来自企业界、学术界、工会和政府。总统要求该委员会研究美国工业在国内外面临全球竞争的新的现实,并向政府提出如何改善美国国际竞争能力的建议。该委员会经过一年半时间的调查研究,于 1985 年 1 月提出了一个题为"全球竞争:新的现实"的报告。[2] 报告写道:"在 1/4 世纪以前,俄国人发射了人造地球卫星。它的发射和急速进入太空,对美国世界领导地位和技术领先地位提出了非常明显的挑战。今天,美国遇到了类似的挑战。没有隆隆作响的马达声宣告它的来临。它是静悄悄地、几乎是神不知鬼不觉地来到了我们身边。我们

---

[1] 余惕君、王伟军:《国际竞争策略》,上海远东出版社 1993 年版,第 2—3 页。
[2] President's Commission on Industrial Competitiveness (1985), *Global Competition: The New Reality*, The Report of the President's Commission on Industrial Competitiveness, Vol. 2, U.S. Government Printing Office.

国家(包括国内和国外)的经济优势地位遇到了强大的来自国际竞争者的挑战。""美国在具有高增长潜力的技术市场上丧失其地位对未来的竞争能力具有巨大的影响。"

工业竞争能力总统委员会的报告引起了巨大反响,推动了学术界对产业竞争力问题的研究和讨论,同时促进政府增强干预力度。1987年初第100届美国国会刚成立就设立了一个新的立法机构,由国会两党150名议员组成竞争能力委员会,试图通过立法措施,增强政府和企业在提高美国产业竞争力方面的努力。

担忧欧洲产业竞争力的下降也引起了欧洲学者的讨论。特别是日本和太平洋地区的一些公司在欧洲不断扩大市场份额的事实引起了普遍关注。开始欧洲人认为日本人竞争的优势可能仅限于少数行业,但没有料到它们在很多行业都具有咄咄逼人之势。相比之下,英国在20世纪80年代出现的外贸不平衡,首先令英国政界、学者感到产业竞争力问题的存在。

1983年,出于对英国产业长期竞争力问题的考虑,英国经济社会研究理事会(Economic and Social Research Council)委托若干大学和研究机构进行了二十多个项目的研究。三年之后在布鲁塞尔的欧洲高级管理研究院举行了这些研究成果的国际研讨会。该研讨会涉及三个主题:第一,竞争力本身的概念;第二,在一个国家经济的层次上,竞争力问题应研究什么;第三,在企业的经营和战略中,哪些问题与提高竞争力有关。[1]

在20世纪80年代早期,第二次石油危机之后,美国和许多欧洲国家极大地关注本国经济的竞争力问题。在英国,官方的关切表现在英

---

[1] Francis, A. (1989), "Introduction," in Francis, A. and P. K. M. Tharakan (eds.), *The Competitiveness of European Industry*, Routledge.

国上议院海外贸易特别委员会 1985 年的一份报告中。① 该年美国也发表了总统工业竞争力委员会的报告。在若干年以前,布鲁金斯学会曾发表过劳伦斯(Robert Lawrence)的一项研究"美国有能力竞争吗?"在英国,虽然 20 世纪 80 年代中期(1984—1987)经济状况较好,人们对竞争力的担忧略有宽释,但 1988 年英国出现大额贸易赤字后,人们重新勾起了 20 世纪 80 年代初期曾有过的担忧。

美国和英国官方的两份报告都把竞争力问题提到国民福利和国家在世界中的地位和作用来看待。美国总统工业竞争委员会写道:

"美国曾经支配世界经济的大多数主要领域,现在却成为必须与别国竞争的国家……一个具有国际竞争力的美国经济是国家目标的必要前提,我们追求的国家目标是:提高所有美国人的生活水平,以及我们在自由世界的领袖地位和我国的安全。"②

英国上议院的报告直接关心的是英国制造业贸易中出现的赤字增加。当时英国经济增长缓慢、出现反工业化和技术创新下降。人们普遍认为缺乏国际竞争力是英国经济增长缓慢和反工业化的主要原因。因此,官方的结论是:

"英国人民必须认识到制造业及其贸易的发展是他们个人的幸福和繁荣、国家的集体协调和稳定、国家的制度等绝对必要的前提。这需要我们整个社会的态度有一个根本的变化,即把国家意志的努力方向和信条贯彻在我们的日常生活中。"③

---

① HMSO (1985), "Report from the Select Committee of the House of Lords on Overseas Trade," Aldington Report.
② President's Commission on Industrial Competitiveness (1985), *Global Competition: The New Reality*, p.5.
③ HMSO (1985), "Report from the Select Committee of the House of Lords on Overseas Trade."

1.3　西方学者讨论的内容及意见分歧

西方经济学家讨论所涉及的主要内容是：国际竞争力问题的研究对象；对"竞争力"定义的理解；对美国与其他发达国家一些产业竞争力下降的原因以及提高产业竞争力的有关对策。

美国哈佛大学肯尼迪政府学院的企业与政府研究中心是20世纪80年代研究该问题的重要学术机构。1985年，在日本电气公司（NEC）资助下，该中心召开了一次知名学者讨论会。讨论的问题涉及贸易流向对研究开发竞争的影响、技术开发管理、一般的产业政策与特定行业政策、国内管理政策对竞争力的影响、国际贸易理论中产品差异化与垄断竞争学说的理论分析评价等等。1988年，该讨论会论文集以《国际竞争力》为题出版。[1]

讨论会的主持者史宾斯（A.M. Spence）教授认为：对国际竞争力问题的研究存在着很大的认识差距。人们对它所下的定义相当不一致。这在大多数学者、政治家、政策制定者和企业经理中引起了很大的困惑。其原因就在于对"竞争力"的理解不同。不同的见解不仅经常发生在实际操作和政策决定中，而且也常见于概念与定义中。学者们发现他们自己讨论的目的不同，有时他们几乎在谈论不同的问题。[2]

在欧洲国家，学者们对竞争力的讨论，集中在国家经济层次上而不是在个别企业层次上，而且长期以来是把注意力放在价格竞争力问题上。[3] 影响价格竞争力的重要变量有货币工资、生产率和汇率等。而国

---

[1]　Spence, A. M. and Heather A. Hazard (1988), *International Competitiveness*, Ballinger Publishing.

[2]　Spence, A. M. (1988), "Introduction," in Spence, A. M. and Heather A. Hazard (eds.), *International Competitiveness*.

[3]　Francis, A. (1989), "The Concept of Competitiveness," in Francis, A. and P. K. M. Tharakan (eds.), *The Competitiveness of European Industry*, p.6.

内价格和汇率又经常被作为两个最常用的衡量标准。使用这两个衡量标准的学者也包括美国、中国和日本的学者,在一项中美日三国学者开展的联合研究项目中,一位日本学者写道:"我们的国际竞争力度量是日本一个产业的产品价格相对于美国的价格⋯⋯我们分析日本和美国产业竞争力起点是日元对美元的汇率。"[1] 但是,也有学者提出,使用这两个标准会使任何国家都出现竞争力下降的可能性,因为劳动成本和工资是必然趋于上升的。为此,经济学家们又引进了非价格竞争的概念。由于国际贸易大量是差别化产品和服务,这些商品的竞争就不完全是价格竞争而更多地取决于产品特性、售后服务等非价格竞争。因此对竞争力的研究也发生了注意力的转移,从过去的货币工资、生产率和汇率等决定价格的因素转向产品特性、营销、售后服务等决定非价格竞争优势方面。

在讨论国家竞争力中,还有另外一种视野,即仅仅从担心本国的某些特定指标落后于国际贸易伙伴着眼。这种视野在美国总统工业竞争委员会报告和英国上议院海外贸易特别委员会报告中都体现得很清楚。在欧洲,这表现为对保护贸易政策有更高的呼声。当然,在西方的主要贸易伙伴中,唯一没有参与政府级的关于国家竞争力讨论的国家就是日本。

评价美国产业竞争力是最热门的话题,而且认识很不一致。哈佛大学的学者凯夫斯教授(Richard E. Caves)、克拉克教授(Kim B. Clark)和科立斯副教授(David J. Collis)等人认为美国的产业竞争能力从20世纪70年代开始趋向下降,他们从不同侧面考察了这一趋势。凯夫斯认为,一些产业生产水平的下降与国内经济增长并无很大联系,而是受贸易结构的影响,说明出口竞争力下降;一些制造业部门在进口竞争中

---

[1] 李京文、〔美〕D. 乔根森、郑友敬、〔日〕黑田昌裕等:《生产率与中美日经济增长研究》,中国社会科学出版社1993年版,第398—399页。

败北主要是因为资本投入的减少,因此,国家产业政策的责任是促进一些产业的再投资以对付外国产品竞争,并引导资源流向国际竞争激烈的那些新领域。[1] 克拉克主要从技术管理的角度,检讨了美国的收音机、汽车、复印机和集成电路等4个生产部门竞争力下降的原因,指出美国产品开发的技术路线和技术管理不能像日本那样迅速适应市场需求而进行调整,是美国产业竞争力下降的主要原因。[2] 科立斯则从产业改革的角度分析了在机械工具制造业多国竞争中,产业政策所发挥的不同效果,指出美国竞争力的下降是国家产业政策有效性不足的表现。[3] 总之,这些学者认为,美国现有的技术优势没有得到充分利用,不能有效转化为产品和产业竞争优势,再加上资本和劳动力要素的利用效率也相对较差,因此,生产效率提高相对较慢。政府干预措施没有发挥有效作用,致使美国产业竞争力下降。

另一些学者对美国产业竞争力提出不同看法。例如当时供职麻省理工学院的克鲁格曼教授(Paul R. Krugman)认为,产业中的国际竞争要经过一系列自然阶段,企业不可能跨越这种阶段性。在某些情况下,企业为了将来有机会得到利润,现在则必须接受损失。如果外国企业愿意接受这种损失,而美国企业不愿意,这意味着美国企业将面临不利的国际竞争并丧失长远利益。他建立的多阶段竞争的动态模型描绘了竞争双方在比较优势转移中的合理化战略。[4] 显然,克鲁格曼认为美国

---

[1] Caves, R. E. (1988), "Trade Exposure and Changing Structures of U.S. Manufacturing Industries," in Spence, A. M. and Heather A. Hazard (eds.), *International Competitiveness*, p.20.

[2] Clark, K. B. (1988), "Managing Technology in International Competition: The Case of Product Development in Response to Foreign Entry," in Spence, A. M. and Heather A. Hazard (eds.), *International Competitiveness*, p.64.

[3] Collis, D. J. (1988), "The Machine Tool Industry and Industrial Policy, 1955—82," in Spence, A. M. and Heather A. Hazard (eds.), *International Competitiveness*, p.103.

[4] Krugman, P. R. (1988), "Multistage International Competition," in Spence, A. M. and Heather A. Hazard (eds.), *International Competitiveness*, p.299.

一些产业的竞争力下降只是意味着它们将占据下阶段的竞争优势而放弃暂时的利益。克鲁格曼的观点引起了不少共鸣。一些学者认为,日本、西欧的生产率增长速度比较高,是因为当时美国是世界上技术和生产率的领导者,它们采用美国发明的新技术,只是实际应用的追随者,追随者成本低,一旦它们的技术和生产率赶上美国以后,这种增长趋势就会慢下来。还有一些学者认为美国产业是从工业转向服务业,而服务业生产率较工业为低,因此美国产业生产率下降,但美国将率先进入服务业的领先阶段。

哈佛大学教授库珀(Richard N. Cooper)还认为,美国工业品在国内外市场竞争上的不利以及越来越大的贸易逆差,主要是贸易扭曲和美元定值过高所致。[①] 所以他建议美国要监督其他国家,防止他们破坏GATT及其条款,他计算出美国的贸易逆差有70%以上是美元定值过高所致。美国布鲁金斯学会经济学家罗伯特·劳伦斯写道:"美国制造商只要在改变汇率的帮助下,就能够在发展中国家与日本的新竞争面前以及在欧洲不断加强政府干预和保护的环境中,进行卓有成效的竞争。"[②]

美国教授们的意见分歧,表面上是对美国产业竞争力评价的不同看法,实际上是对政府采取何种决策的意见分歧。在政策含义上,对美国竞争力持乐观态度的学者们实际上主张,美国工业结构的变革,应当由自由市场力量去决定,而不应由政府去促进,所以不应当制定和推行产业政策。而认定美国竞争力下降的学者们则主张政府应采取积极干预的措施,制定更合理、更有效的产业政策以推动美国工业中的技术、组织和管理体制的变革,促进产业竞争力的提高。一些对美国竞争力

[①] Cooper, R. N. (1988), "Industrial Policy and Trade Distortion: A Policy Perspective," in Spence, A. M. and Heather A. Hazard (eds.), *International Competitiveness*, p.115.

[②] Thurow, L. C. (1987), "A Surge in Inequality," *Scientific American*, 256 (5).

持乐观态度的学者也不反对在宏观经济政策上做一些调整,例如通过财政货币政策以降低美元汇率,但不主张通过产业政策来干预私人企业的决策行为。而相反的主张则认为国家的干预不仅要表现在宏观经济政策上,还要表现在微观经济政策上,不仅要保证私人企业有一个良好的对外竞争的宏观政策环境,还要帮助私人企业改善对外竞争的具体条件。

从20世纪80年代开始,世界经济论坛和洛桑国际管理开发学院着手研究国际竞争力问题,并于1986年和1989年发表了最初的两个国际竞争力研究报告,对有关国家的地区进行了排序,从20世纪90年代开始每年9月1日在瑞士洛桑公布各国竞争力的评价结果。各国和各地区的排序,每年都有某些变动,说明各国竞争力的变化。1996年参加国际竞争力排序的共有46个国家和地区,其排序依次是:

美国、新加坡、中国香港、日本、丹麦、挪威、荷兰、卢森堡、瑞士、德国、新西兰、加拿大、智利、瑞典、芬兰、奥地利、比利时、中国台湾、英国、法国、澳大利亚、爱尔兰、马来西亚、以色列、冰岛、中国、韩国、意大利、西班牙、泰国、菲律宾、阿根廷、哥伦比亚、捷克、土耳其、葡萄牙、巴西、印度、匈牙利、希腊、印度尼西亚、墨西哥、波兰、南非、委内瑞拉、俄罗斯。

1.4 西方研究的理论分析方法

在理论分析方法上,对美国产业竞争力持乐观态度的教授们固守新古典贸易理论中关于要素禀赋和资源配置比例决定比较优势的学说。他们承认并引进产品生命周期的理论中关于技术变化的论点,并以此来说明比较优势在不同国家的动态转移,但这都是以美国在技术和创新的要素上占绝对优势并不可动摇为前提的,因此美国的竞争优势不会衰落。他们不承认其他因素在比较优势消长变化中的作用。持相反看法的经济学家恰恰认为政府对于产业比较优势的变化起着至关重要的作用。他们引用欧洲经济合作与发展组织1972年转述当时日本通商产业省副相的两段话来反驳另外一些学者：

"按照比较优势的理论，日本应当把未来寄托在劳动密集型工业上吗？这也许是一个500万至1 000万人口的国家的合理选择。但拥有一亿人口的日本如果选择这类工业，就几乎永远不可能摆脱亚细亚方式的停顿和贫困，就会仍然是自由世界最薄弱的环节，变成远东有麻烦的地区。"[1]

"通商产业省决定在日本建立要求密集地使用资本和技术的工业，那些以生产的比较成本考虑最不适合于日本的工业，如钢铁、石油加工、汽车、飞机、多种工业机器和以后的电子工业，包括电子计算机。从短期的静止的观点来看，鼓励建立这类工业似乎同经济上的合理性相冲突。但是，从长期观点看，收入对需求弹性高的、技术进步迅速和劳动生产率提高快的正是这些工业。很显然，不建立这类工业，仅仅依靠轻工业，要想雇用一亿人口，并把他们的生活水平提高到欧美那样高的程度，是难以达到的。不管正确与否，日本必须拥有这类重化工业。"[2]

那么除了新古典理论中的自然资源和生产要素决定比较优势之外，还有哪些因素对比较优势的形成有影响呢？OECD发展研究中心的学者在考察了技术变化和全球竞争对一些后起的工业化国家和地区的影响之后指出：一些经济事实表明，国际经济是以垄断竞争和（企业

---

[1] Kantrow, A. M. (1985), *Sunrise…Sunset: Challenging the Myth of Industrial Obsolescence*, John Wiley & Sons, p.116.

[2] Scott, B. R., George C. Lodge and Joseph L. Bower (1985), *U.S. competitiveness in the World Economy*, Harvard Business School Press, pp.14–15.

的)战略反应为特征的。在我们生活的这个世界里,比较优势、国际竞争力和国际分工在很大程度上是来源于公司战略和国家政策,而不是来自自然资源要素。[①] 全球竞争不仅限于企业间的竞争。全球竞争不仅是不同生产体制、制度安排和社会组织之间的较量,而是涉及教育制度、技术基础、劳工关系、公私部门和金融体制。因此,政府在国际竞争中发挥日益重要的作用。[②]

世界经济论坛和洛桑国际管理开发学院对国际竞争力的研究方法偏向于对国家整体经济实力进行综合比较,它们对国际竞争力所下的定义是:"国际竞争力是指一国或一公司在世界市场上均衡地生产出比其竞争对手更多财富的能力。"它是竞争力资产与竞争力过程的统一。所谓资产是指固有的(如自然资源)或创造的(如基础设施),所谓过程是指将资产转化为经济结果(如通过制造),然后通过国际化(在国际市场测量的结果)所产生出来的竞争力。国际竞争力的公式是:

$$竞争力资产 \times 竞争力过程 \xrightarrow{国际化} 国际竞争力$$

根据上述定义,他们把国际竞争力评价准则分解为10个要点:
①竞争力资产和过程是两个主要方面的结合。
②在一定资产条件下创造新资产是竞争力的核心。
③单纯依赖资源禀赋的国家可能富有,但却不具竞争力。
④资源贫乏的"穷国",可能通过高效的转换过程而变得极富竞争力,如日本、新加坡等。
⑤"穷国"可能比"富国"更具竞争力。
⑥国际化是建立在引进吸收能力或输出扩张能力或两者兼而有之

---

① Ernst, D. and David O' Connor (1989), *Technology and Global Competition: The Challenge for Newly Industrialising Economies*, OECD, p.25.

② Ibid., p.26.

的基础之上,例如爱尔兰对外国投资具备引进吸收能力,但在国际市场上输出扩张能力不强;韩国具备输出扩张能力但不具备引进吸收能力,而美国则兼而有之。

⑦竞争力是可以测度的,可划分为"硬指标"(如劳动生产率、经济增长率等)和"软指标"(如教育水平和人们的态度等)。"硬指标"通常是可衡量的,而软指标一般是不可衡量的,不具有可比性。

⑧"硬指标"的周期(几个月或几年)比"软指标"的周期(几十年或几代人)要短。

⑨从趋势看,一国越要经济发展,就越依赖"软指标"的表现(例如将廉价的劳动力转变为受教育的劳动力)。

⑩竞争力是变动的,但也是可以长期保持的。

基于上述理解,国际竞争力指标被分为381项指标,其中249项为统计指标(硬指标),其余132项是"软指标",通过问卷调查采集。1991年,根据研究内容和定义,将指标划分为八类要素:国内经济实力、国际化程度、政府作用、金融环境、基础设施、企业管理、科研开发和国民素质。

在将上述指标归类为要素的基础上,根据每一指标与国际竞争力相关性分为四种类型进行排序,即正常排序类型、加权排序类型,象征性排序类型和不排序类型。前两种类型是评价各国或地区国际竞争力状况的主要依据,后两种类型是为国际竞争力比较研究提供参考作用的。①

以上可以看出,世界经济论坛和洛桑国际管理开发学院对国际竞争力的评价和研究对象是以一个国家或一个地区的国民经济素质为基

---

① 国家体改委经济体制改革研究院、中国人民大学、综合开发研究院(中国·深圳)联合研究组编:《中国国际竞争力发展报告(1996)》,中国人民大学出版社1997年版,第8、10页。

础,涉及的内容很全面,是对国家经济总体能力的评价和排序。

美国哈佛大学教授麦克·波特(Michael Porter)[①]对全球竞争进行了全面研究和分析,1980—1990年,连续发表了《竞争战略——分析产业和竞争者的技术》《竞争优势——创造和维持优良绩效》《全球产业中的竞争》《国家的竞争优势》四部著作,创立了竞争优势的"波特四因素"模型。波特的理论试图归纳在产业竞争大讨论中提出的各派观点,从而对产业竞争力的优势提供一个比较完整的解释。[②]波特四因素模型的提出,是这场产业竞争力讨论的最杰出的理论贡献,他的分析方法突破了各种比较优势理论的分析方法,为后来的研究工作提供了新的理论分析框架。

波特四因素模型的主要贡献,并不在于他对国家竞争优势问题所提供的答案,而在于他的新的分析框架。他认为,国家竞争优势说到底,是产业的竞争优势问题,分析问题应从产业(或行业)入手。如果一个国家能在那些劳动生产率提高最快、新技术发明发展最快的产业部门中领先,国家的整体劳动生产率的提高速度就会以高于其他国家的速度发展,这样的国家就是有竞争优势的国家。而研究某个产业的竞争力问题,实际上是要回答一个国家的经济、社会、政治法律环境如何影响了这个产业的竞争力。

对发展中国家的产业竞争力状况,西方学者较少关注。西方文献关于发展中国家产业竞争力的研究主要是从技术流动和国际直接投资对发展中国家的影响进行分析的。OECD发展研究中心的研究报告

---

① M. E. 波特就教于哈佛商学院,是若干世界知名大公司的顾问,任总统工业竞争力委员会委员。

② Porter, M. E. (1980), *Competitive Strategy: Techniques for Analyzing Industries and Competitors*, Free Press; Porter, M. E. (1985), *Competitive Advantage: Creating and Sustaining Superior Performance*, Free Press; Porter, M. E. (1986), *Competition in Global Industries*, Harvard Business School Press; Porter, M. E. (1990), *The Competitive Advantage of Nations*, Free Press.

认为,技术流动和全球竞争对发展中国家产生了很大影响。原则上说,国际技术流动有很多形式,但最主要的还是与国际投资相联系,这包括股权投资,例如设立分支机构和合资企业,以及非股权投资,如技术许可。[①] 然而,由于发展中东道国经济、社会和政法环境和条件的不同,国际投资和技术流动对发展中东道国的产业竞争力的影响也是不同的。

1.5　我国学术界的研究情况

我国学术界对国际竞争力的研究是从 20 世纪 90 年代开始的。随着我国对外开放的进一步扩大,世界经济对我国的影响也越来越大,我国已经置身于竞争的世界。一方面我国出口商品总额占国内生产总值的比例已从改革开放初期的 4%—5% 上升到 20 世纪 90 年代初期的 12%—13%,我国工农业产品越来越多地参与国际市场竞争;另一方面随着进口贸易管制的放松和进口贸易的扩大,以及外商投资企业产品在国内市场销售额的扩大,国际竞争已被引入我国国内市场,我国产业已面临国内外市场的国际竞争。在这种形势下,国际竞争力问题已成为我国面临世界挑战的现实课题。1991 年,国家科委向有关研究机构下达了重大软课题"国际竞争力的研究",承担该课题的研究人员重点研究了国际竞争力的概念、定义及度量方法,研究了决定国际竞争能力的各种因素,设立了指标分析方法,并用 20 世纪 80 年代末期的数据评价了亚太 15 国(地区)的国际竞争能力。1992 年 3 月改革出版社出版了他们的研究报告。[②] 这是我国第一部关于国际竞争力

---

① Ernst, D. and David O' Connor (1989), *Technology and Global Competition: The Challenge for Newly Industrialising Economies*, p.28.
② 狄昂照、吴明录、韩松、李正平:《国际竞争力》,改革出版社 1992 年版。

研究的专著。

1995年中国社会科学院发布招标课题"我国工业品国际竞争力的比较研究",以中国社科院工业经济研究所金培博士为首的研究小组中标承担该课题研究任务。《经济研究》和《中国工业经济》等国内有影响的刊物已经陆续刊载了若干他们的阶段性成果。预计1997年上半年将完成该课题的最终成果,并于1997年下半年出版该项研究的全部成果,这将是我国第二部关于国际竞争力研究的专著。

从该项研究的阶段性成果来看,其主要内容涉及产业国际竞争力的研究对象、国产工业品的概念界定、研究对象的经济分析范式、产业国际竞争力的指标和产业国际竞争的经济福利分析。由于这些内容都被高度浓缩在三篇文章中,[①]因此还不能了解到这项开创性研究的全貌,但仅就这些成果,对作者的启发和帮助已经获益匪浅。

1989年国家体改委开始着手与世界经济论坛和瑞士洛桑国际管理开发学院商讨开展有关国际竞争力的研究。1993年度中国首次加入了包括俄罗斯、印度等在内的转轨国家的国际竞争力的比较,名列第一;1994年开始加入分项目比较,但未参加总体排序;1995年是第一次加入全部项目比较并排序,在46个国家和地区中,排在第34名;1996年中国排在第26名。1996年国家体改委经济体制改革研究院与综合开发研究院(中国—深圳)及中国人民大学统计学系和国际经济系组成中国国际竞争力研究课题组,运用《世界竞争力报告》的方法对中国的情况进行评价和总结。1997年3月中国人民大学出版社出版了该课题组的报告《中国国际竞争力发展报告(1996)》。

---

① 见《我国工业品国际竞争力比较研究》课题组:"论国产工业品及民族工业面临的国际竞争",《中国工业经济》,1995年第12期;《我国工业品国际竞争力比较研究》课题组:"论工业品国际竞争力",《中国工业经济》,1996年第4期;金碚:"产业国际竞争力研究",《经济研究》,1996年第11期。

该报告所采用的研究方法及体系是总部设在日内瓦的世界经济论坛(World Economic Forum, WEF)与瑞士洛桑国际管理开发学院从20世纪80年代初所发展的评价方法。因此,该报告对国际竞争力所下的定义是:"所谓国际竞争力实际上也就是企业或企业家们在各种环境中成功地从事经营活动的能力。如果一个企业不能够对国内、国际和部门环境做出灵活反应,那也就无所谓其竞争力。反过来,如果一国的经济体制和经济环境不能为企业提供或创造有利的环境,那么一国的国际竞争力也无从谈起。因此,从本质上说,一国国际竞争力的高低取决于经济体制的设计、改革和经济政策的选择。""国际竞争力决不能狭义地理解为仅仅是企业的竞争力。它包含的内容要广泛得多,涉及一国的整个体制,实际上指一定经济体制下的国民经济在国际竞争中表现出来的综合国力的强弱程度。"[①] 据此,该报告根据其评价方法所设定的381项指标的数据,对中国国民经济的国际竞争力进行了全面分析和评价,内容涉及宏观经济、工业、农业科学技术、企业管理、金融体系、政府管理等各方面。对工业部门的分析,也主要是从整个工业经济的全要素生产率,以及三次产业划分的产业结构变化,以及企业组织结构等方面来探讨工业竞争力,而没有具体分析工业部门中的行业状况。

从总体上看,该研究报告还是从国家层次上来探讨国际竞争力问题,虽然该报告对国际竞争力的定义是从企业能力出发,但无论分析的基础,还是评价本身均是以整个国民经济为对象的。

除了上述几项重大课题研究之外,国内文献中也有一些专著和文章涉及产业国际竞争力问题或与此有所关联,但都比较零散,或选取的角度并不完全是针对国际竞争力而言。因此总起来看,研究开放经济

[①] 国家体改委经济体制改革研究院、中国人民大学、综合开发研究院(中国·深圳)联合研究组编:《中国国际竞争力发展报告(1996)》,第7页。

下我国产业的国际竞争力问题仍有待学术界努力耕耘,引起关注,特别是引起政府部门的关注。在这方面,美国政府在20世纪80年代初期对问题做出的反应很值得我们借鉴。

据悉,1997年初国家科委向中国社科院数量经济与技术经济研究所下达了有关中国工业竞争力的课题,组成了以李京文所长为首的课题组。作者相信随着我国对外开放的扩大,对我国产业国际竞争力的研究必定会日益深入。

1.6 本章小结

①在发展中国家,保护民族工业往往是利用外资中普遍遇到的国民福利问题,在国际投资自由化的趋势下,民族产业竞争力乃是国民福利的基础决定因素。因此,研究保护民族工业问题,归根到底应从研究提高受资国的产业国际竞争力入手。

②产业国际竞争力的研究是一项新的研究课题,它仅仅是在20世纪80年代初期由美国政界和学术界提出并加以讨论,说明经济的国际竞争已成为世界经济一体化中突出的主题。在长达十多年的研究中,世界经济论坛和瑞士洛桑国际管理开发学院进行的国际竞争力研究以及发表的《世界竞争力报告》具有较广泛的影响,而哈佛大学波特教授对产业国际竞争力研究做出了最突出的理论贡献。我国学术界从20世纪90年代初开始研究国际竞争力的问题,但开始的研究只是在国家层次上分析竞争力问题,真正从产业层次上研究国际竞争力问题从1995年才开始,这就是以金培博士为首的研究小组承担的中国社会科学院招标课题"我国工业品国际竞争力的比较研究"。

第二章 若干概念与经济分析框架

2.1 资本流动的概念与我国利用外资

资本跨国界流动,在现象形态上表现为资本要素在不同民族国家领土疆界和法律体系管辖范围之间的输出输入,但作为国际经济学的研究对象,其内涵的界定实质上是要研究居民的一部分储蓄或社会的剩余劳动积累在不同的社会再生产体系、不同的社会经济分配体系、不同的政府宏观决策管理体系之间移动和运用的原因,及其所产生的对输出输入双方的经济影响。当这部分储蓄或社会剩余劳动积累表现为货币形态时,它跨越不同的通货区;当它表现为货物形态时,它跨越不同的关税区。因此,关于资本跨国流动的经济分析的适用范围要大于民族国家的领土疆界,也就是说,资本跨国界流动的经济分析范式同样适用于资本在不同关税区和通货区的流动。

我国台湾、香港和澳门与大陆(内地)之间的资本流动就是在一个民族国家领土疆界之内的不同关税区、通货区的要素流动,因此,就经济分析的目的而言,资本跨国流动的分析范式也适用于港澳台地区与内地(大陆)之间的资本流动。

我国利用外资分为利用直接投资和间接投资两种类型。关于直接投资和间接投资的区别,国际货币基金组织已做过很精确的区分:对外直接投资是"在投资人以外的国家(经济)所经营的企业中拥有持续利益的一种投资,其目的在于对该企业的经营管理具有有效的发言权"[①]。对间接投资的注解是:这种投资是"为了获得投资收入或资本收益,而不是对企业的经营有直接兴趣"。而 FDI 所取得的是企业利润。[②]

在我国利用外资的实践中,利用直接投资主要表现为批准建立外商投资企业,这包括外商独资企业、中外合资企业和中外合作企业三种形式;利用间接投资主要表现为借用外国(或大陆境外)政府和商业机构以及国际组织的贷款、财政和金融机构在海外发行的债券、工商企业在国内股市发行的 B 股和在海外股市发行的股票等。当然,有时在一个企业中会同时发生或前后发生利用直接投资和间接投资两种形式,但这并不妨碍我们做这种区分。

一般认为,直接投资对东道国企业的股权控制、技术流动有更直接的影响,而且与东道国的产业组织结构、前后向联系直接有关,从而对东道国产业竞争力的影响更大,因此本文重点将分析直接投资对国内产业竞争力的影响。当然,借用海外贷款有时与进口机器设备或购买专利软件也有密切联系,从而对东道国产业竞争力也会发生重要影响,本文力求不忽略这一点,并尽可能将利用外资的两种形式进行必要的比较分析。

2.2 产业的概念与定义

"产业"的概念(英文为 industry)是伴随 18 世纪后半期资本主义大机器工业出现而产生的。它的定义和划分首先是服务于特定的经济分析目的,不同的经济分析目的,其定义和划分也就有所不同,搞清这一点,它的概念就不是模糊的,而是清晰的。

[①] IMF (1997), "Balance of Payments Manual," Para 408.
[②] 转引自王林生:《跨国经营理论与实务》,对外贸易教育出版社 1994 年版,第 14 页。

在马克思主义政治经济学中,当分析资本主义再生产过程时,产业的概念是与资本的生产过程相联系的,而与资本的流通过程相区别,因此产业可以定义为所有创造剩余价值的生产活动的集合,或所有提供具有剩余价值生产的产品和服务,或生产剩余价值的企业的集合。在部门划分上它就是指各种物质生产部门,如工业、农业、交通运输等各部门。

20世纪20年代国际劳工局把一个国家的所有产业划分为:初级生产部门(农、矿业)、次级生产部门(制造业)、服务部门。这是三次产业分类法的雏形。[①]1940年英国经济学家和统计学家科林·克拉克(C.G. Clark)运用三次产业分类法来分析经济发展与产业结构变化之间的规律,从而使三次产业分类法成为分析经济结构的一种工具。德国经济学家霍夫曼(W.G. Hoffmann)为了分析工业化及其阶段的需要,使用了另一种产业分类:消费资料产业(consumption goods industries),其中有食品工业、纺织工业、皮革工业、家具工业;资本资料产业(capital goods industries),其中包括冶金及金属材料工业、运输机械工业、一般机械工业、化学工业等;其他产业,其中包括橡胶、木材、造纸、印刷等工业。1971年,联合国为了统一世界各国产业分类,颁布了《全部经济活动的国际标准产业分类索引》。这种产业分类把"全部经济活动"先分为十个大项,在每个大项下又分成若干中项,每个中项下又分出小项,小项下又分解出若干细项,成为四级分类。各大、中、小细项都规定有统计编码。如汽车,在大项中属于制造业,统计编码为3;在中项中属于金属制品、机械和工业设备,编码为38;在小项中属于运输工具,编码为384;在细项中才有汽车这一名称,编码为3843。可见,这种分类法很大程度上是出于统计一国经济活动分量

[①] 蔡北华、徐之河主编:《经济大辞典·工业经济卷》,上海辞书出版社1983年版,第273页。

的需要。

上述分类法说明了产业的概念具有一个共同的特点,即它是一个"集合概念"——同一属性的生产经营活动、同一属性的产品和服务、同一属性的企业的集合。当分析的目的不同时,对这种集合概念的划分和组合也就有了宽狭、粗细不同的层次,于是出现了"产业集合的阶段性",即第一阶段是以同一商品市场为单位划分的产业;第二阶段是以技术、工艺的相似性为根据来划分;第三阶段大致以经济活动的阶段来划分。[①] 综上所述,作者对产业的概念可以定义为:服务于特定经济分析目的的同一属性产品和服务的集合、同一属性的生产经营活动的集合以及同一属性的企业的集合。

从上述概念的一般定义出发,可以界定以分析国际竞争力为目的产业的定义。产业国际竞争力的比较,必定是同一产业的不同国籍的竞争优势(Competitive Advantage)的比较,这种比较也适合区域性市场中不同关税区同一产业之间的竞争优势的比较。竞争优势和贸易理论中的比较优势(Comparative Advantage)的重要区别是,比较优势指的是国际、区际间两个国家不同产业(或产品)的各自相对竞争优势,而竞争优势指的是国际、区际间同一产业(或产品)的绝对竞争优势。在国际经济中,一国(特别是大国)往往生产其并不具有比较优势的产品,但却可能具有竞争优势,因此使同一产业和产品的国际比较具有更普遍的意义。由此可见,国际竞争力研究中的产业概念的基本内容是同一产业或同类产品(包括可替代产品)。也就是说,在产业的国际竞争力研究中,我们可以把产业概念定义为:同类产品及其可替代产品的集合、同类产品及其可替代产品的生产经营活动的集合,以及生产经营同类产品及其可替代产品的企业的集合。当然,这里所说的产品也包

---

① 杨治:《产业经济学导论》,中国人民大学出版社 1985 年版,第 16 页。

括"服务"①。

波特认为,在不同产业之间,国际竞争关系有着很大不同,在产业系谱(Industrial Spectrum)中,产业的竞争关系区分为多国内产业(Multidomestic Industries)与全球产业(Global Industries)。多国内产业指的是一国的产业与外国的同一产业没有竞争关系或较少有竞争关系;相反,全球产业指的是一国产业与外国的同一产业有很强的竞争关系。② 一般情况是,多国内产业的产品较少在国际市场中交易,贸易量较小或没有,也被称为"非贸易品产业"(Nontraded Goods Industry);而全球产业的产品多进行国际贸易,也被称为"可贸易的产业"(Tradeable Goods Industry)。研究产业国际竞争力问题主要是关注那些国际竞争性较强的产品和产业,即属于"全球产业"的部门和产品;但是,随着跨国投资生产的增加,国际竞争被引进国内市场后,一些非贸易品产业相互之间也会产生剧烈的国际竞争,因此引起了人们的关注。

2.3 谁是我们:企业与产品的"国籍"

在资本流动和跨国投资的情况下,正确区分企业和产品的"国籍"是研究产业国际竞争力的重要前提。

从历史上看,多国籍企业的演化曾经历了三个阶段。依据美国宾夕法尼亚大学霍华德(Howard, Permutter)教授的分析③,多国籍企业的三阶段是:

①民族中心企业(Ethnocentric Enterprise)

---

① 参见金碚:"产业国际竞争力研究"。
② Porter, M. E. (1986), *Competition in Global Industries*, pp.17—18.
③ 引自林彩梅:《多国籍企业论》,五南图书出版有限公司1990年版,第5—6页。

以一国国内母公司为中心,其经营虽属多国籍企业,但其根源只有一个,一切遵母公司指示,利润也为母国、母公司优先考虑。

②多中心企业(Polycentric Enterprise)

当子公司设立增多时,会在世界各地设立地区总部,形成复数总公司。

③地球中心企业(Geocentric Enterprise)

经营世界性,资本世界化,经营主管人员国籍多样化,工厂全球化,市场世界化,其根源更加模糊。

不可否认,在国际一体化生产日益发展和跨国公司在世界市场上日益占据重要地位的情况下,企业的国籍已很难区分,产品由世界工厂生产的国籍更难辨别。[①]《1993年世界投资报告》中有一段话写道:"只要是由民族国家组成世界,即使这个世界存在着全球化的跨国公司与一体化的经济体制,无论对个人还是公司而言,国籍的概念就不会轻易消失。但国籍的作用却会变得不那么重要,除了在公司组建与法人资格方面确定适用的法律规则这一正式角色以外,运用公司国籍作为公司划分依据的做法将会越来越少。"[②] 诚然,淡化公司的国籍概念在某种场合下是有意义的,例如为了推动投资自由化和推行"国民待遇"原则,但在国际竞争力的研究中,公司国籍不仅不应淡化而且应予明确界定,否则也就没有了"国际竞争"这一事实和概念。《1993年世界投资报告》的作者显然意识到企业国籍存在的事实和意义,因而在书中同一章中又写道:"子公司与合伙公司确实拥有某些自主权并且大都作为独立法人实体在其东道国(或者第三国)营运。因此,出于某些动机,

---

[①] 由于跨国公司至今在法律上还没有正式存在(no formal existance in law),因而也没有什么国籍可言。在日常生活中,人们只能以母公司的国籍来区分不同国家的跨国公司。——参见王林生:《跨国经营理论与实务》,第101—103页。

[②]《1993年世界投资报告》,储祥银等译,对外贸易教育出版社1994年版,第247页。

每个子公司都具有所在国的国籍。但是,出于另外一些动机,受控于国外母公司的事实又可意味着子公司具有某种'国外'性。所以,每个子公司都可能出于某些动机被视为有双重(以及可以料想到的多重)国籍。"可见,作者也认为,即使受东道国法律管辖的子公司,在某种情况下仍可认定为非东道国国籍的企业。

那么采用什么标准来区分企业国籍呢?作者继续写道:"在采用控制评判法(即以是否拥有控制权作为检验标准)的时候,如果涉及对象是一家外国公司的100%子公司,事情也许相对简单。而在某些复杂情形下,难题将会产生。例如,确定一子公司国籍的时候究竟应在'母'公司链上回溯多少才算合适?确定该公司链各单位国籍的时候采用不只一种评判方法是否合理?这些问题都不是很清楚。"[①] 可见,国际社会对于认定这些子公司的具体国籍感到很困难,但在产业国际竞争力研究中,实际首先只需要认定"我国的"与"外国的"的这两类,而在一定程度上可以回避"外国的"具体国籍,从而在一定程度上缓解认定哪些企业属于民族企业的困难程度。

在学术讨论中,有一种观点认为,在国际投资自由化和跨国生产经营日益发展的今天,是否还存在民族工业或民族企业呢?作者认为,只要还存在国家,公民还不可能成为世界公民,民族资本和民族工业就始终存在。从一般理论意义上说,民族资本和民族工业是与民族国家的现实存在相联系;从现实法律意义上说,是与不同国别的公民权利相联系,公民的财产法权都只与民族国家的法律相联系。取得某国国籍,并根据该国法律规定享有权利和承担义务的公民,对其自身拥有的资本依法享有充分的权利,而对其可使用甚至可支配的别国公民的资本只依法享有部分权利,这就是东道国公民在民族资本和外国资本之间不

---

① 《1993年世界投资报告》,第243—244页。

同的权利差别,这种差别便是区分民族资本、民族企业与非民族资本、非民族企业的基本界线。可见,并非在东道国注册,并受东道国法律保护的外国公民投资的企业就是民族企业,因为东道国公民对其并不享有充分的权利。实际上,世界上所有国家都不会忽视民族企业与外国企业、民族产业与外国产业的区别。在我国现实经济中,外商投资中有很大部分来自港澳台同胞的投资,这部分资本当然也应算民族资本和民族产业,但这仍然不影响我们区分外国资本和外国产业,也不影响我们将内地(大陆)企业与港澳台商投资企业进行竞争力的比较,因为这种比较确实反映了不同关税区的产业竞争力和不同经济体制与宏观决策环境、政府管理下的产业竞争力水平。仅从产业竞争力这个意义上说,这种比较与中外产业竞争力的比较的意义是相同的,所要分析的目的也是一致的。

作者认为,所有权完全属于外国人的企业当然是外国产业,而在外国人资本与东道国资本融合为合资企业时,区分这一家企业属于民族企业还是非民族企业的主要标准有三条:

第一条是股权比例的大小。由本国公民、法人或政府所有或控股的企业属于民族企业,而由外国公民、法人或政府所有或控股的企业属于外国企业。这条标准在我国最具有统计分类的可操作性。

第二是经营管理决策权。一般情况下股权比例是与经营管理决策权和收益分配比例相联系的,但有时股权比例与决策权是相分离的,特别当东道国缺乏经营管理人才的情况下,东道国控股的合资企业也可能是由外国人控制经营管理决策权,从而有时不能保障东道国的应得权益。被外国人控制的民族企业很难成为真正的民族企业。

第三是技术控制权。应该指出,上述两条标准对发展中国家是主要的,而对发达国家却未必重要。在当代发达国家的跨国经营中,非股权安排成为控制其海外分支机构的一种重要方式,这是因为发达国家对跨国经营有着强大的技术控制力。技术控制力未来将成为判定产业及其竞争力的民族属性的重要依据。美国《哈佛商业评论》曾发表过一篇文章,题目是《谁是他们》,举例说有 A 公司,总部在纽约,绝大部分股权为美国公民拥有,大多数董事和高层管理人员是美国人,但 R & D 及产品设计、加工制造均在海外进行;B 公司总部在日本,绝大部分股权属于日本公民,董事和经理也大多是日本人,但 R & D、设计、制造等均在美国进行。作者认为能增强美国竞争力的是 B 公司,因为 B 公司提高了美国劳动力的质量和生产力水平。[①] 可见,技术控制力会弱化股权比例和经营管理权在企业民族属性中的重要性。

最典型的例子还有可口可乐罐装厂,虽然企业所有权由东道国控股,但核心技术(配方)是美国公司控制,而且品牌也是美国的,因此它不可能是东道国的产业。品牌作为一种无形资产,往往是生产技术和经营管理技术的一种标志,也具有技术控制力。当代跨国经营还有一种方式,即采取特许经营方式(Franchise),如麦当劳快餐店、肯德基炸鸡店等,它需要东道国企业必须采用外国品牌、质量、技术标准,而且要接受其检验,但允许使用东道国资本、经营管理、利润主要归东道国,外国公司只获取特许权转让费,但这种企业显然也不能算民族企业。因为全世界都知道,麦当劳、肯德基炸鸡是美国人的产品和品牌,其无形资产属于美国公民。品牌既是无形资产又反映民族文化内涵,属于精神领域的东西,它对人们识别和认同有强大的影响,因此产品品牌也会成为判定企业民族属性的重要标志。[②]

对于内地(大陆)内资企业与港澳台投资企业,当需要进行产业竞争力比较的时候,也可以沿用这三条标准。

---

① Reich, R. B. (1991), "Who is Them?" *Harvard Business Review*, March-April.
② 参见裴长洪:"应从理论上阐明当代民族工业的标准和涵义",《中国工业经济》,1996 年第 9 期。

通常情况下生产企业的"国籍"是认定产品"国籍"的前提,从而能够区分东道国民族企业生产的国货和外资企业在东道国生产的非国货。但这种情况也有一种例外。在国际生产一体化的情况下,往往某一特定产品是由一个以上的国家参与了生产。在国际贸易规范中,按原产地规则,认定该产品的原产国时,是指那个对产品进行了最后的实质性加工的国家[①]。但如果不按产品的增值比例来运用这一规则,对发展中国家是不利的。在发展中国家的民族企业对进口的零部件只进行了简单加工装配的情况下,增值率往往很低,但如果把该发展中国家作为原产国,则往往易引起贸易摩擦,对发展中国家不利。但如果按增值标准计算,即以增加该产品的一定百分比的价值为标准,[②] 低于这个百分比的就不是原产国,那么尽管东道国民族企业完成了最后一道加工环节,但却不能算该国的国货,该产品的竞争力也未必是该国产业的竞争力。因此,在产业竞争力研究中,产品的国籍不仅主要取决于生产企业的国籍,还要看它的增值比例的归属,由增值比例来反映国民的创造力和生产力。因此,增值比例的归属可视为第四条标准。

2.4 经济分析框架:定位于何处?

人们对经济领域中任何问题的分析,实际上都遵循一种理论框架

[①] 夏申、储祥银主编:《关税与贸易总协定大辞典》(修订版),对外贸易教育出版社1993年版,第112页。

[②] 对于某种产品的原产地规定国际上通常用两种标准加以衡量。一种是加工标准(process criterion):一般规定原料或零件的税目和利用这些原料或零件加工后的商品税目发生了变化。发生了这种变化的国家就是该产品的原产国。另一种是增值标准,即以最后一个出口国增加该产品一定百分比的价值为标准。张汉林、马凤琴编:《关税及贸易总协定与中国对外贸易的发展》,对外贸易教育出版社1993年版,第75页。

（Framework，亦称范式Paradigm）。自觉运用成熟和定型的分析框架，可以使研究工作事半功倍，分析的结果也易于令人信服。然而遗憾的是，现实经济生活中出现的许多新问题，往往并无现成的分析框架可资遵循，或者已有的分析框架还不成熟，仍需完善和探索，这就使在开始特定问题的研究之前，探讨和确立一个经济分析框架，成为首要的一个学术研究课题。

2.4.1 定位于国家层次

美国学者从20世纪80年代开始，在长达十多年对产业竞争力的研究中，对确立这种经济分析框架奠定了开创性的工作。起初，不论对美国现状持何种看法，在国家层次上谈论和分析国际竞争力曾经是流行一时的方法。1983年初美国总统经济顾问委员会在他们编写的《总统经济报告》第三章中说："美国总的情况并不说明存在一个长期的竞争能力问题。然而，过去10年发生的持续的贸易盈余向持续的贸易赤字转变，却常常被错误地解释为无力竞争的象征。"[1] 美国经济学家布鲁斯·斯科特认为，"一国的竞争能力是指一个民族国家在国际经济中与其他国家生产的商品和劳务进行竞争的情况下，以取得日益提高生活水平的方式，生产、分配和销售商品和劳务的能力"。"作为一个国家，有竞争能力就意味着有能力利用国家资源，特别是劳动力资源，参加世界经济的分工和贸易，争取日益提高实际收入水平。"[2] 美国工程研究院在一项题为《国际竞争能力的技术发展》的研究中写道："一个国家的国际竞争能力就是该国能够生产和提供经得

---

[1] United States Joint Economic Committee (1983), "The 1983 Economic Report of the President," U.S. Government Printing Office.

[2] Scott, B. R., George C. Lodge and Joseph L. Bower (1985), *U.S. Competitiveness in the World Economy*.

起国际市场考验的商品和服务,同时维持或提高其公民实际收入的水平。"[1]工业竞争能力总统委员会的研究报告也认为:"竞争能力是一个国家可以在多大程度上按照自由和公平的市场条件,生产经得起国际市场检验的商品和劳务,并保持或增加其公民实际收入的能力。……竞争能力意味着高度的生活水平和让我们能够实现其他至关重要的国家目标(包括我国人民的就业机会,政府提供的各种国内服务,以及国家安全)和日益增加的财富。"[2]

直接从国家层次上研究竞争力的思路一直有很大的影响,尤其在涉及国家安全、国际政治和战略管理方面,有明显的重要意义。总部设在瑞士洛桑的国际管理开发学院每年出版长达 600 多页的《世界竞争力报告》。它采用 381 项标准对 46 个国家和地区的竞争力进行对比,这些标准包括经济实力、技术、金融服务、国际贸易、政府决策、管理、基础设施和教育手段等。这些指标的设制都是以促进创造国家财富的各项机制来衡量竞争力的。

1992 年我国改革出版社出版的《国际竞争力》一书也是直接在国家层次上分析竞争力的研究成果。

2.4.2 定位于企业层次

但是,也有一些学者直接在企业层次上分析国际竞争力。OECD 的出版物《科学、技术与竞争能力》写道:"国家经济的国际竞争能力是建立在国内从事外贸的企业的竞争能力之上的,但是又远非国内企业竞争能力的简单累加或平均的结果。"[3]世界经济论坛 1985 年公开的《关

---

[1] 余惕君、王伟军:《国际竞争策略》,第 3 页。

[2] President's Commission on Industrial Competitiveness (1985), *Global Competition: The New Reality*, pp.6–7.

[3] 余惕君、王伟军:《国际竞争策略》,第 4 页。

于竞争力的报告》提出,国际竞争力是"企业在目前和未来在各自的环境中以比它们国内和国外的竞争者更有吸引力的价格和质量来进行设计生产并销售货物以及提供服务的能力和机会"。1994年的《国际竞争力报告》又把国际竞争力定义为"一国一公司在世界市场上均衡地生产出比其竞争对手更多财富的能力"[1]。

日本学者认为,一国的经济力量通常与该国厂商的国际竞争能力有密切的关系。如表2-1:

表2-1 经济能力与竞争能力

		厂商竞争能力	
		弱	强
国家经济能力	弱	①	④
	强	②	③

资料来源:江夏健一「日本の多国籍企業における戦略的躍進の新たな競争優位」、日本文化大学『第四回多国籍企業国際シンポジウム論文集』、1988年11月。

表2-1表明,在①的阶段,国家经济、技术、资本及知识力量都很小,而且个别厂商竞争地位也很低。

在②的阶段,国家经济由于政府对产业的支持,开始获得一些力量,而大部分进展是进口替代产业,但是厂商在国际市场上仍无竞争力。

在③的阶段,国家和厂商对世界经济都有竞争能力,两者在引导自己的经济活动中并没有利益冲突。

在④的阶段,国家经济从高峰向下衰退,但厂商却继续寻求海外市场发展,转移厂商特有优势,国家与厂商之间的利益差异出现。厂商考虑全球策略,而不顾本国产业空洞化(hollowingout)。

---

[1] 曹远征、孙安琴:"国际竞争力概念翻新,世界龙虎榜重新排名",《经济日报》,1995年8月23日。

2.4.3 定位于行业（产业）层次

波特认为，国家经济实力的比较往往太笼统而难于进行，一个国家不可能使其所有企业和行业在国际上都具有竞争优势。因此，国家竞争优势的比较应当从行业（产业）的角度来考察才有意义。他说："研究竞争的基本分析单位是行业。一个行业无论是生产产品还是提供服务，都是直接展开互相竞争的竞争者的群体。"[1] 因此，他的书是解释"不同国家在不同行业里取得成功的原因，以及它对企业和国民经济的影响"[2]。那么什么是产（行）业成功的标志呢？波特说：能够提高国民生活水平取决于生产率，"生产率是一个劳动或资本单位所产出的价值，它取决于产品的质量、性能和生产它的效率"[3]。波特还举出一些国家中有竞争力的产业，这些产业都是在国际市场上占有重要份额的产业。[4] 可见，波特讲的国际竞争力指的就是一国特定产业通过在国际市场上销售其产品所反映出来的生产率。也就是说，市场营销和生产效率是检验产业国际竞争的关键标准，那么，能够以数量形式来测定不同国家特定产业国际竞争力的指标显然主要是该产业的产品的国际市场占有率和该产业的劳动生产率（盈利率与劳动生产率有相同的观测意义），如果以行业分析来衡量的话，我国目前还没有一部关于国际竞争力的专著问世。

波特的案例研究表明，一个国家可以在某些行业领先，但同时在其他行业远远落后。在他列举的 10 个国家的 100 个优势行业中，美国只占其中的 12 个，而发展中国家的韩国和新加坡则占有 16 个（见表 2–2）。

---

[1] Porter, M. E. (1990), *The Competitive Advantage of Nations*, p.33.
[2] Ibid., p.29.
[3] Ibid., p.6.
[4] Ibid., p.27.

表 2-2 若干国家的竞争优势行业

美国	日本	韩国	新加坡
① 广告业	① 空调机	① 服装	① 航空运输
② 农用化学品	② 家庭音响	② 汽车	② 服装
③ 商用飞机	③ 汽车音响	③ 建筑	③ 饮料
④ 商用冰箱和空调	④ 含碳纤维	④ 袜子	④ 修船
⑤ 计算机软件	⑤ 合成织物	⑤ 钢琴	⑤ 贸易
⑥ 建筑设备	⑥ 传真机	⑥ 半导体	
⑦ 洗涤剂	⑦ 铲车	⑦ 造船	
⑧ 建筑工程机械	⑧ 微波和卫星通信设备	⑧ 钢铁	
⑨ 电影	⑨ 乐器	⑨ 旅游用品	
⑩ 医疗监测设备	⑩ 光学元件和仪器	⑩ 录像录音带	
⑪ 注射器	⑪ 机器人	⑪ 假发	
⑫ 垃圾处理服务	⑫ 半导体		
	⑬ 缝纫机械		
	⑭ 造船		
	⑮ 汽车轮胎		
	⑯ 打字机		
	⑰ 录像机		
	⑱ 手表		

资料来源：Porter, M. E. (1990), *The Competitive Advantage of Nations*, p.27。

行业发展的不平衡在发达国家之间有时表现得更为明显。在不少行业中，美国、日本和欧洲联盟的世界市场份额有很大的差异，反映出这三极世界经济巨人在不同行业中的竞争优势有很大差异。

从表 2-3 中看，美国在世界能源设备和服务行业的市场份额达到 92.7%，利润份额达到 99.6%，但美国在钢铁行业的世界销售份额只有 10.1%。日本在机电设备行业的世界市场份额达到 50.7%，而数据处理行业的销售额只有 22.2%；欧洲联盟在化工行业的世界市场份额达到 47.5%，利润份额 45.7%，但数据处理行业和电子仪器、元件的市场份额都少得可怜。可见，无论是传统产业，还是新技术产业，它们都各有长短。

表 2-3　美国、日本和欧洲联盟若干行业出口占世界市场份额的比较

(%)

行业	美国		日本		欧洲联盟	
	利润	销售额	利润	销售额	利润	销售额
能源设备、服务	99.6	92.7	0.8	1.0	-0.4	0.3
航天、军事技术	81.6	75.8	0.0	0.4	18.4	23.8
数据处理	65.1	73.2	10.2	22.2	24.2	4.6
电子仪器、元件	65.0	61.8	30.3	36.3	4.5	2.4
饮料、香烟	63.0	63.4	3.8	18.4	0.8	20.2
卫生、保健	61.9	48.9	8.2	20.3	29.9	30.8
娱乐、旅游	60.3	45.7	7.4	16.3	32.3	38.1
林业产品、纸张	59.7	51.0	7.0	17.4	33.3	31.6
能源	50.4	45.8	2.5	13.5	47.0	40.7
有色金属	45.7	30.2	11.9	30.8	42.4	39.0
文体用品	44.0	33.2	46.4	60.2	9.7	6.7
食品	42.6	32.6	7.8	23.7	49.5	45.7
机电设备	41.1	21.4	25.7	50.7	33.2	32.8
化工	41.0	28.2	13.3	30.3	45.7	47.5
工业元器件	38.2	24.5	32.5	44.2	29.3	30.5
汽车	23.5	37.0	31.0	35.3	45.5	27.6
家用电器	16.5	7.6	74.4	66.6	9.7	25.7
钢铁	2.3	10.1	54.2	57.0	48.5	32.6
制造业平均	47.7	37.4	18.8	30.1	35.3	

资料来源："The Market Share of Manufacture Export of United States, Japan and the European Union in 1993," *The Wall Street Journal*, 15 February, 1994。

从美、日、欧盟各有其竞争优势的行业的现实中可以得出一个结论，试图直接在国家层次上回答国际竞争力问题乃是一个难以比较的确切的命题。只有从行业分析入手，才能看出哪个国家在那些劳动生产率提高最快、新发明新技术发展最快的行业中领先，由此才能判定哪个国家有可能在整体生产率提高方面领先，从而成为具有竞争优势的国家。在国家层次上讨论竞争力问题，应当设置的命题是：一个国家的经济、社会、政法环境如何影响各个行业的竞争力。而行业是同类企业

的集合,因此行业分析有时往往离不开企业分析。

2.5 经济分析框架:市场分类

确定了从行业分析入手,只是解决了分析方法的第一问题。接下来的问题是:如何在众多的行业中,只选取少量最必要、最有典型意义的行业进行比较,从而获得最大的信息量? 因为,按照工业行业的国际分类来进行行业的全面比较实际是很困难的。行业太多,因此事实上任何一项研究都不可能对所有行业进行分析。对相关行业进行适当归类,也很难克服这个困难。按照国际标准产业分类,按照大项和中项归类,事实上很难比较;按照小项和细项分类,行业又嫌太多。

2.5.1 市场分类的依据与划分

区分市场竞争类型是本文对众多行业进行分类的理论分析框架。

我们从产品的可贸易性与非贸易性区分了多国内产业和全球产业这两种市场竞争类型。随着资本流动和跨国生产经营的发展,跨国公司在国际生产中愈来愈占有重要地位,但在不同产品和行业中,跨国公司的支配和垄断程度又有不同,从而各行业的市场竞争类型呈现更多一些特征。于是,产品的贸易性、竞争主体的集中度大小成为我们划分市场竞争类型的两个基本依据。

从市场竞争主体来看,企业有大有小,而不同的产业(行业)会要求与其相适应的生产组织结构,有些行业对规模化生产要求高,规模经济效益明显,因此产业集中度高,有些产业(行业)更适合小型化、分散化的生产经营,产业集中度低,而更多的产业(行业)是介于这两种状态的中间形式。依据产业集中度的不同,现代西方微观经济学把一国国内的市场结构分为四种类型:

完全竞争（Perfect Competition）。在这种市场结构中，存在着广大生产者，而且供应完全相同的产品，竞争者可以自由地进入或退出市场，但谁也无力影响价格，而只能接受由供求关系形成的价格。

垄断（Monopoly）。产业部门内只有一家厂商，既无对手，也无替代品，故它是价格的制定者。

不完全竞争（Imperfect or Monopolistic Competition）。部门内有很多生产者，虽出售同一产品，但具有差异性，这种差异性可能是客观的，表现在物质形态或品质上，如不同的档次、质量、规格、造型等；也可能是主观的，取决于消费者的信任和偏好，如商标、牌子不同而性能、质量实际上并无差异。因此，在不完全竞争条件下，不仅有价格竞争，更有非价格竞争。

寡占（Oligopoly）。少数几家大厂商在该行业内占了绝大部分生产和销售，其产品可以是有差异的，也可以是无差异的，如钢材、铝锭。大厂商既有垄断性，又相互竞争，而非价格竞争往往具有重要意义。

上述是从国内竞争来分析市场结构，如果从国际竞争的视野来看，各行业的产业集中度也是有很大差异的，有些行业被少数跨国公司所控制，国际竞争表现为几家大型跨国公司在世界市场范围内既竞争又合作的"战略竞争"，更多的行业则是大量中小企业在世界市场和各国区域性市场上的"原子竞争"[1]。美国经济学家钱德勒（A.D. Chandler）收集和分析了1973年401家雇员超过两万人的跨国公司在世界主要发达国家中的行业分布状况。在这401家大企业中，绝大部分集中在资金密集度高，规模经济优势明显的食品、化工、石油、金属材料和机械设备行业，而在劳力密集、规模经济优势不明显的服装、皮革、木材、家具和印刷行业中却只有27家，只占总数的6.7%。这说明，跨国公司

---

[1] 梁能：《跨国经营概论》，上海人民出版社1995年版，第29页。

在世界市场中的竞争强度是因行业而异的。在规模经济效益明显的行业，大型跨国企业的竞争强度就大，国际竞争主要表现为少数大型跨国企业的竞争，而在其他行业中，由于大型跨国企业的竞争强度小，国际竞争就表现为大量中小企业之间的竞争。

根据跨国公司在不同行业中竞争强度的不同以及产品的可贸易性关系，借鉴微观经济学中关于市场结构的类型划分，我们也可以把国际竞争中的市场类型做如下区分：

2.5.2 全球性竞争市场

全球性竞争市场的特点是跨国公司在行业中的竞争强度大，而国际贸易在该行业的产品销售中比重较高。例如，商用飞机、计算机、民用小汽车等行业就属于这类市场。在大型商用飞机生产中，美国的波音、麦道和欧洲的空中客车这三大跨国公司就几乎垄断了世界客机市场。这些行业中的产品虽然也采取了大量国际化生产方式以及伴随跨国生产所发生的资本流动，但一国市场的供求平衡主要是通过进出口贸易来实现，行业的国际竞争主要表现为产品在国际贸易和国际市场中的份额比重的增减。

全球行业的竞争特点是：资本实力的竞争、技术优势的竞争、国际化生产组织的竞争和战略联盟的竞争，见表2-4。

在资本上，全球行业的产品都是资金密集型的，其产品开发费用和固定资产投资规模都很巨大，因此资本实力是竞争取胜的重要因素（见表2-5）。据估计，开发一架新型商用飞机的科研和设计费用约为10亿美元；在计算机硅片生产行业，生产硅片的专用机械每台耗资100万美元以上，美国英特尔（Intel）公司的最新硅片生产厂，投资为13亿美元。因此，固定资产在全球行业产品的成本结构中所占比重很高。

表 2-4　国际竞争市场的四种类型[①]

		国际贸易在产品销售中的比重	
		高	低
跨国公司在该行业中的支配程度	大	全球性竞争市场：计算机、商用飞机、小汽车、消费电器，石油	多国竞争性市场：软饮料、快餐食品、居民银行业、洗涤剂
	小	大宗贸易品的竞争市场：粮食、矿产品，原材料、其他初级产品、纺织品、钢铁、船舶	纯国内竞争市场：商业零售业、个人服务业、修理业、公用设施业、家具

表 2-5　世界上雇员 2 万人以上的大公司分布情况（1973 年）

行业	合计（个）	美国（个）	英国（个）	德国（个）	日本（个）	法国（个）	其他（个）	资金密集度
劳力密集型行业：								
皮革	2	2						0.2
纺织品	13	7	3		2	1		1.0
服装	6	6						0.3
木材	6	4					2	
家具	0							0.6
印刷出版	0							1.3
总计	27							
中等资金密集型行业：								
金属制品	14	8	5	1				1.1
机械	34	22	2	3	2		5	1.4
电机	45	20	4	5	7	2	7	1.2
交通工具	45	22	3	3	7	4	6	1.3
仪器	5	4					1	1.7
总计	143							
高度资金密集型行业：								
纸张	10	7	3					2.7

[①] Doz, Y. L. (1986), "Government Policies and Global Industries," in Porter, M. E. (ed.), *Competition in Global Industries*, p.230.

（续表）

行　业	合计 （个）	美国 （个）	英国 （个）	德国 （个）	日本 （个）	法国 （个）	其他 （个）	资金 密集度
食品	39	22	13		1	1	2	1.8
烟草	7	3	3	1				1.8
化工	52	24	4	5	3	6	10	5.6
石油	26	14	2			2	8	12.2
橡胶	10	5	1	1	1	1	1	1.9
玻璃陶瓷	15	7	3			3	2	2.0
金属材料	48	13	2	9	5	4	25	2.7
其他	22	19	2	1				—
总计	231							
总计	401	211	50	29	28	24	59	

资料来源：Chandler, A. D. (1986), "The Evolution of Modern Global Competition," in Porter, M. E. (ed.), *Competition in Global Industries*, p.410。

注：资金密集度计算方法为每千名生产工人与固定资产开支（百万美元）的比例。例如在石油行业，每千名生产工人所需的固定资产支出为1 220万美元，而在服装行业只需要30万美元。

在技术上，由于全球行业的产品的技术密集度很高，不仅新产品的开发需要研究开发基础，需要在设计、工艺、生产技术上不断创新，而且即便是已经投产的产品，技术诀窍的掌握也是使产品单位成本下降的重要因素。例如从20世纪70年代以来，计算机硅片的生产成本大约每年下降25%，个人电脑的售价大约每年就下降50%。因此，技术优势是全球行业国际竞争取胜的重要因素。

在生产组织上，由于全球行业的产品技术复杂，需要许多配套行业和相关技术的相应发展，而这些配套行业和相关技术又需要其自身的配套行业和相关技术，一个企业要在全球市场领先，必须以领先世界的相关行业为依托。但任何一个国家的国内工业都只能在一部分行业中领先，不可能在所有相关行业都领先，因此，取得竞争优势的企业必然是在世界范围内筹划生产布局，组织原材料与零配件的采购，形成高效的国际化生产网络。因此,能够成功地组织国际化生产体系是全球行业竞争取胜的又一重要因素。

组织各种形式的战略联盟是全球行业国际竞争的常见基本手段,同时也是竞争取胜的要素。在竞争手段上,往往合作以对付另一个强者会使竞争更加有效,例如美国波音公司为了与日本企业结成联盟以对付欧洲空中客车,不惜向日本企业提供关键技术。而且,强强合作还是降低成本和实现经济合理性要求的途径,因为在全球行业中,既需要庞大的科研开发经费和固定资产投资,又需要全球市场。各个国家的相同企业独立承担费用和投资并瓜分有限的市场往往不具有经济合理性,而在科研开发和生产上结成战略联盟,共担风险,分摊成本,同时共同享有全球市场才能取得共同利益。例如20世纪60年代日本政府曾企图让三菱、富士和川崎三个财团共同生产YX11客机,结果总共只卖出182架,经济损失达1 000万美元,这使日本政府认识到单独竞争未必有利,并从而转向与波音公司协作共同开发商用飞机市场。

全球行业多数是由当代先进科技武装的新兴产业,往往体现一个国家的技术水平、产业水平和综合国力,因此成为各发达国家产业竞争的制高点。我国是发展中大国,目前虽无能力问鼎这些行业的全球优势,但这些行业多数已被我国列为支柱产业或新兴产业加以扶持发展,而且我国市场已被纳入这些行业的全球市场,我国能否在竞争中占有一席之地,取决于我国支柱产业和新兴产业的竞争实力。

2.5.3 多国竞争性市场

多国竞争性市场的特点是,虽然国际贸易只在这些行业的产品销售中占较小的比重,但这些行业中的跨国公司的竞争强度却较大。这是因为,这些行业的产品往往因为单价低、体积大,相对运费高(例如洗涤剂、感光材料),或是受产品本身消费特性的制约(如快餐、银行业),不适宜进入运输流动。但这些行业却是适宜跨国投资和生产进入的行业，跨国公司凭借其特定优势（如商标品牌、组织能力、营销技术等）进行跨国直接投资，在资本输入国设厂就地生产，就地销售，从而在东道国国内市场展开国际竞争。例如软饮料行业，可口可乐公司和百事可乐公司在世界各国投资设厂，它们除了彼此之间的相互竞争，也与东道国同一类企业进行竞争。可乐饮料除了浓缩液需从美国进口以外，罐装产品均为就地产销。其他比较典型的产品和行业还有洗涤剂、汽车轮胎、化妆品、快餐食品、感光材料、建筑材料、居民银行业和食品业。

企业在这种市场上竞争的成败，主要取决于当地市场本身的供求情况，因此，国际竞争范围是区域性而不是全球性的。在多国市场上销售的产品，其制造技术相对比较简单，高新技术和大规模生产的优势对竞争成败的影响不如全球行业那么显著，决定竞争成败的主要因素往往是生产管理技术和营销策略，如产品质量、形象、广告投资、营销技术和手段，竞争的核心点是以各种手段影响消费者的购买决定和品牌选择。虽然多国行业不需要全球行业那样花费巨额固定投资并采取大规模生产，但其产品成本中却需要投下相当比例的广告费用。在1989年美国广告开支最大的10家企业中，有8家属于多国行业，广告费最高的凯乐可（Kellogg）是世界食品加工的大跨国公司，其广告费开支在销售额中高达24.7%，而属于全球行业的通用汽车，其广告费只占1.4%。

表2-6透露出的信息是，跨国公司在多国市场的竞争，主要不是依靠生产技术的优势，而取决于市场的营销管理技术。这种特定优势，既可以是通过长期的广告投资而建立起来的信誉卓著的商标品牌，也可以体现为企业在长期经营管理实践中发展起来的一整套有效的管理体制、管理技术和经验。这种无形资产沉淀在企业长期的经营历史中，竞争者既不可能通过"赶超"方法跨越，也不可能通过解剖样本，用"逆设计"的方式去竞争取胜。因此，在多国市场上，产业竞争力在很大程度上取决于企业生产经营管理水平和市场营销水平。

表 2-6 美国广告开支最大的 10 家企业及其广告费用（1989 年）

名次	公司	广告费用（亿美元）	总销售（亿美元）	广告/销售之比（%）
1	Phillip Morris（烟草）	20.58	208.66	9.9
2	Procter & Gamble（日用品）	15.07	118.05	12.8
3	通用汽车	12.94	912.60	1.4
4	西尔斯·罗巴克（零售）	10.45	502.51	2.1
5	RJR Nabisco（烟草）	8.15	126.35	6.4
6	大都会（食品）	7.74	32.11	24.1
7	柯达（照相材料）	7.36	100.24	7.3
8	麦当劳（快餐）	7.28	113.80	6.4
9	百事可乐（饮料食品餐饮）	7.12	105.51	6.7
10	Kellogg（食品）	6.83	27.66	24.7

资料来源：Kotler, P., Gary Armstrong, John Saunders, and Veronica Wong (2001), "Principles of Marketing, 2nd edition," *Corporate Communications: An International Journal*, 6 (3)。

2.5.4 大宗贸易品的竞争市场

在大宗贸易品的竞争市场上，跨国公司在这些行业中的竞争强度较低，生产厂商小而分散；产品可贸易性强，价格在国际竞争中起重要作用。大宗贸易品市场类似于完全竞争市场，因此它才是一个真正的全球性市场。一国市场上的供求平衡大量地是通过国际贸易来实现，一国供求情况的变化可以直接导致世界价格的波动，行业国际竞争主要体现在出口数量增长和贸易条件变化上。

大宗贸易品市场的竞争特点是，由于产品本身的生产技术比较简单，科技水平、组织能力相对来源并不是很重要。而且这些行业一般市场竞争比较完全，市场进入的门槛也低，既不需大量投资和高新技术投入，也不需要建立精巧复杂的营销服务网络。竞争优势主要取决于丰富的自然资源和低廉的初级劳务成本。发展中国家通常就是以出口原材料、农产品和劳动力密集型制造业产品进入国际市场的。但是这些行业中的竞争优势一般很难在一国长久保持。往往随着经济发展和人民收入提高,劳动力成本上升,这种竞争优势就会转向收入水平更低的国家。例如,"亚洲四小龙"的经济发展,使制造业工资不断上升,从而导致这些行业竞争优势的丧失。新加坡制造业的工资从1973年的每小时0.36美元上升到1991年的每小时3.74美元,平均每年递增13.9%[①]。大大超过了东盟国家和中国制造业工资的平均增长速度,从而造成这些行业竞争优势转向东盟和中国。

2.5.5 纯国内竞争市场

纯国内市场的产品一般不进入国际贸易,也较少有跨国公司参与经营。属于这一行业的有商业零售业、个人服务业,如理发、牙医、小学、修理业以及餐馆、小型娱乐场所(酒吧)、公用设施、基础设施和家具业等。由于纯国内市场的供求关系一般不通过进出口来调节,主要依靠本地市场平衡,加上纯国内市场上的产品和服务,在生产和营销技术上都比较简单,或者其技术主要表现为个人掌握的经验和技巧,跨国公司没有明显的优势,但同样也存在跨国投资和跨国经营引起的国内市场国际竞争问题。这些行业的竞争优势一般取决于企业的经营管理水平,这种水平一般又体现在产品和服务的质量、价格等多方面。此外,区位优势所产生的土地级差收益也是其重要因素。如商业网点、水、电、高速公路、桥梁等基础设施的经营,一般取决于特定区位中的人口规模、收入水平和货物流通量等经济成长因素。

2.6 经济分析框架:价值链方法

不同国家同行业的国际竞争力比较,实际是以最终产品的分工特性

---

① 参见https://stats.oecd.org/Index.aspx?datasetcode=TIVA_2018_C1#。

来定义的。但是,在世界经济一体化的发展过程中,生产国际化日益使许多行业部门之间的专业化转向部门内部(Intra-industry specialization),而且这种以科技优势为基础的产业内部专业化,构成了新国际分工的主导模式,见图 2-1。

2.6.1 国际分工的变化与产品"国籍"

日本学者池本清[①]将国际分工作解释如图 2-1:

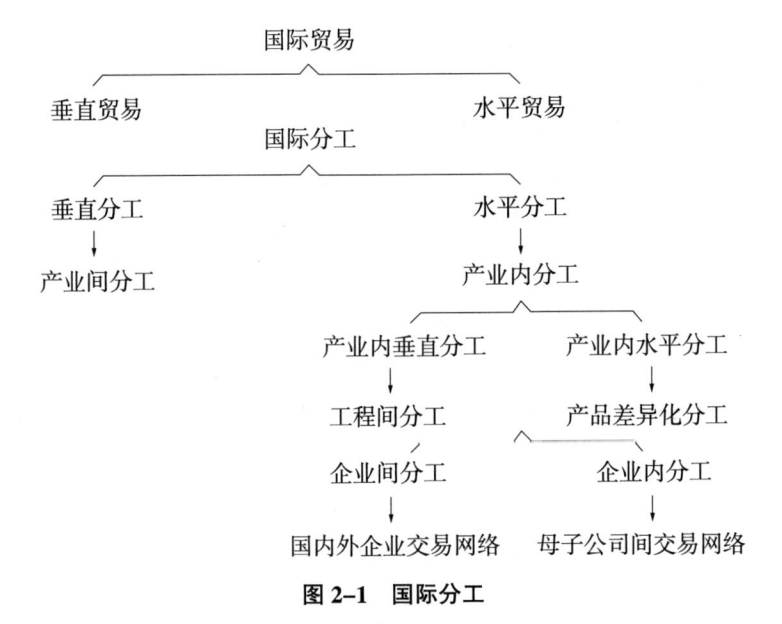

```
                        国际贸易
                   ┌──────┴──────┐
              垂直贸易            水平贸易
                        国际分工
                   ┌──────┴──────┐
              垂直分工            水平分工
                 ↓                  ↓
              产业间分工          产业内分工
                           ┌──────┴──────┐
                    产业内垂直分工      产业内水平分工
                         ↓                  ↓
                      工程间分工          产品差异化分工
                         ↓                  ↓
                      企业间分工          企业内分工
                         ↓                  ↓
                  国内外企业交易网络    母子公司间交易网络
```

图 2-1 国际分工

垂直分工(Vertical Division of labour)是指部分国家供给初级原料,另一部分国家供应制成品的分工形态;水平分工(Horizontal Division of labour)则指制成品间的贸易。

水平分工又可分为产业间分工(Inter-industry division of labour)

---

① 池本清「国際的な水平分業と対外直接投資」、日本文化大学『第四回多国籍企業国際シンポジウム論文集』、1988 年 11 月。

及产业内分工(Intra-industry division of labour),前者是指不同产业制成品间的贸易,即按资本密集程度、技术差距形成不同产品或不同生产环节的"工程间分工"。产业内水平分工又称为"产品差异化分工"(Product Differentiation Type of division of labour)。不论是产业内垂直分工或产业内水平分工的产业内贸易,都有母子企业间与国内外企业间两种贸易方式。

第二次世界大战后,产业内分工和产业内贸易发展很快,到20世纪60年代,美、英、法、德、日、意、荷、比、卢、加拿大、澳大利亚11个主要工业国的产业内贸易约占其全部对外贸易总额的一半,其中以机械工业和化学工业最为突出。[1]1975年,美国经济学家赫伯特·格鲁贝尔(Herbert Grubel)和彼德·罗伊德(Peter Lloyd)选择了10个工业化国家的贸易统计数据验证了主要贸易国产业内贸易的重要性,结果发现,有半数以上是产业内贸易。[2] 随着生产国际化的发展,这种产业内分工和产业内贸易也扩展到发达国家与发展中国家之间、发展中国家与发展中国家之间。

在上述产业内分工和国际专业化模式中,本来在一个企业内部进行的设计、研制、零部件的加工或购入、组装和总装、推销等一系列活动环节分布到了国外进行,即企业内的不同部门、工厂、车间,甚至工段、工序,都可在国际范围内安排定位,这实质上是企业内部分工的国际化。而这种国际化往往使不同生产环节的企业所有权归属和中间产品所有权归属发生变化。一个行业和一种最终产品往往有多个参加生产加工的国家,从而使界定一种最终产品的具体国籍发生困难,使同一行业的国际竞争力比较发生困难。举例来说,若干个发达国家生产和

---

[1] 王林生:《跨国经营理论与实务》,第30—31页。
[2] Pomfret, R. (1991), *International Trade: An Introduction to Theory and Policy*, Wiley-Blackwell, p.25.

提供一项高新技术产品的关键部件,而由一个发展中国家将这些部件简单加工装配,如果以最终产品的原产地来界定这项产品国籍,进而确定这个发展中国家在该产品和该生产行业中的国际竞争优势,显然不符合实际情况。

那么由谁来代表该产品和该行业的竞争优势国家呢?谁都会说当然应由掌握最核心技术的研制及其产品生产的国家才有资格代表该产品和该行业的竞争优势国家,但这种原则性的定义并无经济分析意义,需要借助一种具体的经济分析方法来说明和体现原则性定义。这就需要排定生产该产品的不同国家的国际分工位次,而这种排序不是笼统地按国家经济实力大小等指标来衡量,而是用该产品的"价值链"的分析方法来解剖不同国家的竞争优势所在及其贡献大小。

2.6.2 价值链分析方法

"价值链"这一术语首先是由波特教授提出来的,他给这一术语下的定义是:"在一个特定行业中开展竞争的所有活动都可以用下图加以综合归类,这就是我所说的价值链(the Value Chain)。在价值链中的所有活动都构成购买者价格的一部分。从广义上说,这些活动包括生产过程、营销、传送,以及产品服务(初级活动);还包括投入品采购、技术、人力资源,其他支持活动(辅助活动)的所有基础设施功能的提供。每项活动都需采购原料、雇用人力资源、综合利用不同技术,利用企业基础设施,例如一般管理和财务。"[1]

研究跨国公司的专家认为,由跨国公司组织的国际化生产网络体系,就是一个价值链:"跨国公司在国内外的产销经营,也即其在国内外的价值增值活动紧密结合为一体,其'价值链'在跨国公司共同管理

---

[1] Porter, M. E. (1990), *The Competitive Advantage of Nations*, p.40.

下具有国际性质。"①

从图 2-2 可以看出,"价值链"分成上下两部分。上部是"支持活动",即企业的辅助性增值活动,包括企业组织、人事管理、技术开发和采购。这里的技术和采购是广义的,既包括生产性技术,也包括非生产性技术的开发管理,如决策、信息、调研、计划、财务;采购管理既包括生产原材料和投入品,也包括其他资源投入的管理,如聘请有关咨询公司为企业进行广告策划、市场预测、法律咨询、信息系统设计和长期战略计划等。下部是"基本活动"即企业的基本增值活动,也就是生产经营的各个环节。如材料购进、产品开发、生产加工、成品发运、市场营销和售后服务,这些活动都与商品实体的加工流转直接有关。

"价值链"的各个环节之间相互关联、相互影响,特别是上一个环节对下面的环节有直接的影响。例如原材料供应的及时与否、质量高低,对生产加工过程和产品质量有直接影响。但每个环节对其他环节的价值增值有多大影响,需视其在价值链上的位置重要程度,或视特定行业的价值链上的位置重要程度而定。例如,在瑞士手表行业的价值链构成中,零售环节占价值增加的 50%,而装配环节只占 3%,其他依次是,零件生产占 27%、批发环节占 20%。② 一般来讲,企业的价值创造活动可以被分为"上游环节"和"下游环节"。材料供应、产品开发和生产加工可以归入"上游环节";成品发运、市场营销和售后服务可以归入"下游环节"。上游环节的经济活动中心围绕产品、产品技术特性在价值增值中起决定作用;下游环节的活动围绕消费者、营销管理技术在价值增加中起决定作用。

---

① 王林生:《跨国经营理论与实务》,第 32 页。
② Mintzberg, H. and James Brian Quinn (1991), *The Strategy Process: Concepts, Contexts, Cases*, Prentice Hall.

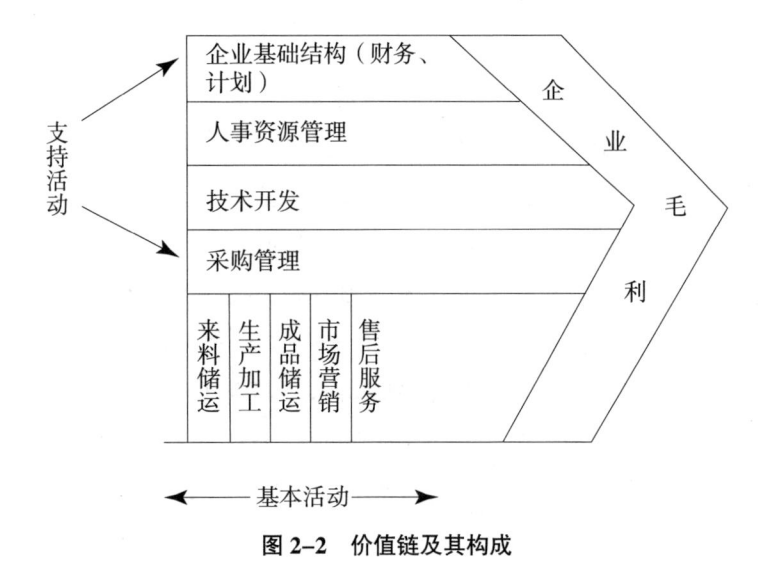

```
                    ┌─────────────────┐
              ┌────→│ 企业基础结构（财务、│╲    企
              │     │ 计划）           │ ╲
         支   │     ├─────────────────┤  ╲   业
         持   ├────→│ 人事资源管理      │   ╲
         活   │     ├─────────────────┤    ╲ 毛
         动   │     │ 技术开发          │    ╱
              └────→├─────────────────┤   ╱  利
                    │ 采购管理          │  ╱
                    ├──┬──┬──┬──┬─────┤ ╱
                    │来│生│成│市│售   │╱
                    │料│产│品│场│后   │
                    │储│加│储│营│服   │
                    │运│工│运│销│务   │
                    └──┴──┴──┴──┴─────┘
                      ←──── 基本活动 ────→
```

图 2-2　价值链及其构成

无论是生产性行业还是服务性行业，企业的经济活动都可以用上述价值链加以分析，只是不同行业的价值链构成并不完全相同，而同一环节在各行业价值链中的重要性也不同。例如初级产品的生产加工相对简单，一般也不需要广告营销和售后服务，竞争主要表现为价格竞争；制成品中的专用机械设备，只有面很窄的特定消费群，广告营销相对次要，而产品技术特性和售后服务则在竞争中起决定作用；大众消费品往往销售量大、顾客群广、交易次数频繁，价值链下游环节的营销组织体系在行业价值链上的地位就显得十分重要，是影响竞争成败的关键环节。与各个行业影响竞争成败的关键环节相对应的是，在不同行业价值链中增加价值比重最大的恰恰也是这些关键环节。

在跨国生产经营中，价值链各环节的跨国分布衔接形成行业内国际分工。这种国际分工依据的是各环节对生产要素配置的比较优势。例如，产品的研制开发环节要求在科研、技术专门化教育等人力资本上有比较优势；零部件的装配环节要求在廉价的非熟练劳动力供给以及企业管理方面有比较优势。不同国家依据各自的比较优势，在价值链上占据其特定的环节,从而导致国与国之间在同一价值链上进行不同环节的分工。在这里,一国的竞争优势不是体现在最终产品上,而只是体现在某个经营环节的价值活动上。

价值链理论的一个重要观点是,在不同国家和众多企业参与的价值活动中,并不是每个环节都创造价值,实际上只有某些特定的价值活动才真正创造价值。这些真正创造价值的经营活动,就是企业价值链上的"战略环节"。企业在竞争中的优势,实际上是企业在价值链某些特定的战略价值环节上的优势;同理,国家在某个行业中的竞争优势,实际上也是这个国家在该产品价值链上某些特定的战略价值环节上具有的企业优势。

2.6.3 价值链方法的运用

运用价值链的分析方法来比较产业的国际竞争力,就是比较哪个国家在特定行业中具有某些特定环节的垄断优势,哪个国家抓住了特定行业中的这些关键环节,也就抓住了整个价值链。这些特定环节就是行业的战略环节。这些决定国际竞争中经营成败的战略环节可以是产品开发、工艺设计,也可以是市场营销、信息技术,或者是人事管理等等,视不同的行业而异。在高档时装业,这种战略环节一般是设计能力;在大众消费品行业,这种战略环节主要是广告宣传和公共关系策略;在专用设备制造业,这种战略环节主要是设计和工艺技术;在餐饮和零售业,这种战略环节主要是地理位置的选择。

一个国家要保持住某个行业的竞争优势,关键是要掌握这一产品价值链上战略环节的垄断优势,而并不需要在所有的价值活动上都参与或具有比较优势。当战略环节掌握在一个国家的民族企业手中时,很多非战略性活动完全可以通过股权或非股权方式分别在世界各地进行,从而得以利用各国的比较优势以降低成本。这种战略环节也可以仅仅表现为能够高效地组织国际化生产的管理经验及其技术本身。特定行业的国际竞争优势，必定是来自该产品价值链上战略环节的垄断优势，这种垄断优势会以各种形式出现，也因行业而异。例如可以是垄断原材料，垄断关键人才，也可以是垄断关键销售渠道和重要市场等等。在很多要靠特殊技能竞争的行业，如广告、电影、表演、体育等行业，这种垄断优势通常来自对若干关键人才的垄断；在很多要靠产品特色竞争的行业，这种垄断优势往往来自对关键技术或原料配方的垄断；在高科技行业，垄断优势则是来自对若干关键生产技术的垄断。

不仅在价值链的下部，即基本活动的上下游环节会产生因行业而异的战略环节，而且在上部，即"支持活动"或辅助性增值活动的环节也会产生因行业而异的垄断优势。上面所说的组织国际化生产的管理经验和技术就是价值链上部的某些行业的战略环节。例如美国国际商业机器公司（IBM）在世界计算机市场上的竞争优势，很大程度上来源于其覆盖全球的强大的组织体系，这种组织体系是在设计、生产、销售和维修大型商业计算机的长期过程中发展起来的。但IBM在个人电脑生产方面却相当落后，而且并不生产个人电脑的关键部件，标有IBM牌号的个人电脑所使用的元器件都是IBM向其他公司采购来的，但IBM凭借遍及全球的组织结构和维修服务网络，以及当年建立起来的"高质量服务"的信誉，仍然在剧烈的个人电脑的国际竞争占据优势，其优势显然是来源于声誉和覆盖全球的销售、维修、服务的组织体系，这一体系是个人电脑产销价值链上的战略环节，IBM控制了它，也就抓住了个人电脑的价值链，使IBM在个人电脑业竞争中保持优势地位。[①]

从国际分工位次上考察不同国家在价值链上所能占据的环节，就

---

① Hax, A. C. and Nicolas S. Majluf (1988), "The Concept of Strategy and the Strategy Formation Process," *Interfaces*, 18 (3).

可以发现一种较为普遍的现象：在特定行业最具有竞争力的国家占据具有垄断优势的战略环节，从而提供价值链上最多的价值增加量；往往一个行业中最有竞争力的国家不是一个，而是少数几个，它们占据的战略环节虽不具有垄断优势，但仍有寡占优势，因此也往往提供价值链上相对较多的价值增加量；在特定行业中不具有很强竞争力的国家一般不可能占据拥有垄断优势或寡占优势的战略环节，但有时可能占据因产品（服务）差异化所产生的不完全竞争优势的环节，从而也可以提供价值链上一定量的价值增加；而在特定行业中不具有国际竞争力的国家，虽然也可以凭借本国的某些比较优势参与国际价值链生产，但它处于国际上的完全竞争市场，只能占据国际价值链生产中的完全竞争环节，只能在价值链生产中提供很小的价值增加量。

通过国际价值链生产过程的市场结构分析，我们也可以分析特定行业中多国籍生产的行业竞争优势及其国籍排序。至少，可以得出四种类型的竞争力排序：在该行业中最有竞争力的国家占据垄断优势环节；在该行业中竞争力强的若干少数国家占据寡占优势环节；在该行业中有一定竞争力的国家占据不完全竞争环节；在该行业中最缺乏竞争力的国家占据完全竞争环节。这四种竞争力等级的划分既可以进行定性分析，也可以进行定量分析。定量分析的依据就是特定行业的价值链构成。按照价值增加量的大小排定不同环节的优势等级，再按不同优势等级环节的国籍归属，排定该行业国际竞争力的不同顺序。以瑞士手表业为例，其价值增加的50%来自营销环节，占据该环节的国家就是手表业最有国际竞争力的国家；价值增加的27%来自零件生产环节，占据该环节的国家就是手表业次级竞争力的国家；批发环节提供20%的价值增加量，占据该环节的国家就是第三等级国际竞争力的国家；而装配环节只提供3%的价值增加量，占据该环节的国家就是最后等级国际竞争力的国家。

2.7 本章小结

①作为国际经济学的研究对象,资本流动的内涵界定实际上是居民的一部分储蓄或社会的剩余劳动积累在不同社会再生产体系、不同社会经济分配体系、不同的政府宏观决策管理体系之间的移动,当它是货币形态时,跨越不同的通货区,当它是货物形态时,跨越不同的关税区。因此,资本跨国界流动的经济分析范式同样适用于资本在不同关税区和通货区的流动。

②服务于特定经济分析目的前提下,产业的概念是清晰的,即同一属性产品和服务的集合、同一属性的生产经营活动的集合以及同一属性企业的集合。以分析国际竞争力为目的时,产业的定义是:同类产品及其可替代产品(含服务)的集合、同类产品及其可替代产品的生产经营活动的集合,以及生产经营同类产品及其可替代产品的企业的集合。

③区分民族企业与外国企业的主要标准有三条:所有权归属(在中外合资企业中是股权比例);经营管理权归属;技术控制权归属(包括品牌商标等无形资产)。通常情况下企业的"国籍"是认定产品"国籍"的前提,但在国际生产一体化的情况下,产品"国籍"的认定不仅要看原产地,还要依据产品增值比例,增值比例一般更能反映国民的创造力和生产力,因此用这个标准认定产品"国籍"才更符合事实。

④在经济研究中,特别在研究不断出现的新问题中,探讨和确立一个科学的经济分析框架,首先就是一个很重要的学术研究任务。作者的研究表明,产业国际竞争力的经济分析框架主要是由以下三种方法来支撑:第一是行业分析方法。笼统讨论国家竞争优势是不确切的,任何一个国家都不可能在所有行业都具有国际竞争优势,因此,国际竞争力问题应从行业角度来考察。而在集中度高的行业中,行业分析往往离不开对某些大企业的考察。第二是竞争市场分类方法。由产业的概

念可以推导出很多行业,行业太多,以致行业分析发生困难,分析所有行业一般不太可能,要使行业分析具有典型意义而又不须面面俱到,就需要对竞争市场进行分类。根据这种分类才能找到具有代表性或典型意义的行业。依据竞争方式和竞争主体的结构差异,竞争市场可以划分为四类:全球性竞争市场、多国竞争性市场、大宗贸易品竞争市场、纯国内竞争市场。第三是价值链分析和国际分工位次方法。在国际化生产条件下,一个行业和一种最终产品往往有多个国家的企业参与生产加工,这使界定一种最终产品的具体国籍发生困难,也使比较该行业的国际竞争力发生困难,因此需要引入价值链的分析方法来对参与国的国际分工位次加以排序,从而才能比较各个国家在该行业中的竞争力。

第三章 竞争力指标与竞争力来源

3.1 产业竞争力指标的分析

显示一国某个行业国际竞争力状态,可以设定一些指标来衡量;分析一国某个行业国际竞争力源于何方,也可以设定另一些指标进行解释,因此关于产业国际竞争力的指标实际上有两类:一类是显示性指标,即它说明国际竞争力的结果;另一类是分析性指标,即它解释为什么具有国际竞争力的原因。

3.1.1 显示性指标

从某一个时点来看,显示一国一行业国际竞争力的强弱标志显然是一国某种工业品在世界市场上的占有份额,而且从长期的和一般的意义上说,占有市场份额是以盈利为目的的,因此是能够带来利润的。这就是市场占有率和利润率两个指标。

市场占有率指标直接反映某行业或某产品国际竞争力的实现状态。具体来讲,该指标是指在开放经济条件下,某种本国工业品销售额占该类产品在国际贸易市场上总销售额的比重,即某种国产工业品出口额占全世界同类产品出口总额的比重;以及在该类工业品的主要进口国市场上,从本国(例如中国)进口的某种产品占该进口国该类产品总进口额的比重。这个指标很简明,其经济分析意义也很明显,它表明在国际市场竞争中,一国的某个行业所据有的实力地盘。因此经常在实际统计和分析报告中采用。

利润率指标也能直接反映企业和产品的国际竞争实现状态。从企业层次和微观意义上分析,企业参与国际竞争的根本目的是通过占领并扩大市场来获取更多利润,因此,不能获得利润的产品不可能长久地占有市场。当然利润率指标只能衡量一国各个企业所生产的产品是否具有国际竞争力,而不能直接说明整个行业的状态。而且关于企业的获利指标的统计数据远不如关于产品市场份额的统计资料那么容易获得和准确可靠,因此,在假定所获利润与市场占有率成正相关前提下,市场占有率指标一般可以替代利润率指标。美国市场营销学界有一种观点认为,较大的市场占有率比现实的利润更重要。美国哈佛大学策略规划研究所曾采取保密方式对数百家美国主要公司进行调查。结果表明,市场占有率达到10%的公司,其税前投资报酬率即可高出5%;市场占有率超过37%的公司,其平均投资报酬率要比市场占有率在7%以上的公司高出两倍。市场占有率的影响是如此之大,甚至就连那种自认为质量不如别人,但却享有较高市场占有率(26%以上)的公司,其投资报酬率还是超过那些质量较优,市场占有率却较低的公司。[①]

但是,无论是市场占有率指标还是利润率指标,都不能完全说明生产国际化和产业内分工与贸易形式下一国的产业竞争力状态。因此要运用价值链的分析方法来计算价值增加量。价值增加指标或增值率指标是一个重要的实现指标。

产品增值率指标也比较简便可计算。一般来讲,在产业内分工和贸易的情况下,产业内进口物品金额与加工后出口物品金额之比,基本可以体现产品增值率和当地化水平。这种计算办法既可以反映一个企

---

① 〔美〕路易士、〔美〕阿里森:《全球经济大战》,黄宏义译,中国友谊出版公司1985年版。

业的情况,也可以反映一类产品的情况。将国内环节的增值率指标与国外某一环节或其他环节的增值率指标相比较,就可以体现一国的产业国际竞争力水平或它所处的国际分工位次。在国外其他环节的产品增值率指标不易获得的情况下,通过国内环节产品增值率的动态变化,也可以从一个侧面反映该行业国际竞争力是趋向相对提高还是下降。

运用数学公式来计算国际竞争力相对水平与动态变化的显示性指标有以下四种:

第一是"贸易专业化系数"(Trade Specialization Coefficient, TSC)。[①] 基本公式是:

$$\frac{出口-进口}{出口+进口}$$

当 TSC=1 时,即完全出口专业化,TSC=-1 时,为完全进口专业化。一国某产品的国际竞争力指数等于

$$\frac{一国 A 产品对世界出口额 - 一国 A 产品从世界进口额}{一国 A 产品对世界出口额 + 一国 A 产品从世界进口额}$$

一国与另一国某产品的国际分工状态也反映双方在某产品上的竞争力水平,其指数等于

$$\frac{A 国对 B 国 a 产品出口额 - A 国从 B 国 a 产品进口额}{A 国对 B 国 a 产品出口额 + A 国从 B 国 a 产品进口额}$$

计算结果趋向于 1 时,表明 A 国 a 产品竞争力强,对 B 国形成垂直分工,而趋向于 -1 时,表明 B 国 a 产品竞争力强,对 A 国形成垂直分工,结果趋向于零时,表明两国处于水平分工状态,双方因产品差异化而各有竞争优势。这个计算方法对于计算贸易性强的产品和行业具有实际分析意义。

---

① 参见林彩梅:《多国籍企业论》,第 749 页。

第二是出口绩效相对系数(index of relative export performance),其计算公式是：

$$R_{ij} = \frac{X_{ij}}{\sum_{i=1}^{m} X_{ij}} \bigg/ \frac{\sum_{j=1}^{n} X_{ij}}{\sum_{i=1}^{m} \sum_{j=1}^{n} X_{ij}}$$

这里,X_{ij}表示i国j类商品的出口值；

i表示不同国家,$i=1$,…,m；

j表示不同商品,$j=1$,…,n；

R_{ij}表示i国j商品的出口绩效相对指数。

式子中的分子表示i国j商品的出口额占j商品世界总出口额的比重,分母则表示i国总出口额占世界总出口额的比重。当i国j商品出口在世界上的相对占有率大于该国总出口在世界上的相对占有率时($R_{ij}>1$),则表示i国在j商品的生产和出口方面具有相对较高的专业化水平和出口竞争力。[①]

第三是固定市场份额模型(The Constant Market Share Model)指标,一般简称CMS指标。这个指标的基本含义是,一定时期内,本国某产品的出口增长率与为保持该产品原有的市场占有份额应有的出口增长率之差。若其数值为正,则表明一国该类产品在这一时期内的出口竞争力相对于其他出口国有所提高,反之,则表明本国竞争力下降。由于很难测定保持原有市场份额应达到的出口增长率,这一指标的实际运用有一定困难。

第四个指标是反映贸易结构与贸易依存状况的指标,但在一定意义上也可以反映产品的国际竞争力,这就是经常被人们提到的"显示性比较优势指标"(Revealed Comparative Advantage Index),一般简称RCA指标,该指标的基本含义是：在甲国市场上,从乙国进口的某种产

---

① 参见王新奎：《国际贸易与国际投资中的利益分配》,生活·读书·新知三联书店上海分店、上海人民出版社1995年版,第87页。

品占该产品进口总额的比重,与从乙国进口总额占甲国进口总额的比重之商,或者是某国出口商品比重与世界出口商品平均比重的比。一般认为,若RCA指标大于2.5,则表明乙国的出口产品(或产业)具有极强的竞争力;若RCA指标小于2.5大于1.25,则表明乙国该产品具有较强竞争力;若RCA指标小于1.25大于0.8,则表明该出口产品具有中度竞争力;若RCA指标小于0.8,则表明乙国该产品的竞争力较弱。用贸易结构和贸易依存关系来解释国际竞争力实现状况,符合比较优势关于竞争力来源的学说,在要素成本优势起决定作用的那些行业,这个指标仍然是有意义的,在要素成本优势不是很重要的行业中,这个指标也仍有参考价值。

上述四种计算方法都是建立在国际贸易理论基础上的,国际贸易的实证学者通常用这四种方法来代替复杂的成本分析,作为衡量一国某类出口商品国际竞争力及其比较利益强弱的指标。在国内市场开放的条件下,国内市场的国际竞争也越来越激烈,因此也可以把上述指标加以适当改造后用以分析国内市场的国际竞争,其道理也是相同的。如也可计算某国产品在国内市场上的CMS指标和RCA指标。

3.1.2 分析性指标

分析性指标反映的是,竞争力已经得到显示的解释变量或未实现的竞争潜力。这些指标所反映的变量因素可以决定产品在国际市场上的竞争结果,或者可以解释为什么各国的产品在国际市场上会具有不同的竞争力或竞争结果。从原因分析的相关性的贴近程度和它所包含的影响范围来看,分析性指标又可以分为直接原因指标和间接原因指标。

3.1.3 直接原因指标

直接原因指标可以分成三大类:

第一类是与生产率有关的各项指标,如劳动生产率、成本、价格、企业规模等。

劳动生产率可以用人均年产值来显示。它说明在一种产品生产中活劳动推动其他要素发挥作用的能力以及其他要素,特别是技术要素在产品价值创造中的比重。它还是产品成本与价格的重要决定因素。不同国家在同一种产品的生产中,不同劳动生产率对于其竞争力的比较是不言而喻的。反过来,不同国家同一产品的竞争力强弱,劳动生产率的差异往往是第一个直接原因,这一指标一般比较易于获取。

产品价格指标也是相对比较容易取得和处理的统计指标。相同的产品在同一市场上,价格较低就具有较高的竞争力,微观经济学在分析中假定商品的销售量是随商品的价格下降而上升,就是以现实生活中的普遍事实为依据的。因此,比较不同国家的企业所生产的相同产品在同一市场上的销售价格,可以说明各国同一产品的国际竞争力差异。由价格可以引申出汇率,它是不同货币的比价关系,会影响商品的相对价格,从而导致同一商品的国际竞争力变化。

成本高低是决定价格的基础,因此也决定产品是否具有价格竞争优势和获利能力。一国某种产品的平均成本是该国该种产品国际竞争力的重要直接原因。但一般一种产品的平均成本不易取得和处理,往往只能得到其中一两种的成本因素数据,如劳动价格、原材料价格、能源价格等,当只能分析一两种成本因素数据时,判定一国产品是否具有国际竞争力就难以下确定的结论,只能作为参考指标。

企业规模也可以作为行业或产品是否具有国际竞争力的直接原因指标。从理论上说,在垄断竞争条件下,企业的规模化生产与长期成本的下降趋势相联系,在规模经济要求强的行业中,这种下降趋势体现得更为明显。因此,一般来讲企业规模大,可以增强本企业产品市场竞争的综合实力,一国一行业的企业规模结构大型化也可以增强该国该行业产品的国际竞争力。当然，企业规模经济在不同行业中的标准不同，不同行业的适度规模标准也不同，这里仅是对非规模化生产的优势而言。企业规模也是比较易于计量的指标，例如，一国生产某种产品的企业平均规模（人数、生产能力、资产等）、某种产品的市场集中度（最大的几家或几十家企业的产量占全国该产品总产量的比重），在世界大企业排序中本国企业的位次等，都可以成为反映一国该行业规模状况的有效指标。与企业规模相联系的还有资本实力。产业的国际竞争，归根到底是资本实力的国际竞争。反映资本实力的指标有：一国同类产品企业的资产总量、全年投资规模、每个企业的平均资产量、每一投资项目平均的投资强度等等。

第二类指标是与市场营销有关的各项指标，如品牌商标、广告费用、分销渠道等。

品牌或商标已愈来愈被人们看作是市场竞争力的一个重要因素。品牌是商品特质的识别标志，名牌产品用它使自己与其他同类产品区别开来，从而产生一种特有的竞争力，在产品市场趋于饱和的状态下，市场竞争愈激烈，品牌竞争就愈能发挥其市场竞争优势的作用，往往一种品牌可以直接代表某一企业所生产的产品的市场优势。例如IBM在计算机业的巨头地位，在汽车市场上"奔驰""福特""丰田"都是差别化产品的著名品牌，代表不同国家汽车工业的竞争力。品牌在市场竞争中的重大作用使其自身获得了巨大的市场价值，并可标价与交易。一些国际营销界专家甚至认为，世界各大公司最有价值的资产是产品的品牌：排名第一的"可口可乐"商标价值高达359.5亿美元；排名第二的"万宝路"价值330.45亿美元；排名第三、第四的"雀巢""柯达"，价值分别为115.49亿美元和100.20亿美元。[①] 品牌指标也易于统计和

[①] 吴明："世界20项著名商标的价值（1994年）"，《中外管理》，1997年第10期。

获得。名牌的识别标志主要是通过消费者的认同,达到一定市场占有份额的产品即可认定为是某一产品的品牌,在同一行业中,品牌的多少个数和估价是观察该行业国际竞争力的一个标志。

广告费用指标是一个易于量化比较的指标,它直接反映企业在市场营销环节所付出的努力,从而可能成为提高市场占有率的重要原因。特别对于大众消费品或在多国市场上销售的产品,其制造技术相对比较简单,尖端技术和生产环节的规模经济对竞争成败的影响不那么显著,决定竞争成败的主要因素在于价值链的"下游"环节,如产品形象、广告投资、分销渠道和促销手段等。其中,广告投资是建立世界知名商标品牌的重要手段,因此,通过广告费用指标的衡量,可以反映企业在市场营销环节上的优势状况,成为分析某一产品取得国际竞争优势的一个重要原因。

分销渠道主要是指产品通过何种方式(批发和零售)到达市场。一般情况下,市场占有率高的产品,其分销渠道也多,渠道形式也具有多样化特征;反过来,分销渠道多的产品必然也有助于开拓市场,提高市场占有率。分销渠道有的是由本企业来经营,因此可以表现为销售网点的分布和数量;也有的是由别的企业代理经营,可以表现为代理商或客户的分布和数量。用指标术语来表现分销渠道状况,可以用销售网点指标和代理商(客户)指标来表示。通过这两个指标的比较,可以反映一国某种产品是否具有营销优势,从而解释其具有国际竞争力的直接原因之一。

第三类指标是与企业的组织管理有关的各项指标,如售后服务网点和全球质量保证体系等。

从一般的意义上说,经营管理对产品国际竞争力有广泛影响,如良好的经营管理可以提高效率,降低产品成本;可以促进新产品开发和技术更新;可以促进产品营销,扩大市场占有,但这些解释都过于间接,不能反映企业组织管理对竞争力的直接功效,而且难于计量。另外一些指标虽然可以计量,如经营管理人员的知识构成、教育水平构成,现代化办公技术手段的拥有数量以及使用情况,等等,但这些指标更间接,有时很难说明是竞争力的来源。而从跨国经营的商务实践角度看,服务网点的设置和全球质量保证体系既是企业组织管理水平高低的直接体现,也是企业竞争力的重要来源,而且这两个指标也易于取得和分析处理。服务网点按目标市场细分予以合理设置是保证市场占有率的重要措施,特别对于需要售后服务的产品,服务网点的设置甚至对市场占有率有决定性的意义。服务网点指标通常易于量化比较。

全球质量保证体系对于跨国化生产和全球连锁式经营的产品和服务至为关键,在这些行业中,有无全球质量保证体系是能否覆盖全球市场或区域市场的竞争优势来源。以麦当劳快餐为例,其炸土豆条、烤汉堡包的烹调技术虽然重要,但并不是不可超越,餐饮业的其他企业也有可能开发出水平相当或口味相似的快餐。而真正难于做到的是,麦当劳的全球质量保证,它要求全球一万多家麦当劳快餐店炸出的土豆条在任何时候都喷香可口,几十万雇员都能按麦当劳的服务标准接待顾客,为实现这种全面质量管理,麦当劳设有专门的"汉堡包大学",有一整套行之有效的培训和管理办法。在制造业中,IBM 的例子也与此相似。

3.1.4 间接原因指标

波特的"国家竞争优势四因素"模型实际上解释了产业国际竞争力的间接原因,或者也可以说是深层次的原因。如果把波特四因素中的一些因素指标化,可以得到一些重要的间接原因指标,这些指标从理论上说也具有重要的经济学分析价值。

(一)生产要素类指标

申请专利技术项目及其估价。这是反映高等要素[①]的一项可量化指标,专利技术是开发新产品和独家产品的技术实力标志,其供给的稀缺性显而易见,对专利交易的估价是其技术实力的市场价格。一般这个指标比较易于统计,而且具有透明度,是重要的可分析指标。

研究开发费用占生产总成本的比重。这也是反映高等要素的一项可量化指标。高等要素的开发需要大量投资,其中包括企业投资和社会投资。从产品开发角度看,企业投资占主要地位。具有国际竞争力的企业,一般研究开发费用在生产总成本中的比重都相当高,因此是解释国际竞争力的一个重要原因。在进行个案调查条件下这个指标可以获得,但一般难于得到行业性统计数据。如果能搜集到该行业若干领先企业的个案数据,一般也能说明问题。

做出过技术发明和技术创新的工程技术人员的数量及其在专业人才中的比重。这是反映特殊要素的一项可量化指标。这里可以把这种有贡献人才称作特殊人才,以区别于其他同样受到过高等教育的通用人才。当然,波特说的特殊人才绝不仅仅限于这里讲的有贡献人才,有些技术出于保密需要,不经过社会评定和认可,掌握这些技术的特殊人才可能并不为世人所知;还有些技术诀窍(Know-how)难以进行社会评定,但实际又很重要,掌握这些技术诀窍的人也不易于出名。因此,这些特殊人才很难进行社会统计。所以,可以进行调查统计的只能是经过社会评定的有贡献人才。这个指标具有调查统计的可操作性,但过去并没有人认识到它所具有的分析价值。

(二)需求因素指标

波特对需求因素的分析,多数都难于指标化,但作为间接原因来分

[①] 本书将在后面解释"高等要素"的含义。

析，有两个指标仍然是有意义的：

一个是需求规模指标和需求增长速度指标。按照波特的分析，本国需求大，有利于厂商追求规模化生产并实现成本降低；需求增长速度快，也会刺激厂商追加投资和采用新技术。需求规模指标可以用一国需求量占同类产品的世界需求量的比例来表示。需求增长速度指标可以用不同时期（一般以年度为周期）某种商品的市场销售额的增长率来体现，而且该增长率可以进行国际比较，以分析国别的需求拉动差异。

另一个是产品系列化指标，这主要是对应于一国消费需求偏好和独立购买者的多寡。一般在市场导向下，产品系列化是根据消费偏好做出的反应。在消费偏好和独立购买者难以指标化的情况下，产品系列化指标是一个差强人意的替代指标，但这并不意味着产品系列化指标不重要。实际上凡是在世界市场中具有实力地位的大企业，都把形成系列化产品作为提高国际竞争力的一种手段。美国IBM、AT＆T、日本的松下、索尼、东芝，荷兰的飞利浦等世界知名大公司，都以系列化、多元化的产品结构驰骋国际市场，在消费需求不断更新、不断细分的世界潮流下，很少有某种单一的产品能够长期占据市场。产品的系列化、多元化指标可以用一种产品有多少规格、型号、品种来表示，这个指标也具有市场调查统计或工业生产调查统计的可操作性，因此其运用价值仍然是较高的。

（三）相关产业因素

相关产业和供货商的发展水平如何，可以从相关产业和供货商的工业产出绝对额及其占一地区或一国的工业产出比重中反映出来。如果绝对值较大并占当地工业总产出比重高，说明相关产业和供货企业有较充分发展；而且企业聚集一地、能够有效地影响该行业的竞争力。运用这个指标的主要困难是合理界定相关产业的范围。供货商的范围一般比较容易界定,但相关产业范围的界定可以有宽狭两种界定标准。所谓宽的界定标准,大体以社会产品和服务的种类为界限,在联合国的国际标准产业分类中大体是四级分类中的中、小两项分类所界定的范围,这两项分类一般都包括相当多用途不同的产品,比较狭的界定标准应当以生产工艺与技术的相似性,或以同一原料为主要加工制作对象为界限,在国际标准产业分类中应是四级分类中的最细一项。即便如此,有的项目的界定范围可能还略显太宽,如以运输工具为例,其三级统计编码是384,其所属细项还包括:

3841 造船及修理

3842 铁路机车与车辆

3843 汽车

3844 摩托车与自行车

3845 航空工业

3846 其他运输工具。

上述3844项中的摩托车和自行车的生产工艺和技术的相似性并不很吻合,摩托车需要动力技术和生产工艺,但自行车却不需要。可见,有的第四级分类仍不很贴切,但一般来讲,第四级分类大体可以符合相关产业的内涵界定,即生产工艺和技术的相似性或以同一原料为加工制作对象的产品。若从波特在相关产业分析中所举实例来看,除了上述内涵界定,还包括相关产品的供货商。

从产业竞争力的分析目的来选择界定标准,显然应当选择技术与生产工艺的相似性这一内涵界定标准。这一界定标准能够说明技术和生产工艺在行业竞争力中的重要作用。在技术和生产工艺相似的情况下,与此有关的行业技术水平愈高,显然对其他有关行业的技术和生产工艺的提高和改善有重大影响,相互之间才能产生技术外溢(spillover)的效果。

波特讲的供货商和相关产业还有一定的区域范围,而且只限于国内。只有地理相邻,才能形成有效的技术外溢效果和高质量的信息环境。因此运用这一指标只能限定在一国的一个经济中心地区,特别在大国的范围内,这个范围一般宜定位在某一个中心城市。

(四)企业组织、战略和竞争状态因素

这个因素可以量化为指标的有:行业平均工资水平在工业生产部门中的状态,这个指标可以用行业平均工资水平与全国工业生产部门平均工资水平的正负差距来表示。其他指标还有企业债务率和企业资本结构指标、行业的市场结构指标。

行业平均工资水平指标可以反映该行业在一国受社会尊崇的程度和人才流向。但这个指标的运用受经济体制的制约,一般在完善和发达的市场经济条件下,以及教育和就业都市场化的前提下,这一指标才能说明行业的社会地位和人才流向,而在高等教育和就业制度不完全市场化的体制下,这一指标并不能充分说明行业的社会地位和人才流向。例如我国高等教育的社会福利性质和就业制度中存在很大程度的计划分配性质,以及工资制度的不完全市场化,运用这一指标时就需要十分谨慎。

企业或行业负债率指标可以反映企业的经营能力和经营风险。企业或行业的负债率高,说明经营风险大,进入资本市场困难,利息负担重,对企业或行业的竞争力不利。负债率太低,虽然风险小,但说明企业筹资渠道少,经营能力不强,不能形成规模化经营,也不利于提高竞争力。负债率指标在企业调查中是经常受到重视的指标之一,它对于说明企业乃至整个行业的竞争力都是很有意义的。

企业的资本结构指标。企业的资本结构反映企业进入资本市场状况,企业直接融资和间接融资的比重一方面说明企业负债的原因,另一方面反映企业所处国度的资本市场发育状况以及企业进入国内外资本市场的能力。一般来讲，企业直接融资比重高，说明当地资本市场发育较好，特别是全行业直接融资状况更能说明这个问题，或者虽然当地资本市场状况发育不良，但企业本身有能力进入国外资本市场。能够进入国内外资本市场反映了企业的信誉和公众形象，从而会进一步增强其国际竞争能力。相反，企业直接融资少甚至没有，而间接融资高，一方面反映当地资本市场的发育状况，另一方面也反映企业的发展水平和竞争实力有限，因此难以获得直接融资，间接融资过多反过来又增加了债务负担，进一步削弱企业的竞争力。

行业的市场结构反映竞争状态，可以设立两个指标来反映这种状态。一个是该行业的企业数量，另一个是该行业的规模结构指标，即按生产能力来划分所有企业的不同规模等级。企业数量很多，但达到一定规模等级的企业数量少，其生产能力占全行业生产能力比重也很小，这种状态表明经营分散，有可能表现为行业内低水平过度竞争，对于该行业竞争力不利。另一种状态是，企业数量虽多，但大规模等级的企业数量很少，其生产能力占全行业生产能力的绝大比重，这种状况可能表现为垄断，会阻碍合理竞争，从而不利于培养行业的国际竞争力。合理的市场结构是企业的数量和生产能力应大体符合国内外市场容量，形成规模经济的企业的生产能力占全行业生产能力的支配比重，但这些规模企业有一定数量，少数几家企业不可能形成垄断。这种市场结构对于培育企业的国际竞争力最有利。只要有若干家企业成为世界领先企业，该行业也就有较强的国际竞争力。当然不同行业的规模结构标准是不同的，因此判定每个行业的规模结构是否合理，需要进行分析和论证。因此这个指标不具有直观性，完全属于分析性指标，但可以肯定，合理的规模结构和市场结构，对于一国该行业的国际竞争力肯定有积极影响，因此它也是说明国际竞争力的一个原因指标。

3.2 竞争力来源：马克思主义经典著作中的论述

3.2.1 竞争与竞争力

在经济范畴中，竞争是指商品生产者和经营者为争夺有利的生产条件和销售条件，以便获得最大利益的斗争，竞争力是竞争优势的表现。这种竞争在商品经济中是必然发生和普遍存在的。马克思和恩格斯在分析商品经济和资本主义再生产过程中，大量论述了竞争与商品经济的联系，论述了竞争与商品交换、商品价值实现、价值规律决定以及商品生产者地位的关系，从而科学地揭示了劳动生产率是竞争力最基本的来源这一客观真理，为有关竞争力研究的发展奠定了科学的基础，并具有普遍的指导意义。

列宁对竞争下过一个简单而又明确的定义："这种为共同市场劳动的单独生产者之间的关系叫做竞争。"[①] 根据列宁的定义，竞争力显然就是某些独立生产者在共同市场取得优势地位，而一些人处在劣势地位的比较的表现。这种关系是一种互相较量的关系，"每一方都想占对方的便宜，生意人碰在一起，就象'希腊人遇到希腊人就发生激战'一样"[②]。较量的结果依竞争力不同而有胜负。可见，竞争力是在市场较量中体现出来的结果。

从现象上看，在商品经济关系中，这种较量是各种供求关系的选择，是各种选择的比较。作为商品生产者，他要从现有的资源供给中选择最便宜的资源，以便以最小的投入获得最大的产出；作为商品销售者，他要在现有的共同市场中选择最有利的销售市场和销售价格，以便

---

① 《列宁全集》第 1 卷，人民出版社 2013 年版，第 76 页。
② 《马克思恩格斯全集》第 24 卷，人民出版社 1972 年版，第 147 页。

顺利地完成"惊险的跳跃";[①] 作为消费者,他要在现有的商品供给中选择物美价廉的商品,以便以最小的支出获得最大的效用。这些供求关系的选择都不可能是单个生产者或单个企业的选择,即个体选择,而是群体选择,在选择过程中,每个选择个体都会遇到自己的同类选择者和选择对手,从而发生碰撞和较量,较量的胜负似乎是选择的技巧或命运使然。于是,商人的狡诈在世俗观念中成为竞争力的表现,但在无商不奸的竞技场中,谁都命运难卜,于是产生对商品的敬畏,"商品拜物教"的出现,在一定意义上说,是商品社会不知商品竞争力源自何方、商品生产者命运难以预卜的反映。

3.2.2 社会必要劳动的第一种含义与竞争力来源

马克思和恩格斯最先揭示了商品竞争力的来源,这就是在竞争中形成的社会必要劳动及其对竞争力的规定性。在商品生产中,每个生产者生产某种商品耗费的劳动因其生产条件的不同而会有差别,但商品的价值不能由个别生产者的劳动耗费决定,如果那样,同一商品就会有不同的价值,交换就不能进行。要使交换能够进行,就要有一个大家都能接受的共同尺度,这就是社会必要劳动。马克思对社会必要劳动时间下的定义是:"在现有的社会正常的生产条件下,在社会平均的劳动熟练程度和劳动强度下制造某种使用价值所需要的劳动时间。"[②] 社会必要劳动没有生命,不能在市场上自我发表声明;社会必要劳动也不是某个生产者耗费的劳动,不能由某个生产者标价宣布。社会必要劳动是许多商品生产者或企业在市场交换中相比较的结果,而且"只有通过竞争的波动从而通过商品价格的波动,商品生产的价值规律才能

---

① 《马克思恩格斯全集》第23卷,人民出版社1972年版,第124页。
② 《马克思恩格斯全集》第23卷,第52页。

得到贯彻,社会必要劳动时间决定商品价值这一点才能成为现实"[1]。"竞争实现了产品的相对价值由生产它的必要劳动时间来确定这一规律。"[2]

由此我们得到了关于社会必要劳动对竞争力来源的第一个规定性,即个别生产者低于社会必要劳动时间的耗费是其商品竞争力的来源。因此,"同一种商品,有许多不同的卖主供应。谁以最便宜的价格出卖同一质量的商品,谁就一定会战胜其他卖主,从而保证自己有最大的销路"[3]。显然,只有当某个生产者的个别劳动耗费最多地低于社会必要劳动时间时,他才能以最便宜的价格出售同一质量的商品。而且,"只要一个人用较便宜的费用进行生产,用低于现有市场价格或市场价值出售商品的办法,能售出更多的商品,在市场上夺取一个更大的地盘,他就会这样去做,并且开始起这样的作用,即逐渐迫使别人也采用更便宜的生产方法,把社会必要劳动减少到新的更低的标准"[4]。由此,马克思提出了用较便宜的费用进行生产是减少劳动耗费的观点,从而把提高劳动生产率与减少个别劳动耗费联系了起来;同时,他还把在市场上夺取一个更大的地盘作为商品生产者加强竞争的标志,从而给出了对竞争力具有分析意义两个评价指标,即劳动生产率和市场占有率。

在对资本主义剩余价值生产的分析中,马克思直接把劳动生产率的提高与相对剩余价值的生产相联系,从而揭示了劳动生产率的提高对于单个资本(企业)在市场竞争中的重要意义。通过采取各种提高劳动效率的工厂制度和生产组织方式,资本家可以在不延长工时的情况下,减少单位产品的劳动耗费,从而使商品的个别价值低于社会价值

---

[1] 《马克思恩格斯全集》第 21 卷,人民出版社 1965 年版,第 215 页。
[2] 《马克思恩格斯全集》第 4 卷,人民出版社 1958 年版,第 106 页。
[3] 《马克思恩格斯全集》第 6 卷,人民出版社 1965 年版,第 480 页。
[4] 《马克思恩格斯全集》第 25 卷,人民出版社 1974 年版,第 217 页。

或市场价格,从而有利于自己的竞争地位。可见提高工人的劳动强度和劳动生产率,以加强对工人的剥削,是资本家增强自己的竞争能力的基础。

在资本主义再生产中,剩余价值的资本化,即积累,导致资本再生产规模的扩大,这同样是剩余价值规律和竞争机制相互作用的产物。并且,竞争还会导致资本集中和市场结构的变化,从而使竞争力的来源多样化。马克思认为,单个资本或单个企业之间的竞争斗争是通过使商品便宜来进行的;在其他条件不变时,商品的便宜取决于劳动生产率,而劳动生产率有时又取决于生产规模,因此,较大的资本战胜较小的资本。而且,在资本主义生产方式的发展中,往往进入某种行业开展生产经营所需要的单个资本的最低限量提高了,只有在那些大工业资本还不完全占领的生产领域中和规模经济要求不明显的行业中,较小资本才能生存,"在那里,竞争的激烈程度同互相竞争的资本的多少成正比,同互相竞争的资本的大小成反比"[①]。竞争的结果总是许多较小的资本败北,他们一部分归于消亡,一部分被大资本所合并。通过竞争对生产集中和资本集中机理的分析,马克思揭示了生产规模对生产过程的效率影响,[②] 从而探寻了资本竞争力的一个重要来源。

马克思还分析了在一个部门内部,通过卖者之间的竞争所产生的结果及观察这种结果的企业财务指标。由于在生产同类物质产品的企业中,各自的产销条件不同,其商品的个别价值恰与其产销条件好坏成反比。假定各企业的产销条件大致可分为好、中、差三类,其商品的个别价值也对应为低、中、高。在市场竞争中,究竟由哪一类企业的个别

[①] 《资本论(纪念版)》第1卷,人民出版社2018年版,第722页。
[②] 关于企业采用大规模生产而使生产过程变得经济合算的观点,现代西方经济学家也承认是马克思最早提出来的。参见〔美〕萨缪尔森:《经济学》上册,高鸿业译,商务印书馆1979年版,第42页。

价值决定市场价值,要看这三类企业各自在市场总供给中所占的比重,哪一类企业的商品在市场供给总量中占优势,夺取了市场上的大部分地盘,这一类企业商品的个别价值就决定市场价值。通常情况下,在部门内部占多数的是中间状况的企业群,即产销条件和个别价值均处在中等状况的那一类企业,它们在市场上占有最大的份额,市场价值是由它们的个别价值来决定。尽管它们占有最大的市场份额,但显然它们并不是最有竞争力的企业群。因为产销条件好和个别价值低的企业可以按市场价值出售产品而获得超额利润,从而获得继续扩大生产和占有市场的潜力,因此它们是竞争中处于优势地位的企业群。这种差别会引起中等状况企业群力图挤入优势企业群,竞争劣势的企业群也要千方百计地挤入中等或优势企业群,这种竞争会改变各类企业群在市场总供给中所占比重和权数的比例,但市场价值仍由占市场比重和权数最大的企业群的个别价值决定。而个别价值仍低于市场价值的那类企业群成为新一轮竞争优势的企业。获得超额利率就是这类优势企业的财务表现。因此,利润状况是优势企业的观测指标之一。

3.2.3 社会必要劳动的第二种含义与竞争力来源

马克思关于社会必要劳动的分析,还有第二种含义,即一种商品的价值能不能实现,不仅要看生产这种商品是不是符合社会必要劳动量,还要看整个社会生产这种商品所耗费的社会劳动总量是否符合全社会实际需要的这种商品所应该耗费的社会劳动总量。马克思说:"事实上价值规律所影响的不是个别商品或物品,而总是各个特殊的因分工而互相独立的社会生产领域的总产品;因此,不仅在每个商品上只使用必要的劳动时间,而且在社会总劳动时间中,也只把必要的比例量使用在不同类的商品上。……只有当全部产品是按必要的比例生产时,它们才能卖出去。社会劳动时间可分别用在各个特殊生产领域的份额的这个数量界限,不过是价值规律本身进一步展开的表现,虽然必要劳动时间在这里包含着另一种意义。"① 很显然,第二种含义的社会必要劳动也必须通过竞争才能确定,只有通过竞争,商品生产者才知道某种商品的社会实际需要量,才能把社会对某种商品的生产调整到与社会实际需要相符合,才能使整个社会生产某种商品所花费的社会必要劳动总量全部实现,从而使第一种含义的社会必要劳动与第二种含义的社会必要劳动统一起来。

从马克思对第二种含义的社会必要劳动的分析中,可以体会到对竞争力的另一种规定性,即商品生产者对市场需求的所有知识的能力。如果说社会必要劳动的第一种含义规定了供给方面的竞争力来源,那么社会必要劳动的第二种含义就是规定了需求方面对商品竞争力的影响。

在资本主义生产中,由于资本主义生产方式内在的剩余价值规律和竞争规律的压力,若不受任何限制,则生产规模越大,成本越低,利润也就越高,确实能给生产提供无限发展的可能。然而对资本主义生产的限制是市场的限制,有限的需求约束了生产的无限发展。因此,企业在生产领域里的竞争必然要扩大到流通领域里的竞争。马克思虽然没有分析商品生产者在流通领域里的竞争的表现及其结果,但是马克思分析了市场价值定位与买者之间竞争的互相联系。马克思说:"以上抽象地叙述的市场价值的确定,在需求恰好大到足以按这样确定的价值吸收掉全部商品的前提下,在实际市场上是通过买者之间的竞争来实现的。"② 在这里,马克思提到了需求与市场价值确定的关系,提到了买者竞争与市场价值确定的关系,从中包含了有关需求分析的经济思想。循着马克思的思路,我们可以观察到随着资本主义商品经济的发

---

① 《资本论(纪念版)》第3卷,人民出版社2018年版,第716、717页。
② 同上书,第206页。

展,资本主义社会日益发展起市场预测和市场营销等一系列知识和技术,企业在长期发展中也逐渐积累起这方面的经验,从而成为资本主义企业在市场竞争中的有力工具和手段,而这些无形资产的获得和积累也日益成为竞争力的重要来源。

虽然马克思对社会必要劳动第二种含义只做了简单的提示,而且社会必要劳动第二种含义对竞争力的规定性只是作者引申出来的结果,但是马克思的提示是十分重要的,作者的引申显然只是在另一个研究领域中逻辑演绎与实际观察相结合的必然结果。

3.2.4 社会必要劳动的进一步分析与竞争力来源

实际上,马克思关于社会必要劳动还有第三种分析。马克思洞察商品生产发展过程中劳动内涵本身不断丰富的事实对社会必要劳动概念会赋予新的含义。从经济学角度看,劳动的最简单定义是创造价值。随着交换关系和生产力的发展,劳动的定义扩大到其他一切虽不创造价值,却是社会需要的活动(如修路挖河等)。生产力的进一步发展和科学技术的加速应用,使劳动内涵的规定性进一步多样化,它还包括"在劳动时间以内所运用的动原(Agentien)底力量,而这种动原自身及其动力效果又跟它在自身的生产上所消耗的直接劳动时间根本不成比例,相反地却决定于一般的科学水平和技术进步程度或科学在生产上的应用。……劳动者站在生产过程旁边,已经不是它的主要动力了。在这样的转变过程中间,作为生产和财富底主要台柱而出现的,既不是人类自身所做的直接劳动,也不是他们从事劳动的时间,而是被人占有的人类所有的一般生产力"[①]。

马克思指出的科学技术生产力替代劳动者的直接劳动的观点,不

---

① 马克思:《政治经济学批判大纲(草稿)》第三分册,刘潇然译,人民出版社1963年版,第356—357页。

仅大大丰富了社会必要劳动的原理,而且对竞争力赋予了新的规定性。在工业化大生产中,科学技术的运用产生了具有强大竞争力的新产品,这些新产品的出现使原有的同类产品或相关产品发生无形损耗,从而改变它们的价值。无形损耗与社会必要劳动时间是密切联系的,"价值在这里不是由它所包含的劳动或生产它的劳动时间来决定,而是由它可能被生产出来的劳动时间或为再生产它所必需的劳动时间来决定。……由资本运动自身所规定的必要劳动时间,只有这样才算是被肯定下来。这乃是竞争底基本规律"[1]。当无形损耗发生时,"即使原有的机器还十分年轻和富有生命力,它的价值也不再由实际对象化在其中的劳动时间来决定,而由它本身的再生产或更好的机器的再生产的必要劳动时间来决定了。因此,它或多或少地贬值了"[2]。马克思科学地阐明了科学技术的运用和新产品的出现与社会必要劳动时间之间的联系,从而明确指出了科学技术运用和新产品对于竞争力的意义。可见,是否具有科学技术运用的潜力和开发新产品的能力必定是企业具有竞争力的重要标志,因而也是竞争力的重要来源。

3.2.5 资本运动的分析与竞争力来源

马克思对生产价格形成的分析,揭示了资本在不同部门之间的竞争规律,从中也包含了资本竞争力的一些思想,而且这种思想是同样适用于衡量部门内个体资本竞争力的标准。

马克思认为,形成生产价格的关键在于平均利润率的形成。因而,竞争调节着生产价格的形成,实质上是调节着平均利润率的形成。如同部门内部各企业具有不同的产销条件一样,各个生产部门之间也具有资本有机构成的不同和资本周转速度的不同,从而不同部门的个别

---

[1] 马克思:《政治经济学批判大纲(草稿)》第三分册,第304页。
[2] 《资本论(纪念版)》第1卷,第465—466页。

利润率就不会一致,投放在不同部门的等量资本实现的利润量就会不同。当资本周转速度相同时,各部门的利润率与其资本有机构成成反比;当资本的有机构成相同时,各部门的利润率与其资本的周转速度成正比。由此可以看出,在资本的有机构成相同时,资本周转速度快的企业就能得到较高的利润率,当这种状况发生在部门内部时,资本周转速度快的企业就能取得竞争优势地位。在不同部门之间,资本周转速度既取决于生产环节,也取决于流通环节;而在同一部门内部,生产过程相似,因此资本周转速度主要取决于流通环节。资本周转速度的快慢显然与企业的营销管理和技术有直接联系,从资本周转速度的分析中也得到了关于企业在营销方面的竞争力来源。

部门之间的竞争是和资本的平均权利相联系的,即等量资本要求获得等量利润。在这里,资本不承认生产商品所耗费的社会必要劳动的等同性,只承认成本价格的等同性,不同部门的利润率的高低一旦与资本的平等权利发生矛盾,不同部门的资本就会为获取平均利润率而展开激烈竞争。部门之间的竞争是通过资本的自由转移进行的。正如马克思所说:"资本会从利润率较低的部门抽走,投入利润率较高的其他部门。通过这种不断的流出和流入,总之,通过资本在不同部门之间根据利润率的升降进行的分配,供求之间就会形成这样一种比例,使不同的生产部门都有相同的平均利润,因而价值也就转化为生产价格。"[①]

然而,资本在部门之间的自由转移实际上要通过资本参与要素市场中的竞争才能实现。资本从一个部门转向另一个部门时,必然要进行生产要素的重新组合,作为再生产的投入要素,不仅包括中间产品,而且包括其他投入要素,如土地、资本、技术、劳动力、信息等。而这些

[①] 《资本论(纪念版)》第3卷,第218页。

要素往往不是无限供给的,稀缺的资源更是要通过竞争才能获得。因此,资本在部门之间自由转移的能力实际上是重新组合生产要素的能力。而在部门内部,资本组合各项生产要素的竞争同样存在而且在稀缺资源的要素市场上,竞争往往比商品市场的竞争更为激烈和尖锐。具有竞争力的企业往往是那些可以得到必要的生产要素和具有最高生产效率的生产要素的企业。因此,企业的竞争能力可以表现为进入资本市场的能力、进入技术市场的能力以及获得各种必要生产要素的能力。而将要素合理配置并加以高效运用还只是第二位的事情。由此我们可以引申出,获得必要的生产要素和具有最高生产效率的要素也是竞争力的一个来源。

总之,在马克思、恩格斯分析资本主义经济中存在竞争的任何一个范畴,我们都可以得到有关竞争力来源的启示,而他们分析社会必要劳动规律的主要范畴,则直接奠定了关于商品生产者竞争力来源一般学说的科学基础。

3.3　竞争力来源:国际贸易理论中的学说

3.3.1　要素比例和比较优势论

长期以来人们一直试图解释在国际贸易形式中的产业国际竞争优势,比较优势学说是一个经典理论。对于经济学家来说,比较优势有其特定含义。亚当·斯密(Adam Smith)采用绝对优势的概念,它是指世界上生产成本最低的出口品。大卫·李嘉图(David Ricardo)完善了这个概念,将其演化为比较优势概念,认为市场机制会把一个国家和资源配置到那些具有相对较高生产率的产业中去。这就意味着一个国家可能仍会进口一种它在世界上生产成本最低的商品,因为它在生产其他商品中更有效率。[1]

在李嘉图的理论中，贸易是建立在不同国家之间劳动生产率的差异之上的。现代经济学家对李嘉图理论的解释是假定两个国家，在只使用一种生产要素（劳动）的情况下，在生产同一种商品时，由于劳动生产率不同，其所需劳动量也有差异。李嘉图把这种差异归因于不同国家的环境或"气候"特别有利于某些产业的无需解释的差异。对比较优势原理给予权威解释的首推赫克歇尔（Heckscher）和俄林（Ohlin）。他们认为，不同国家的技术大体相同但它们的资源禀赋，即所谓生产要素，例如土地、劳动、自然资源和资本的拥有量不同。这些要素就是生产所需的基本投入品。国家在要素禀赋基础上获得某些产业的比较优势，并得以密集使用它们拥有的丰富的那些要素。它们出口这些产品并进口那些不具有比较优势的产品。例如拥有丰富劳动力资源、工资低廉的国家出口服装和电器装配等劳动密集型产品，原材料和可耕地资源丰富的国家出口资源性产品。瑞典之所以具有钢铁工业的历史地位，就是因为瑞典铁矿的磷含量很低，从而能从高炉中炼出优质钢。[2]

从直观上，生产要素的比较优势理论是具有说服力的，要素成本的国民差异确实在决定许多产业的贸易结构上发挥关键作用。这个观点产生了许多试图提高竞争力的政府决策，因为政府认识到它们可以通过各种形式的干预来全部改变或部分改变要素优势。一些政府也采取了一些政策（无论是正确还是错误）来改善要素成本中的比较优势，例如降低利息率、抑制工资成本上涨，降低外汇率、补贴、折旧补助，特殊

---

[1] Yarbrough, B. V. and Robert M. Yarbrough (1994), *The World Economy: Trade and Finance (3rd Edition)*, Dryden Press, pp.37–38.

[2] Markusen, J. R. and James R. Melvin (1988), *The Theory of International Trade*, Harper & Row, pp.112–113.

部门的出口融资等,这些政策的目的都是为了降低本国企业的相对成本,以取得对国外竞争者的优势。

3.3.2 比较优势论的局限性

不少当代经济学家认为,建立在生产要素基础上的比较优势论并不足以解释贸易结构。[①] 与要素比较优势相悖的证据不难找到,例如,战后韩国并不是资本丰富的国家,但却能出口大量资本密集型的产品,如钢、船舶、汽车。相反,美国拥有熟练劳动力、杰出的科学家和充裕的资本,但却在人们最难以料想的产业中失去出口市场份额,如机械工具、半导体和精密电器产品。

另一些经济学家指出,大量的国际贸易是发生在要素禀赋相似的发达工业国之间,而且研究人员还证明大量的贸易品的生产使用的是相似的要素比例。这两种类型的贸易现象都很难用比较优势论加以解释。另外,还有相当一部分进出口贸易是发生在跨国公司分布在不同国家的分支机构之间,这种贸易形式更是脱离比较优势论的视野之外。

更重要的是,许多人认识到在许多产业中以要素比较优势理论来解释贸易并不符合实际,比较优势论假设要素不流动,失去这个前提,理论便不能成立,而实际上尽管要素流动增加,贸易也仍然发展。标准的比较优势论还假定不存在规模经济,各地的技术都完全相同,产品没有差异,一个国家的要素储量是固定的,而且熟练劳动力和资本也不在国与国之间流动。所有这些假定在大多数行业中都很难与实际的竞争事实相符。充其量,要素比较优势理论只能主要用来解释贸易结构的一般趋势(例如劳动与资本的平均密集状况),而不能用来解释一个国

---

① 最著名的是1954年里昂惕夫(Leontief)提出的悖论,他在实证研究中发现,资本丰富的美国却出口劳动密集型产品,从而在国际经济学理论界引起强大反响和长期争论。

家的某一个产业是否出口或进口。[1]

要素的比较优势理论对企业也是无效的,因为它的假定与实际竞争状况极不相似。显然这个理论不可能在公司战略中发挥作用,不能为公司制定有效战略提供指导,而只是在影响政策方面有某些作用。

比较优势论的局限性不仅在于其理论假定前提的非现实性,而且还在于第二次世界大战后国际竞争形式及其生产力基础的变化。

在 18 世纪和 19 世纪,要素比较优势的假设还是比较有说服力的,那时许多行业还是不完整的,生产更多地表现为劳动或非熟练劳动的密集型,贸易结构反映生产条件的差异,特别是自然资源和资本的差异。美国当时是造船大国,主要就是由于其丰富的森林资源。许多贸易品例如香料、丝绸、烟草和矿产,确实取决于出产国的自然资源禀赋。

在资源性产业中,要素成本优势很重要,在其产品的成本结构中,占主要比重的是非熟练或半熟练劳动力,技术很简单而且易于得到。加拿大和挪威之所以具有炼铝优势,很大程度上是由于其水力发电的资源优势。韩国在简单基础设施项目的国际建筑市场上崛起,主要取决于其成本和训练有素的工人。

但是,在很多产业中,要素比较优势又很难解释贸易现象。尤其在那些具有复杂技术和高级技术雇员的产业和行业中,这种现象最为明显,而且,这些产业恰恰又是对国家生产率最重要的产业。具有讽刺意义的是,正当比较优势理论得到系统阐述的时候,产业革命却使其某些前提假定过时,而在第二次世界大战之后,越来越多的产业成为知识密集型的,要素成本的重要性就进一步被削弱了。

首先是技术变化的影响。它使原来的产业脱离比较优势论建立的现实基础,规模经济日趋重要、大多数产品出现差异化、国家之间的购

---

[1] Porter, M. E. (1990), *The Competitive Advantage of Nations*, p.12.

买需求日趋不同，技术变化不断向各个行业渗透，大量应用技术，例如微电子、先进材料和信息系统已经改变了传统上的高低技术产业的划分。一个行业中所使用的技术水平往往依据不同国家和不同企业而有很大差别。

新产品和新的加工技术使企业有可能摆脱或减轻对稀缺要素的依赖，某些过去十分重要的生产要素，其重要性大大下降甚至消失了。灵活和自动化技术可以在有限的空间运转自如，从而在许多产业减少了产品的劳动含量。获得高新技术要比降低当地工资率更为重要。在20世纪80年代，制造业企业经常把生产移到高劳动成本的地方以便接近市场，而不是相反。[1] 原材料、能源和资源性投入品在生产中的使用大大减少并被替代。现代材料如工程塑料、陶制品、含碳纤维、硅片等在半导体生产中的使用使原材料成本大大降低并易于获得。

在许多产业中，生产加工的可能性和效率更多地取决于技术和技巧而不取决于丰富的资源要素。例如，当冶炼技术还难于处理杂质时，瑞典的低度含磷铁矿曾长期具有优势，一旦冶炼技术改变，解决了铁矿含磷问题，瑞典的要素优势就将失去重要意义。

其次是要素禀赋的差异性正在弱化。大量国际贸易发生在要素禀赋相似的发达国家之间，而且，许多发展中国家达到一定经济发展水平后，也会拥有发达国家拥有的许多要素。在许多产业，发展中国家的劳动力也是受过教育和技能训练的工人，这方面发达国家已日益丧失其熟练劳动的要素优势。许多发展中国家也已具有基本的基础设施，如道路、港口、电子通信等，从而具备了在大多数制造业中进行竞争的条件。在经济发展过程中，发达国家具有的某些传统要素优势正在消失或弱化。

---

[1] Porter, M. E. (1990), *The Competitive Advantage of Nations*, p.14.

再次是全球化的影响。许多产业的竞争已经国际化,这不仅包括制造业,而且包括服务业。企业间的竞争是全球性,其行为包括世界性的采购与销售,在许多国家布点生产以寻求降低成本的优势。与其他国家的企业结成联盟以增强竞争的力量。产业全球化使一个企业不再仅从一个国家获得资源要素。在一定意义上说,原材料、零部件、机械和许多服务都可以在全球范围内获得。交通改良降低了要素交换的成本,特别是货物形态要素的交换成本。例如,拥有本地钢铁工业未必比买钢材更合算。特别在必须购买国内高成本产品的政策压力下,拥有本地钢铁工业反而可能是一个劣势。

资本的国际流动,缓和了流入国资本要素的不足。从而使一些本来资本要素缺乏的国家成长为资本密集产业在世界上有竞争力的国家。例如韩国在20世纪50年代还缺乏资本,而到20世纪80年代已能够大量出口钢材、汽车、集成电路块等资本密集型产品。而在更早的历史上,美国、英国、瑞士和瑞典也是资本不足的国家,是荷兰的资本流入帮助了英国的产业革命,美国的铁路和其他产业是在英国资本的喂养下成长的。即便技术贸易仍然落后,特别是某些技术要素难以通过市场交易,跨国公司也可以在那里设立分支机构。

上述说明,要素流动不断增强,但贸易依然存在并扩大,可见在国际竞争中,优势并不完全来源于要素本身,也许要素在哪里配置或如何配置更具有重要意义。

3.3.3 国际贸易理论中的新解释

主张要素优势决定竞争力的人们也不得不承认要素优势的短暂性。今天低劳动成本的国家很快被明天的低成本国所取代。一旦新技术使原来不可能和不经济的资源开发成为可能并且合算,就会使倚仗资源禀赋的要素成本优势一夜之间改变。人们从未想到,大漠覆盖的以色列会成为先进的农业国。在要素成本敏感的行业中,例如服装和简单的电器产品,具有竞争优势的国家经常迅速地换位。

在那些劳动成本或自然资源对竞争优势具有重要作用的行业中往往对投资的回报是低的。对于许多发展中国家来说,这些行业的进入门槛相对较低,但也易于产生许多竞争者,产生太多的生产能力。新的进入者改变了原来生产国的要素优势并降低了利润率和工资。发展中国家进入这些产业后,往往不能由此超越它,几乎所有不发达国家的出口都靠要素成本和价格竞争。发展新的项目往往也是依靠要素成本优势的产业,而没有超越它的战略。处于这种境况的国家将面临失去竞争地位的持续威胁以及保持有吸收力的工资和资本回报的长期麻烦。即使它们有能力赚得有限的利润,也是由于经济波动的恩惠。

如果要素比较优势不能解释多数产业的国际竞争力,那么改变要素成本的政策就是无效的。控制工资的办法在那些劳动含量很小的产业中是没有意义的,当竞争是取决于质量、产品开发和优良品质而不是价格时,任何形式的补贴都不会有大的意义。

当要素优势在解释贸易结构上的局限性被人们进一步认识到之后,一系列新的解释应运而生。规模经济就是其中一种,它认为,一个国家中具有规模经济的企业会产生成本优势从而促进出口。即便在缺乏要素优势的情况下,规模经济学说为贸易发生提供了一个理论说明。生产某一种类产品的规模经济也可以解释相似商品的贸易发生。在市场不完善和垄断竞争条件下,规模化生产和技术变化会使成本趋向下降,因此能够利用市场不完善的企业便取得了产品竞争优势。

在许多产业中,规模经济和市场不完善确实对产生竞争优势很重要。但是,这个理论没有回答产业竞争力研究中的最重要问题,即哪个国家的企业将得到这种优势而且发生在什么行业之中?例如,在全球竞争中,任何国家的企业都可通过全球销售获得规模经济,但哪个国家将在哪些行业中这样做就搞不清楚了。这种不确定性可以通过特定产业的事实得到证明：意大利企业在用具行业具有规模经济，德国企业是在化学工业中，瑞典企业是在采矿设备业中，瑞士企业是在纺织机械业中。这些国家没有一个是因为对这些产品具有最大的国内需求而成为这些行业的世界强手，可见拥有大的国内市场并不能说明什么问题。即便在大国中，把规模经济与国家竞争力简单地联系起来也是没有根据的。在日本，在那些最需要规模化生产的行业中也有大量竞争，光汽车公司就有9家，分割了国内市场。但仍有许多企业通过海外销售达到相当规模。这种不确定性适用于所有市场不完善的类型。

其他不同于比较优势论的解释，都是建立在技术之上的。例如威尔斯（Wells）的"技术差距"贸易理论认为，在企业具有技术领先优势的特定行业中，这些行业产品的出口增长将在国家的出口结构中反映出来，一旦技术扩散，差距缩小，出口就将下降。[1] 这与李嘉图理论中关于劳动生产率差异决定贸易，技术差异决定劳动生产率是一脉相承的。诚然，技术差距对竞争优势是重要的，但这些技术理论也同样没有回答产业竞争力研究中最关心的问题，即为什么会出现生产率差别或技术差距？哪个国家的企业会具有这些优势？为什么某一国家中某一行业的一些企业几十年来一直保持技术优势，而不是像"技术差距"理论认为的那样，出口和技术扩散必然使其丧失优势？

另外一些研究还提到一国国内市场在解释贸易优势中的作用。最具有代表性的就是拉门德·弗农（Raymond Vernon）的"产品周期"理论。弗农试图解释为什么美国在众多先进产品中领先。他认为，对先进产品的国内需求愈早就愈意味着美国企业将成为制造新产品的开拓者。在产品研制的早期，美国公司先出口它，而后又在海外生产，引起

---

[1] Wells, L. T. (1972), *The Product Life Cycle and International Trade*, Division of Research, Graduate School of Business Administration, Harvard University.

海外需求增长。最后由于技术扩散,外国企业也进入该行业,导致外国企业和美国的海外公司都向美国出口这些产品。[①]

"产品周期"学说提出了本国市场如何影响技术创新。但它仍然没有回答许多关键问题。正如弗农自己也认识到那样,美国从未垄断过先进产品市场,那么为什么某些国家的企业能在特定的新行业中成为世界领袖呢?当需求在不同的国家同时发生时,哪个国家会最先做出反应?为什么总是一种产品的国内市场小而且开发较慢的那些国家成为世界领先?为什么技术革新在许多国家的产业中是持续的,而不是像产品周期理论说的那样是一件随技术标准化而成为过去的事情?为什么弗农理论说的必然要丧失优势的事情在许多行业中没有发生?我们又如何解释为什么一些国家的企业能在一个行业中保持优势而别国却不行?

最后一个重要的研究线索是关于对跨国经营出现的解释,跨国公司的国际竞争不仅通过出口而且通过对外投资。跨国公司的崛起表明贸易不再是国际竞争的唯一重要形式。跨国公司在许多国家产生和销售,采取分散生产和贸易相结合的战略。[②]20世纪80年代的趋势表明世界贸易的相当比例由跨国公司的企业内贸易所支配,发达国家的跨国公司从设在别国的分支机构进口的产品占其进口总额的相当比例,一国在一个行业中领先意味着该国是这个行业中优势跨国公司的母国基地(home base),并不仅仅是有一些能出口的国内企业。[③]例如在计算机行业,虽然IBM、DEC、Prime、Hewlett-Packard以及其他美国公司在西欧和其他国家都有附属机构和分支机构,但它们的母国基地在美国。

---

① Vernon, R. (1966), "International Investment and International Trade in the Product Cycle," *The Quarterly Journal of Economics*, 80 (2), pp.190–207.
② 若杉隆平『国際経済学』、1996年、岩波書店、第161ページ。
③ Porter, M. E. (1990), *The Competitive Advantage of Nations*, p.18.

跨国公司的竞争能力表现为它在一国是否具有实力以便在别国树立自己的地位，[①] 跨国公司的共同特点是：从外部获得自然资源（包括资金），在行业中生产差别化产品，科研密集度高，拥有技术诀窍，而且可以从海外获得。跨国公司常被描绘为无国籍公司，它们在适合自身运营的任何地方生存。

跨国公司的作用确实是完整地解释一个行业竞争优势的必要组成部分。然而以往关于解释跨国公司存在的研究工作也仍未回答产业竞争力来源的问题。在某个产业甚至是更细一点的行业中具有竞争领先地位的几家跨国公司常常设在一国或两国。于是就产生这样的问题：为什么只有一国的跨国公司能够在该行业开发新技术？为什么只有一些国家的一些跨国公司能以这些技术优势为基础并保持下去，而其他国家的跨国公司则不能？

3.4　竞争力来源：波特的理论

3.4.1　新理论要回答什么问题

波特认为，讨论国家的竞争优势，关键的问题和需要回答的是：为什么特定国家的企业在特定产业或更具体的行业中取得国际优势地位。

第二次世界大战后，世界经济中出现的产业全球化和公司国际化的现象，导致一些人认为企业的国际竞争已不具有国家的意义，公司已成为超越国家的组织。但是波特并不同意这种观点，他认为经济史的事实是：几十年来，在某些特定的产业或行业中，竞争优胜者一直集中在少数国家并保持至今。虽然不同国家的企业会结成联盟，但这些

---

① Porter, M. E. (1990), *The Competitive Advantage of Nations*, p.18.

企业的依托力量却是各自具有竞争优势的公认的先进国家。不能离开国家谈论产业竞争力的原因在于：竞争优势是可以通过高度的当地化过程创造出来并保持下去的，国民经济结构的差别、价值观念、文化传统、制度安排、历史遗产等种种差别都对竞争力有深刻影响。产业母国的作用永远是十分重要的。竞争全球化并没有改变国家的重要作用，尽管贸易自由化减少了对国内企业和产业的保护，但国家仍然是支撑企业和产业进行国际竞争的基础。

探讨产业国际竞争力的新理论首先必须有一些新前提：第一，企业可以选择不同的战略，那么新理论就必须解释为什么在特定行业中一些国家的企业可以选择正确战略而别国的企业则不能；第二，国际竞争的优胜者在全球竞争战略中通常是把贸易和对外投资结合在一起。以往的理论多数都是分别解释贸易和对外投资，而新理论则必须解释为什么在一个贸易与对外投资都发生的产业中，一个国家会成为国家竞争优胜的母国基地。[1] 竞争者进行贸易和对外投资的基本动因往往是相同的。

企业在母国基地的环境中创造并保持基本竞争优势。企业依托国家环境制定自己的战略并研制核心产品，设计加工技术。尽管也有些例外，但一般来讲复杂的生产都放在母国基地，[2] 而把其他生产活动分散在世界各地。

母国基地一般是生产率最高的生产环节的地点，也是核心技术和最先进技术的地点。一个国家的母国生产基地往往还对国内相关产业产生极大的积极影响，从而对该国经济的竞争力带来其他的好处。母国基地所在的国家通常也享有净出口的地位。母国基地在企业所有权

---

[1] 在扩大势力范围中，成功的竞争者往往是把贸易与对外投资结合起来进行。
[2] 这里讲的母国基地是特定行业的概念，一个多角化经营的跨国公司在不同国家的不同行业中可能有不同的母国基地。

中占支配地位，其次才是别国的股权持有者。只要当地公司依仗有效的战略、创造能力和技术控制而保持真正的母国基地本色，那么即便这家企业被外国投资者拥有或被外国企业拥有，这个国家也依然能够获得最大的经济利益。① 为此要解释为什么一国会成为高新尖端行业竞争优胜者的母国基地，从而对该国的生产率水平具有决定意义并有可能提高该国整体生产率。

新的理论必须超脱比较优势的旧思路来探讨国家的竞争力。它必须解释一国的企业无论以何种优势为基础为什么会成为竞争优胜者，而不能像比较优势论那样只能解释具有要素成本优势的企业为什么成功。大多数贸易理论只关注成本，而把质量和差别化产品作为次要问题。新理论对竞争的分析则必须包括市场细分、产品差别化、技术差异和规模经济等问题。质量、品质和新产品创新都是新行业中的重要问题。对成本优势的分析则从有效的产品设计和先进的加工技术以及规模经济入手。波特试图回答为什么一些国家的企业在创造这些优势和提高生产率方面比别的国家成功。

波特把竞争的动态化和演进作为理论分析的前提。传统观点以静态的观点来分析来自要素或规模优势的成本效率。技术变化被作为外生的，而排除在理论视野之外。以往的经济学家已经认识到，竞争中没有"均衡"，竞争呈现的是一幅不断变化的图景：新产品、新的营销方式、新的生产加工，以及全新的市场细分。某一时空点的静态效率被迅速发展的新技术所改变。但是以往的经济学家都没有回答：为什么一些国家中的一些企业比别国的企业有更多的技术创新？

波特认为新理论必须解释国家在技术创新中的作用。由于技术创

---

① 例如在X光设备中，德国慕勒（C. H. F. Müller）公司被荷兰飞利浦公司控股，但德国分支机构保持完全的战略控制，因此它与西门子一起在全球X光设备工业中保持领先地位，尽管股权是外国的，但德国是X光设备的母国基地。

新要求在研究、物质资本和人力资源上不断投资,因此要解释为什么这种投资在一些国家能够不断增加而在另外一些国家则不能。也就是说一个国家如何营造了一种环境,从而使企业在这种环境中有可能比外国同行有更多更快的技术改良和创新。这也将是解释整个国民经济如何发展的基础,因为从广义上说,技术进步在经济增长中占有重要比例。

从静态观点来看竞争,一个国家的生产要素是固定的。企业家在能够获得最高回报的产业中配置这些要素。但在实际竞争中,技术创新和技术进步是基本特征,而并不是被动地把资源转向高回报率的部门,因此,问题实际是企业如何通过新产品和新加工提高回报,而不是转移资源;企业如何从改变限制因素中获得竞争优势,而不是在有限的条件下简单地最大化;企业和国家如何改善要素质量,提高要素效率并创造新要素,而不是仅仅去配置已有的生产要素。动态的观点把要素看作是流动的、通过全球战略可以开发,而提高使用要素的效率和创造力则是更要紧的事情,回答这些问题对于理解为什么某个国家在某些产业中有竞争力将是至关重要的。

企业在创造竞争优势中发挥关键作用,因此企业行为必然成为国家优势理论的组成部分。从企业家的观点来看,大多数贸易理论太一般以至于与自己没有太多关系。波特认为,他的理论则要让企业知道如何制定战略以成为更有效的国际竞争者。

3.4.2 新理论的核心:"国家竞争优势四因素"模型

波特新理论的核心思想体现在他的"国家竞争优势四因素"模型中,可表示如图3-1。

波特认为,一国的国内经济环境对企业开发其自身的竞争能力有很大影响,其中影响最大、最直接的因素就是下图四项:生产要素、需求因素、相关和支持产业以及企业战略和组织结构。在一国的许多行业中，最有可能在国际竞争中取胜的是那些国内"四因素"环境对其特别有利的行业，因此"四因素"环境是产业国际竞争力的最重要来源。波特详细分析了四因素对行业竞争优势的影响。

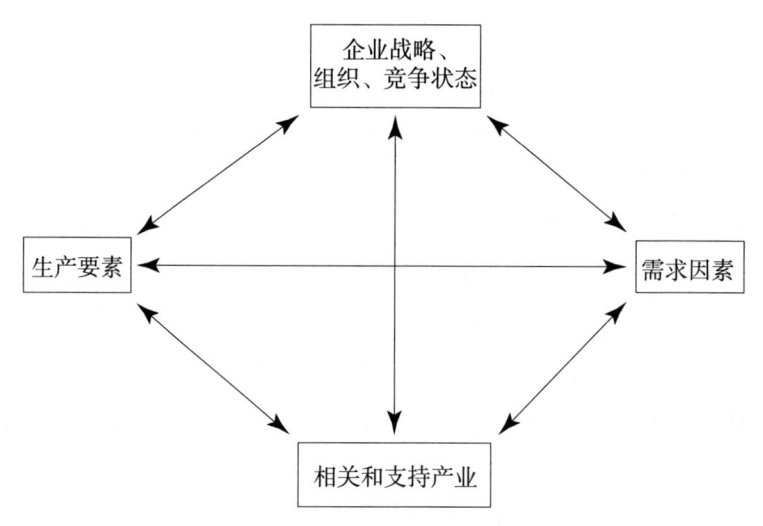

图 3-1　国家竞争优势的决定因素

资料来源：Porter, M. E. (1990), *The Competitive Advantage of Nations*, p.72。

3.4.3　生产要素

波特把生产要素分为基本要素（Basic factors）和高等要素（Advanced factors）两类。基本要素包括自然资源、气候、地理位置、非熟练和半熟练劳工、债务资本等；高等要素包括现代化电信网络、高科技人才、尖端学科的研究机构等。基本要素中的人口、国土、自然资源是"遗传"或天赋的，是既定的先天条件，而高等要素要通过长期投资和后天开发，是创造出来的。

在许多行业中，基本要素对企业竞争力有很大影响，如特定自然资源储量、地理位置、廉价劳动力供给等,但在第二次世界大战后,基本要素的重要性正日益下降,其原因有三:一是世界贸易结构高级化趋向使初级产品在世界贸易中的比重下降;二是科学技术的发展,减轻和摆脱了生产对自然资源的依赖程度;三是贸易投资自由化使企业可以从国外获得生产资源,国内资源稀缺并不影响企业的竞争能力。如日本钢铁生产占世界钢铁57%的市场份额,但其铁矿砂全靠进口。基本要素影响力下降意味着,靠基本要素优势(如廉价劳工)在国际市场上竞争的企业,其优势很不稳固。

与此相反的是,高等要素的重要性与日俱增。高等要素是开发新产品、设计新工艺的必要条件,而且其供给相对稀缺。首先,高等要素的"创造"需要长期大量的人力资本投资,而且要有适宜其生长的社会经济、政法环境。其次,高等要素往往难于通过公开市场取得,存在市场交易"失效"的问题。因此,高等要素的获得对企业的国际竞争就具有极重要意义。例如,丹麦制酶业领先在于其先进的发酵科研技术,其家具业领先在于其高级设计师;美国在计算机工业领先,在于其软硬件方面大量高级人才;日本在工具制造业领先,在于其大量优秀的工程技术人员。

波特还把生产要素分为通用要素(Generalized factors)和特殊要素(Specialized factors)两类。通用要素包括高速公路、融通资金、大学一般专业的毕业生,这些要素可以为不同行业所共用;而特殊要素是指应用面很窄的专业人才、基础设施和专门知识。特殊要素往往比通用要素在保持企业竞争优势方面更重要,因为特殊要素的创造需要更长时间和更多投资,而且供给更有限,公开市场交易更困难。

显然,高等要素加特殊优势是一国一行业竞争取胜的有利条件。但高等要素也有"无形损耗",特殊要素也会随时间推移而变成通用要素,因此关键是要创造新的高等要素和特殊要素并不断提高和改善它。

3.4.4 需求因素

本国需求条件是一个行业一个产品是否具有国际竞争力的另一个重要影响因素。一般企业的投资、生产和市场营销首先是从本国需求来考虑的，国内市场是企业"市场导向"的真正含义，企业从本国需求出发建立起来的生产方式、组织结构和营销管理是否有利于进行国际竞争，是企业是否具有国际竞争力的重要影响因素。所谓有利于国际竞争的需求，取决于本国需求与别国需求的比较，这种比较有以下三方面：

第一是需求特征。这包括三层含义，一层是本国需求是否具有全球性。一般来讲，在大多数行业中，需求是被细分的，一些细分的市场需求比另一些更具有全球性，那么在具有全球性的市场细分的国家里，市场导向会使企业更注意适应国际需求。当本国需求占全球细分市场较大份额时，本国企业易于占据竞争优势。例如在输电设备业中，瑞典在高电压设备产品中领先世界，这是因为电源距离居民中心、钢厂和造纸厂都很遥远，所以在高电压设备子市场上瑞典占世界市场较大份额。另一层是本国需求是否具有超前性。如果本国需求具有超前性，那么为之服务的本国厂商也就相应地走在了世界其他厂商的前头。在这种情况下，企业在本国市场上发展起来的一套生产工艺、营销策略，对于企业今后开拓国际市场就成为一大竞争优势。第三层是本国需求是否最挑剔。往往最挑剔的购买者会迫使当地企业在产品质量、品质和服务方面满足消费者的高标准要求。在这种需求环境下成长起来的企业必然经过千锤百炼而使自己具有较高的竞争力。例如日本由于人多地少，住宅紧张，日本人对家庭空调机的需求就要求小型化、低噪声，从而使日本企业下力气去满足这种需求。美国幅员广大，人口居住分散，公路网四通八达，要求有大功率汽车发动机，这也对美国大功率汽车发动机的竞争优势产生了重要影响。

第二是需求规模和需求拉动方式。当地需求规模大的某一产品有利于提高该行业的国际竞争力。如果甲国市场需求量大的产品在乙国消费结构中不占重要地位,乙国厂商就不会太重视该产品生产,这就给甲国厂商提供了有利的竞争机会,甲国厂商就可以在本国需求基础上发展大规模生产,得到低成本优势。而当地需求的增长率也是很重要的,当地需求增长快,会促使企业更快采用新技术,而不必担心投资过剩。第二次世界大战后意大利用具行业的发展和竞争优势就是建立在需求快速增长的基础上。在需求拉动方式中,消费偏好是很重要的。消费偏好有时指一国国民的普遍特殊嗜好,有时指一国之中不同居民的消费偏好,也称独立购买者(Independent Buyers),这些人会创造更好的技术创新环境,相反,如果消费者千篇一律只喜欢一种产品样式或服务,那就不容易激发企业的创新动力。市场的快速饱和也是产生新需求的重要因素,市场饱和会迫使当地企业继续创新并改造自己。一个饱和的国内市场会造成降低价格的压力,引进新的品质,改善产品性能,用更新换代的产品代替老产品来向消费者提供激励。

第三是需求国际化。一国的需求方式会随着本国人员在国际上的流动而传导到国外,例如遍布世界各地的中餐馆,在相当程度上是海外华人消费方式传导的结果;反过来本国人员在异国接受的消费习惯也同样会被带回来并传导开去。可见,无论是本国消费者走出去,还是国外消费者走进来,只要一国对外开放程度愈高,其产品就愈容易适应国际竞争。

3.4.5 相关和支持产业

对一国某一行业的国际竞争力有重要影响的另一个因素是该国该行业的上游产业及其相关行业的国际竞争力。日本机械工具业的优势离不开世界级的数控机床、电动机和其他零件。瑞典在钢装配制品

(如滚珠轴承、切削工具)行业中的竞争力源于它的特殊钢行业。意大利制鞋业的国际竞争力受到其供货商竞争优势的有力支持。如图3-2所示：

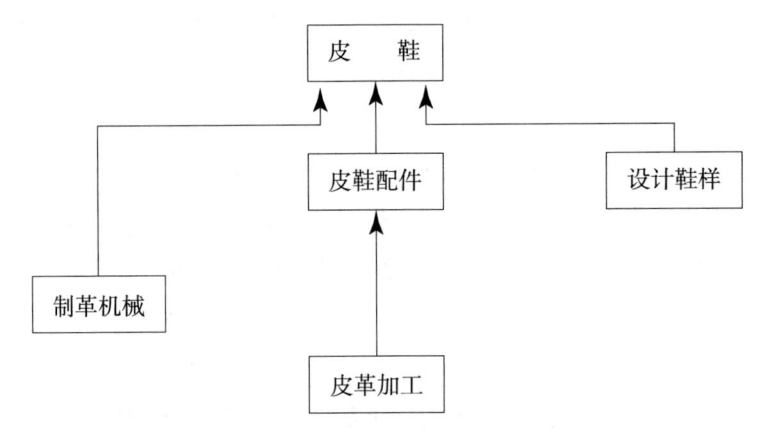

图 3-2 意大利皮鞋业的供货商支持系统

资料来源：Porter, M. E. (1990), *The Competitive Advantage of Nations*, p.101。

除了供货商的竞争力，其他相关行业的竞争力也很重要，因此，往往一国的优势行业会表现为一个优势行业群。下图列出了与意大利制鞋业有关的其他处于世界领先地位的行业。

相关行业的优势对一个具有国际竞争力的行业会起到互相促进、优势扩大的作用，这种现象不仅在制鞋业，在其他行业也相当普遍。

供货商和相关行业的水平之所以对某一行业竞争优势有重要影响，其原因主要是：

第一是有可能发挥群体优势。国际竞争往往不是单个企业之间的竞争，而是企业所属的各国生产、营销体系之间的竞争；企业的竞争优势不仅取决于其自身的能力和策略，也取决于供货商和相关行业的能力和策略。供货商往往提供上游产品和中间产品，具有国际竞争力的供货商能带动下游行业提高竞争力；而相关行业往往依托相同的技术和供货,易于开展互相的信息交流和各种合作,而且还有技术外溢效果,因此会有明显的互相影响和带动作用,具体见图 3–3 和表 3–1。

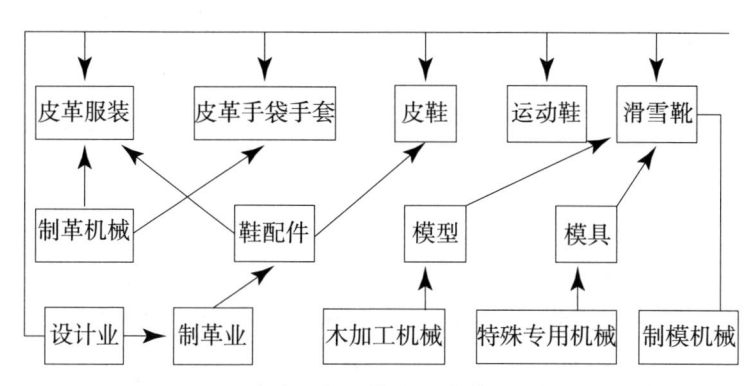

图 3–3 意大利与制鞋有关的国际领先行业

资料来源:Porter, M. E. (1990), *The Competitive Advantage of Nations*, p.102。

表 3–1 国际竞争力的相关行业

国家	优势行业	相关行业
丹麦	奶制品、酿造	工业酶
德国	化学	印刷墨水
意大利	照明灯	家具
日本	照相机	复印机
韩国	录像机	录像带
新加坡	港口服务	船舶修理
瑞典	汽车	卡车
瑞士	药品	调味品
英国	发动机	润滑油、抗震修理
美国	电子测试仪器	医疗监测设备

资料来源:Porter, M. E. (1990), *The Competitive Advantage of Nations*, p.105。

第二是可能产生对"互补产品"(Complementary Products)的需求拉动。互补产品指的是具有连带消费效应的产品,即一种产品消费需求上升会引起另一种产品的消费需求相应增加。计算机的硬件和软件就属于这种互补产品。从20世纪80年代以来,美国计算机技术从286发展到586,与美国软件行业的世界领先地位分不开。美国软件业不断推出对硬件技术要求越来越高的实用软件,促使计算机厂商把计算机速度和内存量一再提高。硬件的发展又为新一代更高级软件的开发提供了条件。新一代软件发展又促使消费者不断更新计算机设备,刺激了计算机需求和对计算机行业发展的投资。

第三是可能构造有利的外在经济和信息环境。相关行业的经济活动有相当强的"外部经济效果",但这种外部经济效果的辐射面是有限的,往往只在本地区、本国范围内才有较大影响,这就要求相关行业的企业在地理位置上相近。相关行业的主要企业聚集相邻,不仅会有外在规模经济效益,而且会使为其服务的专业学校、专用设施制造、专业服务机构等供货商的生存发展更有经济合理性,从而增强这一地区企业的竞争力,此外,相关行业的主要企业在地理上密集相邻对于产品的早期开发阶段特别重要。一大批相关企业密集一地,极大地促进了行业之间的信息交流,形成有利的信息环境。当许多重大科技和管理方面的创新活动或思维,还处在酝酿之中时,这种信息环境就会提供各种正式和非正式的传播方式,从而给其他企业带来启发。而远离这种信息环境的国外同行,往往要在创新活动已经成功之后才能从国外媒介中获知,从而错失良机,不能在产品开发中先机取胜。

3.4.6 企业组织、战略和竞争状态

决定某个行业的国际竞争力的第4个因素是与企业相关联的,即企业是如何建立、组织和管理的以及该行业的竞争状态。在不同国家和不同行业中,企业的目标、战略和组织方式有很大差别。国家竞争力来源于在特定行业中各种竞争优势能够恰当地匹配在企业中,而国内的市场竞争结构对培育企业的国际竞争力也有很大影响。

各种竞争优势能否被恰当匹配在企业中,很大程度上取决于国家环境的影响。国家环境对人才流向、企业战略和企业组织形式的影响决定了该行业是否有竞争力。

首先从人才流向的影响来看。国际竞争说到底是人才的竞争。出类拔萃的人才在任何国家都是一种稀缺资源。如果一个行业能够长久地、持续地吸引和凝聚最出色的人才为之服务,这个行业就很可能在国际竞争中显示力量。

观察各国的优势行业,可以看出这样一个规律:一个国家最有希望领先世界的行业是其国内最受尊崇的行业,是那些英雄辈出和物质报酬最优厚的行业。这种行业,在意大利是时装,在瑞士是银行,在以色列是国防工业和农业,在美国则是金融和娱乐业。在美国,大企业高级管理人员的收入无论从绝对额和相对水平来说,都是最高的,于是美国学生选修工商管理专业的比例远高于选修工程技术学科的比例;而日本在第二次世界大战后很长一个时期的情况则恰恰相反,这种专业倾斜的现象对企业的竞争优势造成了很大的影响。在市场经济制度中,选学专业和工作去向虽然体现为个人决策,但这种个人决策却以各种方式受到社会大环境的影响。哪个专业在一国最受尊重、最有发展前途,尖端人才就往往流向那个专业。在冷战时代,军事工业和航天工业得到许多国家高度重视,被认为是国家实力的象征,其科技、管理人员不仅仅为社会创造财富,而且是民族精神、国家骄傲的代表。国家的精神鼓励和大量投资,吸引了一代科技精英为之献身。

其次从企业的战略来看。公司目标是企业战略中的核心内容。公司目标受到下列因素的强烈影响:所有权结构、所有者动机、债权持有者动机、公司管理的特征、对高级管理人员的激励方式。公开上市公司的目标往往能反映该国资本市场的特征,资本市场在各国间有很大差异,主要表现在股票持有者的个性、当地税收制度、回报率的通行标准。因此，公司管理层中的股票持有者和债权所有人也有很大不同。在德国和瑞士，大多数股票在很长时期为机构团体持有而且极少交易。银行是股票的重要股东并在董事会中具有突出地位，引导公司的投资。对长期资本收益免税，助长了机构长期持股的愿望。管理是董事会的主要议题，日常股市波动并不被看作多么重要。因为当地会计规则允许公司有大量资金储备以应付支付需要，报告利润标准也是有节制的。即便行业的平均回报率平缓，公司也有条件在成熟的行业中向研究和新设备投资。

美国的情况则相反，美国的证券业管理条例规定：凡是公开上市企业，每个季度都要公布其资产、负债和经营情况，如果季度财务指标不好，投资者就会大量抛售该公司股票，使得股票价格下跌，轻则增加公司举债贷款的成本，重则导致公司被兼并，这就给美国企业决策者带来很大压力。而且美国税收制度对投资者的长期投资收益没有优惠，征税率与普通收入相同，从而缩短了投资者的投资期限。许多企业经营养老金资产，因为这可以回避税收；再加上资本市场交易成本低，因此鼓励了股市交易。与此相似的是，美国劳工市场高度流动性，人们平均每5年换一次工作，有些行业更频繁，这种不稳定性的长期趋势，也是造成美国管理人员相对重眼前、轻长远决策倾向的原因。

再次是从企业的组织方式来看。国家环境对企业内部的组织方式也有很明显的影响。一些国家的文化强调个人首创精神，强调机会面前人人平等，优胜劣汰，奖惩考核以个人为单位。美国企业一般采取这种观点。另一些国家的文化传统鼓励人际合作，强调和谐、互助、奖惩主要以集体单位为基础，如日本的企业，不同的文化传统对企业劳动组织方式带来直接影响，美国麻省理工学院在对美国汽车制造业和日本厂商在美国设立的工厂进行比较中发现，美资工厂分工分得很细，分工以个人为单位，职责明确，但分工太窄，互相协作差。日资工厂工种分得粗，分工以"小组"为单位，每个工人身兼数职，互相协作。结果，不同的劳动组织形式产生了不同的效率，形成竞争力的差异，见表3–2。

表3–2　美日劳动组织的差异比较

	日资企业	美资企业
装配时间/每辆（小时）	21	25
工人培训时间/年/人均（小时）	370	48
每百辆车质量问题比例（%）	65	82
平均库存（天）	1.7	2.9
工作总量中以小组为单位完成的比例（%）	71	17
分工工种数目：汽车业（种）	5	125
电子业（种）	7	100以上

资料来源："Labor Organization Differences and Efficiency in Automobile and Electronics Manufacturing Sectors of American and Japanese," *Business Week*, October 8, 1990。

波特的研究表明，国内竞争活跃对该行业竞争优势的创造和保持有很密切的联系。对10个国家中世界领先行业的研究发现，这些国家的领先行业往往都有一些强大的竞争者，即便在瑞士、瑞典这样的小国也是如此。连需要规模经济的行业也不例外，如瑞士的制药品业、瑞典的汽车和卡车业、德国的化学工业、美国的计算机和软件业。而日本则是国内竞争最激烈的国家，见表3–3。

表3–3　日本有关行业中的竞争对手数目（1987年）

单位：个

行业	数目	行业	数目
空调器行业	13	摩托车	4
音响设备	25	乐器	4
汽车	9	个人电脑	16
照相机	15	半导体	34
汽车音响	12	缝纫机械	20
含碳纤维	7	修船	33
建筑设备	15	造船	5
复印机	14	钢	8

(续表)

行业	数目	行业	数目
传真机	10	合成纤维	15
吊车	8	电视机	15
机械工具	112	卡车和汽车轮胎	5
		卡车	11
计算机外部装置	6	打印机	14
微波设备	5	录像机	10

资料来源：Porter, M. E. (1990), *The Competitive Advantage of Nations*, p.118。

上述例子似乎与人们关于规模经济的概念是不相符的，实际上，认为一两个企业靠国内市场获得规模经济，进而称雄世界是一种简单化的理解。在全球竞争中，成功的企业在国内竞争中很活跃，同时互相较量、互相促进、不断改良和创新。它们的一部分规模是来自世界市场，而并非全部来自国内市场。

国内竞争不仅对创新带来压力，而且还促使企业去探寻提升竞争优势的方式。国内竞争的存在会使一些简单的竞争优势来源失去意义，例如国内市场在要素成本方面的优惠，或者是当地供货商渠道，以及外国企业必须承担的进口成本等。就像在发展中国家一样，没有哪个企业会仅仅因为低价劳工和低成本融资而轻易得到竞争优势。这就迫使一国的企业去寻求更高等级或更有长期效果的竞争优势来源。

在国内竞争中，企业要不断采取新的经营方式来应付竞争局面，从而不断塑造自己。而新的经营形式对于提高竞争优势、更新竞争优势来源又是关键，它会对一个行业的技术创新产生推动作用。新的经营活动会诞生新的公司，它服务于新的细分市场并采取新的方式进行经营，而这在过去是不可能被人们认识到的创新活动。一个国家不断创造这些新的经营活动那就必然会提高该行业的国际竞争力。而形成这种新的经营活动的机制是两个，一是整个新公司的建立，不管是脱离母公司所建立的新企业，还是由供货商的雇员和消费者所建立的企业，或是来自学校教育和大学研究中的思想启发的结果。国家环境对于促进这种新的经营活动的形成的影响是多种多样的。

形成新的经营活动的另一个机制是新建企业把内部多角化经营引入新的行业。在这里，并购不能算新的企业形式，因为没有创造出新的实体。一个行业的国际竞争得益于企业从相关行业积极进入该行业。一个行业内部的多角化经营几乎总是通过相关行业的多角化经营而实现，因为它是从相关行业的需求中创造出新的实体。知识和资产从已有企业转到新的企业，提高了竞争优势的潜力。支持相关行业的企业积极进入一个行业的条件往往是国际竞争力的强有力的来源。

3.5 本章小结

①关于产业国际竞争力的指标有两类：一类是显示性指标，它说明国际竞争力的结果；另一类是分析性指标，它解释具有国际竞争力的原因。

从某一个时点来看，显示一国一行业国际竞争力的直观指标是市场占有率和利润率。在生产国际化条件下，还要靠产品增值率指标来界定当地化水平以及当地产业竞争力。

用数学公式反映国际竞争力相对水平与动态变化的显示性指标还有：贸易专业化系数；出口绩效相对指数、固定市场份额模型指标；显示性比较优势指标。这四种计算方法都是建立在国际贸易理论基础之上，由此可以替代复杂的成本计算，并用以测定国际分工形态。

分析性指标可以分成直接原因指标和间接原因指标。直接原因指标有三类：第一类是与生产率有关的各项指标，如劳动生产率、成本、价格、企业规模等；第二类是与市场营销有关的各项指标，如品牌商标、广告费用、分销渠道等；第三类指标是与企业的组织管理有关的各项指标,如售后服务网点和全球质量保证体系等。间接原因指标也可以从生产要素、需求因素、相关产业因素、企业组织与战略等因素中提炼出来,它们间接地说明或进一步说明竞争力的原因。

②马克思和恩格斯在分析商品经济和资本主义再生产过程中,大量论述了竞争与商品交换及市场的联系,竞争在价值规律决定和商品生产者相互关系中的作用,从而科学地揭示了劳动生产率是竞争力最基本的来源这一客观真理,为有关竞争力研究的发展奠定了科学的基础,对我们具有普遍的指导意义。

③马克思对社会必要劳动做了三种含义的分析,从商品供给、需求和科学技术应用三个方面揭示了商品市场竞争力的来源;马克思还分析了资本运动过程中资本竞争的规律,以及资本竞争力的来源。

④西方国际贸易理论对产业国际竞争优势的解释是有借鉴意义的。特别是新古典理论关于要素成本优势决定国际竞争力的解释有相当的适用意义;但在当代世界经济中,它已很难解释许多贸易现象,如产业内双向贸易和跨国企业内部贸易,特别是它的许多假定条件缺乏现实性。在科学技术不断发展的当代经济中,传统的要素成本优势已愈来愈暴露出局限性。规模经济和产品周期等一些新的国际贸易理论在一定程度上或在某些方面弥补了新古典理论的不足,但它们都没有回答为什么一个国家能在某一个行业中保持竞争优势,而另一国则不能。

⑤波特的理论试图回答这个问题。他不只是一般地讨论为什么产业会具有竞争优势,而是讨论为什么某个特定国家的企业在某一行业中能取得国际优势地位。他认为国家及其环境是支撑企业和产业进行国际竞争的基础。波特新理论的核心思想体现在他的"国家竞争优势四因素"模型中。这四因素是:生产要素、需求因素、相关和支持产业因素以及企业战略、组织与竞争状态因素。

⑥波特把生产要素分为基本要素与高等要素、通用要素与特殊要素,从而在传统的要素成本优势理论上前进了一大步。对需求因素,他分析了不同国家在需求特征、需求规模、需求国际化等方面的差别对产业国际竞争力的影响。他分析了相关和支持产业对于其关联产业国际竞争力的重要影响,从外在经济、技术优势共享、信息环境,需求互补等方面论证了这种重要影响。企业的组织、战略因素指的是企业能否把各种竞争优势恰当地匹配在本企业中,而这在很大程度上也取决于国家环境的影响。企业的竞争状态指的是产业的市场结构。既有适度规模经济和规模结构,又能充分展开竞争,这种市场环境最能激发企业的竞争活力。显然形成这种市场结构,需要国家产业政策的引导和有关立法措施。

第四章 对外直接投资与竞争优势

4.1 对外直接投资的原因与竞争优势

1960年以前,学者们只是把对外直接投资作为证券投资中的一种现象来研究,新古典利率理论以各国利率不同来解释资本流动。海默(Stephen Hymer)是第一个用产业组织理论的观点来解释对外直接投资的美国学者。

4.1.1 海默的特定优势论

1960年海默在麻省理工学院写下他的博士论文"民族企业的国际经营:一项对外直接投资的研究"[①]。文中第一次提到,有两个原因使投资者采取对外直接投资以控制海外企业:一是为了保证投资安全,二是投资者(或出资企业)具有某些特定优势使之有可能竞争得过东道国企业。当然,市场不完善是这些特定优势存在的前提。

海默第一次把对外直接投资与企业的国际竞争力联系了起来。

4.1.2 金德尔伯格的市场不完善解释

金德尔伯格(Charles P. Kindleberger)的思路与海默一脉相承。

---

① Hymer, S. (1976), *The International Operations of National Firms: A Study of Direct Foreign Investment*, MIT Press.

1969年他出版了《美国企业在海外》一书,[1] 书中指出："外国公司拥有某些超越当地企业的优势,因此外国企业不愿意与之分享特殊知识,这就是外国投资者不愿意分摊股权,反对建立合资企业的重要原因。"他认为这种优势来自各种市场不完善：

①商品市场不完善：产品差异化、特殊市场技巧、维持零售价格,控制价格。

②要素市场不完善：专利技术和不可获得的技术,进入资本市场的差异,企业组织中管理技术的差异。

③内外规模经济差异,而外部规模经济优势来自垂直一体化。

④政府对生产或进入的限制。

金氏进一步分析了跨国经营企业的竞争优势来源。

4.1.3 凯夫斯对无形资产和多国工厂说的检验

凯夫斯(Richard Caves)1974年著文提出了对外直接投资的出现是基于三种假设：[2]

一是企业拥有某些无形资产,因而能够克服在外国经营的不利因素。这个无形资产假设是约翰森(Johnson)1970年首先提出来的。[3]

二是跨国公司只是多国工厂的一种形式,正如许多人论证的那样,规模经济并不限于领土界限。[4]

三是对外投资只是企业管理资源的一种输出形式,海外投资能使这种资源得以充分利用。

---

[1] Kindleberger, C. P. (1969), *American Business Abroad*, Yale University Press.

[2] Caves, R. E. (1974), "Multinational Firms, Competition, and Productivity in Host-Country Markets," *Economica*, 41 (162).

[3] Rayome, D. and James C. Baker (1995), "Foreign Direct Investment: A Review and Analysis of The literature," *The International Trade Journal*, 9 (1).

[4] Ibid.

凯夫斯对前两种假设进行了验证,结果表明,在加拿大和英国的对外投资中,无形资产(商标、广告、研究开发)的作用十分重要;而多国工厂的必要性对加拿大企业是重要的,对英国企业则不然。他的结论是:跨国经营主要集中于贸易限制比较明显的产业,这样,跨国公司的优势就能发挥作用。

4.1.4 邓宁的国际生产三优势论

英国教授邓宁(John H. Dunning)是跨国公司研究领域中备受推崇的学者。邓宁认为,20世纪70年代美国学者之所以特别重视企业特定优势在对外直接投资中的作用,是因为当时在制造业中,美国跨国公司的活动领域主要集中于技术密集产业,以及具有高度差异化产品特点的消费品产业中。这些跨国公司在海外也经营相同的产业,倚仗其优势,这些跨国公司支配东道国市场。在20世纪50年代和60年代,美国跨国公司在海外企业中都愿意采取100%股权控制,而不愿意合资或采取别的形式。20世纪70年代以后,情况发生了变化,跨国公司在海外投资首先是开发当地资源,生产用于出口或供应东道国市场,生产与东道国相同的产品,跨国公司已经卷入地区和全球市场的生产专业化。基于跨国公司经营的新变化,邓宁认为,国际生产的优势是建立在三个条件基础上:[①]

①企业具有超越东道国竞争者的某种所有权优势;

②保持对这种优势的控制可能要比向当地企业出租更有利。

③在海外运用这些优势至少能够与某些要素投入(包括自然资源)相结合,从而使企业比采取出口方式更有利。

邓宁总结了对外直接投资者在国际竞争中的优势来源,即企业自

---

① Dunning, J. H. (1981), *International Production and the Multinational Enterprise*, Allen & Unwin, p.79.

身特有优势,企业内部交易优势和利用东道国条件的优势。

4.1.5 巴克利和卡森的内部交易优势论

英国学者巴克利(Peter J. Buckley)和卡森(Mark Casson)详细阐发了跨国公司内部交易所产生的竞争优势。[①] 他们认为,当企业发现中间市场是不完善时,它们就会试图创造内部市场来绕过外部市场,使内部市场交易处在共同所有权控制之下,因此能保持企业的优势。

有四组因素与企业采取内部交易有关:
①产业特定因素,与产品性质及外部市场结构有关;
②地区特定因素,与市场所处的地理、社会特征有关;
③国家特定因素,与有关国家之间的政治和财政关系有关;
④企业特定因素。它反映组织内部市场的管理能力。

有5种市场不完善类型能使内部交易获得明显好处:
一是外部市场交易的滞后性,但市场协调机制不存在;二是发挥中间品市场机制作用需要有价格差异,但外部市场反应不灵活;三是外部市场交易双方的不确定或不稳定性;四是买卖双方对产品价值的认同的差异性;五是政府干预,如从价关税或限制资本流动。

巴克利和卡森认为,内部交易会产生下列优势:
①提高生产计划和生产控制的能力,特别是能够协调关键投入品的数量。
②可以通过差别价格发挥市场机制作用。
③避免交易双方的不确定性和不稳定性。
④避免知识转让的不确定性。
⑤避免潜在的政府干预。

---

① Buckley, P. J. and Mark Casson (1976), *The Future of the Multinational Enterprise*, Palgrave Macmillan Books.

4.1.6 小岛清的"切合比较优势论"

日本一桥大学教授小岛清（Kiyoshi Kojima）认为以往对外直接投资的理论都是以美国的对外投资为研究对象的，因此都偏向于从企业所具有的垄断优势角度去解释，而小岛清则从日本对外直接投资的特点出发来分析日本"贸易导向"（trade-oriented）的对外投资。他认为，日本对外投资的行业是从丧失或即将丧失比较优势的那些行业开始进行的，此外，其投资目的有的是为了获得原材料和中间品，这些都是日本国内所不具有的比较优势。这种投资可以发挥投资母国和东道国的各自比较优势，使双方都受益，因此，对外直接投资的优势是建立在各自比较优势的基础上。[①]

不仅日本是这样，小岛清还认为，美国的对外直接投资也同样验证了弗农的产品周期理论。当美国企业发现其产品已处在成熟阶段时，而国外还有许多有利可图的市场，它们就会对外投资。美国就有一个向国外转移产业的历史，通过直接投资，把产业转到具有自然比较优势的国家。正如邓宁所说，小岛清是把跨国公司作为有效发挥各国比较贸易优势的工具。[②]

4.1.7 尼克尔博克的寡占反应论

1973年尼克尔博克（Frederick T. Knickerbocker）从保持竞争优势的目的来解释寡占市场结构中企业的对外直接投资动机。[③] 他认为，由于在寡占市场结构中只有少数大厂商，因此他们互相警惕注视对方的

[①] Kojima, K. (1978), *Direct Foreign Investment: A Japanese Model of Multinational Business Operations*, Praeger.

[②] Rayome, D. and James C. Baker (1995), "Foreign Direct Investment: A Review and Analysis of the Literature," p.18.

[③] Knickerbocker, F. T. (1973), *Oligopolistic Reaction and Multinational Enterprise*, Division of Research, Graduate School of Business Administration, Harvard University.

行为，如果有一家率先去海外投资设厂，就会打破原来的竞争平衡，率先取得更多市场份额而在竞争中领先，因此其他几个对手就会相继效尤，追随带头厂商也到海外投资，扩大自己的地盘，从而保持竞争关系的平衡，否则自己就将落后，难以巩固竞争地位。显然，他的观点与海默、金德尔伯格、邓宁等人的不同之处在于，后者都是从母国企业的竞争优势来解释对外直接投资的原因，而前者则是把对外投资看作是保持竞争优势的手段，前者解释的是必要性，后者解释的是可能性。

4.1.8 路特的分散风险和提高竞争力论

1992年路特（John W. Rutter）总结了20世纪80年代以来国际直接投资的新趋势，指出，美国对外投资的增长相当缓慢，而1980—1988年，美国吸收的外国直接投资却增长很快，年均高达19%，其中英国是最大的投资来源国，日本在1988年超过荷兰成为第二。路特认为，对外直接投资的增长应当解释为跨国公司为了提高自己的竞争力，美国市场的规模和吸引力，以及美元在20世纪80年代的迅速贬值。外国投资者在美国投资所能得到的竞争优势还包括：通过与竞争者合资从而分散风险；提高自己的竞争力；可以改善本国企业的产品质量以便保持自己的竞争力。这当然也带来不利之处，即加剧了对生产要素和消费市场中的竞争。[①]

4.1.9 金的争夺市场论

1990年金（Wi Saeng Kim）和林埃斯（Esmerelda O. Lyn）对外国在美的投资企业进行了实证分析，他们选择了35个行业中的54个外国投资企业，另外选择了54个对应的美资企业的经营状况进行分析比较，他们

---

① Rutter, J. W. (1992), *Recent Trends in International Direct Investment*, International Trade Administration.

发现，外国投资企业的盈利水平低于美资企业。这说明，外国跨国公司来美国投资并不是像海默和金德尔伯格说的那样是由于它们具有垄断优势，相反，它们来美投资是为了进入美国市场和进入美国经济。他们还发现，外国投资企业的负债率高于美资企业，外国投资企业是通过资金融通的灵活性来补偿较高的债务率。而且外国投资企业更具有研究开发的密集性而较少广告密集度，然而，美资企业的经营却更有效率。他们的研究得出的结论是，外国投资企业进入美国市场并非为了得到垄断优势的回报，事实上投资来源国来美投资的动机是不同的，因此，对外投资的流行理论不能充分地解释除美国之外的其他国家的对外投资。[1]

4.1.10 小结

上述九个学术观点都把对外直接投资的分析与竞争优势相联系，由此可以看出，对外直接投资与国际竞争力问题有着密切联系。但上述观点并不是完全都一致。围绕与竞争优势的关系，上述九个观点大体可以分为两个派别：一派着重分析对外直接投资的可能性，这一派主要是20世纪70年代和80年代初的美国学者；另一派着重分析和论证对外直接投资的必要性，这一派主要是20世纪80年代后期和90年代初的各国学者。

海默、金德尔伯格、凯夫斯、邓宁、巴克利和卡森等学者主要都是从投资者具有某种竞争优势或能够保持这种竞争优势的角度来论证对外直接投资的可能性及其经济利益，由此来说明抵消东道国陌生环境的不利因素以及超越当地竞争者的原因。如果把这一派理论作为对外直接投资活动的普遍解释，那么无疑我们就得到这样一个假设前提：凡

---

[1] Kim, Wi Saeng and Esmeralda O. Lyn (1990), "FDI Theories and the Performance of Foreign Multinationals Operating in the U.S.," *Journal of International Business Studies*, 21 (1), pp.41–54.

跨国投资者均具有某种特定竞争优势,而这种竞争优势往往超越当地竞争者。那么问题随之发生,东道国的竞争者的反应应该是什么,如果东道国竞争者的反竞争行为能够成功,需要的条件是什么,对东道国的投资是否还能存在？在这些人的观点中,只有邓宁提出了东道国某些有利因素对投资者选择的必要性,但投资者具有竞争优势仍然是邓宁观点的前提。

小岛清、尼克尔博克、路特、金和林埃斯等人都是从企业为了获得竞争优势的角度来解释对外直接投资的必要性。小岛清从边际产业利用海外比较优势的角度来说明对外投资能获得竞争优势；尼克尔博克从竞争者对峙角度说明对外投资具有先机取胜的作用；路特、金等人都是从获得市场、技术的角度说明对外投资的必要性。这些观点都没有提到投资者的自身特定的优势,那么投资者在东道国市场中能否获得竞争优势,就还是一个不确定因素。而基姆和林埃斯的实证分析恰恰说明这种不确定性是明显存在的。

简言之,第一派观点是把对外投资作为跨国公司实现其竞争优势的行为；第二派观点则是把对外投资看作是跨国公司寻找竞争优势的行为。这两种观点对东道国的反竞争战略和政策都具有很重要的信息含义：在国际投资自由化趋势下,东道国企业如何分别利用这两种不同行动的外国投资以培养本国产业竞争力,东道国政府应当提供哪些政策指导才能有利于本国企业实现这个目的。

4.2　20 世纪 90 年代跨国公司的竞争力

4.2.1　跨国公司寻求的目标

在 20 世纪最后十几年中,由跨国公司组织的国际化生产已经超过了国际贸易而成为世界经济一体化的最重要推动力量。在国民经济和国际交换中,跨国公司发挥了重要作用。对比一国中的企业靠双边贸易进入市场和获得资源的方式来说,跨国公司在商品和服务的生产和交换方面更有效率。随着各国对外国直接投资的日益开放,国际竞争比过去大大加剧了。在世界经济一体化的潮流下,一国的企业已越来越不可能在本国市场的保护下来保障自己的收益。相反,随着进口限制放松、外资和技术流入,竞争压力随之增强。一些国家国内需求增长缓慢,另一些国家本币升值和经济结构调整等,都进一步强化了市场竞争压力,面对世界经济的新形势,各国企业愈来愈关注自己的竞争力,即它们生存和达到利润最大化的能力。

在相互依存的世界中,一个企业的前景不仅取决于它自己的经营绩效,还取决于它与竞争者的经营效果比较。企业通过观察并比较它们与竞争对手的业绩判断自己的地位。每个企业据此来判断和衡量自己的竞争力。通过市场份额或市场份额的变化来判断自己与竞争对手的各自业绩。诚然,对公司股东来讲,利润最大化和资本回报率是企业的最终目的,但市场份额下降肯定是竞争力下降的标志,市场份额下降导致财务状况恶化必将影响企业的长期发展。因此,在跨国公司的国际竞争中,市场份额通常是一个企业或一群企业是否具有竞争力的首要指标。提高市场份额必然伴随利润的增加,这就是跨国公司寻求的目标,实现这个目标的基础就是生产率的快速增长、单位产出成本的下降和产品的不断创新。

对于技术创新者来说,开始它可能拥有100%的市场份额,但很快模仿者要分去它的市场份额,这与竞争力下降不同,此外,市场迅速扩大而导致某一企业市场份额下降也应另当别论。

4.2.2 对外直接投资是跨国公司提高竞争力的重要手段

从20世纪80年代以来,对跨国公司来说,对外直接投资不仅已成为最终产品进入市场的手段,而且还成为获得生产要素,特别是创造资产(created assets)的手段。在组织国际化生产中,跨国公司日益认识到利用当地资产对于提高自身竞争力的贡献。尽管并不是所有的跨国公司都把利用当地资产作为公司战略的首要目标,但已经这样做的跨国公司的结果都表明,这对提高公司竞争力是成效显著的。

根据联合国跨国公司研究中心近年对110家世界上最大的工业跨国公司的调查,公司经理们认为,公司竞争力的提高或改善,来源于它们海外企业的增值活动以及跨境的战略联盟。联合国跨国公司研究中心1994年进行的问卷调查设计了7个等级让公司经理回答,在公司竞争优势的各种因素中,哪些因素完全来源于国内的增值活动,这用1来表示;哪些完全来源于对外直接投资和跨境战略联盟,这用7来表示;来源于海内外各占一半的用4来表示,大于4的数字偏向于来自海外,小于4的数字偏向于来自国内。表4-1是110个企业问卷调查的结果。

从表4-1来看,110家跨国公司认为,它们的竞争优势很大程度上是来自它们的海外活动。特别是全球竞争刺激、与海外企业的联系以及获得自然资源和非熟练劳动等项最为明显。当然,在创新能力和专业技术人才方面,它们对海外的需求较小。

表4-1 大型工业跨国公司的竞争力来源

跨国公司母国(地区)基地	自然资源和非熟练劳动	创造资产	管理能力	商业机构基础设施	更挑剔的消费需求	全球竞争刺激	与海外企业的联系(供货商)	政府政策
美国	4.11[①]	3.07	3.12	2.96	3.15	4.40	3.80	4.04
日本	4.24	2.46	3.04	3.40	2.52	3.24	3.68	3.32
大欧洲[②]	3.98	3.08	3.32	3.13	3.57	5.26	4.23	4.07
小欧洲[③]	3.88	3.30	3.86	3.76	3.79	5.38	4.95	4.00

（续表）

跨国公司母国（地区）基地	自然资源和非熟练劳动	创造资产	管理能力	商业机构基础设施	更挑剔的消费需求	全球竞争刺激	与海外企业的联系（供货商）	政府政策
发展中经济④	4.00	1.67	2.00	1.33	2.67	4.67	1.67	2.67
所有国家	4.04	2.91	3.27	3.20	3.26	4.57	4.06	3.81

资料来源：UNCTAD (1995), "World Investment Report 1995," p.129。

注：① 1—7 等级中，1 完全来自国内，7 完全来自海外，4 国内海外各占一半，大于 4 偏向于海外，小于 4 偏向于国内；
②法、德、意、西班牙、英国、荷兰；
③比利时、丹麦、芬兰、荷兰、瑞典、瑞士；
④巴西、中国香港、韩国。

表 4-2 列出海外活动对不同行业的公司竞争力的不同作用。一般来讲，在技术密集程度较低的行业中，海外活动的贡献要稍高于技术密集程度较高的行业，但其他行业特征（例如依赖自然资源的程度）和对外投资的动机（如属于寻求资源，还是寻求市场或效率）等也并非不重要。

表 4-2 大型工业跨国公司竞争力的来源

技术密集程度行业类别	自然资源	创造资产	管理能力	商业机构基础设施	更挑剔的消费需求	全球竞争刺激	与海外企业的联系（供货商）	政府政策
较高	3.73①	2.87	3.13	3.25	3.38	4.68	4.18	3.95
平均水平②	4.10	2.71	3.07	2.88	3.09	4.62	3.76	3.76
较低	4.39	3.32	3.84	3.60	3.31	4.28	4.36	3.64
所有行业	4.04	2.91	3.27	3.20	3.26	4.57	4.06	3.81

资料来源：UNCTAD (1995), "World Investment Report 1995," p.130。

注：①按技术密集程度不同划分行业类别，等级 1—7；
②平均水平的含义是，OECD 国家研究开发支出占制成品销售额的比重属于平均水平。

上表显示，利用海外自然资源对于公司竞争力显然要比获得海外创造资产重要。在技术密集较高的行业中，海外需求的贡献要高于技术密集度较低的行业。由此也可以看出,在对外投资的东道国中,来自海外企业的竞争压力将主要集中在石油精炼、电子和计算机、航空和工业设备等技术密集度较高的行业。

分行业的数据还表明,在电子、计算机、化学、食品、饮料和烟草等行业中,外资企业与当地企业的联系对于提高外资企业的竞争力具有特殊意义,而在电气设备、计算机和纸制品等行业中,调查显示,外国政府政策的影响具有较重要的贡献。

表4-1还说明,不同母国基地的跨国公司在依靠海外增值活动提高竞争力中有着重要差别。一些欧洲小国,如丹麦、荷兰和瑞典的跨国公司,更多地依赖于海外活动来提高其竞争力,而芬兰和瑞士则不然。日本企业作为国际生产的后来者,其竞争优势来源较多依靠国内,但日本企业依靠海外自然资源却明显高于其他国家的企业。

国别的数据还显示,英国和一些欧洲小国的企业在获得海外创造资产(创新能力和高技术劳工)方面具有最突出的重要性。而海外消费者更挑剔的需求对于英国、加拿大、丹麦、德国、瑞典和日本的跨国公司更新其竞争优势是有力的。无论对欧洲大国和小国的跨国公司来说(特别是英国和瑞士),与海外供应商和消费者的联系都是竞争优势的重要因素。一组发展中国家的企业也认为其竞争力的主要来源是海外联系而不是国内。

该项调查还有两个重要的结论:一是,85%以上的跨国公司相信,它们在海外的价值增值活动对于提高它们的竞争力的贡献将日益增加;第二,除了金属业之外,跨国公司在所有行业的对外直接投资都是其获得海外竞争优势的主要方式。

4.2.3 跨国公司对外投资的资源效应

(一)资本

跨国公司通过利润转化为新的投资,这些利润一部分来源于国内母公司和子公司,另一部分来源于海外子公司。1992年美国跨国公司的母公司创造了390亿美元的利润,[①] 这些利润中的一部分被再投资于海内外,从而使公司内的企业得以分享这种资源。然而,根据国际货币基金组织统计,1993年所有国家的外国子公司总利润(再投资加汇出)达到990亿美元,[②] 这是全球对外直接投资运营总存量的8%。仅美国跨国公司的海外子公司1993的税前利润就达到570亿美元,[③] 其中半数被这些子公司再投资于生产,其余半数汇回美国成为美国股东的红利。如果世界对外直接投资存量的其余部分具有同等的创利能力,那么全世界海外子公司的总利润可达1 750亿美元,这对于跨国公司的运营能力是一笔巨大的资源。

除了再投资,跨国公司体系还是内部资本的流通渠道,其主要形式有股权投资、公司内借款和利润汇回。

股权投资:据报道,1993年跨国公司在40个国家的股权资本投入达800亿美元(占这些国家外国直接投资流入的70%)。仅美国的股权资本通过它的跨国公司系统的转移就达到310亿美元,其中240亿美元是从母公司转向海外子公司,其余70亿从海外子公司转向母公司。[④]

公司内借款:1993年发生在41个国家的公司内借款达510亿美元(占这些国家外国直接投资流入的37%),仅美国,扣除利息支付后的公司内借款即达110亿美元,其中母公司向海外子公司贷款150亿美元,而母公司对海外子公司欠款40亿美元。当年英国的公司内借款是90亿美元,占外国直接投资流入的17%;荷兰是30亿美元,占外资流入6%。

[①] U.S. Bureau of Economic Analysis (revised 1995 estimates), "United States Direct Investment Abroad: Operations of United States Parent Companies and Their Foreign Affiliates," Table II. K. 1.

[②] IMF (1993), "Balance of Payments Manual."

[③] Mataloni, R. J. (1995), "A Guide to BEA Statistics on U.S. Multinational Companies," *Survey of Current Business*, 75 (3), pp.38–55.

[④] IMF (1993), "Balance of Payments Manual."

利润汇出：1993年27个国家的利润汇出是560亿美元，仅美国，其外国子公司向母公司的汇出利润270亿美元，当年英国和德国分别是110亿美元和40亿美元。

跨国公司通过利润资本化和系统内的配置显然是为了提高其整体竞争力，内部筹资在期限条件上的优惠，进一步提高了内部筹资的相对重要性。

(二)技术和创新

由于全球竞争更激烈而且技术变化使产品生命周期缩短，一个企业能否开发和改良产品并迅速开拓世界市场，通过新的加工方式降低生产成本，日益成为其竞争力的重要因素。在当今世界经济中，大量的研究开发支出都集中在跨国公司内部，从而成为技术进步的基础。据估计全球民用研究开发支出的75%—80%都集中在跨国公司。[1] 以专利申请数量来计算，世界上最大的700家工业企业(大多是跨国公司)占有世界商业发明的半数。[2]

在全球竞争压力下，跨国公司不断提高它们的研究开发支出，以美国跨国公司为例，1982—1991年，制造业的研究开发支出(以1987年美元不变价计)增长了43%。在销售总额中的比重，1992年美国跨国公司的母公司为2.1%，其海外控股企业的比重为0.8%，比10年前也有很大增长。

通常跨国公司的母公司及其国内子公司主要着重技术创新，例如1992年美国跨国公司研究开发支出的87%是发生在国内，其海外子公司在不同程度上可以优先得到这些技术，见表4-3，20世纪90年代初期德国、英国和美国得到了国际技术支付费用的80%至90%，但是在跨国公司内部，研究开发活动有逐步扩大分布的趋势，其主要原因是：

---

[1] Dunning, J. H. (1993), *Multinational Enterprises and the Global Economy*, Addison-Wesley.

[2] Cantwell, J. (1994), "Introduction," *Transnational Corporations and Innovatory Activities*, The United Nations Library on Transnational Corporations, Vol. 17, Routledge, p.2.

表 4-3　美国跨国公司研究开发活动和技术出口情况（1982 年、1992 年）

	1982 年			1992 年		
	母公司	海外子公司	总额	母公司	海外子公司	总额
a）美国跨国公司系统的研究开发支出金额（百万美元）	38 157	3 647	41 804	72 107	11 084	83 191
占销售额比例（%）	1.6	0.5	1.4	2.2	0.9	1.8
b）美国跨国公司系统的技术出口额（百万美元）	64 297	31 551	95 848	139 539	88 979	228 548
全美国技术出口额（百万美元）			90 200	202 600		202 600
c）美国跨国公司系统的专利税、费收入及支出						
收入（百万美元）	5 151	435	5 586	12 800	1 461	14 261
其中企业内收入（百万美元）	3 629	36	3 665	10 281	54	10 335
支出（百万美元）	457	3 954	4 411	978	12 472	13 450
其中企业内支出（百万美元）	62	3 308	3 370	61	9 839	9 900

资料来源：UNCTAD (1995), "World Investment Report 1995," p.150。

首先，竞争压力对于跨国公司在世界各地的分支机构都是普遍存在的，海外子公司也需要开发自己的技术。专业技术人才分布在不同国家，但发展中国家成本较低，而且，许多发达国家的研究开发人才供给不足。

其次，通信和信息技术的进步使研究开发活动可以在遥远的距离分别进行并统一协调。

再次，国际投资自由化、联合兴办大学和科研机构，知识产权保护的加强，也促进了研究开发活动的扩散，还有一些国家举办的科技园区，也对跨国公司把研究开发活动安排在海外进行产生了积极的影响。

由于跨国公司集中了主要的技术能力并成为技术创新的先行者，在当今世界经济中，跨国公司通过扩散其研究开发活动，在世界各地开发科技能力，在不同国家利用研究开发的成本差别，从而达到研究开发的规模经济和扩大领域，所有这一切都对保持和提高其竞争力日益重要。研究开发能力的扩散意味着更多的技术是由跨国公司系统的创新能力与利用世界各地的资源相结合而产生出来的。

跨国公司系统也是技术和相关技巧转让的主要渠道。系统内的成员企业虽然不是无偿的，但却有优先得到全系统技术和技巧的优惠。母公司向其海外子公司究竟转移了什么技术，这首先取决于子公司是否进行了研究开发活动，如果外国子公司没有进行任何研究开发活动，那么这种技术转移将主要是生产技术或其他（如营销）；如果子公司进行了研究开发活动，那么母公司提供的技术的性质很大程度上取决于研究开发的类型。如果子公司的研究开发主要是为了使产品或生产加工适应当地条件，那么母公司提供的技术将主要是专业化生产技术，即对新产品进入特定市场提供基本指导。另一方面与跨国公司整体的研究开发有关联的子公司的活动与系统内其他企业的研究开发有很强的联系。它们是国际研究开发网络的组成部分，那么它们之间的技术流动就是双向的，其技术性质就是信息性的。

虽然研究开发活动日益扩散，但大多数海外子公司仍是传统型的，只进行生产经营，因此，向它们转让生产技术和相关的技巧训练是其主要收益，生产企业通过公司内贸易进口机械、中间产品和最终产品和服务获得技术。企业获得什么技术以及在多大程度上获得技术取决于它自己的经营活动，反过来也取决于跨国公司的动机和战略。

（三）技术联盟和技术联系

跨国公司还与其生产体系之外的企业建立合作关系来开发或转让

技术。这种合作关系包括跨国公司之间以及跨国公司与其他企业之间的技术联盟,还包括跨国公司与大学研究机构之间的合作安排,这些合作通过信息共享、联合攻关、资源共享、集体行动等模式提高跨国公司的竞争力。

在新技术和汽车工业,技术联盟得到迅速发展(见表4-4),其理由当然是共担成本、避免研究开发成本,抢在其他竞争者之前先行研制新产品,增强双方在研究开发中的技术互补性,减少开发新产品的周期,等等。跨国公司之间的战略联盟还是技术转让的一个渠道,这使跨国公司的母国基地可以主要致力于开发高收入市场的产品研制。例如日本日立与韩国金星结成联盟,转让了一部分录像机型号的技术,从而使自己可以集中力量开发别的型号。母国和东道国之间的中小企业也可形成这种联盟。这使企业有可能得到资本和其他资源。外国子公司有时也直接支持当地企业的研究开发活动。例如在新加坡的电子工业中,外国子公司支持当地企业开发新产品使之降低成本,提供技术诀窍,从而使新产品走向市场。

表 4-4 新技术领域的技术联盟数量

单位:个

核心技术	1980—1982年	1983—1985年	1986—1988年	1989—1991年	1992—1993年	总额
新材料	58	104	198	111	100	571
信息技术	275	544	674	717	496	2 706
生物技术	193	258	363	173	248	1 235

资料来源:UNCTAD (1995), "World Investment Report 1995," p.156。

跨国公司也与母国或东道国的研究机构建立合作关系。例如瑞典Astra公司的印度子公司在瑞典与印度都与研究机构建立了合作关系。在美国,跨国公司和与美国商务部密切联系的美国国家标准与技术研究院(NIST)、美国国立卫生研究院(NIH)等机构的实验室建立了研究开发合作协议。到 1994 年 7 月底止，这些合作协议已达 1646 项，一些大型跨国公司如杜邦，Dow Chemical，Allied Signal，Olin，Rohm and Haas，W.R. Grace and Union Carbide 等都有这种协议，见表 4-5。发展中国家的跨国公司也在东道国建立合作关系，如大宇公司与法国梅茨（Metz）大学开展联合研究，并准备在巴黎设立工业设计中心。

表 4-5　新技术领域中的技术联盟形式（1970—1989 年）

单位：个（%）

形式	生物技术	信息技术	新材料
合资研究项目	164（13.5）[①]	458（16.9）	177（25.7）
联合研究开发	362（29.8）	749（27.6）	173（25.1）
技术交流	84（6.9）	328（12.1）	54（7.8）
直接投资[②]	234（19.3）	357（13.1）	65（9.4）
供货关系	186（15.3）	245（9.0）	42（6.1）
单项技术流动	183（15.1）	581（21.4）	177（25.7）
总计	1 213（100.0）	2 718（100.0）	688（100.0）

资料来源：UNCTAD (1995), "World Investment Report 1995," P.156。
注：①括号外数值为项目累计数，括号内为其所占百分比；
　　②合资生产企业。

4.2.4　跨国公司体系与开拓世界市场

国际化生产对于跨国公司是进入市场和扩大市场的重要手段，通过企业内的国际分工，使大量跨境交易内部化，从而降低了交易成本，提高了跨国公司的竞争力。对跨国公司来说，通过开拓市场提高其竞争力的效果是明显的：首先是可以获得规模经济效益；其次是按增值链的活动实现地区专业化，从而提高效率和降低成本；再次是迫使企业进入更激烈的竞争环境以适应国际市场的需求性质。跨国公司增强其市场渗透力主要通过两种机制。

第一种机制是跨国公司内部市场。

一个跨国公司的国际生产往往可以组成一个其商品和服务的内部市场。这是一个成员企业具有优先进入权的市场。1993年这个市场的贸易规模达到1.6万亿美元,占世界贸易总额的1/3。从日本、瑞典和美国的数据看,跨国公司内部市场规模比10年前翻了一番。

跨国公司内部市场同时又是国际市场的组成部分,其交易类型有三种:第一种是母公司向外国子公司的销售;第二种是外国子公司对其母公司的销售;第三种是跨国公司内部不同国家不同子公司之间的销售。这些交易并不完全由市场力量决定并按市场价格成交,而只反映国际一体化生产和跨国公司内部的运营分布,见表4-6。其内部转移价格只是以内部核算为目的并用以海关申报,这种内部交易的主要优势在于比非相关企业的贸易更有可能控制上游供货商和下游市场,此外,另一个优势是交易成本低,尤其当被交换的商品和服务体现为专有技术和营销资产时更是如此。

表4-6 国际贸易不同形式的规模(1984—1993年)

单位:十亿美元

年份	海外子公司的销售	非相关企业的许可证销售	商品和非要素服务的企业内出口	商品和非要素服务的出口	商品和非要素服务的出口(企业内出口除外)
1984	2 581	30	816	2 449	1 632
1985	2 400	40	734	2 202	1 468
1986	2 675	50	819	2 458	1 638
1987	3 492	60	971	2 912	1 941
1988	4 090	80	1 109	3 327	2 218
1989	4 640	80	1 202	3 606	2 404
1990	5 089	110	1 399	4 196	2 797
1991	5 373	120	1 482	4 446	2 964
1992	5 235	120	1 646	4 939	3 293
1993	—	—	1 587	4 762	3 175

资料来源:UNCTAD (1995), "World Investment Report 1995," p.37。

跨国公司内贸易的规模和性质与公司的战略与结构密切相关。一个具有多国结构的跨国公司,[①]其企业内贸易量相对较小,而且贸易流向主要是母公司对子公司的销售。实行简单一体化战略的跨国公司,如果子公司为母公司生产投入品,那么母公司就会成为子公司的重要市场;如果子公司处在母公司的下游环节,例如子公司是母公司的营销性企业,那么子公司就成为母公司的内部市场。采取综合一体化战略的跨国公司,其商品和服务的流向是多种形式的,既从母公司流向子公司,也从子公司流向母公司,还有子公司与子公司之间的贸易。

跨国公司内贸易结构也因行业或母国、东道国市场规模而有差别。例如在电子、汽车、电信行业中,竞争力的基础是规模经济和技术密集,这就要求生产规模要超过最大的国内市场,与世界市场相联系。此外,母国经济规模与贸易流向也有直接联系。海外子公司向母公司销售,更多发生在母公司属国是大国经济的情况下,母公司属国是小国经济则又不同,见表4—7。

表4—7 不同国家母子公司内贸易流向的比较

	日本			瑞典		美国		
	1983年	1989年	1992年	1986年	1990年	1982年	1989年	1992年
母公司企业内出口								
金额(十亿美元)	31.4	62.9	85.6	10.1	13.7	47.1	89.4	106.0
百分比(%)	28.3	40.3	32.1	49.0	47.0	30.6	40.1	42.4
企业内进口								
金额(十亿美元)	5.0	19.4	15.5	—	—	39.2	74.4	93.9
百分比(%)	20.8	29.9	28.7	—	—	36.2	41.9	45.7
海外子公司企业内出口								
金额(十亿美元)	—	—	—	1.2	2.9	131.7	207.1	277.7
百分比(%)	—	—	—	18.2	17.0	52.2	62.9	63.8

资料来源:UNCTAD(1995),"World Investment Report 1995," p.195。

[①] 即其国外子公司是相互独立、单独生产或经营同一种或不同种的商品。

第二种机制是跨国公司外部市场与外部联系。

尽管公司内贸易占有重要比重,但从跨国公司的立场来看,有效地组织生产和流通是为了更有效地开拓外部市场,即通过非关联企业贸易开拓外部市场或通过海外生产在当地市场销售,形成新的市场空间。公司系统外出口和系统外当地销售的重要性对于不同的跨国有差别,这主要是因行业和公司战略而异。

在非贸易品的行业中(如许多服务行业),企业进入外部市场的唯一方式就是在当地市场建立企业,而跨国公司母国市场越小,其海外经营的重要性就越大。在贸易品行业中,生产经营地点与市场可以分离。贸易、对外直接投资和非股权安排可以结合起来以最有效的方式组织生产和流通。日本、瑞典和美国的数据表明,跨国公司向系统外出口超过了企业内出口额。许多跨国公司有长期的出口经验,而贸易也经常是企业在对外直接投资之前开拓海外市场的手段。在某些行业,例如自然资源的开采和加工,跨国公司就主要是出口导向的,因为资源往往集中于少数地区,而市场是分布在世界各地,见表4-8。

表4-8 跨国公司及成员企业的总销售额与外部销售额(1982年、1992年)

	母公司		海外子公司		跨国公司系统	
	1982年	1992年	1982年	1992年	1982年	1992年
日本						
①系统外当地销售(十亿美元)	368.9	1 201.0	20.7	117.6	389.6	1 318.6
系统外国际销售(十亿美元)	79.5	181.5	8.3	38.0	87.8	219.5
②系统外销售总额(十亿美元)	448.4	1 382.5	29.0	155.6	477.4	1 538.1
①/②的百分比(%)	82.3	86.9	71.4	75.6	81.6	85.7
总销售额(十亿美元)	479.8	1 468.1	29.0	155.6	508.8	1 623.7

（续表）

	母公司		海外子公司		跨国公司系统	
	1982年	1992年	1982年	1992年	1982年	1992年
瑞典						
①系统外当地销售（十亿美元）	18.4	25.4	15.6	40.2	34.0	65.6
系统外国际销售（十亿美元）	10.7	15.4	5.5	14.4	16.2	29.8
②系统外销售总额（十亿美元）	29.1	40.8	21.1	54.6	50.2	95.4
①/②的百分比(%)	63.2	62.3	73.9	73.6	67.7	68.8
总销售额（十亿美元）	39.2	54.4	22.3	57.6	61.5	112.0
美国						
①系统外当地销售（十亿美元）	2 067.5	2 978.6	449.8	814.3	2 517.4	3 792.9
系统外国际销售（十亿美元）	171.4	156.8	120.5	157.2	291.9	314.0
②系统外销售总额（十亿美元）	2 238.9	3 135.4	570.3	971.5	2 809.2	4 106.9
①/②的百分比(%)	92.3	95.0	78.9	83.8	89.6	92.4
总销售额（十亿美元）	2 348.4	3 330.9	730.2	1 291.6	3 078.6	4 622.5

资料来源：UNCTAD (1995), "World Investment Report 1995," p.201。

虽然向公司系统外出口占有重要地位，但当地市场（无论是母国市场还是东道国市场）的公司系统外销售仍占支配地位，几乎占75%—90%。这说明开拓新的贸易空间以及通过对外直接投资输出商品和劳务对跨国公司的重要意义。跨国公司开拓系统外市场空间的重要性说明：第一，服务贸易在世界经济中的重要性日益突出，正是由于服务业的非贸易性，跨国公司必须通过海外运营才能在当地市场销售；第二，尽管贸易限制已经放松，但生产总是首先服务于当地市场，产品的当地市场销售总是特别重要，特别是当地消费者的反馈总是最先到达生产者那里。

国际化生产对于提高跨国公司的竞争力可以从一些指标中反映出来：1982—1992年，美国跨国公司在产出、就业和出口方面的增长要快于（或较少地下降）母国或几个东道国的其他企业。[1]1982—1989年，美国在海外资产份额大的行业的资产增加速度几乎比整个制造业资产增长多一倍。[2]而1982—1990年，全部美国制造业跨国公司的出口额增长一直保持在12%—17%，而整个美国制造业的出口增长率只有1%—7%；1980—1992年，美国跨国公司对外直接投资的回报率平均达到12%，而同期美国国内投资的平均回报率只有8%。[3]

4.2.5 跨国公司的联系网络

第一是与供货商的联系。

与供货商的联系是跨国公司与外部企业的最重要联系。分包是一种普遍的联系形式，分包厂商在营销、储运、配送、专业化生产和设计方面从中受益匪浅，而且还得到跨国公司提供的培训。跨国公司培植的供货商往往成为第二层第三层分包商的管理者和委托人，由它负责监查价格、质量和发货计划。大量中小企业从这个网络中打开市场并得到出口机会。对于跨国公司来说，与供货商的紧密联系能够得到灵活、可靠的服务从而有助于提高生产能力。而供货商的利益则是在于进入市场。这种利益结构取决于建立联系的类型。日本的联系网络趋向于稳定、长期的交易，因此不易使供货商进入该网络。至少在开头，得到市场和利益实惠的主要是本国供货商或东道国供货商的分支

---

[1] OECD (1994), "The Performance of Foreign Affiliates in OECD Countries."
[2] Emergency Committee for American Trade (1993), *Mainstay II: A New Account of the Critical Role of U.S. Multinational Companies in the U.S. Economy*, p.21.
[3] UNCTAD (1995), "World Investment Report 1995," p.202.

机构。美国跨国公司的联系方式有利于新的供货商进入。供货商以成本、质量、交货期为条件进行竞争，从而使跨国公司可在更大范围内选择合作者。例如美国在东亚的电子行业在芯片和消费电器等产品市场中已与日本企业展开了直接竞争。[①]

第二是通过许可与特许的联系。

跨国公司系统外部的生产者通过非股权安排得以生产和销售跨国公司许可和特许的产品（服务），后者由此得到专利权税费收入，这是国际化生产中的一种常见模式，许可生产也是向系统外企业转让技术的方式，而且也常用于营销或配送发证者的产品或使用其专有资产包括商标、品牌的方式。在这种方式下，国际营销功能转到领证者手中。当东道国不允许外国直接投资，或风险较高、利润不多，或由于交通成本、产品易腐或其他因素而使贸易没有吸引力时，许可证和其他非股权模式（包括特许，主要在服务业中常用）就具有进入东道国市场的优势手段。

4.3 对东道国经济与产业影响的一般分析

4.3.1 吸收外资与当地经济福利

对外直接投资对东道方经济的直接的积极影响主要有三方面：第一是向东道方政府提供了赋税收入；第二是在东道方投资设厂直接提高了当地生产要素的收入；第三是提高了产出，增加了出口和就业。从

[①] Borrus, M. (1995), "Left for Dead: Asian Production Networks and the Revival of U. S. Electronics," in Doherty, E. M. (ed.), *Japanese Investment in Asia: International Production Strategies in a Rapidly Changing World*, Asia Foundation, pp.125–145.

全社会来看,其间接影响更是多样化的,例如技术转让,以及通过与当地经济的联系带来的各种技术外溢效果。

虽然衡量外资企业与当地经济的融合程度是困难的,但这通常是评价对外直接投资对东道方经济影响的尺度。有理由相信,假如外资企业创造了与当地企业广泛的前后向联系,那么当地经济就会获益更多。也许从平均水平来看,外资企业与当地经济的联系要低于国内的企业,但其他因素使当地联系超过了商务的民族界限。[①]

关于外资企业当地化对东道方经济的影响很难下一个简单的结论,尤其是做了不同的案例研究的情况下更是如此。一方面,当地化的程度取决于外资的特征,例如所有权特征、投资类型、技术结构、产品类型和多样化,以及进入方式;另一方面,创造联系的程度也取决于当地经济的特征,例如一个国家的产业发展阶段、技术能力、产业政策以及对外资企业的法规和管理。

一些人认为,技术转让是外资企业与东道方关系的关键。这个看法引起了很多争论。有人断言,跨国公司既过分限制现代技术的转让,又对发展中国家转让不恰当技术负有责任。然而,即便跨国公司愿意提供它们的技术,有效转让仍然极大地取决于东道国经济中固有的四种条件:第一,最适当的技术(如果它是一种节约劳动的工具)取决于生产过程中资本与劳动的可替代程度;第二,技术的适用性不仅取决于东道国生产要素的情况,还需视当地的市场潜力,一般来讲,市场广阔的东道国更有条件成功地采用先进技术;第三,东道国有的技术结构是决定其是否有能力吸收进口技术的关键因素;第四,在某些情况下,政府干预也许对成功地转让技术起关键作用。当地政府不仅能够促进并

---

① Meyer, S. and Tao Qu (1995), "Place-Specific Determinants of FDI: The Geographical Perspective," in Green, M. B. and Rod B. McNaughton (eds.), *The Location of Foreign Direct Investment: Geographic and Business Approaches*, Ashgate Publishing.

直接帮助当地企业吸收主要技术,而且还可以帮助有关的供货企业提高竞争水平。因此,由于东道国吸收新技术的条件以及当地化的各种条件,直接投资的影响是各不相同的,这带来了对直接投资的各种不同看法。但是也有一些共同的负面外在影响:

1. 在东道国内与当地经济很少联系甚至没有联系的外国飞地的发展。
2. 不能充分开发国内研究从而使进口技术不能完全适应当地条件。
3. 培训当地管理和技术人才不够。

从一个国家的角度来看,许多东道国政府关心对外直接投资与国际收支的关系以及国家主权和控制问题。

4.3.2 吸收外资的收益与成本的理论计算

外资对东道国收益的计算公式

一、$Benefit=O-1$

O：子公司的生产产出

1：向当地或外国公司(含母国公司)购入零件与产品

二、$Benefit=O-1=F+R$

F：子公司对土地、资本、劳动等生产要素的报酬的合计

R：企业经营利润收入

三、$Benefit=(F+R)-N$

N：当地生产要素的机会成本

四、$Benefit=(F+R)-N+L$

L：纯外部经济(外部经济减外部不经济)

五、$Benefit=(F+R+T)-N+L$

T：向当地政府缴纳的所得税

六、$Cost=E$

E：对国外生产要素所支付总额

所以东道国的收益与成本的比例如下式

$$\frac{(F+R+T)-N+L}{E}$$

如果比例大于1,则收益大于成本。

对国际收支的影响：

$Benefit=K+X+S$

K：母公司对子公司初期所投资本

X：子公司出口

S：子公司生产而减少的进口

$Cost=(R^{**}+F^{*})+(M+M^{*})+D$

R^{**}：子公司汇回母国的资本与利润

F^{*}：支付国外生产要素之费用

M：子公司的进口

M^{*}：透过进口界限倾向所诱发的进口

D：子公司撤回的资金

国际收支影响与国民收入关系的公式是

$X-M=GNP-(C+Id+G)$

C：国内消费

Id：国内投资

G：政府支出

$Benefit$ 的纯现在值 $=\sum\limits_{t=1}^{n}\left[\dfrac{(F_t+R_t^{**}+T_t)-N_t+L_t}{(1+d)^t}\right]$

$Cost$ 的纯现在值 $=\sum\limits_{t=1}^{n}\left[\dfrac{E_t}{(Hd)^t}\right]$

t：年数

d：分摊率

4.3.3 对东道国的技术转让

跨国公司通过研究开发设施和雇员培训可以帮助若干东道国经济提高创新能力。半导体行业是一个比较典型的例子。技术创新对于该行业的竞争力尤为重要，因此该行业的研究开发支出很高。其核心技术通常是由公司总部研究开发，但也在海外有选择地建立应用性有关产品和适销性的研究开发中心。例如荷兰飞利浦电器公司在纽约建立了一个研究机构，其研究支出1994年占飞利浦总支出的15%。美国英特尔（Intel）公司向其爱尔兰的子公司转让了微型机中的奔腾（Pentium）芯片的生产技术。日本电气公司（NEC）向其英国的子公司转让了存储芯片的生产技术，汤姆森（SGS-Thomson）公司向其新加坡子公司转让了相同的技术。而在海外子公司之间它们也互相转让技术。如美国康内尔（Conner Peripherals）公司在新加坡的子公司则向康内尔在意大利、马来西亚、英国的子公司转让新的生产技术。英特尔依靠马来西亚子公司的高级工程技术人员在亚利桑那州建立自动化生产线。

跨国公司还向东道国企业提供先进技术。在半导体行业，跨国公司向当地扩散技术往往通过其当地子公司或非股权安排。当地供货商与跨国公司在当地的子公司订立供货合同，向其提供高质量的半成品以满足高技术的专业化生产，从而形成垂直一体化结构（如在韩国的公司联合企业）或松散的结构（如中国台湾的生产网络）。例如1989年美国得克萨斯仪器公司与中国台湾的亚森（Acer）公司结成联盟，通过制造4兆动态随机存取存储芯片来提升亚森公司当地企业的技术，后来，这项技术通过亚森公司在当地大量的前后向联系慢慢地渗透到中国台湾的整个电子行业中去了。日本的NEC、东芝和富士等公司也批准与中国台湾、新加坡的当地厂商共享新的制造技术和设计芯片的诀窍。

半导体工业的对外联系和技术外溢对电子工业中的各个行业甚至

整个工业都产生了影响。例如在韩国,生产管理人员离开外国子公司加入或创建自己的公司时,便发生了一种重要的技术转让效果。不同的电子工业行业通过设备原产商协定产生了大量的技术外溢效果。半导体行业的垂直一体化生产最易于发挥技术外溢的效果;NEC、东芝、三星、现代、西门子本身的半导体生产实际上只占其全部生产的很小一部分,但它却对电子工业中相关分支行业的技术更新起了促进作用。马来西亚也通过培训产生了技术外溢,当地政府和跨国公司的当地子公司联合建立了技能开发中心,不仅为其成员企业,还为整个制造业培训雇员。[①]

研究开发活动需要大量的资金投入,英特尔在1992年和1993年中研究开发支出都占其公司总支出的40%。跨国公司对其海外子公司的研究开发活动往往也投以巨资,例如日本在东亚的半导体企业,其大多数研究开发经费都是由母公司提供的,只是到1990年以后,马来西亚和泰国的子公司才把利润再投资于研究开发活动。

哪些产业对具有技术创新的外国投资最有吸引力呢?在许多产业中,一个产业愈具有国际竞争力就愈能吸引处在技术创新阶段的外资项目。美国在20世纪80年代从资本净输出国变为直接投资净输入国是令人感兴趣的例子。尽管从20世纪70年代开始国际竞争加剧,但一些美国的技术密集产业在研究开发和相关的组织原则上保持了国家特定优势从而使它们维持了全球竞争优势。这些产业包括生物技术、计算机、工业机械和航空工业。来自欧洲和日本的跨国公司集中在那些美国技术领先的产业。表4-9显示1975—1990年,日、德、英、法对美直接投资进入20个制造业部门。进入量最大的前三个制造业部门是电子和相关产品(包括计算机工业)、工业机械、化学工业(包括生

[①] Salleh, I. M. and Saha Dhevan Meyanathan (1993). *Malaysia: Growth, Equity, and Structural Transformation*, World Bank Publications, p.13.

物技术工业）。显然其投资动机是希望从美国合作伙伴中学到技术或得到技术创新的资源。[①] 这种投资就是出于学习的需求。日本在欧洲的投资也有相似的情况。从历史上就一直享有比较优势的德国化学工业成为日本对德国投资的最有吸引力的产业。

一般来讲，跨国公司把技术和创新活动引入东道国，会使其子公司有更高的生产率并促进当地企业提高生产率。但这种贡献究竟有多大，很大程度上取决于东道国自身的技术能力，即它们能掌握引进的技术并使之适应当地条件，从而吸收和提高它。

表 4–9　日英德法对美制造业投资的件数（1975—1990 年）

单位：件

行业	日本	英国	德国	法国	四国合计
食品和同类产品	101	61	18	31	211
烟草产品	0	1（+1）	0	0	1
纺织类产品	24	16	17	4	61
服装和其他纺织品	11	8	9	2	30
木材和木制品	14	9	8	0	31
家具和用品	8	3	3	5	19
纸和相关产品	16	22	9	0	47
印刷和出版	16	64	26	11	117
化学和相关产品	117	124	126	50	417
石油和煤制品	2	20	5	8	35
橡胶和塑料产品	40	23	19	9	91
皮革和相关产品	2	6	3	4	15
石头、黏土和玻璃制品	31	46	31	30	138
初级金属产品	95	39	9	22	165
金属制品	68	38	28	10	144
工业机械和设备	205	102	118	33	458

---

① Peng, M. W. (1995), "Foreign Direct Investment in the Innovation-Driven Stage: Toward a Learning Option Perspective," in Green, M. B. and Rod B. McNaughton (eds.), *The Location of Foreign Direct Investment: Geographic and Business Approaches*.

（续表）

行业	日本	英国	德国	法国	四国合计
电子和相关产品	253	104	71	37	465
交通设备	65	28	29	19	141
工具和相关产品	64	56	33	13	166
杂货制品	45	25	7	11	88
总计	1 178	795	568	299	2 840

资料来源：美国商务部公布的美国各年外来直接投资。[1]

跨国公司在东道国的技术扩散，其中一个渠道是通过其子公司雇用当地的研究开发人才。当然，也有可能会使当地的研究开发资源被外国子公司抢先使用，而当地企业反而得不到。这种负面影响取决于外国子公司进行的研究开发的类型、当地资源的类型及当地的供给条件。

东道国吸引跨国公司的研究开发活动需要自身具备相应的技术条件和基础设施。东道国的外资企业若自身不进行研究开发活动，必然在使用母公司的技术中也要对某些技术环节进行改造。实证分析表明，依不同行业的性质和限制因素，跨国公司倾向于把它的生产和加工技术的要素密集度调整到适应于当地条件，例如劳动密集型生产适应当地劳工相对便宜，降低产品质量减少生产是由于当地市场小而且规模经济不可能。[2] 然而，在不同的行业中，跨国公司调整其技术水平适应当地条件的可能性是不同的。例如在资源密集和高技术行业中，调整其技术和资本密集度的可能性就要小于其他行业，而在其他行业中，技术和资本密集度的水平的经济合理性幅度较大。[3] 因此，往往在

---

[1] Peng, M. W. (1995), "Foreign Direct Investment in the Innovation-Driven Stage: Toward a Learning Option Perspective," in Green, M. B. and Rod B. McNaughton (eds.), *The Location of Foreign Direct Investment: Geographic and Business Approaches*.

[2] Dunning, J. H. (1993), *Multinational Enterprises and the Global Economy*, pp.293–295.

[3] Dunning, J. H. (1994), "Globalization, Economic Restructuring and Development," The Prebisch Lecture for 1994, UNCTAD.

资源密集和高技术行业的外国直接投资中，技术转让的可能性和效果比较大。

外国子公司的技术外溢和外在效应对东道国的技术创新也有重要影响。据一次调查表明，美国母公司对其海外子公司的技术转让加快了东道国的产品更新和生产技术更新，有1/3的企业的产品更新期缩短到平均只有2.5年。[1]即便在跨国公司设立的"高科技园区"内，也需要在当地采购原料并聘用当地研究人才，因此必然会形成技术的扩散和外溢效果。

跨国公司企业具有较高的生产率，其生产企业对当地供货商的产品质量要求较高，而且还把当地供货商与国际供货的竞争连接起来，从而会提高东道国的全要素生产率。马来西亚从20世纪80年代中期开放外国直接投资政策以后，全要素生产率的提高，其部分原因就是在于供货商竞争力的提高。[2]在一些外国直接投资密集的行业中，也可看到外资企业与当地企业生产率的差距逐渐缩小。但也有相反的例子，如在加拿大，这种差距依然长期保持，部分原因是外资企业不断提高自己的效率以增强其在当地的竞争力。即便没有开展研究开发活动的外资企业，其在当地的竞争，也足以刺激当地企业设法提高自己的竞争力。

东道国自身的技术能力是吸纳和消化外国直接投资中的技术转让的重要基础。东道国技术能力愈强，当地企业便愈具有学习、培训、适应和竞争的能力，从而愈有助于当地的技术进步。在发展中国家的成熟产业中，在人力资本中投入愈多，就愈能从技术转让中受益。东道国

---

[1] Mansfield, E. (1984), "R&D and Innovation: Some Empirical Findings," in Griliches, Z. (ed.), *R&D, Patents and Productivity*, University of Chicago Press, pp.127–148.

[2] Okamoto, Y. (1994), "Impact of Trade and FDI Liberalization Policies on the Malaysian Economy," *The Developing Economies*, 32 (4), pp.460–478.

经济不发达，外资企业的竞争也会引起当地企业破产而不可能从技术联系中受益。因此，提高发展中国家消化吸收引进技术的能力乃是利用外资政策的重要方面。

4.3.4 东道国的市场机会

向跨国公司系统供货，是东道国企业利用跨国公司网络进入市场的一个渠道。在美国跨国公司的母公司和子公司投入品的购买中，当地供货占绝大多数。当然当地供货既包括母国生产基地的母国供货，也包括东道国生产的当地供货。而1989—1992年，日本跨国公司母公司的进口依赖虽然下降，但从亚洲的进口却增加了。

通过分包关系向外资企业提供零部件为发展中东道国厂商创造了进入跨国公司垂直一体化生产链条的机会，使之进入出口市场。在墨西哥，1990年的一项调查表明，63个制造业的外资企业，其分包商有59%是东道国民族企业。与外资企业的分包关系主要集中在技术密集型和出口导向型的行业中。最明显的是汽车、计算机、电子、电器和化工（不包括医药）行业。外资企业向分包商提供的援助包括技术、管理、资金以及质量控制培训，据调查，质量控制培训占所有援助的87%。在东亚和东南亚，当地厂商（主要是合资企业）已经在汽车和电子行业中建立了向跨国公司供货零部件的网络，而且在不同国家的工厂具有专业化的特点，形成地区性市场。在汽车工业中，这些网络主要属于日本跨国公司，所有主要的日本汽车大公司都依靠其海外企业和海外供货商提供零部件，利用了东盟国家的地区合作优势。在电子行业中，美国和日本跨国公司都建立了这种网络，开始是劳动密集型生产，后来逐渐向技术复杂的生产环节发展，从而使产品的国际流动逐步逆向流动。

向跨国公司供应零部件是东道国企业进行市场扩张的好机会，而且有助于小企业在国际营销和配送中推销其产品。小企业既可以采取批发和零售方式推销其最终产品,也可以用分包和其他形式建立供应关系。在消费品行业中,分包安排十分普遍,如消费电器、鞋、家具、服装、家庭用品和玩具。在这些行业中,分包商向外资企业提供零配件有同样优势,生产一般由当地民族企业进行,其规格、质量由知名跨国公司安排,或由大零售商设计产品、提供技术帮助并进行市场营销。分包联系还常常分层展开,即由第一层分包商控制价格、质量和配送,并管理以下各层的分包业务。这种网络开拓了市场,为许多中小企业提供了出口机会。在分包厂商不可能以自己的名义进入国际市场条件下,它们只能从向跨国公司的销售中受益。与出口导向的跨国公司的联系,往往还使当地企业了解了海外市场,如国外流行的设计、包装和产品质量,从而有助于东道国企业独立开拓市场。

表4-10清楚地显示,跨国公司对东道国的出口和开拓国际市场发挥了重要作用。但亚洲和拉美的经验也反映出跨国公司往往通过股权比例控制其出口导向的外资企业,并把进入它们的营销网络作为一种专有资产。因此,外资企业的出口贡献与股权比例有关。当东道国限制外国股权比例时,出口导向的外国直接投资也会受到限制,在这种限制下,跨国公司或者放弃投资,或者在国际营销受限制的企业中建立合资形式。

东道国企业在多大程度上能够利用出口、当地采购和分包关系等形式从跨国公司系统中得到市场进入的实惠,既取决于东道国对外资的股权比例政策,还取决于当地企业家的能力。在中国台湾,20世纪60年代和70年代期间,外国直接投资面临某些限制,外资企业从当地分包商中的购买是建立出口导向电子产业的重要因素。但在马来西亚,电子行业对外国直接投资的限制要少,外资企业的出口导向生产对建设该行业发挥了更大作用。东盟国家中的马来西亚、新加坡和泰国更多地依靠外国直接投资进入国际市场和获得资源,而韩国和中国台湾更多依靠非股权安排,在这两种模式中,建立长期竞争力的关键因素是从跨国公司体系中获得技术和管理能力以及进入国际营销网络。亚洲国家就是通过加强供货商行业以及鼓励和加深跨国公司在这些行业中与当地企业的联系,从而提高本国相关行业的国际竞争力,见表 4-11。

表 4-10 美国、日本在不同东道国海外企业的食品业与制造业的出口（1982 年、1989 年、1992 年）

东道国	食品与制造业出口额（百万美元）	美国 外资企业出口（百万美元）	比例（%）	出口倾向（%）	日本 外资企业出口（百万美元）	比例（%）	出口倾向（%）*
发达国家							
1982 年	976 424	80 663	8.3	36.6	1 630	0.2	16.9
1989 年	1 831 540	165 218	9.0	37.9	7 493	0.4	13.1
1992 年	2 351 109	212 580	9.0	40.5	17 693	0.8	19.5
发展中国家							
1982 年	189 155	11 168	5.9	22.0	5 067	2.7	33.5
1989 年	470 398	27 458	5.8	36.3	10 913	2.3	32.9
1992 年	662 723	37 989	5.7	37.8	14 593	2.2	30.7
世界							
1982 年	1 253 563	91 832	7.3	33.9	6 698	0.5	26.8
1989 年	2 404 370	192 676	8.0	37.8	18 406	0.8	20.4
1992 年	3 065 225	250 579	8.2	40.2	32 294	1.1	23.3

资料来源：UNCTAD (1995), "World Investment Report 1995," p.210。

* 出口倾向是指外资企业的国际销售在其总销售中的比重（包括母国与东道国中的外资企业）。

4.4 跨国公司在东道国技术转移的模型分析

从 20 世纪 70 年代以后,相当一部分跨国公司已把一定比例的研究开发活动放在海外东道国进行。其原因是：第一，海外子公司生产规模扩大，要求设立研发机构（RDUS），以便使母公司的技术适应东道国环境，使产品适应东道国市场；第二，跨国公司国际一体化生产的发展要求它们的研发活动相应进行劳动分工；第三，科技活动专业化性质的日趋显现，要求企业在一些海外东道国设有研发窗口，以便与各国的专业化研究保持密切的联系。[①] 对于东道国来说，跨国公司的这种技术转移活动可能产生下列收益和成本：①外资企业的研发机构可能雇用东道国的科学家和工程技术人员，他们一部分或者全部可能本可以被国内企业的研发机构雇用。外资企业雇用这些人才既有利于东道国，但对东道国企业又是一种成本。②外资企业进行研发活动所带来的好处也可能不会由自己全部占有，可能向东道国某些部门形成技术外溢效果。③外资企业的研发活动会影响其生产成本、产品质量等，从而提高产出和利润，这些变化会使东道国消费者受益并使政府增加税收，但也许会降低东道国企业的产出和利润。前两种效果，因直接来源于研发活动，可称为直接研发效果，第三种效果可称为间接生产效果。

表 4–11　美国海外控股企业的出口倾向

（％）

东道国	美国海外企业出口所占比重				出口占其GDP比重			
	1977年	1982年	1989年	1992年	1977年	1982年	1989年	1992年
巴西	7.1	8.9	13.4	15.1	7.2	7.1	7.7	9.5
智利	—	—	21.4	30.0	19.0	22.1	31.8	24.2
法国	23.8	27.2	26.4	28.0	16.1	16.9	17.8	17.0
日本	7.2	8.7	14.9	11.0	11.4	13.0	9.4	9.0

---

① Katrak, H. (1994), "R&D Activities of Multinational Enterprises and Host Country Welfare," in Balasubramanyam, V. N. and D. Sapsford (eds.), *The Economics of International Investment*, Edward Elgar, p.47.

(续表)

东道国	美国海外企业出口所占比重				出口占其GDP比重			
	1977年	1982年	1989年	1992年	1977年	1982年	1989年	1992年
马来西亚	44.3	47.4	49.5	55.9	46.3	46.3	65.7	68.3
墨西哥	10.0	10.3	31.9	27.3	6.2	12.4	11.4	8.4
新加坡	—	82.0	73.7	55.8	118.2	130.2	153.6	127.8
英国	31.1	31.0	25.1	30.4	22.6	20.2	18.1	18.0

资料来源：UNCTAD (1995), "World Investment Report 1995," p.211。

当然，要分析清楚这种收益成本关系是复杂的，而且在不同东道国中其效果也有差异，因此一个先验的分析并不能确定东道国是受益还是不利。寻找一种分析框架也只是为了可能运用于实证研究。

4.4.1 直接研发效果的简单模型

首先假定东道国是寡占市场结构，即在某一行业中只有一个外资企业和另一个东道国企业。企业的生产技术决策分为两个阶段：第一阶段它们在各自的生产水平上选择最适度的研发活动；第二阶段是它们相互竞争，并在第一阶段的生产成本和产品质量基础上调整其产出水平和研发活动。

开始的情景可能是东道国企业使用某些标准化的或生命周期延长的技术，外资企业使用从母公司转移来的技术。这些技术决定各自的初始生产成本，并在寡占竞争下决定初始的产出水平。当它们分别设立研发机构后，需投入有形资产和无形资产，如科技人员投入，这会提高企业的利润，但假定这种提高的速度会下降，因此每个企业都只会在初始的产出水平基础上选择最适的科技人才投入水平。

只要科技人才的供给并不完全具有弹性，每个企业可能雇用到的数量将少于竞争对手的研发机构还未设立时的数量。从这个意义上

说,外资企业减少了东道国企业对科技人才的使用以及削弱了后者的研发活动。在开始分析之前,还要有以下一些假定:

1. 每个企业正确地预测提高利润来源于其研发活动;2. 除了税收增加外,每个企业能完全占有其研发活动的所有收益;3. 培训科技人才的社会成本与私人成本没有差异;4. 每个企业付给科技人员的工资作为要素使用的边际成本并使工资与总的边际利润相等;5. 在研发项目中不存在不可分性,当科技人才的增加达到边际水平时,研发活动会以很小的增量扩大;6. 所有科技人才都是统一的同质要素,并参与同一类型的研发活动。

在图4-1中,假定PH是东道国企业从科技人才雇用中得到的边际利润,表示在初始产出水平上单位生产成本降低或改善产品质量的效果。收益被界定为扣除生产成本后的余额,但包括科技人员工资和所得税。PA是外资企业与东道国企业的研发机构边际利润计划的合计数。假定ST是科技人才的供给曲线,反映培训科技人才的私人成本。

外资研发机构对东道国的福利效果是:如未设立研发机构,东道国企业雇用科技人才为ON_1,其工资为OW_1,所以,其利润(扣除科技人员工资后的剩余)为W_1PE_1。与此相对照,如外资研发机构设立,科技人员工资可上升为W_2,雇用总数也会提高到N_2,但东道国企业的雇用只有W_2B。结果,科技人员的收入将增加$W_1W_2E_2E_1$,而且除了抵消东道国利润的减少还有剩余,这部分减少$W_1W_2BE_1$。此外,外资企业利润会使所得税增加,这部分利润是PE_2B,假如税率是BC/BE_2,那么税收就是PCB,东道国的净收益为E_1E_2B+PCB。

这种福利效果对东道国企业竞争力的影响是复杂的,东道国企业的一部分利润成为科技人员收入,这对东道国企业的竞争力有负面影响,但政府增加的税收如能用于扶植本国企业,又有助于提高本国企业竞争力。

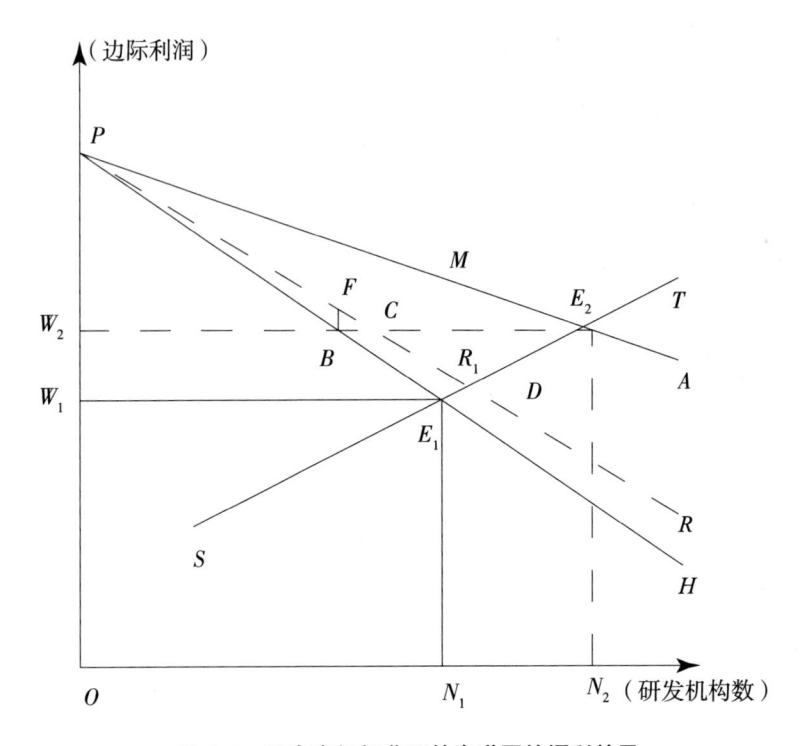

图 4-1　没有市场扭曲下的东道国的福利效果

4.4.2 对简单模型的一些引申

现在让我们来假定企业不能正确地预测其收益能否来自增加科技人才,这与研发结果的不确定性相联系的,企业经理的非工程技术专业和经历也增加了这种不确定性。

假定东道国企业经理认识不到研发活动能增加利润,令 PH 为东道国企业预计(边际)利润,PR 为实际利润,PA 是 PH 和外资企业计划利润的合计值。如果东道国企业在认识不足时单独建立研发机构,其雇用工程技术人员数只达到 E_1,而实际利润就是 OPR_1N。相反,当外资企业也建立研发机构时,两家共同的雇用数达 E_2,工资为

OW_2，但东道国企业雇用数只有 W_2B。外资研发机构使工程技术人员的收入增加了 $W_1W_2E_2E_1$，但使东道国企业的利润减少了 $W_1W_2BE_1+BFR_1E_1$。其净福利效果是 $BE_1E_2-BFR_1E_1$，这种效果既可能是积极的，也可能是消极的。即便把外资研发机构带来所得税增加的效果也考虑在内，东道国的福利效果也可能增加，也可能减少。反过来，如果东道国企业不低估研发活动带来的好处，那么这个简单模型的一般结论也不受影响。

现在来讨论税后利润不完全由企业占有的情况下会发生什么。不少文献指出企业不可能完全占有生产技术创新带来的好处，一些技术诀窍会外溢到其他企业，加上消费者收益，其社会福利要大于私人企业。因此，外资企业研发活动带来的收益不完全占有也会使东道国获益，而当地企业研发收益的不完全性也要小于外资企业。

假定不完全占有的社会收益值在企业的总收益中是一个固定比例，以 Bn 和 Bf 分别代表当地企业和外资企业，那么外资研发机构在东道国的总效果是简单模型中的收益加上"不完全占有效果"。不完全占有收益可写成：

$$[Bf\lambda f - Bn(\lambda h_1 - \lambda h_2)]$$

这里 λf 是外资企业总收益，$Bf\lambda f$ 是其给东道国带来好处的不完全占有收益的社会价值，λh_1 和 λh_2 分别是外资研发机构设立前后的东道国企业总收益，$Bn(\lambda h_1-\lambda h_2)$ 是外资研发机构出现后东道国企业不完全占有收益减少的数量。

不完全占有收益对东道国的好处，可写成 $(\lambda f+\lambda h_2)>\lambda h_1$；在图 4-1 中，即 $OPE_2N_2>OPE_1N_1$，可以推论，如果 $Bf>Bn$，那不完全占有效果就大于零。只要 $Bf\geqslant Bn$ 的充分条件存在，那么简单模型结论仍有效。不完全效果，特别是技术外溢效果又对东道国企业提高竞争力有好处。

接下来讨论科技人员使用的私人成本与社会成本相符的假定。实际上从私人来看,其完成教育和培训达到合格雇用的成本包括学习期间的放弃的净收入加上所支付的学习费用。在图 4-1 中,因外资研发机构设立使科技人才雇用增加所带来的私人成本为 $N_1E_1E_2N_2$。而社会成本则包括科技人才受教育期间由他们所能创造的产出的社会价值和教育的社会成本,后者包括增加的种类、设备等。因此,社会成本既有可能比私人成本大,也可能小。

如果社会成本小于私人成本,那么东道国从外资研发机构得到的收益就要大于简单模型,即外资研发机构付给科技人员的工资会超过所增加的社会成本。如果社会成本大于私人成本,那么福利效果就很复杂。图 4-2 表明,$N_1U_1U_2N_2$ 是培训外资研发机构所需的科技人才增量的社会成本,而 $N_1E_1E_2N_2$ 是私人成本。外资研发机构对东道国的福利效果是 $BE_1E_2-E_1U_1U_2E_2$,其结果可能是正值,也可能是负值。这说明,在人才培养的社会成本高的国家,外资研发机构对东道国的福利效果是不确定的。

假如东道国有第二个研发机构,先假定这个机构是东道国企业所有,其收益全归东道国,那么东道国福利效果是 $BE_1E_2+PBE_2-E_1U_1U_2E_2$,其结果也有正负值两种可能性。再假定第二个机构又是外资的,就会增加社会福利损失,其原因就在于培养科技人才的社会成本超过私人成本。

简单模型的第四个假定是每个企业付给科技人员的工资相当于使用投入品的边际成本,并等于雇用他们的边际总收益。现在假定只有两个企业雇用科技人员,每个企业都认识到,雇用需求提高会增加已受雇人员的工资。那么边际成本就要大于工资支付。每个企业都希望使其雇用科研人才的边际总收益等于雇用的边际成本,从而使总收益能大于工资支付,这时两个企业的工资将仍是统一的。

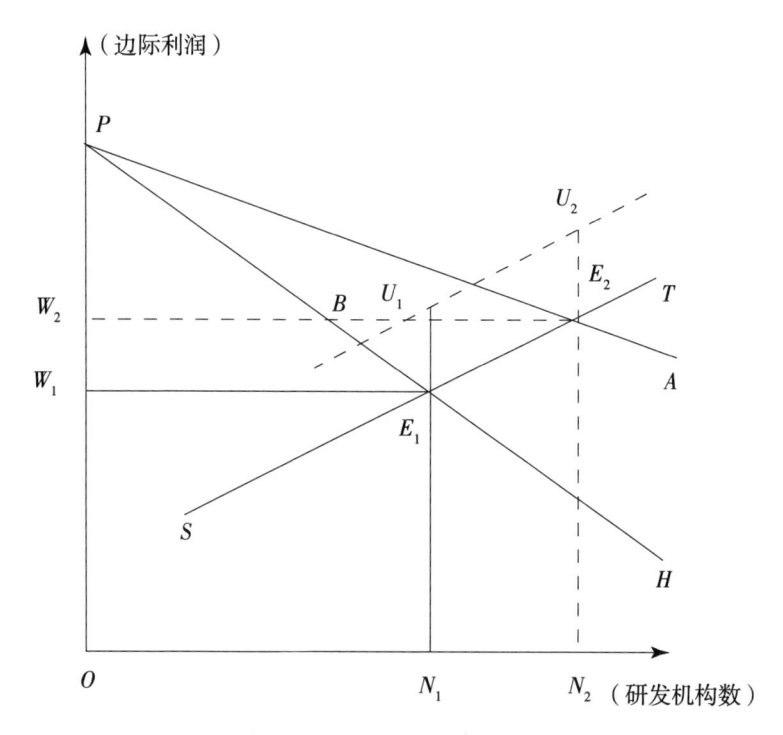

图 4-2 社会成本大于私人成本下的东道国福利效果

在图 4-3 中，ST 代表不同雇用人员的工资支付。

PH 和 PA 代表边际总收益。假定没有外资研发机构，东道国企业的最适雇用量为 ON_1，工资为 OW_1，其利润是 $W_1PH_1E_1$。三角 E_1H_1K 是企业垄断造成的社会损失。假定外资研发机构设立，东道国企业的雇用量降至 M_2H_2，外资企业雇用量为 H_2J，外资企业边际总收益为 OM_2，工资为 OW_2。

外资研发机构的福利效果表现为：科技人员的收入增加表现为 $W_1W_2E_2E_1$，而东道国企业的利润（扣除科技人员工资）将减少 $W_1W_2BH_1E_1+CH_2B$，则净效果表现为 $E_1H_1K+KBE_2-CH_2B$。显然这亦有正负值两种可能。即便把外资研发机构所得税因素考虑进来，也不能排除总体福利效果是负数的可能性。在这种情况下，福利损失的可能性在于外资研发机构的所有权归属,而不在于是否存在两个研发机构。如果外资研发机构的收益即 $H_2PJ+CH_2JE_2$,完全归于东道国,那么总福利效果就变成 $E_1H_1K+KBE_2+BPJE_2$,结果显然是正值,而外资研发机构的利润不归于东道国,那么就有福利损失的可能性。

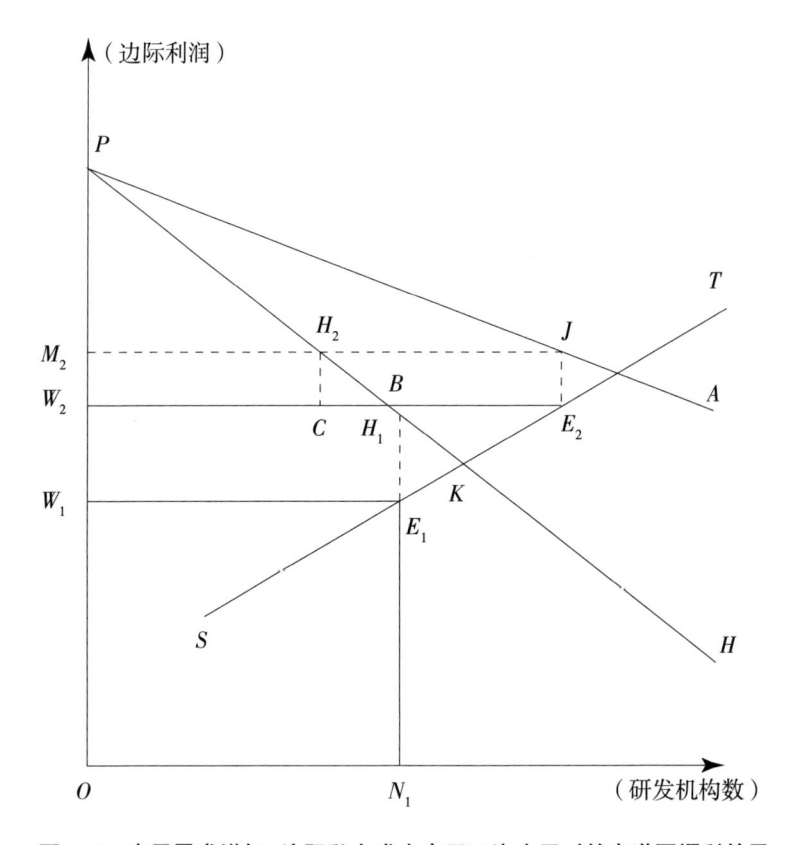

图 4-3 雇用需求增加,边际私人成本高于工资水平时的东道国福利效果

接下来讨论投入品的不可分性的假定,一个研发项目要使用一些不可分投入品,如设备、最必要量的科技人员。这种研发项目至少可在某种最低规模上进行,否则就要被淘汰。如果外资研发机构设立后要从东道国企业吸引走一些科技人才,东道国企业就可能关闭它的项目。

这种福利效果就取决于科技人员雇用的变化情况。

图4-4显示有两种可能性。假定在外资研发机构未设立时,东道国企业已上马两个研发项目。ON_1和N_1N_2分别代表两个项目所需的科技人员数量,H_1N_1和H_2N_2分别是两个项目中每个科技人员创造的总收益,OW_1是雇用科技人员的平均工资。再假定外资研发机构有一个项目,其对科技人才的需求量为N_1N_3,超过东道国企业的第二个项目,其项目的人均利润为F_3N_3。由于对科技人才的需求增加,工资也将提高到OW_3,但此时东道国企业的第二个项目就变为无利可图了,因此,科技人员雇用量增加到ON_3,企业科技人员工资实际增加到OW_2,科技人员收入增加表现为$W_1W_2E_2E_1$,可能大于东道国企业利润减少的数量,此外,再加上从外资研发机构中增加的所得税,可能会提高东道国福利。

还有另一种可能性。如果外资研发机构对科技人员雇用的需求量等于或少于东道国企业的第二个项目,但外资研发机构人均创利水平较高,以F_2N_2表示,此时如果外资研发机构把科技人员工资提高到H_2N_2之上,那东道国企业就会关闭第二个项目。在这种情况下,科技人员总雇用量没有增加,因此收入也没有增加。东道国企业的利润减少为DBH_2E_1,这个损失可能大于也可能小于外资企业的税收。对东道国的福利不确定。福利损失的原因在于外资研发机构的所有权归属,而不是增加了另外新机构。因为利润$DF_1F_2E_1$的归属能否归于东道国是不确定的。

最后讨论所有科技人才都是统一等质要素的假定。事实上一个研发单位中的(或一个小组中)每个科技人员可能参与某些专业化的研究工作,从而形成有关联的协作。专业化带来一种可能性。例如当地与外资的研发机构可能在某个专业化工作中各有其比较优势,两个单位的专家可以交换信息,从而提高各自的效率。在上三幅图中,PH和

PA 都会向上转移，在图 4-4 中，人均创利也会增加。虽然外资研发机构会减少东道国企业的雇用数量，但由于科技人员中的专业化和信息交换，这种损失也可能会部分（或全部）被仍留在东道国企业中科技人员效率的提高所抵消。

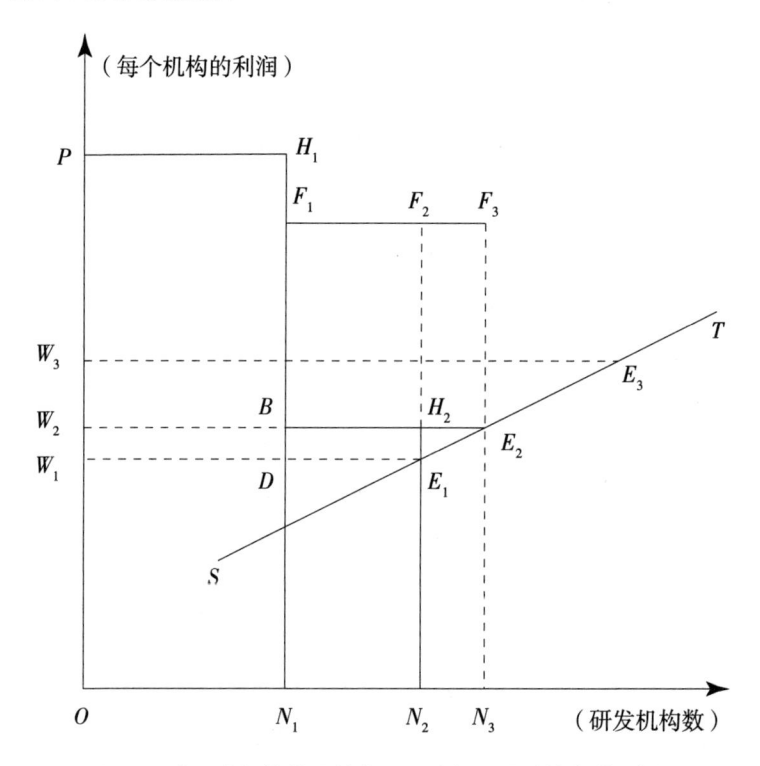

图 4-4 当研发机构使用某些不可分投入品时的东道国福利

4.4.3 生产效果与东道国福利

企业的研发活动投入水平将影响产出水平，进而对东道国福利产生影响。在分析这种生产效果之前，先假定：

1. 两个企业生产同类产品，其研发活动只会降低生产成本，产品质量没有变化；

2. 它们在国内和出口市场都互相竞争；

3. 对其他企业的影响小到可以忽略不计。

如图4-5所示，令OC_h和OC_f分别代表当地和外资企业的平均成本，该成本是其研发水平的相应结果。假定外资企业成本较低，于是在同一行业中外资企业的生产率就高于当地企业。令当地和外资企业的初始产出水平是OQ_1和Q_1T_1，其利润就分别是$H_1+H_2+H_3+H_4$和$F_1+F_2+F_3$。

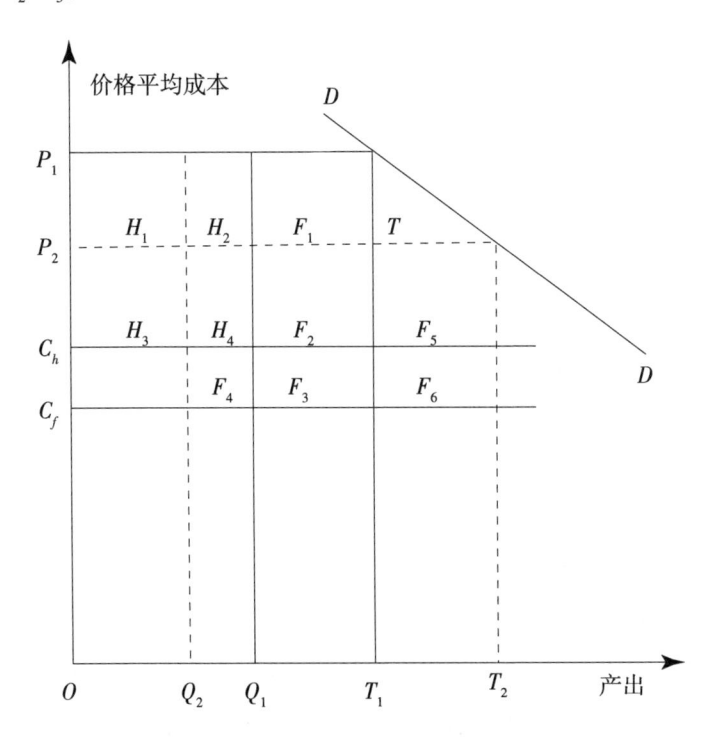

图4-5　企业在产品市场竞争下的东道国福利

假定企业参与竞争，其研发投入水平就要发生变化，东道国企业的产出将降至OQ_2，外资企业产出将升至Q_2T_2。再假定前者的产出仍大于后者的增量，生产价格降至OP_2，福利影响可能是：东道国企业的

利润减少是 $H_1+H_2+H_4$,外资企业的利润增加是 $H_4+F_4+F_5+F_6-F_1$。此外,消费者收入增加是 $H_1+H_2+F_1+T$。令 a 是归于东道国消费者的收益,$0 \leq a \leq 1$,整理排列后的福利效果式子是:

$$[a(H_1+H_2+F_1+T)+t_h(F_5+F_6-F_1)-(H_1+H_2)]+[t_h(H_4+F_4)-H_4]$$

这里 t_h 是东道国所得税率,其结果有正负值两种可能性。可见这种生产效果对东道国的福利影响也不确定。在第一个中括号中代表产出合计效果,这是两个企业产出水平提高的结果,由于出口份额下降,该式的结果会表现为正数,特别是如果 $a=1$,福利效果会大于零。第二个括号表示产出再配置效果,即东道国企业产出转到外资企业中去的量,如果外资企业相对于东道国企业具有成本优势,该式结果也会为正数。特别是在 $(1-C_f)/(1-C_h)>1/t_h$ 的情况下,其结果为正。这里的 C_f 和 C_h 分别代表外资和当地企业的平均成本。由此产生的生产效果可能是,提高东道国福利而降低企业出口倾向性,外资企业的成本优势较大。

如果上述推导得出结论是福利下降,那么其原因在于企业所有权归属,还是两个企业的竞争呢?答案是这取决于出口倾向性。如果 $a=1$,那么只是由于 $t_h<1$,整个福利效果就会是负号;如果只是因为外资企业利润不会全归东道国,但如果 $a<1$,也会增加福利损失,即便 $t_h=1$,前一个例子似乎表明福利损失归因于一个企业的外资所有权;而后一个例子福利损失归因于两个企业的竞争。

当我们假设有竞争企业存在时,出口倾向性就会是另一种的结果。当地企业和外资企业产出提高会引致竞争企业产出的相应提高。后者将减少当地和外资企业的利润,但对消费者有利。如果这些企业主要在东道国市场竞争,那么当地和外资企业的利润减少就会部分地或全部地被东道国消费者收益所抵消。如果企业主要在出口市场竞争,东道国消费者能得到的收益就较小。

上述分析表明,外资企业在东道国(特别是在东道国科技水平相对较低情况下)的技术转移活动对东道国同类企业的竞争力影响是负面的,但其技术外溢效果又具有积极意义。其对东道国的福利效果包括生产者、消费者和政府三方面利益。一般情况下外资企业的研发活动使自己竞争力的加强,导致当地生产者利益下降,但消费者利益和政府税收可能会增加,因此东道国的整体福利效果具有两种可能性。在一些条件和前提下,其整体福利效果为正数,在另一些条件和前提下,其整体福利效果为负数。因此政府的政策选择在于趋利避害。然而,即便东道国整体福利效果是好的,也仍然不能排除本国企业竞争力下降的事实,能否从消费者利益和政府税收的增加中转化出扶持企业竞争力的手段或条件,是东道国政府决策研究中的又一个问题。因此,对于外资企业在本国的技术转移活动,东道国政府面临双重挑战:一是如何使本国福利最大化;二是如何使消费者和政府福利转化为产业竞争力的条件和手段。

4.4.4 行业特点与模型分析

按照行业竞争特点和跨国公司的进入方式,一些文献把行业分为多国内行业和全球行业,并在此基础上进行模型分析。[①]

1. 行业分类与竞争关系

多国内产业是指该产业在每个国家的竞争(或一组国家)都与其他国家的竞争无关,一个多国内产业可以在许多国家同时出现,例如在几个国家内都会有一个消费者银行业,竞争是以一国内部竞争为基础。在一个多国内产业中,一家跨国企业可以从母国基地向海外子公司一次性转让技术诀窍从而使之具有竞争优势。但企业应对其无形资

---

① Ghemawat, P. and A. Michael Spence (1986), "Modeling Global Competition," in Porter, M. E. (ed.), *Competition in Global Industries*.

产进行适应性改造才能在每个国家使用,而竞争的结果则取决于每个国家的条件。企业的竞争优势在很大程度上是特定在一个国家范围内。其国际性行业只是表现为各个国内行业的集合。通常具有这种竞争性质的行业有零售业、消费品包装业、配送、保险业、消费金融、腐蚀性化工业。

全球产业是指在一个产业中,一个企业在一个国家的竞争地位受到它在其他国家的竞争地位的极大影响。所以国际行业不仅是各个国内行业的集合,而且是联系各个国内行业的一个链条,每个竞争者都在世界范围内组成自己的链条进行互相竞争。这种产业有商用飞机、电视机、半导体、复印机、汽车和手表等。

在多国内产业中,一个企业能够单独并应该管理控制它的国际业务,其海外子公司或国际业务能够分别控制该行业所必需的所有重要活动,并享有高度自主权。企业在一国中的战略很大程度上取决于该国的自由竞争条件,因此企业的国际战略实际上是以国家为中心的战略。

在多国产业中,国际竞争实际是互不相干的,一个企业可以选择在国内竞争或将竞争扩大到国外,在多国产业中,重要的竞争者既可以是本国公司,也可以是采取单独存在运作的跨国公司。对跨国公司来说,在这些行业中的主要决策问题,是如何开展海外经营,选择什么样的国家开展竞争(或评价国家风险),以及如何达到一次性转让技术诀窍和专业知识。

而在全球产业中,一个企业必须以某种方式在全球基础上使它的活动一体化而使有关国家的活动相联系。这种一体化比在各国中转让无形资产有更多要求,尽管它也包括这种转让。一个企业可以选择以国家为中心的竞争战略,即专注于特定的目标市场或国家,但这样做,它就会遇到具有全球战略的竞争者的某些威胁。全球产业的竞争者一般都倾向于采取不断加强协调的战略。

在国际竞争中,一个企业必须在它活动的国家发挥某些功能,虽然一个全球竞争者把它的国际业务作为一个整体,但它仍须在特定国家中发挥特定功能的,从而事实上与以一国国内竞争为导向的当地企业或独立存在的跨国公司企业发生竞争。下面模型分析所提供的框架就是为了说明采取全球竞争战略的企业为什么会在国际竞争中占据优势地位。

2. 分析工具:"全球化指数"

现在假定世界上有几个同类的消费群体,并假定一个群体集中于一个国家,那么在国家之中就有 N_i 个消费者彼此偏好相同,但与其他任何国家的消费者的偏好都不同。假定需求没有价格弹性,每个消费者都买一个全球产业的产品也买一个多国产业的产品。令 i 国一个有代表性的消费者从全球产品中得到的总收益(即产品价值、支付的总价格)为 U_i,该消费者从多国产品中得到的总收益为 u_i+h_i,h_i 的价值大于或等于零。为了说明的需要,我们把 h_i 作为国家细分的额外收益。

如果 $P_i<P_G+h_i$,这里 P_i 是多国产品,P_G 是全球产品,显然 i 国的理性消费者要买多国产品而不买全球产品。这里是需求方。在供给方面,我们假定每个国家都有一个自己的多国行业竞争者,它们细分自己的产品,因此其产品在不同国家没有共通性,不存在竞争。如果一个多国产品生产者向 i 国提供产品,其总成本是:

$G_i=F_i+C_iN_i$

这里的 F_i 是多国产品生产者的固定成本,C_i 是不变的边际成本。

假如还有一个全球生产者,它根据全球规模经济生产,其成本与多国产品生产者稍有不同。令 K 为全球生产者选择进入的一组国家,并取代当地的多国生产者,其总成本是:

$C_G=F_G+C_G\left(\sum_{K\in K}N_K\right)$

这里 F_G 是固定成本，C_G 是其边际成本，括号内是 K 国内消费者总数。

还需要有两个假定：第一，全球竞争者在不同国家对同一产品不实行不同价格；这可视为反倾销立法和全球产品运输成本较低的结果。第二，全球生产者是行业中的价格制定者。但无论何种价格，多国生产者能够满足第一个假设条件而不致发生亏损，从而不会因无利润而中途退出，将它们的市场让给全球产品。

根据上述假定，i 国中的国内导向竞争者可以在不亏损条件下制定的最低价格是 F_i/N_i+C_i，而且，只有在下式所表示的价格上其产品才有需求：

$$P_G > \frac{F_i}{N_i} + C_i - h_i$$

该不等式右边是，国内导向生产供给全国市场时的平均成本，减去它享受的国别细分的额外收益。只有 P_G 大于不等式的右边时，多国产品才有需求，反之，多国产品就将为全球产品所取代。因此，对每个国家 i，我们得到一个全球化指数是：

$$G_i = \frac{F_i}{N_i} + C_i - h_i$$

如果全球生产者订价低于或等于 G_i，那么 i 国中国内导向生产者就将被取代，如果 j 国比 K 国的全球化指数高，那么国内导向生产在 j 国的活力就要比 K 国低。如果国内导向生产者在两国生存，那它在 j 国的销售利润就比较低。

上述方程表明，国内导向的生产者在大国更易于生存（并获得较高收益），大国中的消费时尚可以较廉价地给予满足，而小国的消费时尚更具有"都市性"，满足成本较高，从而人们倾向于购买全球产品。

3. 均衡模型

为了计量均衡，必须得出全球生产者的最佳价格，P_G。我们按全球化指数递减次序重新排列几个国家,如果$i<j$,这个惯例可以保证$G_i \geqslant G_j$。结果,如果全球生产者全然进入某些国家市场,那么它就将进入全球化指数从1到任意点K的一连串国家的市场。我们就知道全球生产者可能选择2^n个不同组的国家,我们只需观察$n+1$组去分析平衡结果,这是一组使全球生产者利润最大化的有关国家。假如只需观察其中的10个国家,这个方法减少了必须观察的对象。

令K为全球化边际国家(即全球化指数最低),全球生产者为其均衡生产。此时$P_G=G_K$。降低价格没有意义,因为从n至K各国没有价格弹性,并假定,全球生产者并不企图进入$K+1$个国家市场。因此,如果进入国家的边际数量为K,那么全球生产者的总利润是:

$$PR_G(K) = \left[G_K - \frac{F_G}{\sum_{i=1}^{k} N_i} - C_G \right] \sum_{i=1}^{k} N_i$$

括号内是全球生产者每个销售单位的平均利润,括号右边的式子是总销售单位,全球生产者将选择K值(从1,2,$\cdots n$)从而使上述方程式结果最大化。如果最大化值$PR_G(K^*)$大于零,全球生产者将进入从K^*到1个国家的市场,如果最大化值小于零,那就只能把所有市场让给国内导向生产者。虽然可以对K^*给定一个具体的数值作为参数,但我们却不能使之成为普遍特征。

令$G(S)$是实际所有国家的全球化指数,S介于[0,n],再假定$G(S)$是S的可微分函数,$G(S)$的组成部分$F(S)$、$N(S)$、$C(S)$和$h(s)$也是可微分的。全球生产者的目标,以K个国家为市场进入以达到利润最大化。

$$PR_G(K) = \int_0^K [G(K) - C_G] N(s) \mathrm{d}s - F_G$$

根据限定条件,其利润肯定为正值,全球生产者对K的最适选择可以是零或几,如果各国全球化指数相同,则将使全球导向和国内导向生产者都失利。

4.5　本章小结

①第二次世界大战后,对国际直接投资现象的理论解释异彩纷呈,但绝大多数理论发源地都在美、英、日等发达国家。他们试图解释母国的跨国公司为什么要进行跨国投资,跨国投资的经济合理性何在。

②归纳起来,这些理论中的一种观点是把对外投资作为跨国公司实现其内在竞争优势的行动;另一种观点是把对外投资看作跨国公司寻找竞争优势的行动。这两种观点对东道国的启迪是:如何分别针对这两种不同动机的外国投资以培育本国产业竞争力,并针对这两种不同动机的投资者采取相应的政策。

③从20世纪80年代以来,对外直接投资日益成为跨国公司的产品进入市场的手段,而且还成为获得生产要素,特别是获得创造性资产要素的手段。在组织国际化生产中,跨国公司日益认识到利用当地资产对于提高自身竞争力的贡献。虽然并不是所有的跨国公司都把利用当地资产作为公司战略的首要目标,但跨国公司对外投资的实践结果都表明,这对提高公司竞争力的成效是显著的。由此可以得出一个结论:跨国公司对东道国的投资,并不是单方面的施惠,而是提高其国际竞争力的必要措施。东道国应利用这一点提高自己的谈判地位。

④仅从经济福利角度而言,对东道国的直接投资均有可能产生正负方两面的影响。并不是所有的东道国都能够成功地运用外来投资以发展本国经济。

⑤外来投资对当地产业竞争力的积极贡献主要是通过技术转让和市场机会两个促进因素。一般来讲,跨国公司把技术和创新活动引入东道国,会使其子公司或合资企业具有较高生产率并促进当地企业提高生产率。但这种贡献究竟有多大,很大程度上取决于东道国自身的技术能力,即它能否掌握引进的技术并使之适应当地条件,从而吸收和

提高它。而且,一个产业(行业)愈具有国际竞争力就愈能吸引处在技术创新阶段的外资项目。

⑥向跨国公司系统供货,是东道国企业利用跨国公司网络进入市场的一个渠道,而且也是采用跨国公司的技术和质量标准提高东道国产业竞争力的重要形式。但东道国企业在多大程度上能够利用这种机会,既取决于东道国的外资政策,也取决于当地企业家的能力。

⑦跨国公司在东道国转移技术(指建立研发机构)的模型分析表明:这种活动对东道国同类企业的竞争力影响是负面的,但其技术外溢效果又具有积极意义。外资企业的研发活动使自己竞争力加强,导致当地生产者利益下降,但消费者利益和政府税收可能增加,因此东道国的整体福利效果具有两种可能性。政府的政策选择在于趋利避害,即能否从消费者利益和政府税收的增加中转化出扶持当地企业竞争力的援助措施,是东道国政府政策研究中的新问题。

⑧当行业分为多国内行业和全球行业时,模型分析的目的是为了说明,采取全球竞争战略的企业为什么会比同行业中以国内市场为导向或采取独立存在战略的跨国公司更有竞争力。模型分析的工具是"全球化指数",该指数反映全球生产者的成本低于同行业国内导向生产者,因而在价格上具有竞争力。"全球化指数"方程式还表明:国内导向生产者在大国较易于生存,因为大国的消费时尚可以较廉价地给予满足,而小国的消费时尚更具有"都市性",满足成本较高,人们倾向于购买为全球市场所生产的产品。这对东道国的启迪是:如何使本国企业发育成长为全球竞争战略的国际生产者,是提高本国产业竞争力的重要途径。

第五章　中国出口产业国际竞争力的分析

5.1　贸易专业化系数的一般分析

我们先从产品的可贸易性角度来分析中国贸易品的国际竞争力状况。

如前所述,"贸易专业化系数"是(出口－进口)/(出口＋进口),其商值为负1至正1,进出口平衡时其值为零。如果其值为正,即出口专业化,则表明该类产品的专业化生产水平较高,较有竞争力;其值为负,即进口专业化。完全出口专业化或完全进口专业化,表示水平分工最低,垂直分工最高,其指数计算如下式:

① 产品国际竞争力指数 = $\dfrac{\text{某国A产品对世界出口额}-\text{某国A产品从世界进口额}}{\text{某国A产品对世界出口额}+\text{某国A产品从世界进口额}}$

② 两国间水平分工指数 = $\dfrac{\text{A国对B国a产品出口额}-\text{A国对B国a产品进口额}}{\text{A国对B国a产品出口额}+\text{A国对B国a产品进口额}}$

5.1.1　我国产品国际竞争力

按照海关合作理事会制定的《商品名称和编码协调制度》的统计分类,1992年与1996年我国与世界贸易的结构变化如表5-1a:

将表 5-1a 数字填入贸易专业化系数公式,计算得出的结果表明,纺织品、鞋帽饰品和皮革制品是我国传统出口产品,具有较强竞争力,但近年来纺织品贸易专业化系数下降,说明纺织品贸易面临国际竞争的各种挑战。光学医疗设备、精密仪器及钟表类商品的贸易专业化系数从负值变为正值,其他四类商品,化学工业制品、金属制品、机械及电气设备、车辆及运输设备的贸易专业化系数虽然仍呈负值,但负值明显趋于缩小,说明我国在资本技术密集行业中的竞争力正在增加,出口逐渐增加。这些行业的垂直分工状态正逐渐向水平分工形态过渡。

另外根据"显示性比较优势指标"(Revealed Comparative Advantage Index)也可取得一些数据。该指标在这里被定义为中国出口商品比重与世界出口商品平均比重之比,由此我们得到 1987—1993 年中国出口比较优势在生产部门间的转移情况(如图 5-1)。

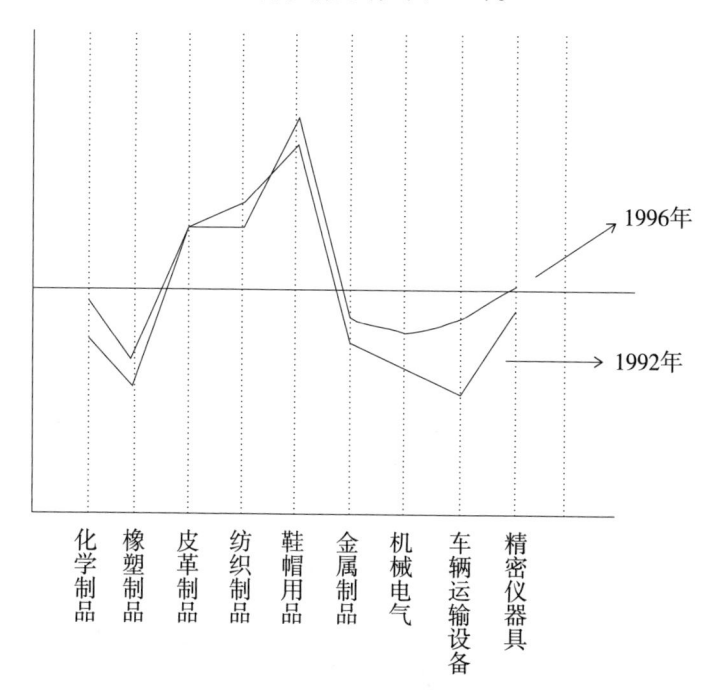

图 5-1 中国产品国际竞争力指数图

表 5-1b 显示, 1978 年, 中国出口商品中比重最高的是农产品, 为 36.1%。然后, 依次是劳动密集型产品、矿产品和资本密集型产品。制造业的产品只有 46.3%。1993 年, 出口商品中比重最高的改变为劳动密集产品, 高达 56.8%, 其后依次是资本密集产品、农产品和矿产品, 制造业产品的比重高达 87.9%。这种结构改变, 导致中国在国际分工中的比较优势指数出现较大的变化。1978—1993 年, 中国逐渐丧失了在农产品和矿产品方面的比较优势, 迅速地获得在劳动密集产品方面的比较优势。1993 年, 中国劳动密集产品的比较优势指数高达 4.13, 在国际市场上的份额达到 17.4%, 基本体现了中国在国际分工中的资源禀赋。同时, 中国的资本密集产品出口中的比较优势, 也逐步升高, 1978 年只有 0.32, 1993 年上升到 0.49, 考虑到近年来机电产品出口大幅度增长的情况, 估计 1996 年中国的资本密集产品可能接近 1 的水平了。

表 5-1a 中国贸易品结构的变化(1992 年、1996 年)

商品分类	1992 年 出口(亿美元)	1992 年 进口(亿美元)	1996 年 出口(亿美元)	1996 年 进口(亿美元)	1992 年 贸易专业化系数	1996 年 贸易专业化系数
化学工业及相关工业产品	41.23	71.76	84.27	104.13	-0.27	-0.11
塑料、橡胶及其制品	18.29	53.09	44.21	102.51	-0.49	-0.40
皮革毛皮制品、旅行用品	29.13	13.94	53.88	25.63	0.35	0.36
纺织原料及其制品	246.30	101.38	349.69	166.83	0.42	0.35
鞋帽伞、羽毛、人发制品	51.44	5.06	85.45	4.56	0.82	0.90
贱金属及其制品	45.51	78.44	104.07	126.71	-0.27	-0.10
机械及电气设备	115.42	244.62	310.65	490.28	-0.36	-0.22

（续表）

商品分类	1992年 出口（亿美元）	1992年 进口（亿美元）	1996年 出口（亿美元）	1996年 进口（亿美元）	1992年 贸易专业化系数	1996年 贸易专业化系数
车辆及运输设备	22.03	61.62	41.81	53.50	−0.47	−0.12
光学医疗设备、精密仪器、钟表	23.29	29.91	51.87	46.44	−0.12	0.06

资料来源：《海关统计》，1992年12月、1996年12月。

表5-1b　中国出口生产部门的比较优势转移

	农产品	矿产品	劳动密集型	资本密集型	制造业
1978年					
商品比重（%）	36.1	17.1	31.1	15.2	46.3
世界市场份额（%）	0.5	0.5	2.2	0.2	0.6
比较优势指数	2.00	0.70	2.94	0.32	0.80
1985年					
商品比重（%）	21.7	28.8	35.5	12.9	50.4
世界市场份额（%）	2.3	1.9	5.2	0.4	1.2
比较优势指数	1.50	1.30	3.30	0.26	0.78
1990年					
商品比重（%）	12.4	9.4	50.8	26.8	80.1
世界市场份额（%）	2.4	1.6	10.3	1.2	2.8
比较优势指数	0.93	0.61	4.02	0.47	1.08
1993年					
商品比重（%）	9.2	4.7	56.8	28.8	87.9
世界市场份额（%）	3.0	1.6	17.4	2.1	4.8
比较优势指数	0.71	0.38	4.13	0.49	1.14

资料来源：宋立刚"贸易自由化与商品结构变化"，中国人民大学—澳大利亚国立大学"中国贸易体制改革与贸易自由化"第一次学术研讨会，1996年10月，北京。
注：比较优势指数指revealed comparative advantage，为中国出口商品比重与世界出口商品平均比重的比。

因此，在中国出口结构发生变化的时候，中国在国际分工中的比较优势也发生了变化。中国的比较优势，也如其他比较成功的出口型经济一样,正逐步从资源性产品,走向劳动密集产品,再走向资本密集产品。另一方面,中国又与其他的小型出口经济不同,因为劳动力供应丰富,中国的出口产品结构,可以在较长时间里保持一个比较综合的结构,既会发展档次高的产品,也不会令低档产品在短期内失去竞争力。

5.1.2 中国内地与香港的分工状态

根据1996年资料,中国内地与香港的贸易结构所呈现的分工状态如图5-2。

```
化学制品 0.48
橡塑制品 0.45
皮革制品 0.80
纺织制品 0.70
鞋帽饰品 0.93
金属制品 0.75
机械电气 0.40
车辆运输设备 0.92
精密仪器 0.43
```

出口专业化　　　　　　　　　　　　　进口专业化

图 5-2　中国内地与香港分工状态

资料来源:《海关统计》,1996年12月。

图5-2可见,中国内地与香港的分工状态是,内地对香港处于出口专业化,行业不仅包括劳动密集型,而且包括资本技术密集型。这说明,香港本土经济主要依靠贸易及其他服务业,制造业并不发展,内地制造业产品不仅满足香港的需求,而且通过香港转向世界各地。因此,内地与香港的分工关系,既不是产业内垂直分工,也不是产业内水平分

工,而是产业间分工和企业内上下游分工,即内地制造业、香港贸易业的分工,内地企业发展上游生产环节,香港企业发展营销下游环节。

5.1.3 中国与日本的水平分工状态

图 5-3 说明,我国鞋帽用品、皮革制品、纺织品对日本呈出口专业化,日本橡塑制品、金属制品、机械电气等制品对我国呈出口专业化,上述产品两国呈垂直分工。而化学制品、精密仪器、车辆及运输设备虽然呈进口专业化,但相对来讲水平分工形态初步形成。总起来看,我国对日本的出口竞争力还在于劳动密集型产品,只有少量资本技术密集型产品在日本市场有一定竞争力。

化学制品 -0.06
皮革制品 0.78
橡塑制品 -0.70
纺织品 0.49
鞋帽用品 0.95
金属制品 -0.43
机械电气 -0.68
车辆及运输设备 -0.27
精密仪器 -0.22

出口专业化　　　　　　　　　　进口专业化

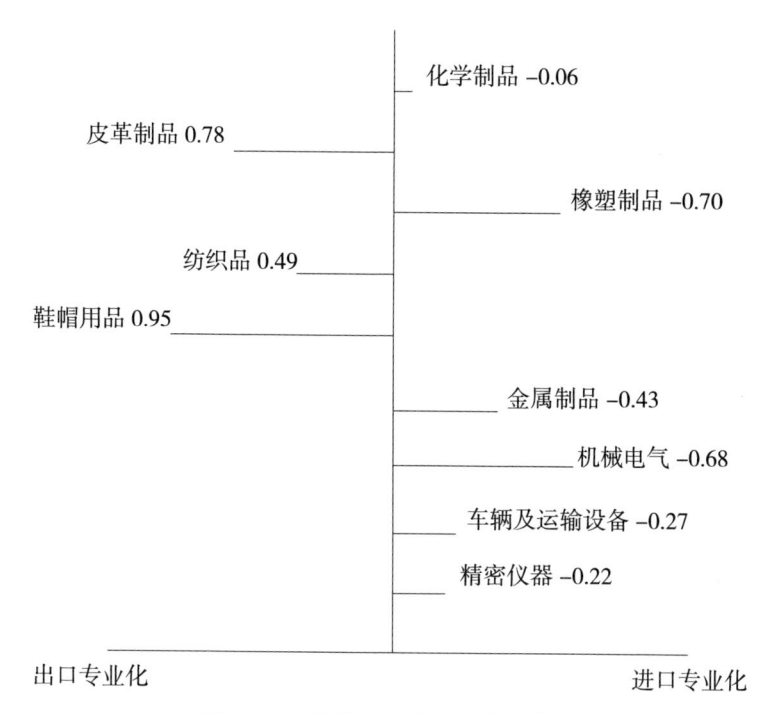

图 5-3　中国与日本的水平分工状态

资料来源:《海关统计》,1996 年 12 月。

5.1.4 中国与美国的水平分工状态

图 5-4 说明,我国对美国市场出口竞争力强的行业仍是皮革制品、纺织品、鞋帽用品等传统行业。金属制品业已有一定竞争力。化学制品和车辆、运输设备产品呈进口专业化系数。而对于橡塑制品、机械电气、精密仪器等行业,我国与美国呈水平分工形态,在这些行业中我国对美国市场拥有具有出口竞争力的产品,而美国也有竞争力的产品输入我国市场。

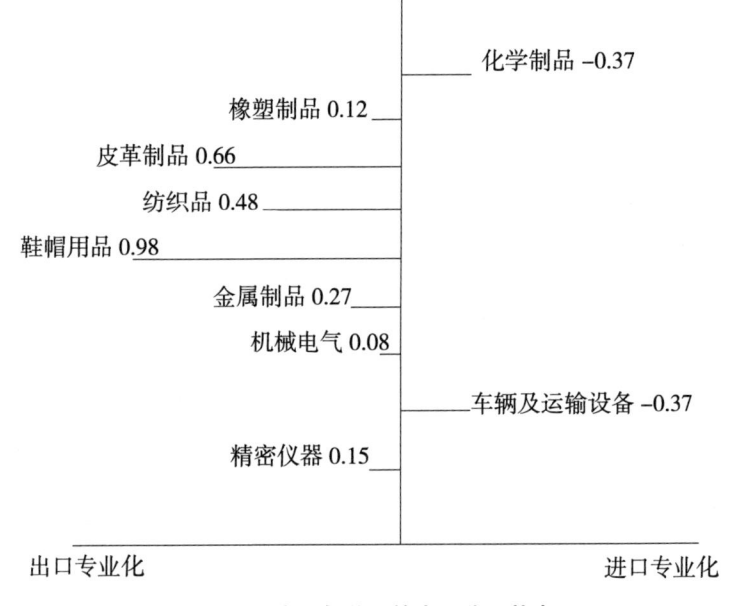

```
                                            化学制品 -0.37
          橡塑制品 0.12
          皮革制品 0.66
          纺织品 0.48
       鞋帽用品 0.98
          金属制品 0.27
          机械电气 0.08
                                            车辆及运输设备 -0.37
          精密仪器 0.15

出口专业化                                      进口专业化
```

图 5-4　中国与美国的水平分工状态

资料来源:《海关统计》,1996 年 12 月。

5.1.5 中国与德国的水平分工状态

图 5-5 说明,我国对德国市场有竞争力的产品仍是皮革、纺织、鞋

帽制品等传统行业。而资本技术密集的机械及电气、车辆、运输设备产品呈进口专业化。化学制品、橡塑制品、金属制品、精密仪器产品等行业具有水平分工形态。

```
化学制品 0.12
           ├ 橡塑制品 -0.07
皮革制品 0.93 ┤
纺织品 0.82 ┤
鞋帽用品 0.99 ┤
           ├ 金属制品 -0.05
           ├ 机械电气 -0.55
           ├ 车辆及运输设备 -0.64
           ├ 精密仪器 -0.03
出口专业化                  进口专业化
```

图 5-5　中国与德国的水平分工状态

资料来源:《海关统计》,1996 年 12 月。

5.1.6 中国与欧洲联盟的水平分工状态

图 5-6 显示,我国对欧洲联盟市场呈现出口专业化的产品也是皮革、纺织、鞋帽业等制成品,进口专业化的产品也是机械电器、车辆、运输设备等资本技术密集的产品。而在技术水平处于中间状态的化学制品、橡塑制品、金属制品、精密仪器用品等行业中我国与欧盟呈现不同程度的水平分工状态,拥有一些具有国际竞争力的产品或行业。

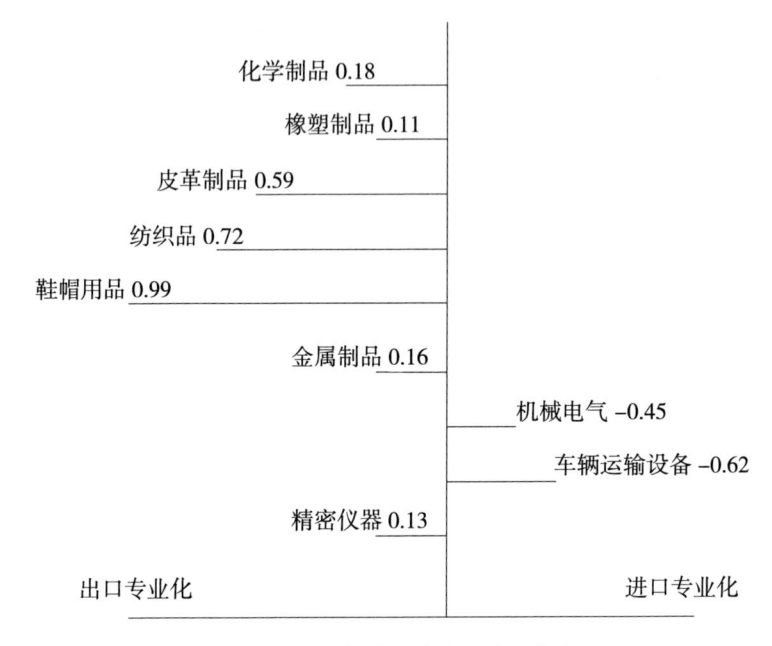

```
                    化学制品 0.18 ┤
                    橡塑制品 0.11 ┤
                   皮革制品 0.59 ┤
                    纺织品 0.72 ┤
           鞋帽用品 0.99 ┤
                    金属制品 0.16 ┤
                              ├── 机械电气 -0.45
                              ├── 车辆运输设备 -0.62
                    精密仪器 0.13 ┤

    出口专业化                              进口专业化
```

图 5-6　中国与欧盟的水平分工状态

资料来源：《海关统计》，1996 年 12 月。

5.1.7 中国与韩国的水平分工状态

图 5-7 显示，我国对韩国的出口专业化产品只有鞋帽用品和车辆及运输设备产品，但系数也不高，而橡塑制品、皮革制品、纺织品、机械及电器、精密仪器用品均呈进口专业化。尤其是皮革和纺织品本是我国出口优势产品，但却成为我国进口专业化产品，说明韩国这些行业与我国同行业相比，具有某些特殊优势，如产品质量较好、档次较高，因此对我国具有出口竞争力。相反，水平分工的行业只有金属制品。由此反映出，像韩国这样发展水平比我国高一些的制造业国家，是进入我国国内市场竞争的重要竞争对手。在某种程度上，它比发达国家与我

国竞争的行业面更宽、更多一些。

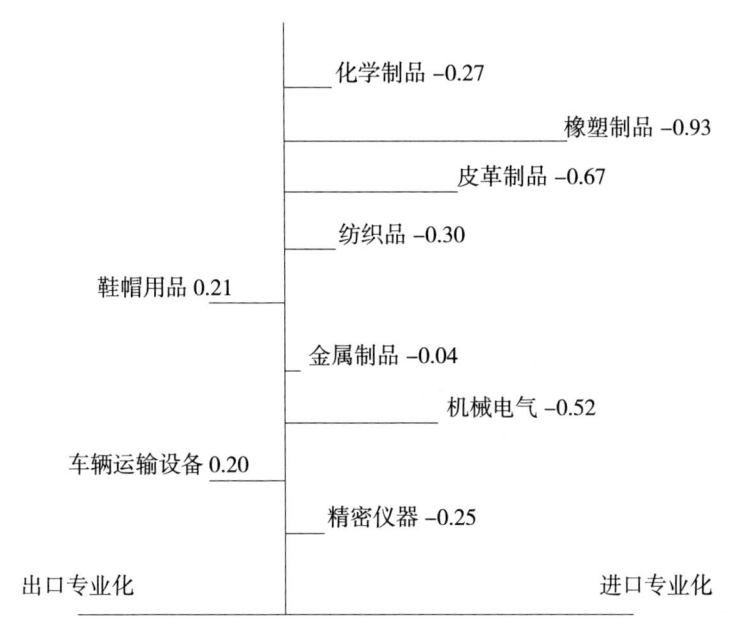

```
鞋帽用品 0.21          化学制品 -0.27
                               橡塑制品 -0.93
                          皮革制品 -0.67
                  纺织品 -0.30
                 金属制品 -0.04
                       机械电气 -0.52
车辆运输设备 0.20
                 精密仪器 -0.25

出口专业化                              进口专业化
```

图 5-7　中国与韩国的水平分工状态

资料来源:《海关统计》,1996 年 12 月。

5.1.8 我国与新加坡的水平分工状态

图 5-8 显示,我国不仅在皮革制品、纺织品、鞋帽用品等行业对新加坡具有出口专业化,而且在金属制品、精密仪器行业方面也具有一定程度的出口专业化,进口专业化的产品只是化学制品和橡胶塑料制品,专业化系数并不高;在机械电器、车辆及运输设备及精密仪器等行业中呈现水平分工形态。这说明,像新加坡这样的发展中国家,由于产业结构趋向服务业发展,制造业在很多行业不具有明显的竞争优势,因此是我国制造业产品进入竞争有潜力的市场。

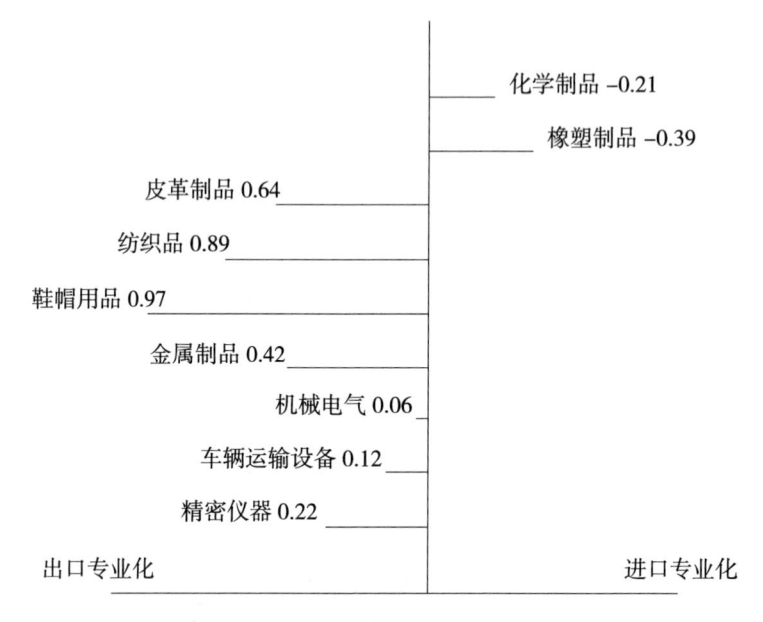

```
                                    化学制品 -0.21
                                    
                                    橡塑制品 -0.39
             
     皮革制品 0.64
     纺织品 0.89
     鞋帽用品 0.97
         金属制品 0.42
             机械电气 0.06
           车辆运输设备 0.12
             精密仪器 0.22
出口专业化                              进口专业化
```

图 5-8　中国与新加坡的水平分工状态

资料来源:《海关统计》,1996 年 12 月。

5.2　外商投资与出口增长:竞争力的因素

外商直接投资对中国出口贸易增长的促进从外商投资企业出口贸易增长与中国外贸出口增长的相关性中可以得到证明。

总计 1988—1996 年 9 年间,外商投资企业出口贸易增长了 24 倍,年平均增长率为 54.5%;同期全国出口贸易增长了 2.2 倍,年平均增长率为 16.4%。由于外商投资企业出口贸易增长速度远远高于全国出口贸易增长,因此到 1996 年,外商投资企业出口贸易额已占全国出口贸易额的 40.7%,1995 年全国出口贸易增加值的一半,1996 年全国出口贸易增加值的 87% 来自外商投资企业,见表 5-2。

表 5-2 外商投资企业出口贸易增长的贡献

年份	外商企业出口额（亿美元）	全国出口额（亿美元）	外商企业出口占比（%）	外商企业出口比上年增长（%）	全国出口比上年增长（%）
1987	12.2	394.4	3.1	—	27.5
1988	24.6	475.2	5.2	102.0	20.5
1989	49.2	525.4	9.4	100.0	10.6
1990	78.1	620.9	12.6	58.7	18.2
1991	120.5	719.1	16.8	54.3	15.8
1992	173.8	849.4	20.5	44.2	18.1
1993	252.4	917.4	27.5	45.2	8.0
1994	347.1	1 210.1	28.7	37.5	31.9
1995	468.8	1 487.8	31.5	35.1	22.9
1996	615.1	1 510.7	40.7	31.2	1.5

资料来源：《中国对外经济贸易年鉴》和《海关统计》。

外商投资企业对中国出口贸易的促进，使改革开放以来中国出口贸易增长速度大大快于全球贸易，特别是出口贸易的增长速度，见表5-3。

从中国外贸增长，特别是出口贸易增长的情况看，一般可以认为中国出口物品的国际竞争力得到加强。外国文献从外商直接投资的动机来寻找中国出口产品竞争力的普遍原因。一些美国学者认为，邓宁的生产折中理论，在说明美国西欧之间由大跨国公司支配的外国直接投资的现状是很有意义的，但在说明中国和亚洲内部的直接投资流动上却是不完善的。[1] 因此，他们认为，流入中国的外商直接投资最好用"从贸易中获益"（gains-from-trade）的框架来理解。[2]

---

[1] Plummer, M. G. and Manuel F. Montes (1995), "Direct Foreign Investment in China: An Introduction," in La Croix, S. J. (ed.), *Emerging Patterns of East Asian Investment in China: From Korea, Taiwan, and Hong Kong*, M.E. Sharpe, p.8.

[2] Ibid., p.18.

表 5-3　中国对外贸易增长速度与全球贸易比较
（相对于上年增长）

(%)

年份	进出口总额 全球	进出口总额 中国	进口额 全球	进口额 中国	出口额 全球	出口额 中国
1978	15.7	39.4	16.1	51.0	15.3	28.4
1979	25.8	42.1	25.2	43.9	26.3	40.2
1980	21.5	28.9	21.4	24.7	21.6	33.8
1981	-0.7	16.4	-0.6	12.6	-0.9	20.4
1982	-5.8	-5.5	-5.6	-12.4	-6.0	1.4
1983	-2.5	4.8	-2.6	10.9	-2.4	-0.4
1984	5.6	22.8	5.8	28.1	5.4	17.6
1985	1.1	30.0	1.0	54.1	1.1	4.6
1986	10.1	6.1	9.9	1.5	10.3	13.1
1987	16.7	11.9	16.5	0.7	17.0	27.5
1988	13.6	24.4	13.8	27.9	13.5	20.5
1989	8.1	8.7	8.5	7.0	7.7	10.6
1990	12.9	3.4	12.8	-9.8	12.9	18.2
1991	-0.5	17.6	-0.6	19.6	-0.5	15.8
1992	7.1	22.0	7.3	26.3	6.9	18.1
1993	-1.5	18.2	-2.3	29.0	-0.7	8.0
1994	11.6	20.9	12.1	11.2	9.7	31.9
1995	19.0	18.7	19.0	14.2	19.0	22.9

资料来源：全球——United Nations Monthly Bulletin of Statistics (1978—1993)，1994、1995 年世界贸易组织秘书处；中国——1981 年以前为外贸业务统计数，1981 年以后为中国海关统计数。

所谓贸易理论框架，就是从比较优势动态转移以及西方学者经常提到的经济发展的雁行结构（Flying Geese Pattern）来理解和分析中国出口产品的竞争优势来源。而最容易寻找到的原因就是中国劳工的低成本优势。在 20 世纪 90 年代初期，美国在全世界海外投资企业中，其生产线工人的每小时平均工资为 10.46 美元（如表 5-4），而在中国只有 1.29 美元，这在各国的主要投资项目中是最低的，因此这是吸引大量投资进入以及产品具有竞争力的重要原因。[①]

表 5-4　美国海外企业生产线工人的每小时平均工资（1989—1991 年）

单位：美元

国家	每小时平均工资	国家及地区	每小时平均工资	国家及地区	每小时平均工资
中国	1.29	马来西亚	1.58	秘鲁	5.66
墨西哥	2.44	菲律宾	1.58	埃及	1.44
印度	1.50	泰国	1.44		

资料来源：U.S. Bureau of Economic Analysis (revised 1989 estimates), "United States Direct Investment Abroad: Operations of United States Parent Companies and Their Foreign Affiliates."; Lowe, J. H. and Raymond J. Mataloni Jr. (1991), "US Direct Investment Abroad: 1989 Benchmark Survey Results," *Survey of Current Business*, 71 (10), p.38。

虽然中国劳工成本最低，但也并不完全能转化为竞争优势，劳工素质低和劳动的低生产效率在一定程度上抵消了低工资成本的优势，因此在一些美资企业中并不能达到低生产成本的预期目的。[②] 这就是中国劳动工资最低，但并不能吸引所有外商投资的一个原因。

寻求低廉劳工成本不仅是美国对外直接投资进入中国的重要原因，也是发展中国家和地区外商进入中国投资的主要动机，见表 5-5。

表 5-5　韩国的对外直接投资动机的调查

（%）

动机	中国和东南亚	OECD	动机	中国和东南亚	OECD
市场扩张	21.2	29.3	生产能力重新配置	4.7	—
低生产成本	33.2	7.6	企业扩张战略	21.6	22.7

[①]　Zhang Zhongli and Ding Yi (1995), "On American Direct Investment in China," in La Croix, S. J. (ed.), *Emerging Patterns of East Asian Investment in China: From Korea, Taiwan, and Hong Kong*, p.56.

[②]　Ibid. p.65.

(续表)

动机	中国和东南亚	OECD	动机	中国和东南亚	OECD
规避贸易壁垒	7.8	18.2	其他	3.0	3.0
原材料	8.6	4.5			
先进技术	—	6.0			

资料来源：Lee, K. (1995), "Structural Changes in the Korean Economy and Korean Investment in China and ASEAN," in La Croix, S. J. (ed.), *Emerging Patterns of East Asian Investment in China: From Korea, Taiwan, and Hong Kong*, p.227。

寻求低廉劳动成本的外商投资项目，其生产的产品一般是劳动密集型的，但仅仅有产品的低成本投入还不足以使产品具有国际竞争力，否则就不能解释为什么在外商投资项目设立之前，这种优势不能更多地转化为国际竞争优势。西方文献认为，寻求中国低廉劳动成本的外商直接投资者，还带来了其他一些竞争优势因素。这主要是，他们出租或许可转让了其企业的某些优势，如进入发达国家市场或接近设备制造商。[①] 而且，虽然出口产品都是劳动密集型的，但其产品的技术标准相当高，这些企业采取投资来源地技术标准，并使用世界著名商标，技术和管理也比大陆企业先进。[②] 这些优势因素，都可以分别在不同程度上得到印证。

5.2.1 引进先进设备

在外商投资总金额中，境外投资者往往把进口的设备物品作为投资的一部分引进中国，这些机器设备有相当一部分属于比较新式的设

[①] Plummer, M. G. and Manuel F. Montes (1995), "Direct Foreign Investment in China: An Introduction," in La Croix, S. J. (ed.), *Emerging Patterns of East Asian Investment in China: From Korea, Taiwan, and Hong Kong*, p.9.

[②] Sung Shou Wei and Lishui Zhu (1995), "The Growth of Foreign and Taiwan Investment in the Xiamen Special Economic Zone," in La Croix, S. J. (ed.), *Emerging Patterns of East Asian Investment in China: From Korea, Taiwan, and Hong Kong*, p.118.

备。由于外商接近设备制造商，从而方便了对中国合资企业的先进设备的供给。

表5-6可见，外商投资企业进口的设备、物品金额占外商投资企业进口总额的比重达1/3左右，占实际利用外资金额的60%以上，可见，利用外商投资在很大程度上是较迅速地利用了先进机器设备。据广东省统计局材料，1979—1991年，广东省引进技术设备71.9亿美元，占同期全省实际利用外资额（149.3亿美元）的48.1%。其中"三资"企业引进技术设备49.8亿美元，占全省设备引进额的69.26%，占"三资"企业同期实际利用外资额（83.97亿美元）的59.3%。截至1992年，广东省共引进生产线3.5329万条，机器设备210.3663万台套，平均每个企业引进1.3条生产线或79.79台设备，输入设备比率最高的是加拿大，其次是美国、中国台湾、日本、澳大利亚、中国香港、中国澳门、德国等国家和地区的投资商。

表5-6 外商投资企业进口设备物品占比情况（1991—1996年）

年份	外商投资企业进口设备物品金额（亿美元）	占外商企业进口总额比重（%）	占当年进口总额比重（%）	占当年实际利用外资金额比重（%）
1991	46.90	27.7	7.4	107.0
1992	80.18	30.4	9.9	72.8
1993	166.13	39.7	16.0	60.4
1994	202.84	38.3	17.5	60.0
1995	187.36	29.8	14.2	50.0
1996	248.61	32.9	17.9	62.2

资料来源：《海关统计》，各年；《中国统计年鉴》，各年。

另据国家计委经济研究中心1993年的调查，在广东省的"三资"企业中，引进20世纪80年代技术的企业占67%，引进20世纪90年代技术的企业占17.6%，引进20世纪70年代技术的企业占14.3%。从投资商的国（地区）来看，泰国、英、法、中国香港、中国澳门和中国台湾投资商均引进20世纪90年代技术，新加坡、加拿大、澳大利亚、其他欧洲国家全部引进20世纪80年代技术，日资企业使用20世纪70年代和80年代技术者各占50%，美资企业以20世纪80年代技术为主，使用20世纪70年代技术者为25%。

5.2.2 开拓国际市场

把中国生产和加工制造的产品输送进国际市场是外商投资者的特定优势因素。这从我国商品贸易方式的变化中可以看出来。在20世纪80年代中期以前，我国外商投资企业的数量还很有限，它们在我国外贸中的地位也很低，一般贸易在我国的进出口中居于绝对的主导地位，所占比重都在80%以上。但随着外商直接投资的迅速增加，这种状况在20世纪90年代有了很大改变。由于外商投资企业主要采取的是来料和进料加工贸易的方式，而国内其他企业以一般贸易为主要方式，随着外资企业在我国外贸中地位的上升，它们对我国总的贸易方式也产生了很大影响。

来料加工的特征是由外商提供原料、元器件、零部件、配套件、包装物料甚至设备，生产企业仅进行加工装配，收取工缴费，成品交由外商销售，有时生产企业还需用工缴费偿还作价设备价款。进料加工的特征是生产企业用外汇进口原材料、元器件、零部件、配套件、包装物料、加工成成品或半成品后再出口。这两种贸易方式的共同特征是生产过程由生产企业（既可是外商投资企业，也可是内资企业）管理和控制，但营销过程则完全由外商掌握。此外，在相当多数情况下，技术标准和产品设计也由外商掌握和支配。

从表5-7可以看出，到20世纪90年代中期，加工贸易在我国进出口贸易中所占比重已超过或接近半数。当然,我国加工贸易方式并不完全是外商投资企业所为,但外商投资企业所占比重极大。

表5-7　我国商品贸易方式变化的比较(20世纪80年代中期和90年代中期)

(%)

贸易方式	1985年		1986年		1994年		1995年		1996年	
	出口	进口	出口	进口	出口	进口	出口	进口	出口	进口
一般贸易	87	88	81	82	51	31	48	33	42	28
进料加工	3	3	6	6	32	28	36	32	40	32
来料加工	10	6	13	10	15	13	14	12	16	13

资料来源:据各年《海关统计》计算。

从表5-8可以看出,20世纪90年代中期与90年代初期相比,外商投资企业在加工贸易方式中的比重大大上升了。1991年外商投资企业的加工贸易出口额只占全国出口额的16.1%,占全国加工贸易出口额的35.7%;其进口额占全国进口额的15.3%,占全国加工贸易进口额的38.9%。而到1996年,外商投资企业加工贸易出口额占全国出口额已升至35.2%,占全国加工贸易出口额的63%;其进口额占全国进口额升至30%,占全国加工贸易进口额的66.6%。也就是说,到1996年,我国加工贸易进出口额的2/3是由外商投资企业来运营的。

表5-8　外商投资企业加工贸易方式所占比重

单位:亿美元

		1991年		1992年		1995年		1996年	
全国进料加工贸易	出口金额比重	195	27%	243	29%	530	36%	601	40%
	进口金额比重	141	22%	189	23%	421	32%	445	32%
全国来料加工贸易	出口金额比重	129	18%	153	18%	207	14%	242	16%
	进口金额比重	109	17%	126	16%	162	12%	178	13%

(续表)

		1991 年		1992 年		1995 年		1996 年	
外商企业	出口金额比重	99	14%	144	17%	392	26%	486	32%
进料加工	进口金额比重	91	14%	133	16%	344	26%	378	27%
外商企业	出口金额比重	17	2%	9	1%	29	2%	45	3%
来料加工	进口金额比重	6	1%	9	1%	27	2%	37	3%

资料来源:《海关统计》, 各年。

外商投资企业在贸易方式上大量采用进料加工贸易和来料加工贸易, 反映了外商投资企业内国际分工的发展, 境外投资者利用其具有掌握原料、部件来源以及掌握营销市场的优势, 在我国组织国际化生产, 利用我国廉价的生产资料和劳工供给, 从而搭配和组装了产品的竞争优势, 使我国劳动密集型产品大量进入国际市场。在 20 世纪 80 年代末期, 中国推行的"两头在外"的沿海地区经济发展战略, 就是希望利用境外投资者接近国际原料市场和商品市场的优势, 与我国廉价生产资料的优势相结合, 使之转化为我国出口产品竞争力的发展战略。不难肯定, 从一般意义上说, 境外投资者接近和熟悉国际市场的优势, 是中国出口产品具有竞争力的一个来源。

5.2.3 技术标准和管理

采用新的技术标准或用国外品牌商标, 并在产品生产中贯彻严格的质量管理是使出口产品具有国际竞争力的重要因素。外商投资企业无论在采取加工贸易方式还是采取一般贸易方式, 其产品都必须经受国际市场竞争的考验, 因此, 外商投资企业出口贸易规模的扩大, 一般可以证明新的技术标准和产品生产管理方式得到运用和推广。

广东省引进技术结构表明, 1979—1992 年外商投资企业引进机器设备的企业比率为 92%, 引进工艺流程的企业比率为 63%, 引进图纸、操作方法、专利和商标的企业比率分别为34.9%、31.3%、28.9%、26.5%。尽管引进硬件技术仍占最主要地位，但也反映出引进各种软技术也占有一定的重要性。

新设备、新的技术标准和管理使传统产业得到了有力改造。改革开放以来，广东省轻工、纺织、电子、机械、家电、食品、建材等行业由于外商投资企业的大量进入，得到了整体改造，缩小了与世界先进水平的差距。1978年广东纺织业产值仅为11.76亿元，居全国第13位，经过十多年的引进改造，现已排列全国前几名。[①] 开发新产品和新行业是外商投资企业转移技术和管理的最主要形式。广东省的电子行业是在外商投资企业带动下成长为具有国际竞争力的行业。在20世纪90年代初期，由于大量外商投资于电子行业，广东省已形成了家用电子产品、通信产品、电子元器件生产基地，电子工业由1981年排名全国第八，上升到1991年的第一位。全国最大的46家电子企业中，广东省占13家，全国最大电子产品销售额的100家企业中，广东省占20家，许多名牌产品已走向国际市场。[②]

在外商投资企业的技术转移中，传统适用技术和高新技术都有可能使产品竞争力得到加强。上海市工业吸收外资的技术呈现传统适用性与高新技术并举的二重特征。一方面，以轻纺工业为主的传统工业着重吸收较低档次的适用技术，另一方面，以仪表、电子、机电、化工为主的新兴产业以吸收高新技术为主。轻纺工业如纺织、服装、制鞋、塑料、食品、工艺品、玩具、皮革制品等行业，通过外商投资企业引进了一批相对先进的适用技术、设备、工艺、款式，大部分为劳动

[①] 中国社科院国际投资研究中心：《外商投资研究资料》第一辑，1996年9月，第261页。

[②] 同上。

密集型的出口加工型项目。而机电仪表、电子、化工等新兴产业则着重吸收与轿车、摩托车、电梯、合金材料、空调设备、传真、复印机、通信设备、彩色显像管等高新项目有关的新技术、新材料、新工艺、新设备。

在劳动密集型出口项目中不断开发新产品,不断促进出口商品结构优化,是外商投资企业保持和加强国际竞争力的重要因素。广东省经过"八五"出口商品结构持续调整优化,大批"拳头"出口商品已形成,新的"拳头"商品也不断出现。据调查,年出口额在500万美元以上的商品已达到400个左右,占总出口的95%以上。在全省出口商品中,工业制成品比例1990年为80.7%,1995年上升为96%,其中机电产品出口占工业制成品出口的37%左右,其余60%以上仍是轻纺产品,这说明,传统产品在不断开发新产品后,仍然具有国际竞争力。在广东省,外商投资企业和"三来一补"的贸易方式已成为开拓国际出口市场的重要增长来源,见表5-9。

表5-9 广东省出口情况(1993—1995年)

出口情况	1993年 出口额(亿美元)	1993年 比上年增长(%)	1994年 出口额(亿美元)	1994年 比上年增长(%)	1995年 出口额(亿美元)	1995年 比上年增长(%)
出口总值:	204.2	10.7	470.6	73.9	566.6	15.8
一般贸易	90.9	-1.0	149.6	46.2	160.2	7.1
三来一补	9.9	—	132.9	106.0	148.1	11.4
外商企业	103.5	6.4	187.4	81.1	257.6	31.6

资料来源:中国社科院国际投资研究中心《外商投资研究资料》第一辑,第7页。

仅两年,广东出口贸易就翻了一番多,其中"三来一补"的贸易方式和外商企业在增长中做出了主要贡献。广东省出口商品竞争力的加强,显然最主要的原因是得益于外商投资企业内分工、企业内贸易和技术外溢的重要影响。"三来一补"方式就是最典型的技术标准和产品质量国际化的技术外溢渠道。

5.3 出口导向产品与外商投资行业相关性分析

5.3.1 出口导向产品与行业的形成

将1991年和1995年年出口额在5亿美元以上的商品加以对照,可以发现一些出口增长最快的商品和行业。

表5-10可以看出,1991年中国出口额在10亿美元以上的商品品种只有6种,1995年便增加到22种,其中传统的出口拳头产品服装就增长了2.5倍以上,雄居各种商品之首。除棉布、棉针织品在1991年基础上继续增长之外,1995年与纺织业有关的10亿美元以上商品还出现了4种,1995年服装加工纺织类商品共有7种。说明服装和纺织类产品的竞争优势得到进一步加强。家用电器出口额增长了3.86倍,此外1995年还出现了电信设备、铁合金、集装箱等机电产品。轻工产品出现了7种大宗出口品。这说明,在10亿美元以上的出口品中,传统轻纺产品的竞争优势得到加强,新产品中家用电器的竞争优势也逐步显示出来。

在5亿美元以上的出口商品中,从1991年的12种增加到1995年的29种。其中初级产品和原料性产品7种,轻纺产品15种,机电产品7种。这说明,轻纺产品竞争优势的加强在许多行业部门都得到明显体现,与1991年相比,20世纪90年代中期机电产品竞争优势在不少产品和行业中正在显露出来。

表 5-10　出口额 5 亿美元以上的商品（1991 年、1995 年）

单位：亿美元

1991 年			1995 年			
品名	金额		品名	金额	品名	金额
10 亿美元以上的商品			10 亿美元以上的商品		5 亿美元以上的商品	
服装	46.93		皮件	165.92	冻家禽	6.78
原油	32.66		陶瓷类	56.57	卷烟	6.74
棉布	17.21		木材	46.01	棉纱	6.55
家用电器	11.62		玩具	33.97	焦炭	6.39
棉针织品	11.44		钢材	32.20	纸制品	6.14
钢材	10.81		棉布	31.80	地毯	5.69
5 亿美元以上的商品			棉针织品	25.84	造船	5.66
成品油	9.86		原油	20.64	各种工艺鞋	5.43
电信设备	9.46		毛针织品	18.88	饲料	5.42
饲料	9.44		棉织品	18.77	塑料原料	5.37
抽纱	9.01		体育用品	18.74	生药	5.34
玉米	8.13		人造革塑料箱包	16.79	工艺玩具	5.22
棉漆纶布	8.08		医药原料	16.58	电子设备	5.18
煤	7.49		日用五金、百货	15.04	小成套设备	5.05
医疗原料	7.25		棉漆纶布	14.42		
棉织品	7.11		皮鞋	12.87		
绸缎	7.05		抽纱	12.83		
彩色电视机	6.33		集装箱	11.90		
棉花	5.22		铁合金	11.36		
			5 亿美元以上的商品			
			办公用品	10.62		
			成品油	10.50		
			家具	10.42		
			人造棉布	9.72		
			革皮服装	9.55		
			小五金	9.51		
			首饰	9.23		
			工具	8.73		
			生铁	8.67		
			电工产品零件	8.40		
			光学仪器	8.07		
			羽绒制品	7.92		
			照相机及电影器材	7.73		
				7.58		
				7.35		
				7.13		
				6.93		
				6.89		

资料来源：《中国对外经济贸易年鉴》，各年。

如果把上述趋势适当加以归类，可以用国际贸易标准分类列出表 5-11：

表 5-11 中国主要出口商品类别（1995 年、1996 年）

单位：亿美元

类别	1995 年	1996 年
纺纱、织物制成品及有关产品	139.19	121.13
服装及衣着附件	240.49	250.37
鞋靴	66.62	71.03
电信及声音的录制及重放装置	84.09	90.04
电气机械、器具及其电气零件	88.79	95.44
办公用机械及自动数据处理设备	48.03	67.17
金属制品	47.23	49.07

资料来源：《海关统计》，各年。

上表反映在 20 世纪 90 年代中期中国在国际市场上最具有竞争力的轻工产品和机电产品的行业类别。

5.3.2 外商投资行业分布与出口导向的相关性

外商投资企业的行业分布与我国出口竞争力强的行业有很强的相关性。据 1995 年全国第三次工业普查的信息，[①] 全国"三资"工业企业的行业分布中，从事轻工业的企业数占 58.6%，从事重工业的占 41.4%，主要分布在电子及通信设备制造业、纺织业、服装业、交通运输设备制造业、电气机械及器材制造业和食品加工业。如果按工业总产值计算，全部"三资"工业企业在村办以上工业的有关行业中，其比重是：电子及通信设备的"三资"企业产值占 56.2%，仪器仪表及文化办公用品业占 33.5%；文教体育用品制造业占 34.8%，塑料制品业占 21.4%；纺织

---

① 第三次全国工业普查办公室编：《中华人民共和国 1995 年第三次全国工业普查资料摘要》，中国统计出版社 1996 年版，第 6、7、48、49 页。

业占14.8%，交通运输设备占21.7%，服装纤维制品占32.9%，电气机械及器材占19%，食品加工占15.0%，食品制造业占23.3%；皮革、毛皮制品占37%；金属制品占16%；化学原料及制品占11.2%。

从地方的行业分布情况看，外商投资企业分布与出口竞争力行业的相关程度更为密切。深圳市从1979年以来外商投资企业工业产值每年以60%以上的速度增长，1995年外商投资企业完成工业产值521.38亿元（1990年不变价），占全市工业总产值的65.6%。在外商投资的工业行业中，家电、计算机、钟表、玩具、自行车、食品饮料、纺织、服装等行业发展较快，已形成规模生产经营，产品产量及出口创汇名列全国前茅，并出现了一些支柱产业和拳头产品。[①]

广东省按独立核算的工业企业总产值来计算1994年外商投资企业的行业类别，可看出外商投资在广东省工业行业中的结构（见表5-12）。

如广东省佛山市1995年合同利用外资15.85亿美元，其中纺织业为1.05亿美元、塑料制成品业为2.61亿美元，建筑材料业为2.20亿美元，电器业2.21亿美元，电子业1.32亿美元，这5个行业合计利用外资金额达9.39亿美元，占工业项目利用外资总额的59%。[②]

表5-12　广东工业外商投资行业结构（1994年）

行业	绝对额（亿元人民币，1990年不变价格）	占比（%）	行业	绝对额（亿元人民币，1990年不变价格）	占比（%）
电子	383.5	27.6	金属制品	65.0	4.7
纺织	160.0	11.5	交通运输设备	64.0	4.6
服装及纤维织品	139.0	10.0	饮料	56.0	4.2

---

① 中国社科院国际投资研究中心：《外商投资研究资料》第一辑，第25页。
② 同上书，第29页。

（续表）

行业	绝对额（亿元人民币，1990年不变价格）	占比（%）	行业	绝对额（亿元人民币，1990年不变价格）	占比（%）
化学原料及制品	119.0	8.6	非金属矿物	55.0	4.0
电气机械器材	113.0	8.1	食品加工	50.0	3.6
皮革、毛皮羽绒制品	101.0	7.3	合计	1 388.5	
塑料制品	83.0	6.0			

资料来源：广东省计委外资处。

福建省通过外商投资企业的发展，强化了以轻型产业为主的经济结构，并提高了该省工业产品的出口竞争力。全省电子行业有2/3以上的企业通过利用外资改造得到新的发展，新开发的出口商品有电视机、录像机、电话机、电脑、音响、电子元器件等6大类；轻纺行业通过外商投资开发了服装、鞋帽、箱包、雨具、玩具、首饰、工艺品、电子钟表、塑胶制品等10多类出口大宗商品。全省外商投资企业的出口额从1991年的10.6亿美元，上升到1995年的47.98亿美元，外商投资企业自营出口在全省出口总额中的比重已由1991年的36.17%上升到1995年的51.5%。5年外商投资企业出口平均年递增率达到43.48%，在1995年全省外商投资企业工业产值729.22亿美元中，外销率占到55%。[①]

厦门市截至1996年5月底，累计批准的2 486个外商投资工业项目中，主要以电子、机械、化工、食品、纺织、建材占多数。1995年外商投资企业工业总产值已占全市工业总产值的73.2%，产品出口交货值占全市工业品出口交货值的比重平均在80%以上，外资企业的产品有60%以上出口销往国际市场。

福建省泉州市外商投资工业项目的行业分布有比较详细的数据，

---

① 中国社科院国际投资研究中心：《外商投资研究资料》第一辑，第48页。

如表 5-13 所示：

表 5-13　泉州外商投资工业项目的行业分布[①]

项目类别	项目数（个）	投资总额（万美元）	其中：协议外资额（万美元）
工业项目：	5 333	581 163	496 703
食品饮料	201	145 871	27 391
纺织业	431	282 401	67 797
服装业	1 577	43 626	141 360
包装业	135	33 570	5 833
工艺美术品	329	92 958	27 082
制鞋业	428	142 095	33 662
建材业	231	192 880	41 754
五金机械	418	152 861	44 289
电子业	343	85 643	21 586

资料来源：中国社科院国际投资研究中心《外商投资研究资料》第一辑，第 103 页。
注：① 1980—1996 年 5 月底累计数。

在可贸易品的行业中，纺织、服装、五金机械和电子业是外商投资的重点行业。

上海市到 1995 年底，累计举办工业性外商投资项目 9 385 个，吸收协议外资 132.7 亿美元。投资重点以汽车、通信设备、电站成套设备、家用电器、石油化工及精细化工和钢铁工业等六大支柱产业为主，占工业性项目的 60%。上海工业基础较好，外商投资以资本技术密集型项目为主，产品主要是进口替代产品，因此对出口贸易的促进作用不及广东、福建。1995 年上海外商投资企业出口创汇 39.9 亿美元，只占其工业销售收入的 24%，占全市出口创汇的 34.6%，低于福建、广东两省水平。由此也可说明外商投资的行业分布对出口产品竞争力的影响。

江苏省外商投资集中在电子、石油化工、机械、纺织、建材、轻工等 6 个传统产业中。以无锡市为例，外商投资项目按行业分类前 15 名如表 5-14：

表 5-14　无锡市外商投资前 15 个行业[①]

行业	项目数（个）	投资总额（万美元）	协议外资额（万美元）
纺织	466	141 711	60 965
化学	366	65 750	37 470
金属制品	354	112 478	64 749
机械	334	71 828	36 147
其他工业	324	75 580	44 017
缝纫业	310	22 469	10 380
电子通信设备	289	102 622	68 892
塑料制品	232	58 201	27 555
公共饮食	146	55 559	33 610
工艺美术品	140	14 792	7 852
电气机械	127	45 055	27 227
房地产	114	94 337	57 133
印刷业	85	16 663	7 690
纸制品	80	24 140	14 083
食品	183	39 859	25 668

资料来源：中国社科院国际投资研究中心《外商投资研究资料》第一辑，第 204 页。
注：① 1979—1996 年 5 月累计数。

无锡市外商投资项目的行业分布与出口导向产品的主要行业具有相当密切的相关性。

5.4　电子行业国际竞争力分析

电子产品是我国 20 世纪 90 年代以来出口增长最快的产品，在出口产业中具有典型性。其行业类型属于全球性产业，一方面可贸易性强，另一方面跨国公司在该行业中占有重要支配地位。改革开放以来中国电子工业的发展与外商直接投资有着密切联系。

5.4.1　电子行业的外商直接投资

1980 年以来，中国电子工业产值从 100 亿元增加到 1995 年的

2 457亿元，出口创汇能力从1 000万美元左右增加到1996年的214.98亿美元，其中利用外商直接投资，引进国外先进的技术与管理是主要原因之一。

按照电子工业部统计口径，截至1995年底，电子工业部门的"三资"企业已达10 264家，合同利用外资金额94.9亿美元，1995年，"三资"企业的产值占电子行业总产值的30.3%，1996年达到36.04%[①]。电子工业利用外资，引进境外直接投资，已经成为电子工业发展的重要资金来源。根据电子工业部"九五"计划，电子工业在2000年工业总产值将达到7 000亿元，即比1995年增加2倍。根据投入与产出估算，大约需要投入800亿—1 000亿元。在"六五"期间，电子工业国家投入60亿元，"七五"投入120亿元，"八五"期间，投入270亿元，以此推断，国家在"九五"期间，从投入的角度分析，资金缺口约为200亿—300亿元，这部分主要通过利用外资解决，亦即每年利用外资平均应达7亿—8亿美元。1979—1995年17年间，外商直接投资占电子工业固定资产总投资的1/3左右。广东省深圳、佛山、惠阳，福建厦门，浙江宁波等地，利用外资发展电子工业，已成为技术改造的重要资金来源。

电子工业是跨国公司支配性强，国际化生产和全球战略特征明显的行业。电子行业中的境外直接投资在相当程度上是由跨国公司进行的。我国工业基础较好的上海、江苏等地是跨国公司进入较多的地区。在上海，世界著名的跨国公司如美国的英特尔集成电路、日本的松下半导体和微波炉、索尼彩电、理光电子、德国的西门子通信、日本的日立电器、美国通用电气、日本富士通将军空调、韩国的现代电子、韩国金星录像机、日本东芝彩电等都已进入上海浦东新区投资建厂。

江苏电子行业是从跨国公司投资中得益较多的行业之一。荷兰飞

---

① 中国社会科学院工业经济研究所编：《中国工业发展报告（1997）》，经济管理出版社1997年版，第99页。

利浦，德国西门子，日本富士通、东芝、夏普、精工，瑞典爱立信，韩国三星等世界著名跨国公司在电子行业投资了31家企业，协议外资金额达5.85亿美元。其中仅荷兰飞利浦公司就投资了5家企业，如与江苏省的华东电子管厂，苏州电视机厂等大型企业进行合资，引进了生产彩色显像管、电视机、电脑用显示器、软磁铁氧体等的设备和技术；德国西门子公司投资了6家企业，与苏州机床电机厂等企业合作，引进了包括电子元件、电力通信设备、生产电钻设备的技术和设备，协议外资金额为4 202万美元；日本富士通投资了3家企业，与南京有线电厂、省邮电管理局合作，引进了电脑生产、制造光纤通信产品的技术和设备。据统计，占前100位的国际大型工业企业中有8家在江苏的电子行业兴办了20家企业。江苏省很多电子行业的大型企业还与多家跨国公司进行了多方面的合作。如苏州电视机厂分别与荷兰飞利浦公司以及日本松下电工合资兴办了3家企业，生产电视机和印刷电路板。华东电子管厂、南京有线电厂也与飞利浦公司、富士通公司进行了多方面的合作。

随着外商投资在电子行业中的发展，在产品产量方面，"三资"企业已占有日益重要的地位。如彩色电视机，1995年底全国共有合资企业44家，产量位于前8家的中外合资企业合计，1995年其产量就达到500万台，占彩电行业总产量的1/4；7家程控交换机的"三资"企业，1995年的产量已超过1 000万台，占全部程控交换机产量的70%左右；在全国较大的10家彩管生产企业中，8家是中外合资企业，其产量占总产量的70%。由此可见，"三资"企业在主要电子产品的生产中起着举足轻重的作用。在某些高新技术行业，外商投资占有重要的地位，如微电子集成电路工业，5家中外合资企业，1家外商独资企业，实际外商投资已达到4.69亿美元，约为国家在该行业投入总额的1.5—2倍。在局用程控交换机的制造业中外商已投入2.5亿美元以上，约为该行业总投资的50%左右。

5.4.2 对电子行业竞争力的影响

电子工业利用外资促进了技术引进。电子工业技术从以半拆卸（SKD）、全拆卸（CKD）为主，到具有一定开发能力，产品的技术含量逐步得到提高。我国的彩电工业在引进技术的基础上，与外商合作、优势互补，生产技术不断提高，开发能力有所加强，品牌更新较快。到20世纪90年代中期，中国生产的彩电在质量与数量上，都在国际上有较高声誉。许多"三资"企业的产品正在逐步从散件组装向前工序发展，并从单一产品向多种经营发展。

电子行业的全球性特征是明显的，改革开放以来，国际电子工业进入中国，也使中国电子工业逐渐走向世界。

从出口实绩来看，"三资"企业已经成为中国电子产品出口的主力军，1994年电子工业出口总额为123亿美元，其中"三资"企业出口近70亿美元，占出口总额的55.6%；1995年，电子行业出口总额达到165亿美元，比上年增长34%，超过全国出口增长水平16个百分点，而且首次出现进出口顺差，其中"三资"企业出口约占63.5%，出口额达到105亿美元左右，比上年增长近43%，1996年电子行业出口额达到214.98亿美元，其中"三资"企业出口额为153.91亿美元，"三资"企业出口额已占行业总出口额的71.59%。"三资"企业生产的彩电出口数量约占彩电总出口量的95%，成为出口的主力。[①]

广东省电子行业是全国最有国际竞争力的地方工业。从改革开放以来，广东省电子行业与外商外资合作项目达到230多项，引进了大量的技术和设备，使全省电子工业主要产品的生产设备基本达到国际20世纪80年代中期的技术水平，形成了以彩色电视机、收录放机、组合音响为主要优势的家用电子产品生产基地；以电话机、程控交换机、移

---

① 引自中国社科院国际投资研究中心：《外商投资研究资料》第二辑，1996年11月。

动通信设备为主要优势的通信产品生产基地；以彩色显像管、彩色显像管玻壳、音频磁头、录音机蕊、电阻、电容等主要优势的电子元器件生产基地。广东省的电子产品已在国内外占有一定的市场优势。广东省电子工业在改革开放初期的1979—1981年，在全国同行业中排行第八位，1991年以后就跃居全国第一位（工业总产值、出口交货值、产品销售收入、利润总额、利税总额均居全国第一位），全国公布的100家最大电子销售额的企业，广东省占了20家。深圳的康佳、华强、惠州的TCL、唐德、康惠、信华等电子公司成为全国电子行业中有名的企业。[①]

上海电子工业通过利用外资，引进国外技术，使与国外的差距，从相差20—30年，一下子在部分领域缩短到接近世界先进水平。如由中方占股84%的上海贝岭公司生产为贝尔公司程控交换配套的通信集成电路，引进1—1.2微米至2—3微米工艺技术，在合资的5年中，技术水平提高了三代，填补了国内空白。由中方占股75%的上海永新公司，引进日本东芝技术，使我国彩管工业从无到有，解决了进口替代并内销有余，还能实现25%的出口比例。由中方占股60%的上海贝尔公司，引进生产的S1240程控交换机是第一家以其先进的技术、可靠的质量满足国内高速发展的电话网需要的企业，取代了我国长期袭用的落后的"共电式"电话交换系统技术。

江苏省电子行业通过引进外商直接投资，大大增强了市场竞争力，创出许多在国内市场上具有一定知名度和影响力的品牌和企业。例如华飞彩色显示系统有限公司的彩色显像管，南京爱立信通信设备有限公司的移动电话产品，以及苏州飞利浦消费电子有限公司的彩色电视机等。南京爱立信通信有限公司、华飞彩色显示系统有限公司分别进入了江苏省1994年外商投资企业综合效益100佳的前10名。华飞彩

---

① 中国社科院国际投资研究中心：《外商投资研究资料》第一辑。

色显示系统有限公司还进入了1994年度中国最大的500家外商投资工业企业的前50位,并名列全国电子行业利税大户的前10位。[①] 电子元器件还成为江苏省1995年出口额在1亿美元以上的16个商品品种之一。[②]

5.4.3 民族彩电工业竞争力的成长

20世纪90年代前6年间,除了电视机产品出口下降外,其余主要电子产品的出口额都大幅度增长(见表5-15)。电视机出口下降主要是由于从20世纪90年代以来国内需求大幅度提高,特别是彩色电视机的国内需求量提高更快。1990年国内彩色电视机产量只有1 033.04万台,[③] 但出口量却达到362.1万台[④],1995年国内彩色电视机产量达到2 057.74万台,[⑤] 而当年出口量却只有384.7万台,[⑥] 同期产量增长了99%,而出口量只增长了62.4%,说明随着中国人民收入水平的提高,彩色电视机内需增长快速,因此出口增长慢于产量增长速度。随着国内需求增长幅度趋于平缓,出口也将逐步上升,1996年上半年,在机电产品稳步增长中,彩色电视机出口值增长了17.3%,高于所有机电产品出口平均增长6%的水平。[⑦] 可以预计在中国"九五"计划期间,彩色电视机将成为机电产品中具有较大出口增长潜力的产品。

1995年我国生产彩电突破2 000万台,已成为继美国、日本、韩国之后突破生产1 000万台彩电的生产大国。全国彩电生产行业的企业

---

① 中国社科院国际投资研究中心:《外商投资研究资料》第一辑。
② 《中国对外经济贸易年鉴(1996)》。
③ 《中国统计年鉴(1995)》。
④ 《中国对外经济贸易年鉴(1992)》。
⑤ 《中国统计年鉴(1996)》。
⑥ 《中国对外经济贸易年鉴(1996)》。
⑦ "我国彩色电视机出口情况和发展趋势",《电子标准化与质量》,1997年第4期。

数已超过60家,年生产设计能力超过3 400万部,其中"三资"企业44家,总投资6.68亿美元,注册资本3.94亿美元,其中外商投资2.16亿美元,占股份比55%。"三资"企业年设计生产能力为2 400万台,1995年实际生产约800万台,占全国彩电生产量的40%。44家"三资"企业中的前8家企业,设计年产量为678万台,1995年实际产量500万台,其中出口182万台,占生产量的36%。这8家企业注册资本1.78亿美元,其中外商投资7 900万美元,占股比44.3%。因此还可以说,这8家企业代表的是我国民族产业的竞争力。从国内市场看,民族彩电产品基本上占支配地位。在商标品牌上,44家"三资"企业中,有15家完全用国外商标,其余用复合商标。"三资"企业出口彩电量约占全行业出口的95%,因此从总体上看,彩电出口的增长,可以在较大程度上反映我国民族彩电工业国际竞争力的提高。

表5-15 主要电子产品出口增长比较(1990—1995年)

产品名称	1995年 (亿美元)	1990年 (亿美元)	1995年比1990年增长 (%)
家用电器	56.57	8.73	548
电信设备	46.01	6.46	612
电视机	6.89	8.46	-19
电工产品零配件	7.35	0.10	7 250
电子设备	5.18	0.57	809
电子手表	1.02	0.70	46
音响设备	33.43	7.04	375

资料来源:《中国对外经济贸易年鉴》,各年。

在20世纪90年代中期我国彩电行业已达到较高水平,在国际上已有一定竞争能力,在25英寸以下普通型彩电方面,技术水平、产量、质量、营销网均已有较高能力,产供销服务完善,具备了较大规模出口的条件。2000年前,彩电仍然是世界视听设备的主流产品,1996

年世界彩电产量将达到 1 亿部以上,我国 2000 年彩电市场容量将达到 2 000 万部。如果在 20 世纪 90 年代下半期,我国彩电产量能达到 3 400 万部设计生产能力的水平,这就意味着我国每年平均可出口 1 000 万—1 500 万部彩电。如果能实现这个目标,我国机电产品出口速度就会进一步提高,出口商品结构得到优化。

除了彩色电视机以外,其余电子产品的出口增长速度都呈现超高速增长态势,特别是家用电器、电信设备、低压电子元器件、电子设备、音响设备,对比 6 年前有大幅度增长,成为近年我国出口贸易增长的主要增长来源之一(见表 5-15)。1991—1997 年,中国电子产品进出口额从 102 亿美元增加到 480 亿美元,其中出口额从 43 亿美元增加到 269 亿美元,电子产品进出口总额占全国进出口总额的比重由 7.5% 上升为 14.8%;出口额比重由 6.0% 上升为 14.6%。[1] 同期全球商品出口的增长幅度只有 50% 左右,按照这样的增长速度,可以肯定我国电子产品在世界电子产品市场上的份额呈现持续扩大的势头。1990 年七种主要电子产品在我国机电产品出口额中只占 29%,1995 年就提高到 35.7%,5 年间提高了 6.7 个百分点,因此今后我国机电产品出口的增长,不仅反映电子产品出口的增长,而且在一定程度上取决于电子产品出口的增长。

5.5 纺织、服装行业国际竞争力分析

纺织品和服装是我国 20 世纪 80 年代以来形成的传统竞争力产品,其行业类型属于大宗贸易品行业,产品可贸易性强,但跨国公司在该行业的支配程度较低。虽然如此,但改革开放以来,纺织、服装仍是外商

---

[1] 见全国及电子产品历年进出口总额,https://wenku.baidu.com/view/40f600f66094dd88d0d233d4b14e852458fb3913.html。

直接投资大量进入的领域,从而促进了该传统行业国际竞争力的进一步提高。

5.5.1 纺织工业的外商直接投资

中国是世界上最大的纺织品生产国和出口国,而且又是世界上最大的纺织品服装消费市场,这使我国的纺织工业部门成为外商投资的重要领域。据有关专家统计,1980—1995 年,纺织工业累计签订外商投资项目 18 548 个,协议外资金额达到 213.95 亿美元。按照纺织总会统计口径,"八五"期间在纺织工业固定资产投资中,利用外资比重约为 31%。5 年间全国纺织工业累计批准利用外资(协议)金额为 127 亿美元,实际利用外资金额约为 63 亿美元,如果加上"八五"以前的外资额,实际利用外商投资金额约为 80 亿美元。据全国第三次工业普查资料,到 1995 年底,我国共有纺织"三资"企业 10 690 个,占全国纺织工业企业的 14%,其工业总产值(1990 年不变价)为 1 456.5 亿元,占全国纺织工业总产值的 19.6%;利税总额为 59.8 亿元,占全国纺织工业利税总额的 14.6%;资产总额 1 855.0 亿元,占全国纺织工业的 22.4%;纺织"三资"企业职工人数 158.7 万人,占全国纺织工业的 12.7%。纺织"三资"企业年末累计外商投资协议金额 406.8 亿元,实际金额 462.0 亿元,外商投资占同期纺织工业固定资产投资比重为 21.6%;实收资本 682.9 亿元,其中中方投资占 42.2%,港澳台工商业者占 41.5%,外国投资占 13.7%。

从我国纺织工业利用外商投资的动机来看,主要目的是为了弥补国内建设资金不足,改造传统行业,扩大出口创汇,引进国外先进技术装备和管理办法等,使纺织企业提高经济效益,增强竞争力。从进入纺织行业投资的外商投资项目来看,其普遍水平高于国内纺织企业的平均水平,纺织行业中的"三资"企业大致可分为三个层次:第一层次,外商投资企业水平、自我开发能力与国际先进水平比较接近,这主要分布在化纤行业,如化纤行业兴建了世界先进的大、中型聚酯和棉纶细旦丝等项目,引进了先进的纺丝设备和技术。第二层次,外商投资企业技术水平属国内先进水平,这主要分布在棉纺、毛纺等初加工行业,如棉纺行业引进了先进的德国清钢联、日本、联邦德国、意大利等国的自动络筒和无梭机等。在深加工生产行业中,如服装、色织、针织等行业,外商投资企业对生产硬件的要求,相当于国内中上等水平,但在技术软件、管理软件和市场营销等方面,却高于国内企业水平。第三层次,外商投资企业技术水平属国内一般水平,如有的纺织企业接受国外二手转移设备而建立的合资企业。这一点连西方文献也不隐讳。"事实上,进入华南投资的投资者相当多数是转移已经使用过的,甚至是完全折旧完了的机器。"[①]

但无论哪一层次的企业,都通过利用外资,改造了企业原有的体制,吸收了国外科学的企业管理经验,采用了新的技术标准和产品质量管理方式,从而使产品质量、性能上了一个档次,有的开发了新产品,从而使在海外已经行将结束其生命周期的生产设备及其产品,通过与我国廉价劳工和生产资源优势的结合,延长了其生命周期,并在市场竞争中仍具有不可忽视的优势。

随着许多发达国家在我国投资建立劳动密集的纺织企业,一些外国名牌产品也开始进入我国纺织市场,如意大利"贝纳通"针织服装、"斯特法内"服装,法国"皮尔·卡丹"纺织系列产品等,这些外国名牌不仅对国内消费发生一定影响,而且对国内纺织企业的生产和产品也产生相当程度的示范、竞争效应。

[①] Plummer, M. G. and Manuel F. Montes (1995), "Direct Foreign Investment in China: An Introduction," in La Croix, S. J. (ed.), *Emerging Patterns of East Asian Investment in China: From Korea, Taiwan, and Hong Kong*, p.9.

5.5.2 纺织工业品出口导向的成长

纺织行业大量吸收外商投资,而外商投资也利用中国的生产优势从贸易中获益,从而使纺织行业"三资"企业具有较高的出口导向特征。1995年,纺织"三资"企业销售收入1 561.5亿元,其中出口产品销售收入894.6亿元,占57.3%。纺织"三资"企业进口用汇57.4亿美元,出口创汇105.8亿美元。[①]"八五"初期纺织"三资"企业出口创汇占纺织工业出口创汇比重还只有13.8%,"八五"期间得到了较快发展,1993年"三资"企业占纺织工业出口创汇比重上升为25.4%,1994年为26.6%,1995年为26.8%,1996年比重超过1/3。

"三资"企业根据国际市场需求开发纺织系列中的新产品,从而促进了纺织产品结构的进一步调整,使纺织业生产逐步从初级产品生产向深加工产品方向发展。"八五"初期纺织行业的出口产品结构大体是:纺织纤维占1.65%、纺织品59.3%、丝织品3.26%,服装43.5%,到"八五"末期调整为纺织纤维2.1%,纺织品39.2%,丝织品3.4%,服装55.21%。服装出口已成为纺织业出口的最主要产品品种。

表5-16所述21种纺织业主要出口品中,有15种商品的增长幅度超过了同期我国所有出口贸易品的增长幅度。其中服装、毛针织品等深加工产品增长幅度和绝对额都十分可观;一批化纤产品,如人造棉布、涤棉针织品、纯涤纶布、尼龙针织品等成为新的出口产品增长点。总计1995年21种纺织品出口额达到339.91亿美元,对比1990年的104.26亿美元,增长了2.26倍,超过了同期我国出口贸易增幅1.4倍的水平。1990年21种纺织品占当年全国出口贸易额的比重为16.8%,到1995年该比重上升为22.8%,提高了6个百分点,说明20世纪90年代上半期我国出口贸易对纺织品的依存度提高了。

---

① 第三次全国工业普查办公室编:《中华人民共和国1995年第三次全国工业普查资料摘要》。

表 5-16　主要纺织业出口品增长情况（1990—1995 年）

商品名称	1995 年（亿美元）	1990 年（亿美元）	1995 比 1990 年增长（%）
服装	165.92	34.25	384
棉布	31.80	15.31	107
棉针织品	25.84	9.35	176
毛针织品	18.88	3.40	455
棉织品	18.77	6.71	180
棉涤纶布	14.42	7.06	104
抽纱	12.83	7.78	65
绸缎	9.72	7.82	24
人造棉布	8.67	1.76	393
棉纱	6.55	4.03	63
涤棉针织品	4.37	1.20	264
真丝针织品	3.55	0.53	570
尼龙针织品	3.04	0.52	485
丝绸制品	3.01	1.11	171
涤棉织品	2.45	0.97	153
棉型腈纶针织品	2.31	1.01	129
纯涤纶布	2.00	0.06	3 200
羊毛纱、线	1.97	0.29	579
涤粘混纺布	1.65	0.44	275
纯涤纶纱	1.11	0.32	247
人棉针织品	1.05	0.34	209

资料来源：《中国对外经济贸易年鉴》，各年。

广东省纺织行业是从外商投资中受益最大的地区。在 1978 年，广东纺织行业的产值仅 11.76 亿元，在全国排第 13 位，从 20 世纪 80 年代以后，广东大量吸收外商投资，引进了化纤、棉纺、毛织、麻织、色织、针织、印染等门类齐全的纺织设备和技术，使广东的纺织工业得到很大发展，1993 年以后的纺织工业总产值居全国同行业的第三位。化纤、棉纺、印染等设备技术居全国一流水平。1995 年在广东省出口额达 1 亿美元以上的 47 种商品中，纺织产品占有 9 种：服装、棉布、混纺毛衫、抽纱、棉纱、汗衫布、羊毛衫、尼龙布、绸缎。

江苏省是大型纺织业外商投资者进入较多的省份。在1993年以前,外国公司已开始在江苏投资兴办了一些生产服装和服装辅料的中小型企业。从1994年英国考陶尔兹公司在江苏投资生产针织面料开始,大型外国公司开始在江苏纺织行业进行较大规模投资,截至1995年9月,日本东丽、帝人、东洋纺织、日棉、日产织机以及韩国最大的纺织企业甲乙纺织等大公司在江苏投资兴办了29家企业,协议外资金额达到4.82亿美元,这些企业引进了新技术、新工艺和新产品,在国内外市场上显示了较强的竞争力。如日本东丽公司和帝人公司在南通市投资的9个企业,生产从化纤合成纤维板、染色合成纤维板、合成纤维、聚酯涤纶长纤维、聚酯涤纶短纤维、涤纶长丝到最后涤纶布的一系列产品;美国杜邦公司、日本三菱公司和苏州化学纤维厂合资成立的苏州菱康化纤有限公司生产聚酯切片。这些国际知名跨国公司在纺织基础原材料工业中的大规模投资,对江苏省纺织行业竞争力的提高无疑十分重要。

1995年在江苏省批准的生产型外商直接投资项目3 544个,纺织业项目位居榜首为382个,缝纫业项目居第三为250个,两项合计占生产型项目总数的18%。而当年出口额在1亿美元以上的16种商品中,前12种全部是纺织业产品,其依次是:棉布、棉涤纶布、人造棉布、棉织品、棉针织品、羊毛衫、绸缎、棉布服装、棉涤纶服装、化纤服装、真丝绸服装、抽纱。[①]

5.5.3 纺织品国际竞争力的状况

1996年在全国出口贸易额只比上年增1.5%的情况下,纺织品中不少产品的出口增长仍然呈现较好势头,按国际贸易标准分类统计,

---

[①]《中国对外经济贸易年鉴(1996)》。

第84章服装及衣着附件一项1996年出口额仍达到250.37亿美元,比上年增长4.1%。① 这说明我国服装出口的竞争力仍旧得以保持。如果按《协调制度》归类统计,1996年我国第十一类出口产品"纺织原料及纺织制品"的出口额亦达到349.7亿美元,占当年全国出口贸易额的23%;相比之下,第十六类、第十七类、第十八类的机电产品出口额合计为404.3亿美元,占当年全国出口贸易额的26.7%。② 这说明,我国出口贸易对纺织品的依存度依然很高,是仅次于机电产品的第二大类商品(见表5-17a)。

在20世纪90年代初期,我国纺织品和服装在世界市场中就已占有很高份额。

表5-17b可见,1992年我国出口产品在世界市场份额中以服装和纺织品比重为最高,服装占世界18.37%的市场份额,占发展中国家29.9%的市场份额;纺织品占世界8.35%的市场份额,占发展中国家19.7%的市场份额。而我国所有制成品只占发展中国家18.7%的市场份额。因此,相对其他产品而言,我国服装和纺织品的国际竞争力较强。

表5-17a 世界主要纤维制品出口国和地区出口额排序

国家或地区	1980年(亿美元)	1985年(亿美元)	1990年(亿美元)	1991年(亿美元)	1992年(亿美元)	1992年世界排名
中国香港	67.5(3)(55.7)	97.4(1)(53.8)	236.2(1)(114.4)	277.3(1)(120.3)	310.4(122.0)	1
中国内地(大陆)	42.5(7)	52.9(7)	168.9(4)	208.1(3)	252.9	2
意大利	87.4(2)	97.0(2)	213.3(2)	211.4(2)	224.0	3
德国	91.0(1)	57.7(6)	203.8(3)	206.9(4)	222.1	4
韩国	51.6(5)	70.0(3)	140.8(5)	147.2(5)	149.8	5

① 《海关统计》,1996年12月。
② 同上。

(续表)

国家或地区	1980年(亿美元)	1985年(亿美元)	1990年(亿美元)	1991年(亿美元)	1992年(亿美元)	1992年世界排名
中国台湾	42.1（8）	60.0（4）	101.2（7）	118.3（6）	116.8	6
法国	57.2（6）	58.7（5）	107.3（6）	105.9（9）	115.2	7
美国	50.7（6）	31.3（8）	76.0（8）	89.2（8）	101.0	8

资料来源：周维"世界纺织品贸易和生产趋势"，《纺织经济研究》，1994年第10期。
注：括号内为表中8个国家和地区的排名，中国香港数据下括号内为扣除转口贸易后的出口额。

表5–17b 中国出口产品在世界市场中的份额（1992年）

（%）

商品名称	澳洲市场	北美市场	欧共体	日本	OECD	世界
化学品	3.53（14.64）	1.64（19.98）	0.89（5.92）	5.20（20.88）	1.55（10.79）	1.90（14.01）
机械产品	0.58（17.05）	0.99（24.29）	0.28（6.94）	0.95（21.64）	0.54（13.27）	0.81（13.59）
交通设备	0.40（3.49）	0.21（8.71）	0.11（2.48）	0.44（4.63）	0.16（4.75）	0.29（6.41）
服装	48.62（77.40）	16.63（91.05）	6.74（43.20）	43.43（81.14）	13.97（62.57）	18.37（61.46）
纺织品	9.74（51.05）	9.91（49.43）	2.27（17.16）	25.54（67.30）	5.34（26.93）	8.35（42.43）
所有制成品	4.22（21.09）	5.11（32.43）	1.51（10.34）	9.82（39.26）	3.14（18.85）	3.92（20.95）

资料来源：澳大利亚国立大学国际经济数据库。
注：括号内数字是发展中国家在世界市场中的份额。

从表5-18可以看出，15种主要纺织出口品1992年比1989年的出口额增长了94%，1995年比1992年增长了93.4%，后三年的增幅与前三年基本相同。后三年有9种出口品的增长幅度超过了前三年。全球贸易出口额1992年比1989年增长了21.9%，1995年比1992年增长了35.7%。根据这些相关增长速度推算，我国纺织品和服装出口保持住世界市场份额是完全可能的。由于20世纪90年代以来，世界出口贸易的增长主要是由机电产品出口推动，世界贸易出口增长对初级产品和劳动密集型产品的依存度降低，而我国1992—1995年纺织品和服装出口仍然保持与前三年相同的增长速度，因此有理由推测我国纺织品和服装在世界市场中的份额有可能趋于扩大。也就是说，在20世纪90年代中期，我国纺织品和服装行业在国际上仍具有较强的竞争力。需要指出，国际贸易中商品市场份额的变化，有时并不完全反映商品本身的竞争力，特别是纺织品和服装，出口国家主要是发展中国家，市场主要是发达国家，发达国家的某些歧视性贸易政策，有时会导致发展中国家出口品在该国市场份额的下降，但并不反映出口国产品的国际竞争力下降。

表5–18　15种主要纺织出口品增长比较（1989年、1992年、1995年）

商品名称	1989年（亿美元）	1992年（亿美元）	1992年/1989年（%）	1995年（亿美元）	1995年/1992年（%）
服装	25.81	77.42	200.0	165.92	114.0
棉布	14.35	20.03	40.0	31.80	58.8
棉针织品	8.55	14.60	70.8	25.84	77.0
毛针织品	2.97	7.96	168.0	18.88	137.2
棉织品	6.32	8.86	40.2	18.77	112.0
棉涤纶布	7.02	9.40	34.0	14.42	53.4
抽纱	7.09	10.98	54.9	12.83	16.8
绸缎	6.88	6.05	-12.0	9.72	60.7
人造棉布	1.04	3.80	265.0	8.67	128.0
棉纱	4.01	3.50	-12.7	6.55	87.1
涤棉针织品	1.05	2.11	101.0	4.37	107.0
真丝针织品	0.47	1.70	262.0	3.55	108.8
尼龙针织品	0.37	1.43	286.0	3.04	112.6
丝绸制品	1.04	1.37	31.7	3.01	119.7
涤棉织品	0.95	1.36	43.2	2.45	80.1
总计	87.92	170.58	94.0	329.82	93.4

资料来源：《中国对外经济贸易年鉴》，各年。

例如1995年中国对美国纺织品及服装的出口总额为48亿美元,比1994年下降2.6%。中国在美国纺织品和服装的进口市场份额中也从12.3%下降到10.9%。但这并不主要是我国出口品竞争力下降的原因所致,而主要是美国对中国纺织品进口的不公平待遇的结果。1995年初美国单方面扣减我183万打纺织品配额,仅此一项就造成我国近1亿美元的损失,到1995年中颁布新的"原产地规则",直到年末公布"违规外国企业名单",无一不是针对中国的。此外根据乌拉圭回合协议,世界贸易组织成员的配额年增长率可以达到5%,而我国由于还不是该组织成员,我纺织品配额的年增长率只能维持原来的1%—2%的水平。这些不公平待遇使我纺织品和服装在美国市场份额的增加受到了人为阻碍。

但是,由于我国纺织品和服装出口市场并不仅仅只有美国一家,而是面向全世界各个发达国家,特别是日本、澳大利亚市场是我国更主要的出口市场,1995年我国通过对日本、韩国、欧盟等国家和地区出口贸易的扩大,依然保持了纺织品和服装出口的增长。1995年服装及衣着附件出口额达240.1亿美元,比上年增长1.2%,纺织纱线及制品出口额达139.3亿美元,比上年增长17.7%。

5.6 价值链分析:出口产业竞争力深层透视

上述电子行业和纺织、服装行业出口增长竞争力的分析,都是假定产供销环节主要是由我国民族企业或内资控股企业支配的,即假定产品的国籍都属于我国为前提。从原产地的规则来看,这些行业的产品可能都在我国加工制造,或最后一次加工装配在我国完成,但由于外商投资的介入,国际化生产的形成,特别是我国出口贸易方式大量出现加工贸易,而外商投资企业采取加工贸易方式的活动总量占我国加工贸易经营总量的 2/3 以上，我国出口产业的增长在相当大程度上是产业内贸易与企业内国际分工发展的结果。分辨我国出口品在世界市场中份额的扩大，在多大程度上反映生产加工环节国际竞争力的加强，还是主要反映其他经营环节的国际竞争力，需要借助价值链的分析方法。

企业内国际分工和产业内贸易在我国电子行业的出口导向生产部门中反映很明显。电子行业本来就是跨国公司占支配地位的行业，外商投资于我国电子行业，往往把我国电子行业纳入国际化生产体系，因此电子产品的出口在很大程度上也反映为加工贸易方式。

5.6.1 加工贸易及其政策含义

加工贸易是我国对外贸易统计中的一个特殊范畴。如果企业进口原材料和零配件是为了将其加工成制成品出口，那么这个由进口、加工和出口构成的统一的过程就是我国统计中所说的"加工贸易"。在加工贸易中进口的原材料和零配件被用于生产出口商品，我国政府对这种进口的原材料和零配件给予免征关税的优惠政策。在海关统计中，"加工贸易"包括"来料加工装配贸易"和"进料加工贸易"两项。根据由对外贸易经济合作部和国家统计局联合制定的 1994 年版"对加工贸易统计制度"中的定义，"来料加工装配贸易"指的是由外商提供全部或部分的原材料、辅料、元器件、零部件、包装材料等，必要时还附带某些设备和技术，国内企业（包括合资企业本身）按照合同规定的质量、规格、式样等进行加工生产、成品交给对方销售，生产加工的承接方不负责销售；"进料加工"指的是从国际市场上进口部分或全部原材料、零配件，由生产加工单位加工成成品后再出口。"来料加工"与"进料加工"这两种贸易方式的区别在于：第一，进料加工的进口原材料、辅件、元器件是生产加工单位自己购买，供货商、商品质量、等级、价格等可以由生产加工企业自己选择；而来料加工的进口则不需要生产加工企业付款，加工产品用的原材料、辅件、元器件等由签订合同的外商提供，或者由合资企业中的外方提供。第二，进料加工后的商品出口由生产加工企业自己经营，自负盈亏；来料加工的商品出口只能由提供原材料、元器件的外商经营，承接生产加工的企业或合资企业中的中方不负责销售，只收取工缴费；第三，中国政府对这两种贸易方式的税收政策不完全相同：对来料加工装配贸易不征收国内增值税，也不退税；对于进料加工中用于生产出口商品的进口料件不征国内增值税，而进料加工中使用的在国内购买的料件则必须先征 17% 的国内增值税，待产品出口后再给予 9% 的退税。但是中国政府对进料加工和来料加工这两种贸易方式的进口料件，都免征关税，而对一般贸易中进口的商品，通常不仅征收关税而且征收增值税。

5.6.2 加工贸易在我国出口增长中的作用

从一般整体情况来看，1995 年我国机电产品出口额达 438.6 亿美元，首次成为第一大类出口制成品，但在机电产品出口中，一般贸易出口只占 124.6 亿美元，比重为 28.4%，而加工贸易出口则占 306.5 亿美元，比重达到 69.9%。通过加工贸易出口的机电产品在整个加工贸易出口额中的比重也达到 41.6%。由此我们得到第一个印象：我国机电产品基本上要借助于加工贸易方式，换言之，借助于由外商投资活动所形成的国际化生产体系中的企业内贸易或产业内贸易方式。通过这种国际化生产体系，我国生产加工的电子产品进入了国际市场。

具体产品品种也证明了这一点。1995 年我国出口额超过 1 亿美元的商品达 73 种，其中电子类商品 28 种，机械类商品 33 种、轻工机电类商品12种。超过1亿美元的商品额达342.21亿美元,占机电产品出口额的78%。在这73个出口额超过1亿美元的商品中,有54种商品出口以加工贸易为主,如自行车、电风扇、彩色电视机、微波炉、电饭锅等其出口额的60%均是以加工贸易方式出口的。

我国东南沿海地区加工贸易的比重远远高于全国平均水平,以广东深圳市为例,加工贸易几乎成为对外贸易的基本方式。

深圳市是我国外商投资企业最密集的城市,到1996年底,已开业经营的外商投资企业大约近9 000家,约占全国已开业投产的外商投资企业总数的1/10。1995年外商投资企业完成工业产值521.38亿元(1990年不变价),占全市工业总产值的65.6%(见表5-19)。在外商投资的工业行业中,家用电器、电子计算机、钟表、玩具、自行车、食品饮料、纺织、服装等行业发展较快,因此在出口贸易结构上也同样反映出这种行业发展特点。

表5-19 深圳市加工贸易占全市外贸总额比重(1991—1995年)

年份	加工贸易进口值(亿美元)	加工贸易比重(%)	加工贸易出口值(亿美元)	加工贸易比重(%)	加工贸易进出口值(亿美元)	加工贸易比重(%)
1991	72.23	75.13	86.57	87.78	158.80	81.54
1992	88.16	76.16	105.22	87.69	193.38	82.03
1993	98.85	73.15	124.62	91.02	223.47	82.14
1994	119.67	74.28	157.98	89.60	277.65	82.29
1995	133.55	74.70	177.48	89.52	311.03	82.49

资料来源:中国九龙海关。

表5-20说明,深圳市电子类产品在加工贸易出口中已占有将近一半的比重;反过来也可以证明,深圳市电子产品的出口对加工贸易方式的依存度很高。而这种状况又是由于外商投资企业所编织的国际化生产体系所造成的结果,它扩大了深圳电子产品进入国际市场的机会。

表 5-20　深圳市加工贸易出口主要类别构成（1993—1995 年）

序号	类别	1993 年 出口值（亿美元）	比重（%）	1994 年 出口值（亿美元）	比重（%）	1995 年 出口值（亿美元）	比重（%）
1	机器,电器设备,录放音机,视录放设备及零附件	48.36	38.81	66.57	42.14	79.44	44.76
2	家具,玩具,灯具及杂项制品	14.86	11.92	17.30	10.95	19.00	10.70
3	光学,计量,医疗等精密仪器设备,钟表,乐器及零附件	11.89	9.54	14.64	9.27	18.74	10.56
4	纺织原料及纺织制品	15.70	12.60	15.46	9.78	15.92	8.97
5	塑料,橡胶及其制品	6.00	4.78	8.00	5.07	8.80	4.95
6	鞋,帽,伞,杖及零件,已加工的羽毛及其制品	7.00	5.58	7.50	4.76	7.87	4.43
7	生皮,皮革,毛皮及其制品,旅行用品,手提包及类似品	6.40	5.11	6.90	4.40	7.21	4.06

资料来源：中国九龙海关。

5.6.3　彩色电视机价值链试算及其分析

按照市场供求原则，在国际化生产体系中，供给最稀缺、特殊要素最集中的战略环节将获得最高或较高的附加值报酬，并由少数战略环节来决定一种产品的国际生产链条是否具有国际竞争力。一种产品的最后加工制造环节可以在甲国完成，但少数战略环节可能由别国来支配。这些战略环节可以是零部件或基础件的生产和研制，也可以是国际营销渠道或国际组织管理体系。反过来，我们也可以按照各个环节附加值报酬的高低顺序来排定各个环节的重要性以及该环节所在国的国际分工位次。尽管各个环节的重要性可以有不同,但却不是可以忽略不计,因为各个环节仍然可以进行横向的国际比较,从而显示其相对的国际竞争力。

因此,当一种国际化的产品被证明具有国际竞争力时,它至少受到若干环节相对国际竞争力因素的支持,即技术资本密集的基础生产环节的相对国际竞争力、劳动资本密集的加工环节的相对国际竞争力,以及信息知识、技术密集的国际营销环节相对国际竞争力。严格地说,在这种情况下,我们只能进行环节与环节的国际比较,而不能笼统地进行产品本身的比较。

我们试以彩色电视机产品来计算价值链构成。1995年我国出口彩电385万台,占当年产量18.7%。深圳市加工贸易出口品的资本技术构成较高,如前表所列,机电产品可占其加工贸易出口比重的45%左右,因此其加工贸易增值系数[①]大体可以反映彩电的加工附加值比例。1993—1995年3年间,深圳市加工贸易增值率分别为1.26、1.32、1.33。我们取1995年最高值1.33作为彩电的加工附加值比例。

根据深圳康佳和福州福日两家公司的材料,1995年各种型号普通家用彩色电视机的出厂价每台为1 500—1 600元人民币,出口外销价为145—160元美元。在日本零售市场,18—25英寸彩色电视机平均每台售价为360—400美元。据此推算,进口的彩电零散件每台价值为109—120美元,加工附加值为36—40美元,批发、零售环节为255—240美元,零售环节风险较大,因此在批发、零售之间的价值比例大约为1∶2.5,由此分配批发零售两个环节的价值构成,即批发环节为73—69美元,零售环节为182—171美元。用图5-9表示彩色电视机的价值链构成:

---

① 即加工贸易增值率,出口值/进口值之比。

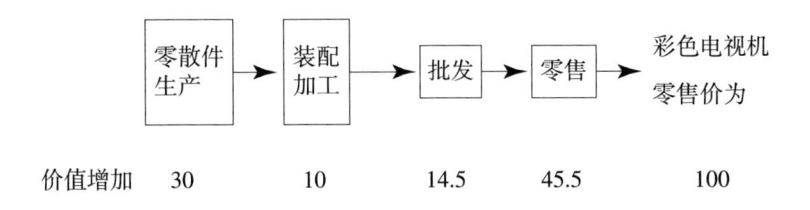

```
零散件     装配                         彩色电视机
生产   →   加工   →  批发  →  零售  →  零售价为

价值增加   30      10       14.5     45.5      100
```

图 5-9　彩色电视机的价值链构成

这个价值链构成大体也符合国内市场销售的各环节价值增加比例。康佳彩电公司各种彩色电视机 1995 年平均出厂价为 1 571 元人民币,福日公司为 1 556 元人民币,外销价为 144.4 美元。在国内零售市场上 18—25 英寸彩色电视机销价大约为 3 500—6 000 元人民币不等。生产部门和流通部门的价值分割比例为 4∶6 左右。

从上图可以看出,装配加工环节在价值链中处于价值增加最少的环节,只占整个价值链的 10%,上游厂商生产的零部件如彩色显像管、玻壳等则占 30%,这是因为,制造许多产品的原材料,元器件所需要的技术水平往往比最终完成或装配这些产品的所需要的技术水平高,如生产电子计算机的芯片,主机板所需要的技术水平要高于装配电子计算机所需要的技术水平,生产照相机的某些零部件所需要的技术水平要高于装配照相机所需要的技术水平,甚至纺织面料的印染所需要的技术水平也比加工某些低档服装所需要的技术水平高。批发环节占 14.5%,零售环节占 45.5%。虽然零售环节占的比重最大,但如果批发与零售是互相独立的企业,那么经过批发环节就意味着产品已进入国际市场,因此从占有国际市场的角度看,批发环节比零售环节更重要。据此,按照各环节附加值的报酬可以排定其重要顺序:重要零散件生产是最重要的战略环节,批发是次重要的战略环节,而装配加工只是一般的环节。

在 20 世纪 80 年代,我国彩电生产一般只能进行装配加工,而要靠进口彩色显像管或玻壳等关键零散件进行装配,在国际分工中处于最低位次。20 世纪 90 年代以来,我国彩电行业向上游方向发展,与彩电配套的彩管工业是近几年我国电子工业中增长较快的行业之一。已建成的10个彩管企业经过几年的扩建改造,生产能力有了较大发展,1995年实际生产彩管1 800万只,其中出口380万只。按照"九五"计划,到"九五"末,国家已批准在建的6个项目也将投产,将形成彩色显像管生产能力近4 000万只,其中应外销1 244万只。

为彩色显像管配套的彩色玻壳,包括在建项目,到"九五"末期将形成年生产能力2 600万套以上。1995年实际生产彩玻1 700万套。从国际上看,一些大公司也在进一步扩大彩玻的生产能力,国际市场竞争将更加激烈。一般新建一条彩玻生产线,合理的经济规模应在1 000万套以上,需要投资35亿元人民币。彩玻生产线对规模经济要求较高,而我国目前的彩玻生产线均不能达到合理经济规模,因此在与进口产品竞争中处于不利地位。这也是加工贸易在彩电生产行业能够继续存在并保持一定优势的原因之一。

随着我国彩电行业向上游方向发展,并逐步占领零配件生产环节中的各种价值增加领域,从而使彩电这种国际化生产产品显示出"国际化"或"当地化"水平逐步提高的趋势,我国民族工业在彩电价值链中的活动领域逐步扩大,从而提高了我国彩电行业的国际分工位次。但由于彩电零部件生产,特别是彩玻和显像管生产对规模经济的要求较高,因此我国彩电上游产品在国际竞争中还不可能占有完全的优势。据统计,1990—1995年6年间,我国进口显像管的金额仍呈现增加趋势(见表5-21):

表5-21 显像管进口金额(1990—1995年)

单位:亿美元

年份	金额	年份	金额	年份	金额
1990	1.94	1992	4.38	1994	6.05
1991	2.00	1993	4.69	1995	5.76

资料来源:《中国对外经济贸易年鉴》,各年。

从彩电价值链的下游环节来看，营销环节有的掌握在国营贸易公司手中，有的掌握在外商手中。由于彩色电视机出口的 60% 以上是通过加工贸易方式，因此推定营销环节大多是由外商所掌握。在彩电进入国际市场的价值活动中，批发环节是仅次于零组件生产的重要环节，其价值增加比例要高于装配加工环节，而且批发环节的增值率达到 43%，比装配加工环节增值率高 10 个百分点。掌握批发环节需要一整套国际营销网络以及建立和维持该网络的知识和信息。在这方面我国香港的许多公司具有丰富的经验，而且有条件掌握这个重要环节，相比之下我国内地企业缺乏这方面经验和知识，从而使内地企业的整体竞争力受到不利影响。

5.6.4 加工贸易增值率的指标含义

1991—1995 年我国加工贸易增值率呈下降趋势这一点（见表 5-22），可以反映出掌握批发环节的重要性。因为，在加工贸易进口料件免征关税的条件下，通过进口料件的高报价格来转换加工贸易的增值额，或者人为压低加工贸易品的出厂价格，从而使加工贸易的利益主要由支配营销环节的外商所掌握，这样在进出口值的统计数字上就会出现出口值大于进口值的倍数（即增值系数）不上升甚至下降的现象。

表 5-22　我国加工贸易增值率（1991—1995 年）

年份	出口值（亿美元）	进口值（亿美元）	增值率（%）	深圳市加工贸易增值率（%）
1991	324.63	250.25	1.30	1.20
1992	396.06	315.13	1.26	1.19
1993	442.36	363.60	1.22	1.26
1994	469.76	475.66	1.20	1.32
1995	737.00	583.70	1.26	1.33

资料来源：《海关统计》，各年；中国九龙海关。

一般来讲,加工贸易企业的营销环节多掌握在外商手中,在报价问题上,往往距口岸愈远,或国际市场信息愈不灵通的地方,愈可能出现报价失真的现象。深圳市加工贸易增值率较高,除了生产结构方面的原因,不排除有毗邻香港,国际市场信息灵通,进出口报价失真度较小的因素。

批发环节增值率过高,就会挤占生产环节的价值增加量,从而损害生产企业的利益,导致生产环节缺乏技术改造和研究开发的资金来源,最终也会导致整个国际生产链条的竞争力下降。但是在生产环节的装配加工企业小而分散,而且呈现过度竞争的情况下,往往谈判地位较低,只能接受不利的交易条件。我国在"八五"期间加工贸易增值率的下降趋势证明了彩电价值链分析中所提出的问题,即我国内资企业若不在批发等下游环节占据优势地位,也将会影响和动摇在价值链的上游环节已经建立起来的竞争优势地位。这个问题不仅电子行业存在,而且是所有加工贸易品所面临的新问题。

5.6.5 加工装配环节的竞争力决定因素

就装配加工环节而言,其国际竞争力取决于成本、质量和生产率等因素。在彩色电视机装配加工企业中,一般固定资产装备水平高于轻纺企业,资本密集度也较高,从而更有条件采用较高的质量和技术标准。如福建福日公司1995年人均固定资产净值达到4.76万元,远远高于国内各类企业的平均水平,因此产品技术标准也较高。1995年福日公司有34种新产品通过省级技术鉴定,其中有12种达到20世纪90年代国际同类产品先进水平,还有22种达到国内领先水平。在活劳动成本方面,我国装配加工环节仍具有低成本优势,以福日公司为例,1995年人均年工资为1.6万元,折1 930美元,每小时工资为1美元左右,对比发达国家在世界各地的海外企业的生产线工人的小时工资来说仍是很低的水平。但企业生产率和长期成本不仅取决于工资和生产技术水平,还取决于生产规模。在这方面我国彩电的生产企业和装配加工企业就没有很多优势可言。

1995年我国彩电生产企业共有63家,其中合资企业44家,当年全国彩电生产量为2 057.74万台,平均每个企业的年产量为32.7万台。康佳彩电公司的年产量不过170万台,福日公司1994年达到100万台,除一些较大型的生产企业外,多数都是小规模生产。30万台的生产规模只相当于福日公司1987年的生产水平。由于多数彩电生产企业达不到合理经济规模,它们必然在生产率和成本方面缺乏国际竞争力。但是由于生产厂家太多,小而分散,国内市场在过度竞争的情况下,不排除一些企业只能接受加工贸易出口方式中外商提出的苛刻的交易条件。

在上述价值链的分析中,作者暗含着一个假定,即装配加工企业的产品将通过加工贸易方式全部出口,从而对各个环节的国家竞争力状况进行剖析,特别对装配加工环节的国际竞争力支持因素和消极因素做出定性的鉴别。但实际情况要比这种抽象更复杂,因为装配加工企业往往也进行内销。在内销过程中往往也会遇到国外进口产品同类的竞争,在这种情况下,内销竞争力也反映国际竞争力。所以对行业的国际竞争力分析同样也适用于内销的竞争力分析,在价值链中,国际的供货商和批发商与国内的供货商、批发商的地位是相同的。

5.6.6 服装行业价值链试算及分析

对服装行业的价值链分析更证明装配加工环节的不利交易地位和营销环节的重要性。

北京市顺义县(今顺义区)友联衬衫厂是一家颇有名气,生产规模较大的乡办企业,从1980年建厂开始一直就加工出口服装。一年有

100万件左右缝有欧美日商标的衬衫出口世界各地,连"皮尔·卡丹"牌号的衬衫也在该厂加工过。在日本东京的商店里,一件中档的衬衫售价为7 000—15 000日元,约合500至1 000元人民币。而友联衬衫厂1996年加工一件衬衫的加工费,平均才4.5元人民币。在一件服装的售价中,手工费不足1%,男西服是服装业里加工难度最大的品种,顺义县河南村服装厂以精工制作男西服而闻名,1991年曾在农业部组织的行业评比中获得男西服套装加工第一名。这家企业生产男西服已有20多年历史,一年能生产各种服装20万件套,加工过不少著名的服装名牌,但生产一套男西服套装加工费仅29.6元,还包括自备包装费用。①

服装加工是典型的劳动密集型生产行业,进入门槛很低,因此我国城乡有大量中小企业、乡镇企业进入服装加工行业,从而使该行业的过度竞争显得更加突出。大量小而分散的服装加工企业在过度竞争中竞相压价,降低自己的交易地位。《北京日报》记者报道了一家服装企业难以接受一种工艺复杂但每件加工费只有8元钱的羊毛衫生产订单,但本县一家山区的毛织企业却以每件5元的价格接下了这个生产订单。记者感叹打"洋工"的企业收益太低了。

众所周知,著名品牌的服装售价在世界各地都是不低的,加工费竟如此之低,可见价值增加环节主要集中在营销领域。下面试以衬衫的价值增加活动勾画其价值链。

1995年我国出口棉布衬衫26 001万件,出口金额90 754万美元,平均每件价格为3.5美元,假定棉布衬衫生产为进料加工,3.5美元即为出口报关价格。棉布衬衫为低档衬衫,在日本市场售价合200元人民币,批发与零售的价值分割比例为1∶3,加工费为4元人民币。棉布衬衫价值链构成如图5-10:

---

① 王增民:"'洋工'还能打多久",《北京日报》,1997年1月10日。

营销环节在价值链中占85%的比重,仅批发环节就占21.3%。如果原料生产属于化纤行业产品,那么原料生产环节在价值链构成中的比重也会相应提高,由于纯棉布生产的技术要求和成本都低,供给更有保证,因此一般其价值增加比重也要低于批发环节。批发环节的特定优势当然是国际营销渠道和技术,零售环节的特定优势有促销手段、广告和品牌等。可见营销环节中所需要的生产要素都是高等要素和特殊要素,因此附加值报酬高。而加工环节一般只需要一部分技术工人和大量非熟练工人,企业资本要素的密集度也较低,因此企业所需要的生产要素都属于一般要素和通用要素,因此附加值报酬低。我国服装行业在国际分工中的位次包含两层含义,一层是我国生产何种品质和何种价位的产品,另一层是我国在价值链构成中的哪个环节具有竞争优势。显然,在低档衬衫产品中,我国目前还主要是在加工环节具有优势,而在营销环节还不完全具有优势。

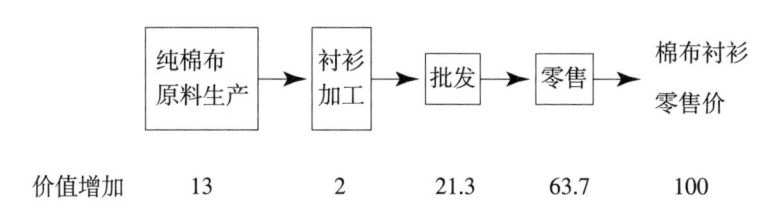

纯棉布原料生产	衬衫加工	批发	零售	棉布衬衫零售价
价值增加 13	2	21.3	63.7	100

图 5–10　纯棉布衬衫价值链构成

在来料加工装配贸易中,外商或合资企业中的外方处于包买商的地位,而生产加工企业或合资企业中的中方只是单纯的生产者,不介入经营环节。进料加工的购销权可以由生产加工企业自己掌握,但目前外商投资企业或合资企业中的外方显示出更有支配购销经营环节的能力。截至1996年上半年,进料加工在上海和江苏都占加工贸易总额的80%以上,而"三资"企业占江苏加工贸易的76%,占上海加工贸易的60%,1996年上海新进入加工贸易的企业中"三资"

企业占80%。江苏、浙江和上海三省市加工贸易的进口料件也主要来自日本、韩国、中国台湾、中国香港等地；成品出口则主要集中在日本、中国香港、美国，这三个国家和地区占了出口的70%左右；而日本则在加工贸易的进口和出口中都居首位。日资企业在这三省市投资设厂、生产返销，使这一带的服装加工占了我国对日服装出口的相当比重。

5.6.7 出路何在

感叹为出口做加工而获益太低的那位记者得出的结论是，"洋工"不能再打了，应把产品的市场方向从国外调整到国内，不再打"洋工"，而应把注意力放在开拓国内市场上，才能使企业有较高的收益，这位记者的意见确有高明之处，也许对少量企业不失为一个好主意，但如果所有打"洋工"的企业都把产品销到国内市场，那么结果会怎样呢？可能会比打"洋工"的后果更惨。须知国内劳动密集型产品已是一个完全竞争性市场，服装不论哪个品种在国内都已呈现过度竞争状况。在这种过度竞争中自然也会涌现一批成功的企业，但并不意味着所有打"洋工"的企业转向国内市场便必定会取得成功。即便转向国内市场，也不可能每个生产企业都自己搞营销，必定也会分化出一些从事国内经营的批发商，在市场供求制约下，国内批发商也同样会用4.5元的加工费来打发加工企业。

因此，对于我国众多从事服装行业打"洋工"的企业来说，正确的提问应当是：怎样使自己联合壮大为合理的生产规模，从而提高自己与批发商的谈判地位；怎样开发新的产品，生产价位较高的产品，让企业从技术创新中获得较高的附加值报酬；怎样建设为生产企业服务的批发商，使自己的批发商代替海外批发商，从而使民族企业更多地进入营销环节的价值增加活动，提高我国自己的经济福利。

5.6.8 当代商务活动的发展潮流

上述价值分析所勾画的产品价值增加构成实际上也反映了当代商务活动的发展潮流。在高新技术产品不断涌现的美国,经济评论家已经指出,即便在高新技术产业中,生产环节的价值增加也远不如服务环节,因此美国制造业公司正日益转向发展服务业务。1997年1月7日美国《纽约时报》刊登了一篇题为《各种服务正成为企业的商品——光制造产品不能创造足够的利润》的文章。文中指出,在生产环节,竞争更加激烈,技术革新使产品使用周期缩短了,"开放性结构"允许各公司能够混合和配用制造业竞争对手生产的零部件。结果,制造业的毛利——一度高达75%——现在极少超过30%,而服务业,毛利超过50%;教授们说,咨询业的毛利同制造业相比从未像现在这么高。于是,"工业后"具有一个全新的含义:从通用电气公司到王安公司,从施乐公司到惠普公司,几年前几乎全靠销售各种产品获得利润的公司现在正迅速将自己转变为提供服务的企业。在电子计算机行业,一大批制造厂商现在进入服务业,仅仅为了帮助他们的硬件产品渡过难关。例如优利公司和IBM等计算机公司现在正设计、安装和管理其他公司的计算机业务。而制造文件处理设备的公司如施乐公司和皮特尼·鲍斯公司现在经营邮件部和复印社并通过电子设备分发各种文件。施乐公司在服务业务方面获得的收入从1995年的10亿美元增加到1996年15亿美元。电子计算机公司的服务业务发展得更快,它们越来越多地设计并管理客户运用计算机的全部作业。惠普公司1996年的服务业务收入为53亿美元,比1995年增加了20%,IBM 1995年的700亿美元收入中约200亿美元来自服务业务。[①]

[①] 王宇露:"从制造商到服务商IBM成功的战略转型",《中国市场》,2005年第28期。

5.7 对加工贸易的经济福利分析

前面的分析表明,加工贸易品的国际竞争力的来源在于国际化生产协作方式,它是中国装配加工环节的竞争力优势与别国别地区其他环节竞争力优势叠加的结果。在我国从事一般贸易的企业还缺乏足够竞争力的情况下,加工贸易获得超常规的发展是不难理解的。据统计,1981—1996年,我国的进出口贸易总额从440亿美元增加到2 899亿美元,增加了5.59倍,其中出口额从220亿美元增加到1 511亿美元,增加了5.87倍;同期加工贸易的进出口总额从约25亿美元增加到1 466亿美元,增加了大约57.6倍,其中出口额从不到15亿美元增加到843.3亿美元,增加了55.2倍;同期一般贸易进出口额只从412亿美元增加到1 022亿美元,只增加不到1.5倍,其中一般贸易出口只从205亿美元增加到628.4亿美元,只增加了2.1倍。

由于加工贸易的加速增长,加工贸易在我国对外贸易中的比重逐渐上升。1981年加工贸易进出口额还只占进出口总额的5.6%,到1996年就已占到进出口总额的50.6%。1995年它就已超过一般贸易而成为在中国对外贸易中占第一位的对外贸易方式(见表5-23)。据调查,加工贸易的进口料件主要来自日本、韩国、中国台湾、中国香港等地;成品出口主要集中在日本、中国香港、美国。

对加工贸易迅速发展的利弊,经济学界有不同的看法,究竟是利大于弊,还是相反,应当做一些分析。

表 5-23 加工贸易占对外贸易总额的比重(1981—1996年)

(%)

年份	加工贸易进出口总额/进出口总额	加工贸易出口额/出口总额	加工贸易进口额/进口总额
1981	5.6	4.8	6.5
1982	8.5	6.8	10.4

（续表）

年份	加工贸易进出口总额/进出口总额	加工贸易出口额/出口总额	加工贸易进口额/进口总额
1983	9.7	8.7	10.6
1984	10.8	—	—
1985	10.4	11.8	9.5
1986	15.6	16.6	14.9
1987	23.2		
1988	32.3		
1990	38.2		
1991	42.2	45.1	39.2
1992	43.0	46.6	39.1
1993	41.2	48.4	34.8
1994	44.2	47.0	41.1
1995	47.0	49.5	44.2
1996	50.6	55.8	44.9

资料来源：《海关统计》和《海关统计年鉴》，各年。

5.7.1 税收福利效应分析

强调加工贸易弊端的第一个意见是认为每年有巨额商品通过加工贸易的免征关税优惠得以进口，从而大大减少了国家关税收入。确实近三年来每年有千亿美元以上商品在加工贸易项下免税进口。但并不见得取消免税政策就能征收到千亿美元商品所应征收的关税。很简单的经验是，如果取消免税政策，就不可能有那么多商品进口，只会有一部分对关税的敏感性很小的商品才有可能继续进口，因而所能征收到的关税也只有这一部分。

中国的工业生产和出口产业虽然对进口资源的依存度很高，但由于国家已基本取消对工业生产和出口生产的财政补贴，因此企业的进口需求对关税的敏感程度都较高。1996年4月1日以后我国大幅度降低平均关税率，本以为会刺激进口，但由于同时出台了取消对外商投资企业进口设备的免税优惠（对1996年4月1日以前还保留了8—12个月宽限期），取消对技改设备进口减半征税的优惠等政策，仅仅出台了这些力度并不很大的取消减免优惠的政策，结果就大大抵消了大幅度降低平均关税率对增加进口的预期。1996年的进口总额只比上年增长5%，比95年下降了9个百分点，1996年上半年经济界普遍认为1996年进出口不可能出现大额顺差，结果由于进口增速陡降，仍出现了122亿美元的大额顺差。由此可见，如果取消加工贸易进口免税优惠，如不辅以大幅度降低关税率的政策，保持原有的进口规模绝无可能，多征关税的目的也难实现。

如果取消加工贸易进口优惠，即便会增加一些关税收入，其结果也可能得不偿失。原因是从事加工贸易的企业2/3以上是外商投资项目，这些外商投资带来了资金，增加了就业，涵养了税源。如果取消优惠，必然为渊驱鱼、为丛驱雀，使外商停止投资，甚至转移资本，另谋他图。这一得一失，需要权衡利弊，并不像简单推理想象得那么乐观。

试以图5–11说明取消加工贸易免税优惠所造成的经济福利影响。

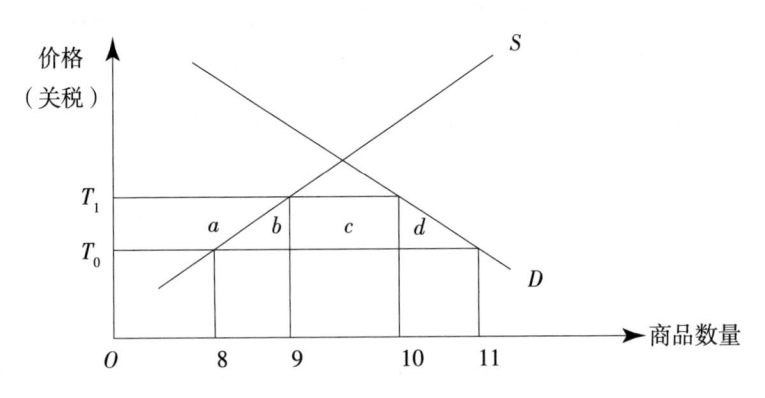

图5–11　取消免税优惠的经济福利影响

假定在实行加工贸易政策优惠条件下，某产品进口料件的关税为T_0，国内单位价格也为T_0，此时国内供给量为8，免税进口量为3，国内总使用量为11。由于取消进口优惠,不管对国际市场价格有无影响,关税率从T_0提高到T_1,所以必然也使国内单位价格提高到T_1,此时国内生产供给量增至9,进口量降至10。在上图中,a表示为国内生产者盈余,c表示为政府增加的关税收入,但存在一个消费者盈余的减少量$a+b+c+d$,在这里它转变为出口减少或外汇净损失。

由此产生第一个问题是,生产者盈余a加上政府税收c是否足以大到抵消外汇净损失$a+b+c+d$?这是很不确定的。

第二个问题是,生产者盈余a也是不确定的。取消加工贸易的免税优惠后,国内供给从8增至9,只有实现这个增加量,才会实现生产者盈余a,但是要增加这个国内增量,必须有投资和技术。一般进口料件的上游产品附加价值较高,生产企业的资本技术密集度也较高,能否获得投资和技术并非易事。假如不能获得提高供给量的投资和技术,国内增量就实现不了,生产者盈余a也就难以实现。

第三个问题是,政府税收c也是不确定的。加工贸易优惠取消后,进口量虽从11减至10,但总进口量仍有11-9=2。由于进口料件需要在国内进行生产消费。要进行生产消费就需要有投资。加工贸易活动的2/3左右是由外商投资运营的,如取消进口优惠政策,必然引起外商撤资,这部分进口料件的生产消费就需要由国内投资来补充,如果国内投资不足,就难以保证总进口量,进而也就难以保证政府税收c。

如果支撑生产者盈余a和政府税收c的国内投资和生产技术要素不能获得或不能完全获得,那么不仅会造成a和c的不确定性,而且会引起就业下降。本来进口量从11减至10就已造成加工贸易企业的减少和就业下降,如果加上a和c的不确定性所包含的投资生产不落实和就业下降,那么,对就业的负面作用就很明显了。

美国经济学家大卫·塔(David Tarr)曾对美国纺织品、汽车、钢铁行业进口限额对就业的影响做过分析,结果表明没有提高整个就业水平(见表5-24)。

表 5-24　美国纺织品、汽车、钢铁业进口限额造成的就业变动

单位：万人

就业增加的行业和人数估计		就业减少的行业和人数估计	
纺织业	15.756	农业矿业	-1.989
钢铁业	1.622	汽车制造业	-0.195
		服务业	-5.588
		制造业	-7.862
		消费品生产工业	-1.745

资料来源：Tarr, D. G. (1989), *A General Equilibrium Analysis of the Welfare and Employment Effects of US Quotas in Textiles, Autos and Steel*, Bureau of Economics Staff Report to the Federal Trade Commission。

强调加工贸易弊端的第二个意见是认为加工贸易引发了严重的走私，扰乱了国内市场。从事加工贸易的企业散布在全国各地，在每一个地方也都是散布在不同地点，因此确实给海关机构监督进口料件的使用造成了极大的困难。也确实有一些企业不将进口料件用于本企业生产，而进行转手倒卖；或将进口料件生产出来的产品违规内销，出现了各种逃避海关监督的违规行为，形成事实上的走私。针对监管中的问题，从 1996 年 4 月 1 日开始，对加工贸易实行了银行保证金台账制度，通过进口报关和出口核销，银行台账登记等流水作业方式，加大了监管力度，形成了银行、海关、外经贸主管部门三家联合监管的约束机制，一年的实践证明，这项措施是有效的。

表 5-25 显示，1996 年加工贸易增值提高了 9 个百分点，达到历史最高水平。增值率提高可能反映综合效果；或是反映加工贸易生产结构水平的提高；或是反映营销环节受外商支配的程度降低；或是反映进口料件在监管力度加大下得到有效利用，减少了走私。1996 年加工贸易占进出口总额的比重比上年提高了 3.6 个百分点，生产结构水平有可能提高，但在加工贸易方式更普遍化的情况下，生产结构水平的提高不可能对增值率有太大的贡献效果。1996 年进入加工贸易的外商投资企业更多，因此增值率的贡献度不可能来自流通环节。能解释增值率陡

然提高的比较可靠的原因只能是监管效果。这说明,加工贸易中的某些负面效果通过一些相关措施是可以得到解决的。任何一项积极的经济政策都不可能十全十美,都有相对的消极一面,加工贸易政策也不例外。在加工贸易项下进口的料件无论在何时,其大多数都是按照政府规定的政策渠道进行流转的,这是一个基本事实。因此我们不必因苛求它不够十全十美而要取消它。

表 5–25　我国加工贸易增值率(1991—1996 年)

年份	出口值(亿美元)	进口值(亿美元)	增值率 (出口值/进口值)
1991	324.63	250.25	1.30
1992	396.06	315.13	1.26
1993	442.36	363.60	1.22
1994	469.76	475.66	1.20
1995	737.00	583.70	1.26
1996	843.30	622.73	1.35

资料来源:《海关统计》,各年。

5.7.2 地区福利效应分析

强调加工贸易弊端的第三个意见是认为加工贸易只给某些沿海口岸地区带来了经济福利,而内地因无法发展加工贸易,因而造成了经济差距的扩大。这个意见有一定道理,但我国内地太广阔了,要让各地都能利益均沾,确实不易,但并非所有内地都不能发展加工贸易。下面用几个简单的公式说明这一点。

令 c 表示购买用于生产一单位产品所必需的进口料件而花费的外币额,e 表示该外币对人民币的汇率,T 表示为进口这些料件而必须缴纳的关税,m 表示将这些进口料件从国外运到企业所在地的运费,X 表示企业出口产品的平均运费,Y_o 表示用于生产该种产品的本国资源(原材料、劳动力、资本等)为生产该种产品所牺牲的收入,它构成用于生产该种产品的本国资源的机会成本。生产并出口该种产品的生产价格表示为：

$P_h = c \times e + T + m + x + Y_o$

如果出售每单位该种产品的平均收益低于这一生产价格，企业就不会生产并出口该产品。企业出口每单位该产品实际所得到的平均收益是：

$P_f \times e = c \times e + T + m + x + Y_a$

这里 P_f 是该产品在国外的售价，Y_a 是企业生产该产品得到的全部净收入（包括原料供货商的收入、工人工资、投资回报等）。显然，只有当 $P_f \times e \geqslant P_h$ 时，企业才会生产并出口该产品。

假定生产一种产品（产品1），那么 Y_{o1}，c_1，T_1，P_{f1} 分别表示生产产品1所使用的本国资源的机会成本、所购买的进口料件的外币成本、进口料件所缴关税及该产品在国外出售的单位平均收益。

在沿海口岸地区，产品1的运输费用为 x_{11}，其进口料件的运费 m_{11}，那么有下式：

$m_{11} + x_{11} < e \times (P_{f1} - c_1) - T_1 - Y_{o1}$

上式表明，由于沿海口岸地区运费低，即使企业必须为生产产品1所使用的进口料件缴纳关税，出口产品1的生产价格也会低于出口它的单位平均收益。因此，即使不实行加工贸易政策，该地区也会生产产品1。实行加工贸易政策会使生产并出口产品1的沿海口岸地区更有利，增加企业所在地从每单位出口产品中所获得的净收入 Y_a。

在沿海口岸毗邻地区，运费稍贵，分别表示为 m_{12} 和 x_{12}，如果不实行加工贸易政策，出口产品1的生产价格就会高于其平均收益，该区域将不出口这种产品；如果实行加工贸易政策，出口产品1的生产价格则会低于其平均收益，该地区就会出口产品1，公式为：

$e \times (P_{f1} - c_1) - Y_{o1} \geqslant m_{12} + x_{12}$

在离沿海口岸更远一些的内地,运费更贵,表示为 m_{13} 和 x_{13},因此:

$e \times (P_{f1}-c_1)-Yo_1 \leqslant m_{13}+x_{13}$

在这些地区会怎样呢?上式表明,因运费因素,即使实行加工贸易政策,出口产品 1 的生产价格仍会高于其平均收益,该区域仍不会以加工贸易方式出口该产品。[①] 这个结论太绝对,实际上,在这个地区,生产产品 1 的机会成本在不同地区都可能不同,一些地区则很可能低于 Yo_1,即低于沿海口岸和口岸毗邻地区,即 $Yo_{13}<Yo_1$

因此就有可能出现:

$e \times (P_{f1}-c_1)-Yo_{13} \geqslant m_{13}+x_{13}$

机会成本 Yo_{13} 很低,有可能抵消运费贵的因素,从而使生产产品 1 的加工贸易方式在这些地区仍有利可图。事实上,加工贸易方式不仅在东南沿海地区存在,即便在四川、湖北、湖南这些内地省份也都存在,这就是机会成本低的缘故,因此断言内地不可能发展加工贸易的结论太绝对化。由于机会成本低,内地不同地区出现加工贸易的公式是:

$e \times (P_{f1}-c_1)-Yo_{14}(Yo_{15},\cdots) \geqslant m_{14}+x_{14}(m_{15}+x_{15}+\cdots)$

不仅不同地区的机会成本不同,而且生产结构也可能不同,不会所有地区都生产产品 1,在内地,由于远离口岸,运费较高,但机会成本则可能较低,如果生产附加价值较高的产品,加上机会成本低的优势,仍可以发展加工贸易,于是就有下式:

$e \times (P_{f2}-c)-Yo \geqslant m+x$

这里的 P_{f2} 就是产品 2 在国外出售的单位平均收益,由于 $P_{f2}>P_{f1}$,因此即便 $m+x>m_{12}+x_{12}$,仍有可能使产品 2 的平均收益大于生产价格,仍可进行加工贸易出口。

---

① 参见左大培:"中国当前的加工贸易与加工贸易政策",研讨会论文稿,1996 年 11 月 18 日。

5.7.3 汇率效应分析

强调加工贸易弊端的第四个意见是认为由于加工贸易使出口增加，贸易顺差带来人民币汇率上浮，导致进口国外附加价值高的产品增多，不利于国内发展附加价值高的产品的生产。

加工贸易确实有助于改善贸易平衡，但却没有这么强的"汇率效应"。从1994年人民币汇率并轨以来，我国外汇市场持续出现外汇供大于求，人民币汇率持续小幅度上浮，其主要原因是资本项目大额顺差，而经常项目则只有少量顺差，甚至个别年份还有逆差。资本项目大额顺差导致外汇供大于求，外汇储备增加，人民币汇率小幅上浮。

从表5-26可以看出，从1993年以来，我国国际收支平衡结构是以资本项目顺差为主，1993年贸易逆差，经常项目也是逆差，1994和1995年虽然有贸易顺差，甚至1995年贸易顺差额还较大，但非贸易项下出现178.67亿美元大额逆差，因此抵消了贸易顺差，使经常项目只有少量顺差，因此国际收支平衡主要靠资本项目。从加工贸易平衡情况看，1990—1994年的顺差额也不是很大，只有1995年稍大一些，但在国际收支平衡中也不起主要作用。

表 5-26　国际收支平衡结构（1991—1995年）

单位：亿美元

年份	经常项目平衡	贸易平衡	加工贸易平衡	资本项目平衡	误差与遗漏	储备增减
1990	119.97	91.65	49.0	32.56	−31.31	121.22
1991	132.72	87.43	54.5	80.32	−67.92	145.12
1992	64.02	51.82	54.5	−2.50	−82.74	21.22
1993	−119.02	−106.55	48.7	234.72	−98.04	17.67
1994	76.58	72.90	63.9	326.44	−97.75	305.27
1995	16.18	180.50	109.0	386.74	−178.10	224.81

资料来源：《中国统计年鉴》和《海关统计》，各年。

1996年国际收支平衡表尚未制作出来,但可根据一些参数作些预测。贸易平衡可达122亿美元,其中加工贸易平衡可达220亿美元,但非贸易项下预计会再次出现大额逆差。原因是1995年非贸易大额逆差主要是货运支出和投资利润支出两项增加过多、过快,这说明国内货运运力跟不上外贸增长需要,还说明外商投资企业的利润汇出已进入快速增加阶段,而运力不足的局面短期内难以根本改变,利润汇出的增长势头也将会继续下去,因此非贸易项下的逆差额势必呈现扩大趋势,从而极易抵消贸易顺差,甚至可能使经常项目出现逆差。1996年底,我国外汇储备已达1 050亿美元,比上年净增314亿美元。1996年外商直接投资超过400亿美元,加上对外借款,外资流入将达500亿美元,因此资本项目会再次出现大额顺差,从而构成国际收支平衡的主要来源。所谓"汇率效应",主要是资本项目大额顺差所致。

即便存在由资本项目顺差导致的"汇率效应",1996年的进口增长仍是大幅下降,为近几年增速最低年份,主要是取消部分关税优惠所致。因此断言加工贸易导致"汇率效应",进而刺激附加价值较高的产品进口增加并非经济生活事实,相反,不少企业还为引进先进技术设备的成本上升,延缓了技术改造步伐而苦恼。至于加工贸易多是进口附加价值相对较高的原料和半成品是否会打击国内生产,恐怕理由亦不充分。因为这些原料和半成品绝大多数还是被再加工出口的,只要不对国内市场造成太多冲击,国内内销产品的生产消费需求会成为支持国内生产的主要力量,并不一定要把市场希望主要寄托在加工贸易企业上,而且从技术质量角度看,目前企图用国产品很快大量替代进口料件恐怕也不现实。

5.8 本章小结

①运用贸易专业化系数计算的结果表明:我国纺织品、鞋帽饰品和

皮革制品等轻纺行业在出口贸易中具有较强的国际竞争力。光学医疗设备、精密仪器及钟表类商品的国际竞争力正在成长,有望成为出口贸易竞争力强的产品类别。化学工业品、金属制品、机械及电器、车辆与运输设备等行业的进口专业化系数值也在缩小,说明在这些类别中也有一些产品和行业的国际竞争力得到增强。

②外商投资企业利用中国的区位优势和自身的优势,迅速发展出口贸易,从总体上促进了中国出口贸易的增长。到20世纪90年代中期,我国已形成一些出口导向特征强的产品和行业,而外商投资在这些行业中的分布具有明显的集中程度和相关性。由此说明,外商投资通过带动中国产品出口增强了一些行业的国际竞争力。

③电子产品是我国20世纪90年代以来出口增长最快的产品,在出口产业中具有典型性。其行业类型属于全球竞争性产业。改革开放以来中国电子工业的发展与外商投资有密切联系。20世纪90年代前6年,主要电子产品的出口额都大幅度增长,彩色电视机出口虽然下降,但民族彩电产品正迅速覆盖国内市场。这也反映了我国电子行业国际竞争力正在得到增强。

④纺织品和服装是我国20世纪80年代以来形成的传统竞争力产品。虽然跨国公司在该行业中的支配程度不高,但仍是外商投资大量进入的领域,虽然外商进入该行业并非都具有先进技术,但新的管理、技术标准、质量和新产品,使许多在海外行将结束生命周期的生产设备及其产品,通过与我国廉价劳工和生产资源优势的结合,延长了生命周期,并在市场竞争中仍具有优势。

⑤我国出口导向型产品和行业大多是以加工贸易方式打入国际市场,因此这些行业的竞争力在相当程度上是产业内贸易与企业内国际分工发展的结果。根据我国企业在这些行业中的国际分工地位,要搞清楚这些行业的出口增长,在多大程度上反映生产加工环节的国际竞

争力,需要借助价值链的分析方法。

⑥电子行业的企业内国际分工和产业内贸易表现得很明显,通过加工贸易方式的出口商品结构分析可以得到证明。彩色电视机的价值链构成表明,加工装配环节在价值链中处在价值增加最少的环节;零部件生产环节和营销环节则处于价值增加较多的环节。如果零部件技术还处于创新阶段,那么其在价值链中就比营销环节更重要;如果其技术已经标准化,那么营销环节就比它更重要。由于在加工贸易中,营销环节多数由外商掌握,因此,电子行业的出口增长,不完全反映生产加工环节的国际竞争力,换言之,不完全反映我国电子行业的国际竞争力,而在相当程度上反映营销环节的国际竞争力,即反映境外公司的国际竞争力。由此说明,中国的工业,没有海外市场的销售渠道,没有知名的品牌,进而也就没有产品设计,没有技术进步的动力和机制,从而也就不会有自己的跨国公司。如果出现这种结局,中国的产业结构调整,中国经济的长期发展以及中国在世界经济中的地位,也就不容乐观。

⑦服装的价值链分析表明,营销与设计环节所需要的都是高等要素和特殊要素,因此附加值高;加工环节只需一部分技术工人和大量非熟练工人,企业资本密集度也较低,因此都属于一般要素和通用要素,附加值低。我国服装行业在国际分工中的位次包含两层含义:一是我国生产何种品质、何种价位的产品;二是我国在价值链构成中的哪个环节具有竞争优势。这种分析的结果表明,对我国纺织品和服装出口增长的业绩切不可沾沾自喜,更不能估计过高,因为它既不完全反映我国纺织品、中低档服装行业的国际竞争力,更不反映我国纺织品、服装在新的更高档次上的国际竞争力。

⑧上述分析为出口导向产品和行业提高利用外资质量和效果提出的新课题是:如何利用外资使自己扩大生产规模,从而提高生产者与批发商的谈判地位;如何利用外资引进技术,开发新产品,生产高价位产

品，让企业从技术创新中获得较高附加值；如何利用外资使企业向上游替代或下游替代方向发展，使企业成为零部件生产者或设计商，或成为批发营销商，从而使我国企业更多进入更重要的价值增加环节，并最终占据战略环节。

⑨加工贸易品的国际竞争力，来源于国际化生产协作方式，它是中国装配加工环节的竞争力优势与别国别地区其他环节竞争力优势叠加的结果。当我国企业还未成熟到能够掌握其他环节的竞争力优势之前，利用加工贸易方式促进我国出口贸易增长仍是必要的，如果过早取消加工贸易政策，对我国出口贸易增长不利，而且也不利于我国企业学会并掌握其他环节的竞争诀窍。对加工贸易的经济福利分析也表明，在税收福利效应、地区福利效应上，它仍是利大于弊；在加强监管以抵消其负面影响上也具有可能性和成效；在汇率效应上，它并不具有主要的负面作用。

第六章　中国内销市场的国际竞争分析

从 1994 年开始,来华投资的跨国公司迅速增加,1994 年外商直接投资项目的平均规模达到 177 万美元,比 1993 年增加了 30.2%,1995 年又进一步提高到 245 万美元,到 1996 年,项目规模超过了 300 万美元。世界排名前 500 名的跨国公司,已有 200 多家来华投资,这些投资项目不仅规模较大,而且技术水平较高,其投资的战略目标是占领中国市场,其产品也主要在国内市场销售,从而出现了国内市场的国际竞争。

从全国来看,1995 年全国工业企业销售收入总计 52 936.21 亿元,工业制成品出口额 10 566 亿元,国内销售额为 42 370.21 亿元;其中外商投资企业销售收入为 10 116.31 亿元,扣除其出口近 3 922 亿元,[①] 实际国内销售额为 6 216 亿元,外商投资企业国内销售额占全国工业企业国内销售总额的 14.7%。可见外商投资企业占国内市场份额已经不小。但在不同行业中,不仅外商投资企业产品所占的市场份额有很大差异,而且国内民族企业的反响也很不同。

第一类工业行业是我国原有技术落后,产量低,民族企业也少的行业。如通信设备制造业中的程控交换机行业,我国程控交换机行业基本上走的是引进合资生产的道路,1983 年先后建立了上海贝尔公

---

① 《中国统计年鉴(1996)》。

司生产（S1240）、北京西门子公司生产（EWSD）、天津 NEC 公司生产（NAEX61）、青岛 AT＆T 公司生产（SESS—2000）、南京爱立信公司生产（AXE10）、广东顺德北电公司生产（DMS—100）、江苏富士通公司生产（F—150AD）等，"七五"期间程控交换机行业引进外商投资近2亿美元，"八五"期间引进近5亿美元。直至20世纪90年代初期后，我国民族工业才开始独立批量生产程控交换机，而国内需求量又很大，因此国内市场中外商与民族企业的竞争尚未引起强烈反响。

又如汽车工业中的轿车行业，原有生产厂家很少，上海轿车厂率先走上了合资发展道路，以后陆续建立的轿车生产企业大多数也是合资的，基本上没有与合资企业发生市场竞争的老企业，因此与国内企业的矛盾较少，主要表现为同进口产品的矛盾。上述这些行业属于新兴产业，有的被国家认定为国民经济支柱产业，在我们的理论分析框架中属于全球产业，其产品可贸易性强，跨国公司在行业中支配程度高。

第二类工业行业是我国已有相当发展，具有一定技术基础，民族企业已较多的行业。如饮料、化妆品、洗涤剂、啤酒、轮胎和部分机械电子产品，在外商投资企业产品大量进入国内市场后，原有的生产厂家受到竞争的压力，出现不同的结果：一部分企业通过合资，被外商控股，丧失原有品牌；另一部分企业利用外资壮大了自己力量，占据了一定市场份额；还有一部分企业虽未合资，但在竞争中提高了自己，保住了市场；还有一部分企业则在竞争中失败，被挤出了国内市场，这类企业对外商投资企业产品进入国内市场反应最为强烈。这类行业多属大众消费品行业，有新产品和新技术，但属于传统产业，在我们的理论分析框架中属于多国内产业。

外商投资企业的产品内销过去曾受到严格限制，根据"以市场换技术"的方针，中国政府对一些技术水平较高的合资企业产品放宽了内销的限制，允许"以产顶进"，以吸引一些我国需要的高技术投资。

但上述两类工业行业中的外商投资企业对民族工业竞争力的影响效果是不同的。下面我们选择若干行业进行具体分析。

6.1 支柱产业分析

6.1.1 支柱产业的经济含义

对现阶段我国国民经济的支柱产业,人们的理解并不相同,但至少有一些共同特征是大家都承认的:

第一,资本密集度高,因而行业集中度也高,对规模经济的要求十分显著。

第二,技术要素投入多,生产的整个过程,从设计、生产工艺、加工装配都要求有很多技术投入和科研开发。即便对生产过程的管理,也体现高度的技术集约化倾向。

第三,产业的前后向联系广泛,关联产业多,一个产业的发展能够带动若干相关产业的发展,从而具有带头产业的功能。在一定意义上说,它具有需求拉动作用;在供给上,又具有产业细分化、产品系列化、差异化的发展潜力。因此,这种产业一般集中在制造业或下游产业,而较少在原材料开发等上游产业。

第四,在一个相对较长的经济周期内,具有增长较快、产业在国民经济中位次上升的趋势。

根据我国第三次全国工业普查的资料,我国 1985—1995 年 11 年间,工业内部产业结构变动的基本趋势是:一些重要产业或新兴产业,如石油加工、电子及通信设备、交通运输设备等的比重上升,一些传统产业,如纺织、机械等的比重下降。

从表 6-1 可以看出,食品、饮料、烟草是我国工业总产值比重排名第一的产业,但10年来工业总产值比重是下降的。服装和皮革产业无论在资产还是产出方面的比重都是上升幅度较大的,位次也是上升的。但按照支柱产业的4个特征来衡量,它肯定不属于支柱产业。石油加工业资产比重增加1个百分点,产出比重增加0.5个百分点;冶金行业资产比重增加0.4个百分点,产出比重增加0.9个百分点,金属制品业资产比重增加0.5个百分点,产出比重增加0.9个百分点;交通运输设备资产比重增加0.5个百分点,产出比重增加1.4个百分点;电气机械及器材业资产比重增加1.2个百分点,产值比重增加0.9个百分点;电子及通信设备业资产比重增加1个百分点,产值比重增加1.3个百分点。电力煤气和自来水业也有增长。在上述比重增长较多的行业中,冶金、金属制品业属于上游产业或传统产业,电力、煤气和自来水属于公用设施行业。因此石油加工业、交通运输设备业、电气机械及器材业和电子及通信设备业属于我国10年来增长最快的新兴制造业部门。从支柱产业的4个共同特征来看,石油加工业和交通运输设备业更充分地体现了这些特征。

表6-1 我国主要工业行业资产及产出的比重、位次变化情况

行业	固定资产原值和流动资产比重(%) 1985年	1995年	位次 1985年	1995年	工业总产值比重(%) 1985年	1995年	位次 1985年	1995年
煤炭采选	6.4	3.5	7	11	2.6	2.0	17	18
石油开采	3.7	3.9	10	10	2.3	2.1	18	17
森工	2.4	1.5	13	19	2.1	1.7	19	19
食品、饮料、烟草	6.0	8.3	8	4	12.0	10.9	2	1
纺织	7.7	6.8	4	6	12.1	8.2	1	4
服装、皮革	1.9	3.0	17	13	3.2	5.3	12	8
造纸、印刷	2.3	2.5	16	17	2.8	2.9	14	15
石油加工	1.5	2.5	19	16	2.7	3.2	16	14

（续表）

行业	固定资产原值和流动资产比重(%) 1985年	1995年	位次 1985年	1995年	工业总产值比重(%) 1985年	1995年	位次 1985年	1995年
化学	7.2	6.2	5	7	6.3	6.6	6	6
医药	1.0	1.6	21	18	1.4	1.5	20	20
化纤	1.1	1.5	20	20	0.9	1.3	21	21
橡胶及塑料制品	2.3	2.8	15	15	3.3	3.6	11	13
建材	7.1	7.1	6	5	6.9	7.7	5	5
冶金	10.6	11.0	2	2	8.6	9.5	4	2
金属制品	2.3	2.8	14	14	3.0	3.9	13	12
机械	13.2	8.7	1	3	10.9	8.2	3	3
交通运输设备	4.8	5.3	9	8	4.1	5.5	7	7
电气机械及器材	2.8	4.0	11	9	3.8	4.7	8	9
电子及通信设备	2.5	3.5	12	12	2.7	4.0	15	11
仪器仪表	1.0	0.9	22	22	0.8	0.7	22	22
电力、煤气、自来水	10.4	11.2	3	1	3.7	4.0	10	10
其他	1.8	1.4	18	21	3.8	2.4	9	16

资料来源：第三次全国工业普查办公室编《中华人民共和国1995年第三次全国工业普查资料摘要》。

根据这个标准，作者把汽车工业作为支柱产业加以分析。汽车工业在我国工业生产中的重要地位也可以从世界发达国家和发展中国家的工业发展过程中看出来。第二次世界大战后，美国、日本、德国的汽车工业都在其国民经济和扩大产品出口中发挥了重要作用，20世纪80年代以后，韩国、马来西亚等发展中国家也把发展汽车工业作为提高本国产业竞争力的重要措施并获得了明显成效。韩国从20世纪80年代末期开始已成为汽车出口国，其汽车产品在国际上已具有相当竞争力。

汽车又属于全球产业，可贸易性强，跨国公司在该行业中支配程度较高。而我国汽车工业通过大量吸引外商投资，实行"以市场换技术"

的政策,因此,在分析外商投资对我国产业竞争力的影响方面,选择汽车工业具有典型意义。

6.1.2 中国汽车工业利用外商投资情况

中华人民共和国成立后,我国兴建了第一汽车制造厂,开创了我国制造汽车的历史,此后依靠自己的力量陆续新建和改建了北京、南京、济南、上海、四川、陕西等汽车厂,20世纪70年代又建成了第二个大型基地第二汽车制造厂。改革开放以前,中国汽车工业经历了成套引进、仿创结合、自行设计的过程,从少量生产发展到较大批量流水生产,从单一品种到多品种生产。累计生产了各型汽车(主要是4—5吨载货汽车)共14多万辆,1978年汽车产量达到14.9万辆,其中轿车2640辆。

1983年5月5日北京汽车制造厂与美国汽车公司合资经营"北京吉普汽车有限公司"合同签约,拉开了我国汽车工业直接利用外资,建立中外合资企业的序幕。截至1995年12月底,我国汽车行业与20个国家、地区的企业建立了381家"三资"企业。

381家"三资"企业总投资规模为105.13亿美元,其中注册资本为48.72亿美元,占总投资的46.34%;外商协议出资22.92亿美元,占注册资本的47.04%;外资实际到位18.33亿美元,占外商协议出资的79.97%;部分项目尚在建设初期,外方资金将逐步到位。

381家"三资"企业中,中外合资企业占324家,为82.56%;中外合作企业46家,占12.10%;外商独资企业11家,占2.63%。

股权比例情况是:中方控股214家,占"三资"企业总数的56.32%;外方控股106家,占总数27.89%;中外股比各占50%的企业60家,占15.79%。

381家企业的项目结构是:整车项目(包含改装车、专用车)62个,总投资60.85亿美元;零部件项目260个,总投资为32.03亿美元;摩托车项目30个,总投资9.13亿美元;其他项目(含维修、服务等)28个,总投资3.12亿美元。①

1995年,我国拥有整车厂122家,改装厂626家,零部件厂2 000多家,从企业数来看,"三资"企业的企业数只占全行业企业数的14%,但"三资"企业在汽车行业的重要性则高于企业数的比重。据不完全统计,已投产的135家合资企业1995年销售收入为436.85亿元人民币,占汽车行业1995年销售收入的约20%;1995年出口创汇2.19亿美元,占汽车行业1995年出口的30.76%;1995年缴纳税金约41.1亿元人民币,占汽车行业1995年上缴税金的28.1%。

我国汽车工业长期以来缺重少轻,轿车生产几乎是空白。通过吸引外商投资,几个轿车工业基地的格局已初步形成,轿车产量1995年已突破30万辆,占汽车总产量的20%以上,轻型货车产量已占载货车总产量的41%,重型载货车在载货车总产量中的比例约为5%,汽车产品结构趋于合理。

轻型货车和轿车生产领域是外商投资的重点,全国8个轿车生产基地有5家是中外合资企业。轻型车和轿车的"三资"企业的投资规模如表6-2:

表6-2 轻型车和轿车"三资"企业投资情况

类别	总投资(亿美元)	项目数(个)	总生产纲领(万辆)	单项平均投资(亿美元)	单项生产纲领(万辆)
轻型车	7.57	18	32.54	0.44	1.75
轿车	(45.54)	5	47.00	(9.10)	9.40

资料来源:机械工业部汽车工业发展研究所资料。

轻型车和轿车投资项目虽然只有23个,但总投资额却达到53.11亿美元,占381家"三资"企业总投资的50.6%以上。因此,外商投资

---

① 中国社科院国际投资研究中心:《外商投资研究资料》第二辑。

企业在该两种产品,特别是在轿车生产中的优势地位十分明显。

表6-3可以看出,在1994年中国轿车生产量28.7万辆中,5家中外合资企业的生产量达19.1万辆,占66.5%,如果加上3家中外合作方式企业的产量,就达到22.8万辆,占全国轿车生产的79.4%,1995年,小轿车市场的"三资"企业占有率已超过70%以上。

表6-3 国内轿车生产情况(1994年)

企业名称	建设规模 (辆/年)	产量 (辆/年)	生产车型	发动机排量 (升)	合作形式
一汽轿车厂	30 000	20 000	AUD1—100	1.780,2.200	中德合作
一汽大众	150 000	8 219	捷达	1.595	中德合资
二汽神龙	150 000	8 010	富康	1.360	中法合资
上海大众	150 000	115 326	桑塔纳	1.780	中德合资
北京切诺基	80 000	54 184	切诺基	2.460	中美合资
广州标致	30 000	5 207	标致	1.970	中法合资
天津夏利	150 000	58 500	夏利	0.993	国产技术引进
长安机器厂	50 000	17 175	奥托	0.796	中日合作
贵州云雀	10 000	461	云雀	0.544	中日合作

资料来源:机械工业部汽车工业发展研究所资料。

1980—1990年,国家对汽车工业投资为73.5亿元人民币,而"三资"企业总投资额为41亿美元,按历年平均汇率加权,合123亿元人民币,以47%作为外方出资比例,外资约合58亿元人民币,此数加国家投资为131.5亿元人民币,这就是10年间汽车工业中外总投资额,其中外商投资占44%。

"八五"期间是外商投资的高潮,5年间汽车行业"三资"企业总投资额达到64亿美元,占历年"三资"企业总投资规模的61%。"八五"期间国家对汽车工业的总投资额为588亿元人民币,若以5年平均汇率计算,"三资"企业总投资约合320亿元人民币。以47%作为外方出资比例,外资约为150亿元人民币。此数加上国家投资为738.4亿元人民币，这就是"八五"期间汽车工业中外投资总额，其中外商投资占20.3%，大大高于外商投资占全国固定资产投资的比重。

自1983年成立第一家合资企业后的6、7年间，合资企业数增长不多，进入20世纪90年代后，合资企业数量猛增，1992年和1993年分别新增88家和79家，总投资分别新增27亿美元和1亿美元。1994年增长幅度有所减缓。1995年国家颁布汽车工业产业政策后，外商投资重点转向零部件项目，零部件项目的比重超过投资总额的1/2。

在381家"三资"企业中，资金密集度较高的有128个项目。其中总投资大于3 000万美元（含3 000美元）的项目44项（整车17项、零部件18项、摩托车9项），44项合计总投资79.64亿美元，占汽车行业"三资"企业总投资的75.75%；总投资在1 000万—3 000万美元项目的有84项（整车12项、零部件61项、摩托车10项），合计总投资为17.73亿美元，占汽车行业"三资"企业总投资的16.86%。投资规模在101万—999万美元区间的项目有190个，还有63个项目的总投资小于100万美元。

1994年统计上报企业经营情况的企业有235家；其中盈利企业约占54%，亏损企业约占32.55%；1995年上报经营情况的企业有135家，其中盈利企业约占67%，亏损企业约占32%。说明汽车行业"三资"企业的经营状况要好于全国外商投资企业经营状况的平均水平。[①] 据调查，1991—1993年，全国"三资"企业平均亏损面仍有近50%。

6.1.3 汽车工业成长与产业竞争力

按当年平均汇率计算，汽车行业"三资"企业的历年投资额见表6-4：

---

① 参见张上塘："外商投资企业经营效益调查分析"，《国际商务》，1995年第6期。

表 6-4 汽车行业"三资"企业投资额（1983—1995 年）

年份	美元投资额 （亿美元）	当年平均汇率 （1美元合人民币额）	人民币投资额 （亿元人民币）
1983	4.11	1.98	8.14
1984	9.39	2.32	21.78
1985	1.47	2.94	4.32
1986	0.19	3.45	0.66
1987	1.75	3.72	6.51
1988	5.30	3.72	19.72
1989	4.66	3.77	17.57
1990	14.19	4.78	67.83
1991	5.20	5.32	27.66
1992	26.84	5.51	147.89
1993	14.03	5.76	80.80
1994	10.92	8.62	94.13
1995	7.01	8.30	58.18
合计	105.13	5.28	555.19

资料来源：中国社科院国际投资研究中心《外商投资研究资料》第二辑。

1981—1995 年，国家对汽车工业投资额为 660 多亿元人民币，同期"三资"企业投资额为 555 亿元左右，按外方出资额 47%，外商投资 260 亿元人民币左右，中外方对汽车工业总投资为 816 亿元人民币，外商投资占中国汽车工业总投资比例为 31.9%。

外商投资企业的发展，促进了中国汽车工业的成长，1982 年我国汽车总产量不足 20 万辆，轿车产量不过 4 000 多辆，到 1995 年，汽车总产量已超过 150 万辆，轿车产量达 32 万辆（见表 6-5）。

表 6-5 中国汽车行业产品产量与结构（1982—1995 年）

单位：辆

年份	总产量	载货车					客车	轿车
		小计	重型车	中型车	轻型车	微型车		
1982	196 304	121 789		4 030				
1983	239 886	137 100					6 211	6 046

（续表）

年份	总产量	载货车					客车	轿车
		小计	重型车	中型车	轻型车	微型车		
1984	316 367	179 846					6 990	6 010
1985	443 377	236 934					11 897	5 207
1986	372 753	218 863					9 189	12 297
1987	472 538	299 356					20 461	20 865
1988	646 951	364 000	8 634	147 401	175 008	32 957	50 922	36 798
1989	586 936	342 835	10 038	161 381	137 444	33 972	47 639	38 820
1990	509 242	269 098	9 595	139 119	95 110	25 274	23 148	42 409
1991	708 820	361 310	7 664	155 942	149 244	48 460	42 756	81 055
1992	1 061 721	460 274	10 476	178 728	212 352	58 718	84 551	162 725
1993	1 296 778	623 184	22 122	211 652	261 546	127 864	142 774	229 697
1994	1 376 900	775 200	36 300	316 800	316 900	105 200	68 100	286 000
1995	1 500 000	1 105 000					75 000	320 000

资料来源：机械工业部汽车工业发展研究所资料。

表6-5可以看出，1982—1995年，汽车总产量增长了6.64倍，轿车产量增长了78.4倍，1995年我国汽车产量排名世界第十一位，而且与汽车工业相关的摩托车产品，1995年产量也达到783万辆，生产摩托车百万辆的企业有三家。

从上表还可看出，汽车产品结构也发生了很大变化，解决了几十年来汽车产品"缺重少轻"（即缺重型车、重矿车，还缺少轻型汽车），基本没有轿车的状况，建成了"重、中、轻、微、货、客、轿、专"种类比较齐全的汽车产品结构的工业体系。特别是小轿车的产量已占汽车总产量的21.3%，成为中国汽车工业迅速发展的象征。轻型货车产量已占载货车总产量的41%，重型载货车在载货车总产量中的比例约为5%，产品结构趋于合理。

从1983年以来，轿车、轻型汽车和重型汽车的合资企业均在合资合营中吸收、消化了国外的先进技术，并造成了技术外溢效果。据初步统计，共引进国外技术数百项，其中整车制造技术均具有国际20世纪

70年代末和80年代初的水平,个别车型具有20世纪90年代初的水平,还有近百种汽车主要总成和零部件制造技术和几十种先进工艺装备技术,从而改变了汽车产品和生产技术的落后状况。原有的汽车生产企业通过吸引外商投资,改造了老企业,解决了老企业技术改造资金不足的困难。以解放牌、黄河牌、跃进牌为代表的生产了几十年的老产品,由于进行了更新换代,从而结束了中国汽车生产几十年不改样的局面。

为了评价中国汽车工业的成长对中国民族汽车工业竞争力的影响,需要先对汽车工业"三资"企业的股权结构做一些分析。

先看汽车业"三资"企业股权结构的总体情况。

表6-6反映,整车企业中没有外商独资项目,合资合作企业62家,其中外方股比大于50%的只有10家,只占16%,说明整车厂由外商控制的程度较低。零部件厂外商独资企业8家,外商股比大于50%的达83家,占32%,说明零部件生产中外商控制程度较高。国家对整车厂的合资项目审批较严,因此外商多进入零部件生产领域,这也是国家保护民族汽车工业的一种方式。

表6-6 汽车工业"三资"企业股权结构总体水平

单位:个

类别	合计	合作方式			外方股比分类		
		合资	合作	独资	>50%	=50%	<50%
总计	381	324	46	11	107	60	214
整车	62	59	3	—	10	11	41
零部件	260	214	38	8	83	36	141
摩托车	30	25	3	2	10	8	12
其他	29	26	2	1	4	5	20

资料来源:中国社科院国际投资研究中心《外商投资研究资料》第二辑。

再看看企业投资规模与股权结构的关系。

表6-7反映,在投资额大于3 000万美元以上的大项目中,整车项目的合资厂只有2家的外方股比大于50%,其余8家外方股比大于

50%的整车厂均属于投资总规模小于3 000万美元的中小项目。因此，民族汽车工业在国内整车生产中占支配地位是可信的。在汽车零部件生产中，3 000万美元以上大项目，外方控股企业占一半；1 000万—3 000万美元的中型项目，外方控股企业占44%，1 000万美元以下小项目外方控股占26%，总的看，零部件生产中外商控股的生产约占半壁江山。总体来看，民族汽车工业在国内汽车生产中仍占优势，外国资本还是属于补充地位，尽管这种补充的份额相当不小。

表6-7 不同投资规模企业的股权结构

单位：个

类别	总投资>=3 000万美元				总投资<3 000万并>1 000美元				总投资<=1 000美元				总投资小于100万美元的企业数
	企业数	外方股比分类			企业数	外方股比分类			企业数	外方股比分类			
		>50%	=50%	<50%		>50%	=50%	<50%		>50%	=50%	<50%	
总计	45	15	12	18	84	34	10	40	252	58	38	156	63
整车	17	2	2	13	12	3	1	8	33	5	8	20	2
零部件	18	9	4	5	61	27	8	26	181	47	24	110	45
摩托车	9	3	6		10	4	1	5	11	3	1	7	2
其他	1	1	—		1			1	27	3	5	19	14

资料来源：中国社科院国际投资研究中心《外商投资研究资料》第二辑。

零部件生产和汽车的国产化率也是反映民族汽车工业发展的一个标志。以上海大众汽车公司为例，该公司注册资本为11.6亿元人民币，德方认股1.2629亿美元，按1985年汇率折3.7亿元人民币，外方占股32%，中方控股，从股权上看，民族资本占优势。该公司主要产品桑塔纳轿车的国产化率从20世纪80年代中期的2.7%，提高到20世纪90年代中期90%（见表6-8a），因而带动了一大批横向配套企业的技术进步和自身发展，标志着通过引进、吸收、消化先进技术，中国的轿车配套工业已经初具规模，具备了生产符合国际水准的轿车零部件的能力，1995年是该公司10年大庆，10年累计生产轿车40万辆，1996年产量可达20万辆。10年利润总额达41多亿元，税后利润为34.8亿元，是注册资本的3倍，10年向国家上缴税利107亿元。[①]

有了上述概念，再来分析汽车工业竞争力状况，先看看进口替代的效果。

从表6-8b看出，1992年以后进口汽车数量激增，1993年达到高潮，1995年以后趋于下降，特别是1996年下降幅度更大。1996年4月1日以前，大排气量和小排气量小汽车进口关税分别是150%和110%，1996年4月1日后调低至120%和100%，[②] 其他车型也都略有下调，但进口量依然大幅下降，说明国内需求对进口降低一方面反映进口需求下降，另一方面也说明国内生产满足国内市场的能力提高了。

表6-8a 我国引进的主要汽车车型国产化率（1995年）

序号	汽车型号及名称	引进企业	国外企业	国产率（%）
1	桑塔纳基本型	上海大众汽车有限公司	德国大众汽车公司	88.56
2	桑塔纳2000型	上海大众汽车有限公司	德国大众汽车公司	65.84
3	切诺基CX1	北京吉普汽车有限公司	美国克莱斯勒汽车公司	82.26
4	切诺基CX8	北京吉普汽车有限公司	美国克莱斯勒汽车公司	83.31
5	切诺基CX1	北京吉普汽车有限公司	美国克莱斯勒汽车公司	50.88
6	夏利7100	天津汽车工业（集团）有限公司	日本大发汽车公司	89.23
7	夏利7100U	天津汽车工业（集团）有限公司	日本大发汽车公司	85.36
8	标致505SW8	广州标致汽车公司（有限）	法国标致（别儒）汽车公司	84.00
9	标致GL	广州标致汽车公司（有限）	法国标致（别儒）汽车公司	78.20
10	奥迪C3V6	中国第一汽车集团公司	德国大众汽车公司	40.86
11	捷达	一汽—大众汽车有限公司	德国大众汽车公司	62.35
12	富康	东风汽车公司	法国雪铁龙汽车公司	26.18

① 引自陈学燕、姚锡敏：“上海大众：全球最大轿车生产基地”，《国际商报》，1996年9月20日；王志乐：《成功的合作 广阔的前景：德国企业在华直接投资》，中国社会科学出版社1994年版。

② 中华人民共和国海关总署关税司编：《中华人民共和国海关关税：政策·法规·实务·税则》，经济管理出版社1994年版。

（续表）

序号	汽车型号及名称	引进企业	国外企业	国产率（%）
13	奥拓	长安汽车有限责任公司	日本铃木汽车公司	64.56
14	云雀	贵州航空工业总公司	日本富士重工公司	46.49
15	斯太尔	中国重型汽车集团公司	奥地利斯太尔汽车公司	93.44
16	依维柯 A40.10	跃进汽车集团公司	意大利依维柯汽车公司	76.77
17	依维柯 A30.10	跃进汽车集团公司	意大利依维柯汽车公司	62.93

资料来源：中国社会科学院工业经济研究所编《中国工业发展报告（1997）》，第136页。

表 6-8b 进口各型汽车数量及金额（1987—1996 年）

年份	进口量（辆）	进口金额（万美元）	进口零配件金额（万美元）
1987	60 351	50 053	41 664
1988	52 074	46 528	46 160
1989	29 109	27 963	54 962
1990	21 790	21 142	58 553
1991	23 662	26 824	86 770
1992	206 174	234 238	25 086
1993	309 262	354 152	79 503
1994	282 764	341 658	50 849
1995	157 917	150 957	74 990
1996	75 362	83 306	107 761

资料来源：《中国对外经济贸易年鉴》，各年；1996年数据引自《海关统计》。

实际上，上表数字只是来源于海关统计的进口车辆，与国内实际使用的进口车辆数量远不相符。据中国汽车工业总公司有关专家估算，到1993年，全国汽车保有量为817.58万辆，而1980—1993年各型汽车的进口量为166.3万辆，可见有大量汽车从非海关渠道进入中国市场。故1991年以前的海关统计数远不能反映中国汽车市场的来源结构，而1992年以后的海关统计数可能比较接近实际进入数量。1980—1993年国内各型车辆产量为725万辆，扣除出口量7万辆，加上进口量，总数为884.3万辆，这就是该期间国内供给总量或可视为国内市场销量，而进口量占总销量的19%左右。1994—1996年3年间，国内生产量为437万辆，扣除出口量4.5万辆，该数即为国内总供给量或国内市场销量，进口量占总销量的10.7%。可见进口比例明显下降，国内供给的市场占有率提高，因此，汽车工业的进口替代效果是存在的。

当然，汽车工业的进口替代效果与关税保护是有关系的。1996年4月1日以后的进口车辆新税率依然较高，从而对国内汽车市场有明显保护作用。保护措施不仅有高关税，还有配额和牌照管理，但也带来两个压力，一个是刺激了走私和违规进口；另一个是刺激了外商拼命挤入汽车投资市场并保护了已有外商的既得利益，使之不愿意在中国生产中采用更先进技术以对付中国市场的国际竞争。因此在评价这种进口替代效果时，既要看到其积极的一面，也要看到其消极的一面。

由于取消了外贸出口的补贴，出口能力的成长便可以反映中国汽车工业的国际竞争力状况。

表6-9反映，在20世纪80年代中后期，中国汽车工业已有少量出口，此后出口量稳步上升，到20世纪90年代中期，出口量已稳定在1.5万辆左右，说明中国的汽车产品在国际上已有市场销路，与自己过去相比，国际竞争力有了提高。此外，中国汽车出口量增长受到内需的制约，不可能一下子增长太快，这一点从汽车零配件出口金额增长速度快于整车金额增长速度中也可以看出来。中国生产的汽车零配件增长较快，也反映了汽车工业的产品质量、技术性能等国际竞争力的因素指标状况，对出口量增长也可成为一个补充解释。

表6-9 中国各型汽车出口金额（1987—1996年）

年份	出口汽车数量（辆）	出口金额（万美元）	零配件出口金额（万美元）
1987	4 635	2 126	2 143
1988	5 571	5 307	4 660
1989	6 266	6 115	6 805

(续表)

年份	出口汽车数量（辆）	出口金额（万美元）	零配件出口金额（万美元）
1990	10 677	8 985	11 203
1991	13 134	11 357	15 071
1992	14 681	16 661	19 470
1993	13 672	13 225	21 641
1994	15 168	13 509	36 223
1995	14 409	13 541	44 240
1996	14 995	14 733	38 219

资料来源：《中国对外经济贸易年鉴》，各年；1996年数据引自《海关统计》。

6.1.4 我国汽车工业面临的机遇和挑战

我国政府对汽车工业的发展极其重视。1994年初，国务院颁布的"汽车工业产业政策"指出，为把汽车工业尽快建设成为国民经济的支柱产业，要改变目前投资分散、生产规模过小、产品落后状况，增强企业产品开发能力，提高产品质量和技术装备水平，促进产业组织的合理化，实现规模经济，使我国汽车工业在20世纪末打下坚实基础，再经过两个五年，到2010年成为国民经济的支柱产业，并带动其他相关产业迅速发展。汽车工业的产业政策目标是要在2000年实现国内汽车总产量满足国内市场90%的需要，即国内市场占有率达到90%，轿车产量要达到总产量的一半以上。据预测，到2000年我国汽车产量将达到280万—300万辆，轿车产量为总产量的一半，即140万—150万辆，从而基本满足进入家庭的需求。

为实现我国汽车工业产业政策提出的目标，民族汽车工业面临的挑战是：

第一，如何更好地利用国内国外资金，实现年总产量250万—300万辆汽车，还需投入大量资金。据有关部门估算，仅实现年产125万—150万辆轿车生产的目标，还需增加1 200亿—1 500亿元的建设资金。

除了更好地筹集国内资金以外,利用外资是实现目标的重要措施。有关计划部门希望利用外资规模能达到 1/3 左右,约 50 亿美元。因此,积极利用国外贷款和吸引外商投资仍是"九五"期间我国汽车工业发展的必要条件。

第二,如何在积极利用外资中保持民族汽车工业的自主地位。大量吸引外商投资,但又要防止外商处于支配地位,才能确保民族汽车工业在吸收消化国外资金、技术中成长壮大。因此汽车工业利用外资政策和对外商投资企业的管理均需不断调整和改善,才能适应汽车工业对外开放,但又力求达到增强民族汽车工业实力的新需求。

第三,如何进一步提高民族汽车产品国际竞争力。现阶段,制约我国汽车产品国际竞争力的因素有:

缺乏规模经济。现有整车规模大的不多,年产超过 5 万辆的汽车厂仅 6 家,最大的东风汽车公司,年产量也仅 18 万辆,人均产量 2 辆,人均产值 1.98 万美元,其余 80% 的厂家年产量不足 1 000 辆。而 1995 年日本丰田公司人均产量达 48.2 辆,人均产值为 134 万美元。世界汽车年年产量超过百万辆的企业 12 个,其产量之和约占世界总量的 77%。日本、美国、德国等汽车生产大国,80%—90% 的汽车产量集中在 3—5 家大型企业。

技术开发能力弱。合资企业引进资金的同时,也引进国外产品,但引进国外产品技术有个消化吸收及国产化过程。由于部分合资企业技术力量不足,很多技术无法消化吸收;即使有一定技术力量,由于合资产品照搬国外车型,消化吸收及国产化的建设远远跟不上国外产品的更新速度。为此,合资企业在产品开发上陷入了一个引进、再引进的长期被动地位,若不如此,又难以保证产品的质量档次,在国内外市场上就缺乏竞争力。企业对长远发展的产品研究、开发则更是差距甚远。

投资盲目造成资源配置效率低。在吸引外商投资中,形成多国多车型引进、造成零部件的多品种、多规格、多系列,对我国汽车零部件的标准化、系列化、通用化带来不利因素,为汽车零部件国产化、批量生产、等效替代等造成一定难度。此外,一些潜力大、热门产品合资过度,导致生产能力过剩。一些产品,外商看好中国市场,成为外商投资热点,一些地区,只考虑地方局部需要,不能兼顾全局利益,造成国内重复建设,生产能力超过市场容量,出现产品结构失衡现象,如轻型车项目,1995年生产能力已达到70万辆,但在一些项目陆续达产后,国内就会出现供过于求,若不能开拓国际市场,生产能力就将过剩而部分闲置。

第四,国内市场保护的负面作用。汽车工业被列入我国跨世纪的支柱产业,因此在2000年前后都将对汽车工业实行保护,保护措施包括关税和非关税措施,特别是相当一些汽车零部件及整车产品将在一段时间内都还实行配额许可证制,保护的时间或许还会延长到21世纪初头几年。但从更长远一些看,随着我国逐步走向贸易投资自由化,对汽车工业的保护也将逐步弱化,关税和非关税限制也会逐步降低和减少,同时逐步开放汽车市场,引进竞争,促进国内汽车生产进一步提高技术和质量。因此在"九五"或稍长一些时间,不仅要求国内汽车生产实现数量增长,而且要提高质量,强化各种竞争力因素,以迎接开放汽车市场的国际竞争新形势。

6.2 多国内产业分析:洗涤用品行业

洗涤用品行业是典型的多国内产业,其产品可贸易性较小,但跨国公司在该行业中的支配程度较高。

6.2.1 洗涤用品行业的外商投资

洗涤用品行业的中外合资始于1987年上海制皂厂与英国利华公

司的合资,接着1988年广州肥皂与美国P＆G公司合资。从1993年开始,国际洗涤用品业的大跨国公司纷纷进入我国投资,洗涤用品行业的合资进入高潮。到1996年,我国洗涤用品行业中的合资企业已有20家,利用外资总额2亿多美元,全行业外商资本占实收资本总额的37.28%,其中,主要的合资企业有15家:

1. 上海利华公司(上海制皂厂与英国利华公司合资),外方控股。

2. 上海制皂有限公司(上海制皂厂与英国利华公司合资),部分合资,中方控股。

3. 上海联合利华公司(上海合成洗涤剂厂、上海日化公司与荷兰联合利华公司合资),全厂新建,外方控股。

4. 上海白猫有限公司(上海合成洗涤剂厂与香港新鸿基公司合资),部分合资,中方控股。

5. 北京熊猫宝洁洗涤用品有限公司(北京日化二厂与美国P＆G公司合资),部分合资,外方控股。

6. 成都宝洁公司(成都合成洗涤剂厂与美国P＆G公司合资),部分合资,外方控股。

7. 广州浪奇宝洁洗涤用品有限公司(广州浪奇公司与美国P＆G公司合资),部分合资,外方控股。

8. 天津汉高洗涤剂有限公司(天津合成洗涤剂厂与德国汉高公司合资),全厂合资,外方控股。

9. 广州宝洁公司(广州肥皂厂与美国P＆G公司合资),全厂合资,外方控股。

10. 张家口联合利华公司(张家口合成洗涤剂厂与荷兰联合利华公司合资),全厂合资,外方控股。

11. 桂林汉高洗涤剂有限公司(桂林合成洗涤剂厂与德国汉高公司

合资），全厂合资，外方控股。

12. 天津宝洁有限公司（天津香皂厂与美国P&G公司合资），外方控股。

13. 四平汉高洗涤用品有限公司（四平市油脂化工总厂与德国汉高公司合资），外方控股。

14. 合肥利华公司（合肥日用化工厂与英国利华公司合资），外方控股。

15. 沙市活力博世洗涤用品有限公司（沙市活力28集团公司与德国博世公司合资），部分合资，外方控股。

此外，还有广东江门肥皂厂，采用中外合作方式引进港商资金。

上述合资企业中的外国投资者，如英国利华公司、荷兰联合利华、美国P&G、德国汉高、德国博世等公司都是国际日用化学工业品行业中的著名大跨国公司，它们进入中国投资，主要原因就是看准了中国这个庞大的消费市场。1995年，我国的洗涤用品产量已达世界第二位，但是人均消费量只有发达国家的1/8，可见市场扩张潜力很大。

6.2.2 洗涤用品行业的发展

洗涤用品行业以合成洗涤剂（粉状、液状）和肥皂、香皂两大类产品为主。在20世纪上半叶我国已经建立了民族肥皂工业，中华人民共和国成立后肥皂工业有了进一步发展。在20世纪60年代初期，我国也已开始进行合成洗涤剂生产。到20世纪70年代末期，洗涤剂产量已达到32.40万吨。改革开放以后，随着人民生活水平提高，对洗涤用品的需求扩大，加上利用外资，引进国外生产技术，洗涤用品的生产有了较快发展，特别是合成洗涤剂产量增长很快（具体见表6-10）。

表 6–10 我国合成洗涤剂产量（1978—1995 年）

单位：万吨

年份	产量	年份	产量
1978	32.4	1990	151.4
1980	39.3	1991	146.2
1985	100.5	1992	166.6
1986	117.5	1993	188.3
1987	119.2	1994	217.0
1988	131.9	1995	299.8
1989	146.6		

资料来源：《中国统计年鉴（1996）》。

到 1995 年，我国洗涤用品全行业共有企业 315 个，当年两类产品产量约为 320 万吨，职工近 12 万人，全年利税 11.6 亿元。其中，生产合成洗涤剂的企业有 99 家，洗衣粉年产量在 2 万吨以上的有 31 家，这 31 家的洗衣粉产量占全国总产量的 80% 以上。

6.2.3 股权结构

在洗涤用品行业的 15 家中外合资企业中，中方投资者是 14 家（有一家中方企业向两家合资企业参股），这 14 家企业原先全部是我国洗涤用品行业中排名前 20 位的大企业，特别是排名前 5 位的大企业已全部合资。在合资之前，这 14 家中方企业的洗衣粉产量约占全行业洗衣粉产量的 35%。可见，洗涤用品行业参与合资的都是国内主要大企业，原来的行业"排头兵"，都变成了合资企业。

在这 15 家合资企业中，只有两家为中方控股，其余均为外方控股。在外方控股的企业中，大多数企业的外方股权比例都很高。其中有 3 家企业的外方股份在 80%—98%；7 家企业的外方股份在 60%—79%，还有 3 家企业的外方股份在 50%—59%。由此可以判断，我国洗涤用品行业中的主力企业已经由国外大跨国公司控股，这些合资企业的期限一般都为50年,从而对我国洗涤用品行业的长期发展产生重要影响。

6.2.4 洗涤用品市场竞争状况

在洗衣粉市场上,除西北地区以外,合资企业在中南、华东、东北、西南地区均有分布,其产销网向全国延伸。这些合资企业在站稳脚跟后,会通过再合资、合作、兼并、收购等方式,将国内其他有实力的洗涤用品生产企业纳入它们的生产经营体系,进一步扩大对中国市场的占有率。例如,广州浪奇保洁洗涤用品有限公司已将广东另外一家生产洗衣粉的企业——广东洗涤用品厂收购,从而使该合资企业成为广东生产洗衣粉的唯一企业。其他一些合资企业也将仿效并准备进行此类收购活动。从产量来看,1994年已合资投产的11家洗衣粉企业实际产量为55万吨,占当年全国洗衣粉总产量35%左右,1995年,投产的合资企业增至15家,其产量占全国总产量50%左右,也就是说,洗衣粉市场已有一半被合资企业所据有。其中以美国P&G、英国利华、德国汉高为主控股的合资企业的产销量为最高。根据这15家合资企业的发展规划,到2000年,其计划产量为150万吨,占全国洗衣粉规划总产量230万吨的65%左右。[①] 由此预测,中国洗衣粉市场在很大程度上将成为世界三大洗涤剂跨国公司控制的市场。

在外资企业的强有力竞争面前,民族企业处于不利境地。有的国有企业只好通过合资解决困难,湖北"活力28"企业开始还被奉为与外资企业相抗衡的民族工业的旗帜,但1996年下半年也与德国第二大洗涤剂厂商博世公司合资,成立了活力博世公司,合资双方共同出

---

① 中国社科院国际投资研究中心:《外商投资研究资料》第二辑。

资 3 000 万美元，外方占股 60%，折人民币 1.4 亿元。"活力 28"市场竞争力不足的主要制约因素是规模，国内的洗涤剂生产企业一般生产能力不过每年 5 万吨上下，"活力 28"年产也不过 10 万吨，而国外一条生产线年产量要达 20 万吨以上。"活力 28"要扩大规模，避免在竞争中被挤垮，就必须扩大投资和产量，在资金难以解决面前，合资是唯一出路。①

在液体洗涤剂市场上，合资企业的优势地位更明显。生产液体洗涤剂的主要合资企业是广州宝洁公司、上海利华公司、上海花王公司（中日合资）。1994 年宝洁公司销售额约 10 亿元，上海利华约 2.5 亿元，上海花王 1995 年刚开始生产。在短期内，我国还没有其他企业具有能与这几个合资企业竞争的实力。

在香皂市场上，合资企业虽然只有 3 家，但 1994 年其产量已达 4.3 万吨，占全国香皂总产量的 27.2%，1995 年其产量已占香皂产品产量的 40%，预计到 2000 年，合资企业产值将占香皂总产量的 50%—60%。按现有洗涤用品合资企业的规划，到 2000 年，其各类产品产量将达到 200 万吨，约占全国规模产量的 52.6%。②

据北京源流资讯调查传播有限公司和《人民日报》1996 年 3 月进行的市场问卷调查表明：世界上几乎所有的日化用品著名厂商都已进入中国市场，国产日化品牌遭受的冲击最为严重，留下的似乎只有两条路：要么合资，要么垮掉。

表现最为明显的是洗发和护发用品市场，美国 P & G 与国内多家企业合资生产的"飘柔""海飞丝""潘婷"等品牌已经占据了半壁江山，以"奥妮洗发浸膏"为代表的国产品牌只能做最后的搏击。

同样的情况也在洗衣粉和香皂市场上重现，虽然"活力 28"在"市

---

① 胡皓东："合资：给洗涤剂行业加'酶'"，《国际商报》，1996 年 10 月 28 日。
② 吴红："谈洗涤用品行业利用外资"，《国际经济合作》，1996 年第 3 期。

场占有率""市场竞争力"①"市场影响力"等3项指标上均居首位,但在"汰渍""碧浪""奥妙"等品牌强大的广告冲击和低价倾销下,也被逼上了合资的道路。香皂市场,"力士"独占鳌头,"市场占有率""市场竞争力""市场影响力"排行前3名均为合资品牌,国产品牌少有能与之抗衡者。②

6.2.5 不同类型合资企业的经济福利分析

上述15家中外合资企业大体上可分为以下几种类型:

①由中方控股的合资方式,如上海白猫公司和上海制皂有限公司。上海白猫公司利用外资对洗衣粉车间、液洗车间、包装车间进行技术改造。在扩大生产规模的同时,注意提高了装备水平,开发了一系列适销对路的新产品,生产面貌焕然一新。其产量、销售额连续两年有较大幅度增长(1994年和1995年分别为20%和35%)。上海制皂有限公司,利用外资改造了香皂大楼,生产格局发生了根本性的变化。这两家公司的中方母体厂(上海制皂厂和上海合成洗涤剂厂)通过机制转换,变成了控股投资公司,在对合资企业参与管理的同时,又入股其他公司,并走出国门建厂,使这两个母体厂向全方位的集团公司发展。很明显,这一类合资形式有助于提高我国民族企业的竞争力。其经验是,中方的股权控制和生产经营决策权的控制。在仅仅是只需要引进境外资金,而并不特别需要由境外合资者带来技术的情况下,与境外投资商合作,而不与国际生产商合作,以便在股权谈判中占据主动地位。这个经验提出的问题是,对于只需要引进资金的国内企

---

① 这里的"市场竞争力"指标,是该调查所界定的含义,主要反映对某种品牌商品的偏好,在调查问卷中通过"您最喜欢的品牌"来测量。
② 北京源流资讯调查传播有限公司:"3.15,让消费者说好!",大型问卷调查统计分析报告,1996年3月。

业来说，是否可以拓宽利用外资的形式，而不只局限于利用外商直接投资。

②中方企业只拿出部分生产设备或车间与外方合资，合资部分由外方控股。如北京日化二厂（熊猫宝洁公司）、广州浪奇公司（浪奇宝洁）、成都合成洗涤剂厂（成都宝洁）。这些合资企业经过一两年的生产经营，证明其效果也较好。未合资部分仍能进行生产经营，并保持中方原有品牌。不仅接受合资部分的竞争激励，而且较易于获得技术外溢效果。但部分合资也有可能出现将债务和退休人员两项包袱留给未合资企业，而合资部分不负担这些包袱的现象。因此，解决企业包袱问题，是部分合资方式能否获得较好效果的一个关键。合资部分的管理也比较规范化，管理层次精简，企业生产规模扩大，名牌效应显著；其销售收入增加，上缴税金总额增加；企业外资到位及利用较好，一方面弥补了流动资金的不足，另一方面加大了技改投入，如成都引进了洗衣粉全自动包装机，北京投入近1300万美元建设了5万吨／年规模的浓缩粉车间。这个经验说明，即便要出让股权，也可以只采取部分合资的办法，从而使民族企业保存自我，建立学习机制，从中得到促进和提高，这要比一合了之更能锻炼职工的经营管理能力。

③全厂合资，由外方控股。如天津合成洗涤剂厂（天津汉高）、桂林合成洗涤剂厂（桂林汉高）、张家口合成洗涤剂厂（张家口联合利华）。这些合资企业在经营管理、企业发展、外资到位等方面同前一类合资企业相似，企业运行正常，但问题是外方股权控制造成外方掌握生产经营决策权，使中方合作方的一些权益不能保证或受到损害，从而实际造成民族品牌竞争力削弱，国外品牌竞争力加强。例如，广州浪奇公司与外商合资，将"高富力"商标独家许可合资公司使用，可是合资公司对该商标的使用做了种种限制，更多地偏重于外方商标，逐步用外方商标取代了中方商标。再如，外商原拟以国外流行的

大比重高活性物的浓缩洗衣粉取代普通洗衣粉，但由于国内的消费水平和消费习惯，洗涤用品市场仍以中方名牌产品为主，合资企业在产销上也只能以中方品牌为主，普遍占销售量的 2/3 以上，有些企业高达 90% 以上。然而，合资企业在广告宣传上，都将外方品牌放在主导地位，对中方品牌的宣传很少，实际上用民族品牌产品的销售收入为外国品牌促销。天津汉高洗涤剂有限公司，其销售收入的 95% 来自中方原有品牌天津加酶洗衣粉，但企业每年投入 5 000 万元巨额资金为外方品牌宝莹洗衣粉做广告，天津加酶洗衣粉的广告费却仅占其 1/20，长此以往，我方民族品牌产品的影响势必逐渐减弱，最后可能被国外品牌所取代。

④中外方共同投资另建新厂，由外方控股。如上海联合利华公司。这类厂投资额相对较大，资金回收期长，中方利益的不确定性较大，但最大的问题是，我们用相当比例的配套资金支持外国控股企业上马，并且出让市场份额使外国产品进入市场，我方的利益应是什么，显然，只有能得到在我方控股企业里外方所不愿转让的先进技术、关键技术时，这样做才是合算的。在合资之前，我国洗涤用品行业的主要企业通过技术引进，其技术装备达到了国际上 20 世纪 80 年代的水平，合资后企业采用的技术装备并不比合资前明显提高，外方并未转让和采用更先进的技术，如提高料浆浓度、提高喷粉能力及相应的控制手段。外商提供的一些名牌洗涤品，其质量是高于国内占主导地位的普通洗涤品，但是，与外国品牌质量相当的产品国内已经能够生产，如高超加佳、高超白猫等洗衣粉。因此花这么大代价建立这种由外方控股的新建企业的必要性不是很充分。

建立上述两类由外商控股的（全厂合资和新建）企业是跨国公司在华经营战略的组成部分。跨国公司通过设立其独资公司，作为伞形公司的"伞尖"，控制其如伞状扩张的合资企业和销售网。如宝洁

（中国）有限公司、联合利华（中国）有限公司、汉高（中国）投资有限公司就是此类公司，它们统筹管理在中国的投资企业。这些外商独资公司将其控股的合资企业的原料供应和产品销售权逐步集中，使合资企业只能成为其生产车间，收益主要靠加工费，而经营则掌握在"伞尖"公司手中，获取巨额利润。这样，合资企业的上下游环节均被外资公司控制，在价值链中只能处在国际分工中的低阶梯层次，从而不利于合资企业和我方投资企业从战略环节中逐步占据竞争优势地位。

⑤中外合作方式。如广东江门肥皂厂，通过引进港商资金，以合作加工方式生产外来品牌，产品全部返销。这种方式属于补偿贸易性质，主要是解决生产就业，企业获取加工利益，虽然不可能有技术进步的明显效果，但有扩大出口和外汇收入的效果。对于沿海中小企业是一种便于进入的方式。

外商投资企业之所以能够迅速扩大在中国的洗涤用品的产销能力，其原因主要是两个：一是我国原有的洗涤用品大中型企业缺乏资金，为了单纯解决资金问题而采取出让股权和市场份额的办法，特别是排头兵企业合资后，引起连锁反应，使其他企业纷纷仿效，从而使外商轻易扩大了在华势力范围。二是我国原有的洗涤用品在产品档次上低于国外同类产品，国内生产没有同一档次的产品与之竞争。但我国从改革开放以来又处在需求增长最快的阶段，使外商投资企业的产品几乎不用采取价格竞争手段，就能做到"贵也有人买"。而国内民族企业却继续在原有产品结构、档次上扩大生产，与同一档次的企业或产品竞争，由此造成生产与需求不对称、生产扩大与需求扩大不对称，实际上给外商留下最有利的"空档"。洗涤用品中原国产名牌的消亡，其原因与此不无关联。

6.3 多国内产业分析:轮胎行业

6.3.1 轮胎行业的外商投资

据初步调查统计,中国轮胎行业利用外资发展迅速,其中外商直接投资是利用外资的主要形式。从20世纪80年代末期由广州市在港设立的圣力业公司与广州轮胎厂合资建立第一家轮胎合资企业——华南橡胶轮胎有限公司以来,到1996年8月,据不完全统计,全国已批准建立22家大中型轮胎合资企业;9家中小型轮胎合资企业;4家轮胎中外合作企业;2家轮胎外商独资企业;此外,还有1家国有轮胎企业和1家合资企业利用海外证券融资方式吸收外资。按类别和合资日期排序,这些企业是:

(一)22家大中型合资企业

1.(广州)华南橡胶轮胎有限公司,1988年(中方控股)。

2. 天津国际轮胎(橡胶)联合有限公司,1989年(中方控股)。

3. 辽宁长征轮胎有限公司,1990年(外方控股75%)。

4. 沈阳和平轮胎有限公司,1991年(中方控股)。

5. 太原双喜轮胎有限公司,1992年5月(外方控股55%)。

6. 杭州中策橡胶股份有限公司,1992年7月(外方控股51%)。

7. 大连中策橡胶股份有限公司,1992年11月(外方控股70%)。

8. 广州宝力轮胎有限公司,1993年2月(中方控股)。

9. 荣成国泰轮胎有限公司,1993年10月(外方控股51%)。

10. 安徽佳安轮胎有限公司,1993年11月(外方控股90%)。

11. 烟台中策橡胶有限公司。1993年11月(外方控股51%)。

12.(湖北)东风金狮轮胎有限公司,1993年12月(外方控股55%)。

13. 银川中策长城橡胶有限公司,1993年12月(外方控股51%)。

14. 重庆中策轮胎有限公司,1993年12月(外方控股51%)。

15. 广州珠江轮胎有限公司,1993年12月(外方控股70%)。

16. 桂林南方橡胶国际有限公司桂林轮胎厂,1993年12月(中方控股)。

17. 大连固特异公司,1994年4月(外方控股75%)。

18. 南京锦湖轮胎有限公司,1995年4月(外方控股75%以上)。

19. 天津锦湖轮胎有限公司,1995年9月(外方控股95%)。

20. 米其林沈阳轮胎有限公司,1995年12月(外方控股90%)。

21. 河北顺达橡胶制品有限公司,1996年1月(外方控股80%)。

22. 沈阳三泰轮胎有限公司,1996年7月(外方控股75%)。

(二)9家中小型合资企业

1. 天津诺曼地橡胶有限公司,1992年9月。

2. 山东荣成橡胶制品有限公司。

3. 天津天合模具有限公司,1994年6月。

4. 徐州摩地轮胎有限公司,1993年12月。

5. 烟台都达轮胎有限公司。

6. 贵州子午胎有限公司。

7. 长春锦通轮胎有限公司,1996年4月。

8. 河南正大轮胎有限公司,1994年12月。

9. 南京江南长荣轮胎有限公司。

(三)4家中外合作企业

1.(呼和浩特)华美轮胎有限责任公司,1994年1月。

2. 广州新星橡胶有限公司。

3.(株洲)湘江轮胎有限公司。

4. 吉多轮胎有限公司,1994年2月。

(四)2家外商独资企业

1.(江苏昆山)正新橡胶(中国)公司,(合资)。

2.(福建厦门)厦门正新橡胶有限公司,(合资)。

（五）2家海外证券融资

1.上海轮胎橡胶（集团）股份有限公司在国外发行股票，占总股本额30.5%。

2.桂林南方橡胶集团公司与香港毅盛置业公司在加拿大多伦多发行股票，筹资9 400万美元。

此外，还有一些合资企业主要是生产轮胎配件产品，由于这些企业属于小型配套协作工厂，兹不一一列举。

根据作者1996年10月参加的研究小组的调查统计，总计到1996年8月，22家大中型合资企业中由外商投入的资金总额为8.488亿美元，若扣除两家由内地在香港投资设立的公司返回内地投资的7 393万美元，真正外商企业投资的金额达到7.749亿美元。[1]当然，内地在港企业的投资也有可能是在海外融资的，因此，香港中资企业对内地的投资一般也可以看作具有资源转移的效果。

按现有资料，轮胎行业"三资"企业为37家，上海轮胎橡胶（集团）股份有限公司发行B股筹集的资金已占总投资额25%以上，因此在政策上已被视同合资企业，故总数可作38家。而1996年全国共有轮胎生产企业130多家，"三资"企业所占比重为29%，但国家重点企业24家中，合资企业占13家，比重达54%，可见"三资"企业在该行业中的重要性已不单纯是靠企业数量来表现了。

6.3.2 22家合资企业的资本构成和技术水平

22家轮胎合资企业的境外公司大致可分为三种类型：第一种是有长久轮胎生产历史，具有较高技术水平的外国公司，如法国米其林、美国固特异和日本石桥，此类公司共3家，占22家大中型合资企业的

---

[1] 王洛林、江小涓、裴长洪、卢圣亮："中国轮胎行业的发展与利用外资"，研究报告，1996年12月（未公开发表）。

13.6%；第二种是有一定生产历史和一定技术水平的外国公司，如韩国锦湖集团、马来西亚金狮橡胶公司等企业，此类企业 4 家，占 18%；第三种是没有生产经验也无生产技术的公司，主要是投入资金，如香港中策公司，这类企业 15 家，占总数的 68%。

在 22 家大中型轮胎合资企业中，除有 5 家由中方控股外，其余都是由外方控股，有的外方控股比例高达 95%。其中由香港中策投资公司控股的合资企业有 5 家，韩国锦湖轮胎公司控股企业 2 家。而且，从 1995 年以来新成立的合资项目都是外方控股，特别是国外轮胎公司在中国的合资项目。

22 家大中型合资企业的原中方企业都是国有大中型企业，在合资过程中，有的只是部分合资，有的是全厂合资，有的属于全厂新建。其中，部分合资的有：

1. 重庆中策，合资范围有斜交胎和摩托车胎部分。

2. 银川中策，合资范围有斜交胎部分。

3. 烟台中策，部分合资。

4. 东风金狮，大部分合资。

5. 安徽佳安，合资范围有斜交胎及半钢丝子午胎。

6. 荣成国泰，合资范围有斜交胎。

7. 广州宝力，合资范围有轻卡子午胎部分。

8. 广州珠江，合资范围有斜交胎部分。

9. 米其林沈阳，合资范围有子午胎部分。

10. 沈阳三泰，部分合资。

全厂合资的有：

1. 太原双喜。2. 杭州中策。

3. 大连中策（移地改造）。4. 沈阳和平（老厂汽车胎合资）。

5. 桂林轮胎。

全厂新建的有:1.大连固特异。2.天津国际轮胎。3.华南橡胶。4.河北顺达。5.南京锦湖。6.天津锦湖。7.辽宁长征。

以上可见,部分合资占有最大比重,全厂新建次之,全厂合资再次之。这说明,外商投资对于负担和处理原中方国有企业中的债务和其他问题上宁可采取回避方式,因此部分合资大大多于全厂合资;若扣除中策公司收购的5家企业外,部分合资的倾向更明显。而国际知名轮胎跨国企业进入更愿意采取新建方式,说明它们希望回避国有企业的旧体制。

如上所述,22家大中型轮胎合资企业中目前有7家是与有轮胎生产历史和有技术的外国企业合资,法国米其林和美国固特异公司是国际上著名的轮胎公司,历史悠久,技术水平较高,通过合资有可能引进一些先进技术和管理知识;韩国锦湖轮胎公司是近期发展很快的公司,其也已进入世界十大轮胎公司行列,技术水平也较高,其在中国建合资企业,也有助于提高中国轮胎生产的技术水平;马来西亚金狮橡胶公司和新加坡佳通公司则属于仅拥有一般技术的公司,这两家公司的合资企业目前使用的技术仍是我国原轮胎厂的技术。因此与此类公司合资合作,在技术转让上不会有较大效果。

6.3.3 22家大中型合资企业的生产规模及生产比重

根据1995年轮胎行业生产统计,22家大中型合资企业中已有20家投产,1995年其产量已接近2 000万条,占全行业当年产量5800万条的33.9%,若加上其他中小型合资企业的产量,可能将超过全国轮胎总产量的40%。20家大中型合资企业的产值(按1990年价格)1995年已达到99.52亿元人民币,占当年轮胎行业产值250亿元的39.8%;若加上其他中小型合资企业的产值,可能比重将超过45%。在这20家大中型企业中,外方控股企业14家,其产量占全行业总产量30%，产值占全行业总产值34.1%。在20家大中型合资企业中，1995年产量超过100万条的已有7家，而且全是外方控股，1995年全行业中产量超过100万条的轮胎企业共16家，合资企业占44%，产值超过10亿元（按1990年价格）的合资企业有4家，而且也是外方控股，占当年全行业中产值超过10亿元的6家企业中的80%（见表6-11）。

表6-11　20家合资企业生产经营情况（1995年）

单位名称	产量（万条）	产值（亿元,1990年不变价格）	收入（亿元）
太原双喜	81.96	4.17	3.37
杭州中策	246.80	12.05	10.08
重庆中策	29.91	1.99	1.60
大连中策	9.76	0.57	0.52
大连固特异	—	—	—
银川中策	169.90	11.04	9.91
东风金狮	220.30	12.40	15.74
安徽佳安	125.94	6.60	5.50
荣成国泰	332.35	16.20	12.02
天津国际	5.50	2.24	2.07
广州宝力	15.85	0.46	0.41
广州珠江	140.00	6.71	5.91
华南橡胶	80.03	2.90	2.50
辽宁长征	85.60	2.91	1.67
沈阳三厂	22.67	1.90	1.67
湘江轮胎	37.17	1.60	1.14
河北顺达	72.80	3.26	2.56
烟台中策	138.82	3.40	2.78
沈阳总厂	17.20	0.96	0.87
桂林轮胎	78.70	5.05	4.36
南京锦湖	—	—	—
天津锦湖	52.76	3.11	2.63
沈阳三泰	—	—	—

（续表）

单位名称	产量（万条）	产值（亿元,1990年不变价格）	收入（亿元）
合计（20家）	1964.00	99.52	87.71
占全行业比重（%）	33.90	39.80	—
外方控股（14家）	1724.10	85.37	
占全行业比重（%）	30.00	34.10	

资料来源：中国橡胶生产协会，1996年8月。

6.3.4 大中型合资企业主要财务指标分析

这里选择12家已有生产经营历史的大中型合资企业1995年的主要财务指标加以分析。

1995年全国57家轮胎定点生产企业的工业总产值比上年增长了9.09%，而12家合资企业中，有6家增长率高于平均水平，有1家接近平均水平，其余5家为负增长。特点是产值超过6亿元的企业都增长，负增长的有两家产值4亿—5亿元的中型企业，其余都是不足2亿元的企业。

综合外胎产量平均增长水平是11.36%，12家合资企业中有7家高于平均水平，其余5家大幅度减产，减产企业与产值负增长企业完全对应。

全员劳动生产率的平均水平是3.1万元／每人年，12家合资企业中，有7家高于平均水平，其余5家低于平均水平，在这5家中有4家是产值产量下降的企业。

职工年平均工资是7335元，高于平均水平的只有6家合资企业，其余6家中的辽宁轮胎厂尽管产值、产量和劳产率都高于平均水平，但平均工资却低于平均水平。

实现利润总额比上年增长的只有银川中策、安徽佳安和杭州中策3个大厂，利润下降幅度比全国平均水平低的有4个厂，其余5个厂的利润下降幅度均高于全国平均水平；实现利税总额比上年增长幅度高于全国平均水平的只有3个厂，其余9个厂都是负数，说明合资企业的税收比上年大大减少；上缴利税总额比上年增长的有7个厂，其余5个厂下降，而且降幅度高于全国平均水平。整体印象是，12家合资企业1995年税收减少，但利润上缴增加。

流动资产周转率高于全国平均水平的有4个合资企业，另有2个企业大体接近，其余6个企业均低于全国水平。说明债务拖欠问题也同样普遍发生在合资企业中。

工业资金利税率高于全国平均水平的有4家合资企业，另有2家接近，其余6家均低于全国平均水平。工业增加值率高于全国平均水平的有5个合资企业，2个接近；工业成本费用利润率高于全国平均水平的有7个；销售收入利润率高于全国平均水平的也有7个。

综合上述各项财务指标来看，1995年12家合资企业中，财务状况较好的有东风、辽宁长征、银川中策、广州珠江、安徽佳安、太原双喜、杭州中策等7家较大型合资企业，这7家企业全是外方控股企业。桂林轮胎厂虽有中等生产规模，但财务状况不良，其余4家合资企业，生产规模偏小，财务状况均不良。由此反映出，企业规模经济对于企业财务状况有直接影响。这必然引起外商投资在生产规模上的重视和考虑。为了获得企业规模经济，一般年生产综合外胎必须达到200万条以上，才能有较好的经济效益。从轮胎销售率看，有11个合资企业均高于全国平均水平，说明1995年中国轮胎市场仍然求大于供，或至少说生产相对过剩的状况尚未出现。因此，企业经济效益和财务状况并不受市场销售影响；而企业财务状况主要取决于生产规模以及由此带来的企业规模经济。从劳动生产率来看，也反映出企业生产规模较大的企业其劳动生产率较高。当然，生产规模较大的企业的管理水平不同、影响成本的各项因素不同，因此其财务状况也不尽一致,这里只就影响企业财务状况的一般的基本因素做一个粗略的分析和揭示。

6.3.5 轮胎行业外商投资发展的原因

"八五"期间以来,外商在我国轮胎行业投资势头很猛,其主要原因有以下几方面:

(一)国际轮胎企业企图占领并支配中国轮胎市场

随着我国汽车工业的发展,我国轮胎行业日益成为很有发展前途的行业。1995年,我国生产的轮胎已达5 800万套,仅次于美国、日本和法国,居世界第四位,出口创汇2亿美元。据有关部门预测,到2000年,我国汽车年产量将达到300万辆,汽车的保有量接近2 000万辆,轮胎的年产量将达到8 600万套左右。这种巨大的潜在市场,促使外商纷纷来华合资或投资建厂。[①]

目前,世界上轮胎行业中50家大厂的前3名就占了整个国际市场销售总额的52%,其前10名就占82%,可见市场垄断程度相当高,唯独中国市场还没有被大面积占领,外商都把中国轮胎市场视为"未被开垦的处女地",千方百计要打进来并争取自己有利的市场份额。继美国固特异公司在大连投资建厂后,加上法国米其林、日本石桥公司,这3家世界前3名大企业都已在中国投资,它们有一流的技术,雄厚的资本,所有合资都要绝对控股,其目的都在于占领并扩大市场份额。韩国锦湖、马来西亚金狮和新加坡佳通这些国际二流企业也借地利之便企图很快在中国市场立足,以便取得自己的份额。因此它们都制订了在中国发展的长期规划。

以韩国锦湖集团为例,它1995和1996年两年已和南京、天津合

---

① 王洛林、江小涓、裴长洪、卢圣亮:"中国轮胎行业的发展与利用外资",研究报告,1996年12月(未公开发表)。

作上了两个300万套的子午胎厂,在南京控股名义上为75%,实际上中方比例已下降,而在天津控股则达95%,下一步它们还想在内地再上两个项目,到20世纪末,要在中国建成3 000万套子午胎的生产能力。日本石桥和沈阳橡胶三厂合作,租用了国家花3.6亿元建成的防弹轮胎生产线,用于生产子午胎,其股金也占75%。法国米其林公司也在沈阳找到立足之地,与沈阳橡胶总厂合作上子午胎生产,股份占90%;美国固特异公司已在大连控股75%,建成了120万套的子午胎生产线。据最近消息,它们不仅要扩大在大连的生产,还要在内地寻找新的合资伙伴。这些外商经济势力强,各家都在中国的大小城市建立了上百个乃至几百个销售网点。除此之外,韩国轮胎公司也在江苏找到了由其控股的合作伙伴。如再加上台商的合资或独资轮胎厂,到20世纪末,中国轮胎市场很有可能出现外商投资企业支配的局面。

(二)国有资本投入不足,民族轮胎工业发展缺乏资金

橡胶工业在历史上产值、利税都占化工的1/3,1995、1996两年以来降到1/4和1/5,尽管如此,仍不失为一个主要行业。特别是轮胎行业,1995年其产值还占化学工业产值的10%,利税占12.7%。对于这样一个大行业,国家投入与其地位很不相称。中华人民共和国成立47年来,国家用于轮胎的总投资仅占化工的2%,严重制约了这一行业的技术进步。"七五"期间情况稍有好转,这个时期,国家对子午胎生产项目总投资为25亿元人民币,其中外汇额度贷款3亿美元。到"八五"后期,形成1 000万套建设规模,800万套生产能力,1995年子午胎产量能够完成计划,主要原因就是"七五"期间加大了技术改造的资金投入。但在"八五"期间,国家虽然批准了12个技术改造项目,但资金不落实,计划投资57.6亿元,但实际只投资了8.4亿元,许多项目只列计划而不给钱,或只给很少的钱,到现在只建成了2项,6项正在

建设，还有 4 项尚未开工。"八五"期间 12 个技改项目共需资金 57.6 亿元，其中国家贷款仅安排 8.4 亿元，有 49.2 亿元要结转到"九五"。"九五"项目到 1996 年 8 月尚未进行安排，因此还看不出国家投入的前景。

技术改造的资金投入主要靠国家安排贷款计划，企业从银行借入高利贷款，形成固定资产后仍要由企业自己负债，还本付息，因此即便获得贷款资金投入，对于企业的财务和发展状况也未必乐观。许多国有轮胎企业的厂长经理们认为，企业不改造没有前途，要消亡，但改造了还本付息包袱太重，还不完的债，变成给银行打工。以华南橡胶轮胎有限公司为例，其一期工程上了 50 万套子午胎，二期工程使生产能力达到 150 万套。光一期工程，企业固定资产投入贷款就达 6.5 亿元，流动资金贷款 2.5 亿元。1995 年，这个厂生产子午胎 80 万条，实现利润 2 540 万元，银行利息支出 6 700 万元，这样企业不但没有利润，反而亏损 4 600 多万元。1996 年预计子午胎产量 120 万套，可实现利润 5 500 万元，但银行利息要支出 9 000 多万元，企业还得亏损 5 000 万元。这样干下去，企业总是感到没有奔头。

正是由于国内资金投入不足，子午胎新生产线靠国内资金难以发展起来，而许多老企业的技术改造也举步维艰，因而给外商投资发展子午胎生产留下可乘之机。根据全国 57 家重点轮胎定点企业调查资料，1995 年 57 家企业固定资产净值为 65.24 亿元，1990 年末为 19.84 亿元，"八五"期间净增额为 45.4 亿元，其中国家投资为 8.4 亿元，其余 37 亿元为企业自筹和外商投资。据作者估算，外商投资为 23 亿元，企业自筹为 14 亿元。也就是说，在"八五"期间，外商投资占轮胎行业资本形成的 50.6%。

"九五"期间，轮胎工业建设投资需 150.7 亿元人民币，外汇 6.7 亿美元，其中向国家申请投资 82 亿元人民币。建设项目总数为 23 个，其中扩建9个，新上5个，配套9个。规模总产量为7 500万条，其中子午胎2 700万条。由于"九五"建设规模较大，如果国家没有较大的投入，仅靠企业自筹资金，就难以保证一些大的技改项目或建设项目按期顺利完成，仍然难以解决资源投入问题，因而外商投资进入的余地仍然很大。

（三）国内企业与外商合资可以享受国家关于合资企业的优惠政策

初期成立的轮胎合资企业大多是与本地的驻外（主要是香港）机构和企业合资，如辽宁轮胎厂与香港金辽实业有限公司（辽宁省办企业）合资，广州轮胎厂与广州市在港企业圣力业公司合资等，其目的都是为了享受国家关于合资企业的各项优惠政策，如进口设备和原料免征关税，所得税可以免二减三，以及在土地使用费方面的优惠，等等。

轮胎行业的合资企业除享受上述一般合资企业都具有的优惠措施以外，还享有其他特定的税收优惠。直至现在，轮胎合资企业只缴10.1%的工商统一税，而国有轮胎企业有17%增值税、10%消费税，还有城建税、教育附加税，综合税率超过15%。尽管从1994年以后，合资企业也要逐渐实行征收增值税，但消费税一项就形成国有企业与合资企业明显的待遇悬殊。在关税上，天然橡胶进口税率高达37%，优惠税率也要25%。而全国生胶进口量占总耗胶量的45%，1995年全国耗胶60万吨，进口大约为27万吨。但1996年4月以前合资企业进口天然橡胶可以免税，而内资企业却没有这项优惠，为了避开关税，流通行业出现了边贸、进料加工乃至走私等，规规矩矩交税进口的也就一两万吨，实际上国家既未得到应得到的税收实惠，而且国有轮胎企业也没有得到成本低的好处。

据作者1996年8月在山东省的调查，轮胎合资企业的各项税收（主要是工商统一税加其他）只占销售收入的10.1%，内资轮胎企业缴纳增值税和消费税及其他则占销售收入的 16.8%。如青岛橡胶二厂 1995 年上缴税收 2.5 亿元，其中消费税占 1.5 亿元，而轮胎合资企业不缴消费税是一个很大的优惠。由于存在上述一般合资企业都享有的国家优惠政策，再加上还享有轮胎行业合资企业的其他优惠政策，许多国有企业都希望合资，如果不是法国米其林公司条件太苛刻，青岛橡胶二厂在对方控股的条件下也会同意合资的。

从 1996 年 4 月 1 日起，国家取消了对外商投资企业进口设备的免征关税优惠，但对 1996 年 4 月 1 日以前签约的项目还分 3 000 万美元投资额以下和以上分别享有 8 个月和 20 个月的宽限期，但对列入国家计划的技改项目的进口设备关税，也由原来的只征半税改为全额征税，而且不享受宽限期。因此在关税一项上，外商投资企业在近一两年内仍享有比国有企业明显的优势地位。技改项目的进口设备征税必然提高国有企业技术改造成本，从而使国有企业技术改造更加困难，而外商投资企业即便不再享有关税优惠，也仍具有其他优惠，因此仍然存在相对优势。

6.3.6 民族轮胎行业的困窘

一些国有企业难于解脱困境，为了解决本企业的生存和发展，通过合资找出路。

轮胎行业本来是一个高利税的行业，投资回报率较高，但从 1994 年起，轮胎行业在 1、2 月份首次出现行业性亏损，当年实现利润 4.15 亿元，比上年下降 56%；1995 年全行业亏损长达一个季度，全部独立核算企业中轮胎企业 93 家，其中亏损企业 35 家，全年实现利润下降到 1.6 亿元，降幅达 72% 以上；1996 年头 5 个月，全行业一直亏损，直到 6 月份才扭亏为盈。在这种背景下，许多国有大中型企业的日子都很不好过。以青岛橡胶集团为例，尽管其核心企业青岛橡胶二厂从 1994 年以来实现利税年年增长，但由于集团内有些大中型企业年年亏损，因此集团合并报表后呈现利税下降,特别是企业利润下降幅度更大。1994年集团实现利润2414万元,1995年利润为负数878万元,1996年上半年亏损额也达316万元,其原因就是由于集团内有两个国有大中型企业连年亏损。

一些国有轮胎企业的困难局面,除了体制改革和企业管理方面的个别因素外,其共有的原因还有:第一是原材料价格大幅度上涨,生产成本急剧上升。如1994年初到1996年上半年,3号烟片胶由每吨7 930元涨到15 000元,上升了89.2%;顺丁胶由每吨6 900元涨到10 450元,上升了51.4%;帘布由每吨30 900元涨到41 500元,上升了34.3%。据初步测算,轮胎成本两年来提高了36.9%,而轮胎提价仅在20%左右,轮胎提价所带来的效益,远远弥补不了原材料大幅度涨价所带来的亏空。从全行业看,每年轮胎耗用生胶60万吨,尼龙帘子布11万吨。仅原材料涨价一项,就影响轮胎行业效益40亿元人民币。

第二是税赋过重,且不合理。24家化工部重点轮胎厂1994年税收为18.4亿元(不含消费税,下同),税利比例为3.52∶1,利润仅占29%;1995年税收为22.3亿元,税利比例为7.38∶1,利润仅占14%;1996年上半年税收为12.5亿元,税利比例为8.64∶1,利润占14%。以上海轮胎橡胶(集团)公司为例,1995年销售收入为28.6亿元,上缴增值税1.8亿元,消费税2.37亿元,两税相加共计为4.18亿元,而实现利润仅为0.2亿元。上海轮胎橡胶(集团)公司是轮胎行业中经营管理比较好的,尚且如此,其他企业可窥其一斑。如从轮胎全行业来看,1995年仅缴纳消费税一项就近20亿元。国家重点企业的状况如此,中小企业的状况就可想而知了,据估计一般都是有税而没有利。由于企业的经济收益主要体现在税收上,税收被国家拿走,企业就失去了自我积累、自我发展的能力。许多国有企业难免陷入财务上的困境。

第三是企业资金周转困难，应收账款年年有增无减。这些年来企业之间拖欠严重，"三角债"问题终难解决，使企业债台高筑，货款回笼困难，这是国有企业普遍遇到的问题。从轮胎行业看，1995年应收账款增加15亿元，增长47.7%。

第四是贷款利率高，企业无力还贷。以北京轮胎厂为例，1970年建厂时，年产量不足万条，配套流动资金为1 000万元，到1995年底，轮胎产量达到150万条，1 000万元流动资金一点没有增加，生产资金只能靠贷款，流动资金贷款超过4.3亿元，每年付利息4 000多万元，企业不堪重负。

第五是市场不公平竞争激烈，内资企业产品市场萎缩。内资企业产品面临两方面不公平竞争，一方面是外商投资企业产品的竞争，另一方面是避税进口轮胎的竞争。由于合资企业产品税率较之内资企业低5个多百分点，因此在生产成本和销售价格上都占有有利条件。拿青岛橡胶二厂同类产品与安徽佳安轮胎有限公司（合资企业）的产品进行比较，价格相差200元左右。例如斜胶胎16层产品，青岛橡胶二厂每套价格为1 020元，安徽佳安公司只要900元；全钢子午线R2014层胎，青岛橡胶二厂每套价格为1 616元，安徽佳安只要1 400元。因此，青岛橡胶二厂在价格上竞争处于劣势，只有靠提高质量争取市场。避税进口轮胎通过边贸、进料加工，以及走私等渠道进入国内市场。据测算，1995年进口达到200万套以上，其中来自日本、意大利和韩国的进口数量都相当可观。由于国外大轮胎厂在国内销售点、服务网点林立，因此这些避税进口轮胎在国内市场上竞争力很强，而内资企业产品往往竞争不过。面对这两方面的竞争攻势，内资企业也采取了许多措施提高自身竞争力，但往往收效不大。如青岛橡胶二厂从1995年起就采取子午胎和斜交胎搭配销售的办法，同时还采取了增加新产品、降低原材料消耗、节约开支等措施,但都没有多大补益。1996年上半年与去年同期相比,企业管理费增加8%,财务费用增加7%,销售成本增加41%,税收增加60%,致使利润降低44%,入不敷出。

1996年上半年由于汽车生产销售不景气,也导致轮胎销售疲软。上海库存近61万套;上海、青岛、辽宁、银川、天津、广州、桂林、杭州、荣城等大厂,销售率大都比上年同期下降5个百分点左右。同时出口产品由于不能及时退税,也致使出口量下降,增加了国内市场压力。

内资企业面临的上述种种困难一时无法解决,因此都把与外商合作合资看成是企业求生存和发展的一条出路。如沈阳轮胎总厂面临停厂和工人待业的威胁,部分设备、厂房出现闲置,因此很快与法国米其林公司谈成子午胎合资的协议,并由外方控股90%,就是出于解决企业生路的需要。

6.4 纯国内产业分析:商业零售业

在纯国内竞争型的产业中,其产品往往是服务,因此可贸易性较小,需求的满足主要通过当地供给,较少通过国际贸易来平衡,而且,跨国公司在该行业中的支配程度较低。商业零售业的特征基本上符合纯国内竞争型产业的定义。

商业零售业是中国加入世界贸易组织过程中有关服务贸易谈判的内容。在我国承诺对外开放的领域中,商业零售业属于应允的范围。在1992年的关贸总协定谈判中,我国承诺在6个沿海开放城市和5个经济特区先行试点。在后来的双边磋商中,一些主要缔约方也曾要求我国开放商业批发领域,扩大开放商业零售,允许外国公司在中国设立销售机构,由外国在华分公司销售其海外母子公司产品,并允许这些机构从事批发和零售业务,允许外国在华分公司从事广告、营销、直接与用户签订合同,对此,我国没有承诺。在国际多边规则谈判中,我国原则性承诺将继续开放,如在 APEC 会谈中,我国承诺将逐步开放对外贸易和国内贸易领域,目前虽然在国内贸易领域中未开放批发业,但实际开放度已超过我国的承诺。

在服务贸易谈判中,我国的原则立场是,在不影响国家经济安全的前提下逐步开放服务市场,开放从沿海向内地逐步过渡,反对将货物贸易与服务贸易一揽子解决的办法。同时,在实行国民待遇方面,考虑到我国与发达国家在服务业领域差距较大,因此只能有条件地适用对境外投资者的国民待遇。在最惠国待遇方面,在谈判未达成协议时,也只能对外国投资者实行有条件的最惠国待遇。

上述情况是我们了解和分析商业零售业外商投资的重要背景。

6.4.1 商业零售业外商投资企业的设立情况

1992 年 7 月,国务院以 82 号函的形式发出《关于商业零售领域利用外资问题的批复》的文件,确定在北京等 6 个城市(北京、天津、上海、广州、大连、青岛)和 5 个经济特区(深圳、珠海、汕头、厦门、海南)试办一批中外合资和合作经营的商业零售企业。但由于该文件至今仍属于内部规定,因此尚未得到公开解释。1995 年 6 月在国家颁布的《外商投资产业指导目录》中,把商业零售、批发和物资供销列入"限制外商投资产业目录"中,只允许有限度地吸收外商投资。同年 10 月,国务院批准在北京试办两家中外合资的连锁商业企业,并特别规定必须由中方控股,经营年限不超过 30 年等。

商业零售业利用外商投资的初衷首先是引进先进的商业销售技术,引进商业零售业的管理经验,其次才是引进资金。由于只是进行试点,审批权便集中在中央政府有关部门和国务院,即由国内贸易部进行中外合资合作双方的资格审查,由国家计委审批双方的可行性研究报告,由对外经贸部审批合同章程和经营的商品目录,最后还要报国务院审批。完成这些审批程序才能在工商行政管理部门登记注册,一般从立项到注册并项目实施要半年时间。很多项目是从房地产开发或物业开始,方能过渡到商业零售经营,因此项目往往又涉及土地批租及房地产业的有关管理规定,因此项目的前期准备工作很多,进入成本较高。

尽管如此,到1996年9月为止,经国务院批准的中外合资商业零售企业总数已达18家,规划建设的商业设施面积总和为140多万平方米,投资额累计13.4亿美元,其中外资7.3亿美元。外商分别来自美国、荷兰、日本、新加坡、马来西亚、泰国等国家和中国香港、中国台湾,其中包括全球零售业排位第一的美国沃尔玛公司,以及荷兰万客隆和日本伊藤洋华堂、佳世客等国际知名商业零售企业。在18家试点企业中,已有7家商场投入运营,目前经营状况良好。

表6-12所述18家试点企业中,由外方控股的企业有7家,中外股份各占一半的7家,中方控股的4家。中方控股基本是微弱多数,而外方控股的企业中,有的外方股权比例达到70%。外资控股企业的目的都是为了扩大在中国零售商业的市场份额。例如日本八佰伴集团已在全球拥有购物中心、百货商店、超级市场、廉价店、专门店等430多家,1995年销售额达45亿美元。1992年八佰伴进入中国第一个项目就是在上海合资建设亚洲最大的商厦——新世纪商厦,并于1996年1月17日开业,营业面积达10万平方米,开业头几天,日客流量逾60万人,日均销售额达300万元人民币。7月1日,八佰伴国际集团正式把总部迁入上海浦东,从而成为第一个把总部迁入中国的世界跨国集团公司。以此为开端,它陆续开展了国际商品流通中心——上海IMM南方商城超级市场、莫狮汉堡、北京西客站百货商店(日本八佰伴国际集

团设立)、无锡八佰伴、苏州八佰伴等一系列合资、合作项目。7月10日,中国第二、江苏第一的无锡八佰伴商贸中心正式开业。八佰伴的目标是在中国设立10家大型百货公司、1 000家超级市场,实现年销售额65亿美元,占八佰伴集团世界销售额的1/2。为此,八佰伴集团将在现代商业领域培养1 000名管理人才,5万名超市员工。同时还将在上海和中国其他地区建立若干八佰伴集团商品开发生产基地,开发生产100个八佰伴品牌的优质产品,并在中国设立100个商品陈列机构。

表6–12　外商投资商业零售业和连锁企业概况(截至1996年9月)

中方合营单位	外商名称	合营企业名称	总投资	注册资本	中外出资比例	建筑面积(㎡)	年限(年)
北京友谊商业总公司	新加坡新城集团公司	北京燕莎友谊商城	1.5亿元	0.6亿元	50∶50	2.2万	17
上海第一百货商店	日本八佰伴国际集团	上海第一八百伴公司	1.2亿美元	0.4亿美元	45∶55	12万	50
天津华联商厦	香港信德集团	天津华信商厦	7亿元	4亿元	50∶50	14.9万	30
天津立达集团	泰国正大集团	正大国际商业大厦	7亿元	2.3亿元	50∶50	12万	30
上海华联	香港华润集团	上海润华有限公司	1亿美元	0.3333亿美元	45∶55	8.53万	50
青岛第一百货商店	马来西亚金狮集团	百威第一百货公司	0.6806亿美元	0.2269亿美元	50∶50	8万	30
大连商场	日本尼齐宜株式会社	大连国际商贸大厦	6.6亿元	2.2亿元	30∶70	12.5万	30
上海市商业开发公司	香港上海实业有限公司	上海东方商厦公司	0.7191亿元	0.3734亿元	49∶51	2.6万	24

（续表）

中方合营单位	外商名称	合营企业名称	总投资	注册资本	中外出资比例	建筑面积（㎡）	年限（年）
广东省糖烟酒集团公司	香港国际百老汇公司	华联百老汇有限公司	1.5亿元	0.8亿元	55∶45	2.1万	30
北京东安集团公司	香港新鸿基有限公司	新东安有限公司	3亿美元	1亿美元	50∶50	15万	30
上海华越公司上海申华	日本佳世客公司	上海佳世客有限公司	0.9452亿元	0.4亿元	30∶70	2.3万	20
汕头特区金银岛公司、汕头中旅、天津华联	泰国陈世贤先生		1亿港元	1亿港元	40∶60	0.4万	30
广州佳景商贸公司	香港正大国际公司	广州天河商业广场	2亿元	0.66亿元	50∶50	20万	50
青岛市供销合作社	日本佳世客株式会社	青岛佳世客有限公司	0.375亿美元	0.12亿美元	50∶50	5万	30
深圳国际信托投资公司	香港沃尔玛易初中国有限公司	深圳沃尔玛易初有限公司	0.2亿美元	0.08亿美元	30∶70	租赁	30
武汉中心百货（集团）股份有限公司	台湾丰群投资有限公司	武汉未来中心百货商场	7亿元	2.33亿元	51∶49	5万	30
外经贸部中国土富产进出口总公司	荷兰SHV-MAKRO公司、台湾丰群投资公司	中土富万客隆有限公司	8.5亿元	3亿元	51∶49		30

（续表）

中方合营单位	外商名称	合营企业名称	总投资	注册资本	中外出资比例	建筑面积（㎡）	年限（年）
国内贸易部中国糖业酒类集团公司	日本株式会社伊藤洋华堂、伊藤忠商（株）、伊藤忠中国集团公司	华糖洋华堂商业有限公司	1.0667亿美元	0.53335亿美元	51∶49		30

资料来源：中国国内贸易部国际合作司，1996年。

深圳建立的沃尔玛合资企业也具有长远的发展目标。美国沃尔玛公司创办于1962年，1995年销售额达940亿美元，相当于人民币约7 530亿元。而1994年中国零售企业百强的销售总额才532亿元，这只相当于沃尔玛1995年销售额的一个零头。目前沃尔玛在全球各地拥有2 133家连锁店和248家购物广场，还有469家会员制仓储式连锁店。沃尔玛中国有限公司也试图在中国开辟自己的各种分支机构，并把沃尔玛的销售方式在中国加以推广，让更多的中国消费者接受沃尔玛的商品和商业文化。

实际上，除上述18家经国务院批准的试点企业之外，各地还有许多未经国务院许可，由地方政府自行批准设立的外商投资商业零售企业。初步统计这类企业数量超过100家（不包括连锁分店），但据业内有关专家估计，全国各地自行审批的商业合资企业不下200家。

地方政府自行审批的外商投资企业主要有六种形式：一是设立中外合资商业零售企业，建设或租用商业设施进行经营；二是设立中外合作商业零售企业，中方以房产作价投入，外方提供经营资金，双方合作经营；三是中方商业零售企业委托外商经营管理，按委托合同向外方支付管理费用；四是外商采取承包或租赁等方式经营百货零售业务，中方提取保底利润；五是生产性"三资"企业的销售部经营百货零售，以及生产性"三资"企业再投资设立商业零售企业（包括各种专卖店）；六是在中外合资房地产项目和宾馆饭店附属的商业设施中，由业主自营或由外商经营百货零售业务。其中，第一、第二种所占比重较大。

地方政府自行审批的外商投资商业零售企业一般多属于中小型项目，而且没有进出口经营权。投资额最高的为7 000万美元，最低不足20万美元，大多数在1 000万美元上下。合资企业外方出资比例最少为30%，一般都在50%以上。合营年限大多数定在20至30年，个别的也有50年或70年。

地方审批的200家企业中，中方合资者既有国有和集体企业，也有联营、私营企业和股份制企业，分属于内贸、外贸、工业、文教等行业，外方投资者分别来自美国、加拿大、英国、法国、德国、荷兰、日本、新加坡、泰国、马来西亚等10个国家和中国香港、中国台湾，其中港商（包括在香港的中资企业）占到80%以上。国外企业大多数是商业零售企业，主要通过其在香港注册的公司来华投资，并以日本公司居多，如大荣、佳世客、八佰伴、西武等日本大型商业集团都已与我国企业合资办零售商店。

200家合资企业的业态分布是，2/3以上为大型百货商店，其余为超级市场、购物中心、仓储式商场和方便店、专卖店等。在这些企业中，开设分店已不是个别现象，如百盛购物中心（外方为马来西亚金狮集团）已达7家，分别设在北京、上海、成都、石家庄等城市。日本八佰伴、大荣、伊势丹集团、泰国正大集团、法国家乐福集团、香港华润集团和屈臣氏集团以及台湾太平洋控股公司等都开设了一些分店，其中有些已实行连锁经营，如华润超市、百佳超市。

6.4.2 外商投资企业的经营特点

进入商业零售业首先要解决的问题是获得营业场地。外商投资企业获得营业场地大体有两种方式，一种是建设新的商业设施场地，即合资双方批租土地，共同开发房地产，双方合作经营；另一种是利用原有的商业设施场地，即租赁或与中方合作，以获得营业场地，如合营双方租用商业大楼，仅投资于经营及相应设施，双方合作经营；或中方提供商业设施，外方提供经营资金，经营由外方负责，中方提取保底利润，或中方以房产作价投入，外方提供经营资金，组建合资公司。

国务院批准的 18 家试点企业，除深圳沃尔玛之外，其余都采取建设新场地的方式。这种方式一般投资规模较大，但具有房地产开发利益。18 家试点企业多数是在 1992、1993 年沿海城市和大城市房地产开发高潮中审批立项，因此投资者都希望从房地产入手，利用房地产的景气收益率收回一部分投资，以充实商业流动资金。从建设项目所在城市来看，合资企业项目从房地产入手具有改造商业设施，改造城区，优化购物环境的效果，因此开始受到普遍欢迎。如上海市商业设施严重老化，进入 20 世纪 90 年代后为了加快上海商业建设步伐，1991—1993 年期间上海市政府批准开工的重大内资建设项目 40 个，总投资达 222 亿元，但还跟不上上海整体功能发展的需要。而在 1992—1995 年 4 年间，上海零售商业引进、利用外资折合人民币近 40 亿元，这对优化上海商业的购物环境，加快上海商业改造和建设的步伐具有积极作用。由于这些原因，在 18 家试点企业的外方投资者中有近一半是房地产商，真正有较大影响的商业零售企业只占 1/3。

但先从房地产开发入手也带来不少问题。由于投资规模大，制约因素多，资金往往难以落实。在 18 个项目中，大多数都需要新建经营设施，并且套建了相当规模的商住楼和宾馆。项目开工后，房地产开发降温，加上中方基本建设贷款不落实和物价上涨因素，部分外商不再积极注入资金，致使一些项目停工。如北京新东安集团，1993年动工，1994年主体封顶，但由于中方贷款不落实，工程进度后来受到影响。又如天津华信商厦工程于1993年6月破土动工，至1995年8月底已完成正负零米以下工程，合资中外方已实际注入资金5.49亿元，其中土地费2.3879亿元，工程费3.1亿元。整个工程投资为10亿元人民币，但该项目从1995年9月就已停工，其主要原因是拥有50%股权的香港信德集团从1994年就开始认为在内地房地产形势转向疲软后，应放慢投资步伐。因此工程项目一拖再拖，直至1995年决定停工。不仅在天津的项目停下来，而且信德在珠海的项目、广州的项目、上海的项目，也都停的停、缓的缓了。此外，由泰国正大集团在天津投资建立的正大国际商业大厦，停工也已1年。

深圳沃尔玛易初有限公司采取租赁营业场地的方式，于1996年8月12日在深圳沃尔玛购买广场迅速开业。该公司注册资本只有800万美元，中外方投资额2 000万美元，外方投资1 400万美元，折人民币1亿多元，投资资金节省得多，但已进入商业经营阶段。

其他由地方政府审批的合资项目，不少也是采取租赁场地的方式，因而具有投资少、见效快的特点。如在天津港保税区注册的天津伊势丹有限公司注册资金只有210万美元，由日方伊势丹、石井公司占股80%，中方天津针织品进出口公司和天津立达国际商场股份有限公司占股20%。合资企业租赁了天津市和平区南京路上吉林大厦内1—5层约14 500平方米场地，经营百货店，租赁期限15年，于1993年12月18日正式开业。1994年和1995年其经营状况分别是：营业额分别达1.52亿元和2.45亿元，利润分别达1 430万元和170万元，上缴增值税分别达800万元和1 390万元。从而成为天津市年销售额超亿元的14家大型零售商场之一，与国务院批准的天津2家中外合资零售商业项目的停工状况成为鲜明对照。

在经营方面,商业零售合资企业具有以下一些特点:

1. 大型零售商场追求规模经济。如上海第一八佰伴有限公司的新世纪商厦,建筑面积14万平方米,营业面积10.8万平方米,10个楼层,87部自动扶梯和升降电梯,10万多种商品,堪称亚洲第一,世界一流。在上海已批准兴办的31家合营企业中,经营精品百货的大中型商厦有21座,其中经营面积在1万平方米以上的有18家。再如北京燕莎友谊商城,建筑面积达2.2万平方米,营业面积1.6万平方米,1995年营业额达到11亿元,1993—1995年3年间,销售额总共达36.7亿元,利税总额达1.7亿元,债务已全部偿还。广东的沃尔玛、百老汇等零售商场营业面积也都在一万平方米以上,日营业额都达100万元以上。

2. 非价格竞争以拉开商品档次为主要战略。许多合资企业经营的商品档次较高。无论是18家试点企业中的已开业企业,还是地方政府审批的开业企业,合营零售商场经营的商品,大多数是内资企业生产的优质名牌产品、"三资"企业生产的名牌产品,以及南方口岸进口的商品。从总体上看,合营企业经营的商品,其质量要高于内资零售商场,因此在不少大中城市其价格也较高。如上海市批准建立的31家合营企业,22家是经营精品百货的大中型商厦,占70%。按照合同和可行性研究报告的规定,合资企业经营的进口商品可占30%,但目前实际经营情况是一般只占5%左右。因此,合资商店中,国产商品仍占其销售品种和金额的主要比重,并未对民族工业生产带来很大不利影响。相反,由于合营企业进入市场,对某些生产行业还起到促进作用。价格较高的商品一般属于档次较高的商品,大多不是生活必需品,消费者选择的余地较大,一般有关部门对其均采取放开经营,任由市场调节的政策而未予干预。

3. 由于在我国大城市和沿海地区,居民的消费水平普遍已较高,因此,同档次商品中的价格竞争仍是重要手段。不少合资企业在实行拉开商品档次的非价格竞争战略的同时,也十分重视采取价格竞争手段。

沃尔玛一贯坚持低价位战略，廉价进货、廉价出货，凡是沃尔玛涉足的地盘，不允许任何一家商店的商品售价比自己低。广州荷兰万客隆商场零售价格很低，该商场一般要比内资商场的售价低8%—12%，以此吸引消费者，招徕顾客。合资企业之所以能实行低价竞销战略其原因是合资企业资金雄厚，能够批量进货、现金结算，不拖欠，因此在与进货生产单位的谈判中处于有利地位，因此对厂家的进货价格一压再压，往往要比内资商场进货价格低8%—12%。而厂家为了讨好购买大客户，往往愿意让步。上海的IMM南方商城，吸引消费者的不仅有8000平方米营业面积的会员制超市，而且主要采取低价策略，商品价格比一般超市便宜10%—30%。上海IMM还向上海及华东地区的著名商厦和100家超市直接配送商品。上海万克隆的价格比内资零售商场的价格低40%。法国家乐福在北京、上海和深圳都设有合资分店，目前最高日营业额已超过100万元。在上海的合资分店1996年的营业额可望突破2个亿。它的杀手锏就是低价、自助，并可使消费者一次性即可购足所需物品。

4. 连锁经营也是合资企业采用的一种经营形式。连锁经营作为一种现代商业经营组织形式被全世界普遍采用，比如它在美国的零售业中占有重要地位，占零售市场的3/5，如沃尔玛、麦当劳、茜尔斯等都是全球性连锁店。欧洲最大、全球排名第五的法国国际连锁集团家乐福，在全球13个国家设有270家大型超市，每年销售额超过330亿美元。进入中国后，法国家乐福在北京、上海和深圳都设有合资分店，采取连锁经营。广东的华润超市、百佳超市、天美超市、南大超市均是采取连锁经营的零售企业。1996年12月，广东天美超市和深圳华润超市以及另外两家内资零售企业广东东莞美佳超市、广州市阳光连锁店有限公司等四家连锁企业还加入了IGA——世界上最大的自愿的零售商组织。IGA在店铺管理、市场营销、商品配送、员工培训和产品开发等方面具有丰富的经验，从而使连锁经营的业态形式和管理经验进一步输入。

5.变相进入批发经营。批发经营领域本来是国家禁止外商投资企业进入的领域,但进入零售领域的外商投资企业有的也采取迂回方式变相进入批发经营。如有的企业采取仓储式配销,如广州万客隆、深圳沃尔玛的分店用仓储式配销鼓励团体购买,实际上是变相的批发经营。还有的采取会员制,如上海IMM南方商城,深圳沃尔玛等,就是以会员制方式限制个人消费者进入,鼓励团体购买,从而变成批发经营的变通方式。特别是仓储式配销,经营成本很低,再加上发展连锁分店和团体客户,成为批发经营中的有力竞争形式。

6.4.3 经营绩效

合资企业的经营绩效总体看比较好,18家试点企业中,7家商场投入运营,经营状况良好。其中北京燕莎友谊商城开业经营时间最长,已达5个年份。1993—1995年销售额达36.7亿元,1995年达11亿元,3年实现利税总额1.7亿元,已还清债务,但试点企业的进出口业务量偏低,在已开业的企业中,年度进出口额占整个销售额的比重不足10%,其主要原因是进口配额许可证不落实和报批手续复杂,使企业对正常渠道进口兴趣不大;合资企业自己没有产品生产,只能出口别人的产品,收购成本高;商业合资企业不享有出口退税政策;合资企业外方多为房地产商,在国外没有销售渠道,只能依靠中间商,出口利润低。由地方自行批准成立的外商投资企业约有一半已经开业,其经营状况大致可分为三类:1.经营尚好,能够获利的约占1/3;2.经营一般,收支大致平衡的占1/3;3.有一部分合资企业经营困难,入不敷出的占1/3。在经营困难的这部分企业中,有些是由于对中国市场的调查不充分,有些则是采取一种"赔钱占市场"的经营策略,上海市到1996年6月底为止,已批准成立了31家具有一定规模的中外合资、中外合作经营的零售企业,其中由国务院审批的试点企业有4家,都是具有进出口经营权的合资企业,其余 27 家都是没有进出口权的中外合作经营企业。31 家企业的总建筑面积为 62.4 万平方米（含非商场面积），总投资额达 7.7 亿美元，协议外资额达 4.87 亿美元，中外双方投资大多为各占 50%。31 家企业中，现已开业的 29 家企业大致有三种类型：1. 经营尚好，能够获利，约占 1/3；2. 经营一般，收支相抵大致平衡，约占一半；3. 经营较困难，入不敷出，约占 16%。已开业企业的经营方式大多为商场招商出租（一般占营业总面积的 70%—80%）。因此，即使目前有的企业经营成本较高，面临不少困难，但由于风险已分散转移到众多的经营商上，所以尚能维持发展。

6.4.4 外商投资企业的市场份额及影响

从全国来看，外商投资企业在国内贸易业中的比重还是微不足道的。

表 6–13 反映，在全国批发零售贸易网点数中，外商投资经济和港澳台投资经济的网点数只占万分之一点三，被忽略不计；其雇用的从业人员数只占 1.5‰；其批发零售销售额只占 4.4‰；其中，批发销售额占比重为 2.8‰，零售额占比重为 1.1‰。所以，外商投资企业在商业零售业的总体进入水平还是低的，对内资企业的竞争影响也还较小。

表 6–13 各种经济形式在国内贸易业中的比重（1995 年）

	合计	国营经济	集体经济	私营经济	个体经济
批发、零售网点（个）	14 961 668	629 513	1 137 198	138 862	12 987 688
批发、零售业从业人员（人）	41 515 693	9 541 929	7 591 288	1 080 549	22 460 801
批发、零售销售总额（亿元）	40 545.3	26 673.5	10 803.1	325.4	
批发销售额（亿元）	32 349.4	22 018.0	8 370.0	190.7	—
零售总额（亿元）	8 195.9	4 655.5	2 433.1	134.7	—

（续表）

	联营经济	股份制经济	外商投资经济	港澳台投资经济	其他经济
批发、零售网点（个）	21 843	11 937	1 013	1 080	32 534
批发、零售业从业人员（人）	128 529	518 988	26 977	36 426	130 206
批发、零售销售总额（亿元）	596.0	1 855.2	74.9	105.1	112.2
批发销售额（亿元）	440.3	1 191.3	33.4	57.9	47.8
零售总额（亿元）	155.6	663.9	41.5	47.2	64.4

资料来源：《中国统计年鉴（1996）》。

但在沿海和少数大城市，外商投资企业的市场份额和影响力要大一些。如上海市1994年开门营业的中外合营零售企业有19家，营业总额为20亿元，约占当年全市社会商品零售总额的2.5%，以外资成分占50%计算，则外商占据上海的零售市场份额为1.25%（见表6-14），到1997年，已批准设立的合营企业可全部开门营业，据估算其营业总额将达到45亿元，此外，外商投资的房地产项目，不少开设有附设商场，到1997年的营业额约可达40亿元，两者合计为85亿元，约占当年全市社会商品零售总额的6.8%，即外商占据上海的市场份额约为3.4%。再如广东省，1996年全省商品销售额比上年增长16%，国有商业增长9.6%，集体商业比上年下降11%，国有集体商业比重从上年26.4%降至24.7%。到1996年10月底，全省20家大型商业企业销售额比上年同期下降9.5%，广州市8家大型国有商业企业有4家销售额下降，利润减少，或亏损增加，政府有关部门人士认为，其中一个原因与外商投资企业争夺市场份额有关。

表 6-14　上海市 13 家合营企业销售情况（1994 年）

企业名称	商场面积（㎡）	销售额（万元人民币）	管理方	是否土地批租
惠罗百货	3 000	7 000	沪方	否
曼克顿广场	10 600	16 400	港方	否
中兴百货商厦	6 000	8 400	台方	否
先施	6 000	10 663	港方	否
鸿翔百货	2 500	11 000	港方	否
摩士达商厦	2 500	12 000	港方	否
华亭伊势丹	11 000	30 000	日方	否
瑞兴百货	7 700	6 900	港方	否
友谊商城	20 000	18 000	沪方	是
东方商厦	26 000	48 000	沪方	否
美美百货	7 000	3 000	港方	否
太平洋百货	31 000	19 000	台方	否
迪生商厦	11 000	4 000	双方	否

资料来源：上海市商业委员会，1996 年。

商业外商投资企业的有限进入和适度竞争，对我国的影响基本是积极的，其主要表现在：

第一，加快了城市商业设施的建设和改造，特别是带动了中高档商业设施的发展，增强了城市的综合服务功能，进一步完善了投资环境。近年来，我国城乡居民消费结构发生了较大变化，消费质量提高，消费热点增多，生活显著改善，而且消费差距不断拉大，特别在南方沿海地区和大城市，高收入消费者不断增加，居民追求中高档商业服务成为新的消费需求。而合营零售企业，大多为环境格调高雅，商品品种新颖，服务水准较高。如上海零售商业引进外资后，商业的品位与档次有了较大提高，整体形象和服务功能有了明显改善。经营精品百货和商厦，商品优质、新颖、高档，繁荣了市场，满足了高收入消费者的需要；同时，为群众日常消费服务的连锁超市、便利店，商品贴近于群众生活消费，品种丰富实惠，方便了群众消费购买。

第二,开业的合资商场起到了"窗口"作用,其经营方式,经营品种和购物环境,对国内其他商业企业和消费者的观念、管理等方面都产生了积极示范作用。例如,连锁商店是我国目前发展最快的一种零售业形式,其发展与引进外资就有很密切的关系。到1996年底,全国已设立800多家连锁公司,10 000多家以上店铺。[①] 仅广东省就有200多家连锁商业企业,年销售额达50亿元。[②] 此外,各种经营形式蓬勃发展,市场经营比重不断发生变化。如超级市场、平价超市、仓储售货、专卖店等的发展都进一步加快。更重要的是,从发展趋势看,零售和批发的界线趋于模糊。因此,开放部分商业批发市场,引进国外先进的批发经营方式和管理模式,是零售商业引进外资后必然的发展。外商投资企业通过变通形式进入批发领域,对于促进国内批发企业转换经营机制,提高国内批发企业经营管理水平,繁荣活跃商品批发市场,推动国内商业提高水平具有积极作用。例如上海市作为试点,已批准设立2家商品配销中心,分别与泰国正大集团、日本八佰伴国际集团合作,其中,与日本八佰伴合作的南方商厦已试营业,与泰国正大合作项目1996年底也可望开业。其他城市也在探索试办一些中外合营配销企业(商品配销中心,商品配送中心等)。

第三,引进了竞争机制。合资商业的到来,既为国有企业树立样板,又形成了竞争对手。许多国有商业企业一方面积极学习国际上先进零售经营和管理办法,促进内部经营机制转换,加速与国际商业接轨;另一方面也看到自己与合资企业的长短处,增强了信心。例如广州市过去有5家大的零售企业,销售额大。但经营管理落后,外商合营企业进入并竞争冲击后,它们感到不改进不行了,请合营企业来介绍经

[①] 严先溥:"29 000亿元难唤春风",《中国经营报》,1997年2月18日。
[②] 老元:"零售业如何面对外资进入",《国际商报》,1996年12月5日。

验,学习合营企业的经营管理和服务,提高科技应用水平,使国有商业的经营管理和服务水平有了明显提高。此外,广东省商业采取许多措施,提高内资商业的竞争能力,如:①大力发展连锁经营,联合小企业,在居民区开连锁店,方便居民;②设立一些规模大、资本雄厚的零售企业与外商合营企业竞争,如深圳市在沃尔玛的对面开了一家国有大商店,针锋相对进行竞争;③发展大型企业集团,以小联大,通过连锁联系起来,形成伸向众多城镇的大型连锁网络;④向外省市发展,建立跨省区的商业经营网络;⑤建设一些配送中心,发挥连锁的作用,与供货单位紧密联系起来。

北京天坛鞋城学习外商合营企业的经验,采取批量统一进货,价格低,经营方式搞连锁,深入居民区,发展到30家连锁店。国有老企业西单商场也在积极探索经营管理改革,实行商品结构差异化经营,认真设计企业形象进行销售定位,在此基础上发展规模化、专业化。王府井百货大楼认识到外商合营企业在价格竞争和连锁经营上具有竞争优势后,1996年聘请了两名外国专家为它们设计百货大楼连锁方案,细分目标市场,精心设计百货业态,增强自身竞争能力迎接未来的竞争挑战。

6.5 税负:不平等竞争因素考察

在若干多国内产业中,外商投资企业在竞争中处于优势地位,其竞争优势来源在多大程度上来自中国政府的税负优惠政策,是需要探讨分析的一个重要问题。

1993年我国制定了新的财税制度并于1994年开始实施。新税制的最大特点是在流转税方面以增值税为主,再辅之以消费税和营业税的特殊调节,在所得税方面,实行统一税率,取消地区和内外差异。对外商投资企业来说,工商统一税改为流转税,所得税按与内资企业一样以33%税率征收。

6.5.1 新税制是否加重外商投资企业负担

新税制的目的是要适应社会主义市场经济体制的需求,为企业创造公平竞争的环境,并加强国家的宏观调控,对外商投资企业来说,也是贯彻"国民待遇"原则的一个必要措施。当然,新税制对不同地区、不同行业和内外资企业会产生不同程度的影响,但从总体上看,新税制是否会加重外商投资企业的负担呢?

下面(表6-15)根据有关部门汇总的"八五"期间已投产营业的外商投资企业的财务报表做一分析。

从表6-15可以看出,1991—1995年,外商投资企业投产营业数增加了2.66倍,上缴各种税费增加了3.19倍,对国家财政的贡献明显增大。但外商投资企业每百元销售收入承担的税费负担却趋于下降,1991年达到8.2元,到税改前一年(1993年)稍稍降至7.9元,1994年仍维持7.9元,1995年则降至6.5元。这说明,从总体上看,新税制不仅没有加重外商投资企业的税负,反而有所减弱。

表6-15　外商投资企业税负状况("八五"期间)

	1991年	1992年	1993年	1994年	1995年
汇编企业数(个)	12 542	19 032	31 733	38 715	45 869
销售收入(亿元)	1 640.20	2 214.80	3 912.06	5 364.17	8 617.71
上缴各项财政收入:	134.50	166.30	308.17	421.86	564.08
进口关税和工商统一税(亿元)	51.60				
增值税(工商统一税)(亿元)	56.90	76.00	141.96	198.89	257.26
营业税(亿元)				23.91	38.97

(续表)

	1991年	1992年	1993年	1994年	1995年
消费税（亿元）				23.71	34.61
所得税（亿元）	10.20	14.30	27.12	35.00	61.23
其他税金（亿元）	13.50	71.00	126.93	73.54	104.71
场地使用费（亿元）	1.70	3.70	10.28	16.38	13.04
土地出让金（亿元）				46.92	49.23
物价补贴（亿元）	0.70	1.30	1.88	3.51	5.01
税负水平（税负/销售收入）	8.2	7.5	7.9	7.9	6.5

资料来源：财政部工交司，1996年。

与国有工业企业相比，外商投资企业的总体税负是轻的。1995年国有工业企业产品销售收入为26 103.11亿元，增值税为1 422.46亿元，其他税费为785.55亿元，合计税负为8.5%。1994年国有工业企业产品销售收入为22 090.41亿元，各项税负为2 047.24亿元，税负水平为9.3%。1993年国有工业企业产品销售收入为22 643.48亿元，各项税收1 637.44亿元，税负水平7.2%。1992年国有工业企业产品销售收入为16 692.86亿元，各项税负为1 409.02亿元，税负水平为8.4%。[1]除1993年国有工业企业税负水平略低一些外，其他各年国有工业企业税负水平均高于外商投资企业的总体税负水平。

另据《财务统计资料》中[2]1992年和1994年汇编的19 133家和31 175家外商投资企业数进行分行业比较，我们还可以看看工业中各个细分行业在新税制实施前后到底发生了怎样的变化。

表6-16反映，1992年上述工业行业的外商投资企业的税负水平极低，不仅大大低于国有工业企业的平均水平，而且也低于外商投资企业的总体水平，医药行业略高一些，但其企业数权重很低，说明绝大多

---

[1] 《中国统计年鉴》，各年。
[2] 财政部编："外商投资企业财务统计资料"，1995年。

数外商投资企业都享受到了低税负的好处。1994年上述工业行业的税负水平有的略上升,有的略下降。下降的有纺织、电子、化工、医药、冶金、煤炭6个行业,上升的有轻工业、电力、机械、建材4个行业。上升幅度较大的是建材行业,即便是建材行业的税负(7.82%),不仅也低于同年国有工业企业的平均税负水平,而且也低于同年外商投资企业的总体税负水平。总起来看,新税制的实行,并没有使工业行业的外商投资企业的税负水平有明显上升,其仍然可以享受到中国政府提供的各种优惠好处,税负水平依然较低。

表6-16 工业各行各业外商投资企业税负水平变化情况(1992年、1994年)

行业	1992年 企业数权重(%)	税金(亿元)	销售收入(亿元)	税负水平(%)	1994年 企业数权重(%)	税金(亿元)	销售收入(亿元)	税负水平(%)
轻工	47.50	19.10	613.47	3.11	43.70	102.39	1 750.71	5.85
纺织	15.50	5.94	241.56	2.46	12.10	12.07	572.00	2.11
电子	10.00	11.92	213.83	5.57	10.00	26.81	642.67	4.17
化工	5.40	3.73	77.93	4.79	6.00	9.84	228.70	4.30
电力	0.20	0.23	50.37	0.46	0.50	9.94	151.29	6.57
医药	1.60	4.16	52.85	7.87	1.90	7.19	99.26	7.24
冶金	1.40	2.45	40.88	6.00	2.30	8.46	211.54	4.00
机械	5.40	5.94	275.68	1.99	7.10	20.14	406.12	4.96
建材	2.90	2.28	48.66	4.69	4.10	12.18	155.72	7.82
煤炭	0.02	0.01	0.20	3.50	0.10	0.16	8.16	1.96

资料来源:财政部编"外商投资企业财务统计资料",1995年。

6.5.2 外商投资企业依然享受的税负优惠

新税制实行前后外商投资企业税负基本没有增加的结论说明,我国对于外商投资企业的优惠条件并无实质性改变。长期以来,我国对

"三资"企业提供了许多税负优惠政策,由此构成了并继续构成外商投资企业竞争的优势来源。这些优惠主要是:

1. 关税

1996年4月1日以前,生产性外商企业在其投资总额项下,进口自用的机器、设备、部分办公用品等免征进口关税;1996年4月1日以后,此项优惠取消,但对4月1日前签约的项目,以投资总额3 000万美元为界,分别给予20个月和8个月的宽限期。

外商投资企业为生产外销产品所需进口的零部件、原材料等进口关税实行"先征后退",此项优惠依然实行。

外商投资企业出口非国家限制出口的商品给予免税,而内资企业不享受此优惠。

2. 所得税

在国家级经济技术开发区(32个)及苏州工业园区,生产性和基础设施行业的外商投资企业的税率为15%,内资企业为33%。

在沿海经济开放区(包括40个省辖市,215个县/市)以及14个沿海开放城市老市区,技术知识密集型和基础设施行业的外商投资企业税率为24%,内资企业为33%。

在国家旅游度假区,外商投资企业的税率为24%,内资企业为33%。

在保税区,生产性外商投资企业的税率为15%,内资企业为33%。

3. 所得税减免优惠

我国对外商投资企业的所得税实行"两免三减"和"五年抵补"的优惠政策,这在各国吸收外资的优惠措施中都是很特殊的。这种优惠的实际意义是,在前5年,外商投资企业可以用盈利首先弥补亏损,直到亏损完全得到弥补;然后才视为进入盈利年度实行"两免三减"。这不仅延长了对外商投资企业优惠的时间(最长可达10年),大大增加了对企业的优惠度,而且留下了避税漏税的空子。外商投资企业从中获得的隐含利润相当大,可知而不可见。

其他减免优惠还有:

"五免五减":从事码头建设经营期15年以上的外商投资企业;在沿海经济特区建立基础设施项目、煤矿、水利和农业开发项目的外商投资企业;在上海浦东新区建设机场、港口、铁路、电站项目,经营期15年以上的企业。

特殊减免税规定:先进技术型的外商投资企业,"两免三减"后,可继续延长三年减半征收企业所得税;产品出口型的外商投资企业在减免税期满后,凡出口产品产值达到当年企业产品产值70%以上,可减半征收所得税;按15%税率征收企业所得税的出口型企业,减按10%征收所得税;从事农、林、牧和设在边远不发达地区的外商投资企业,在减免税期满后,经国务院主管税务部门批准,在以后十年内可继续按减征15%至30%征收所得税。

投资再退税:企业的外商投资者,从企业获得的利润直接再投资,经营期不少于5年的,经投资者申请,税务机关批准,可退还其再投资部分已缴纳所得税的40%税款。

上述对外商投资企业的税收优惠政策至1996年4月以后都还在继续执行,与1996年4月1日相比,除了外商投资企业投资项下进口的机器设备进口关税免征一项有了改变之外,外商投资企业所享受的税负优惠在1996年4月1日前后基本没有变化。

6.5.3 税负优惠的实际利益估算

外商投资企业从国家的税收优惠政策中得到多少实际利益很难准确地计算,但可以从一些财务统计中做一个大体的估算。

从表6-17反映出,在所汇编的已投产开业的外商投资工业企业中,实际缴纳所得税与盈利企业的盈利额相比,实际隐含的所得税率是很低的，从"八五"期间来看，隐含所得税率不过7%—9%。这个所得税率显然比各类国有企业、集体企业要低得多，这是外商投资企业在国内市场竞争中能够居于优势地位的一个不可忽视的因素。实际上，外商投资企业得到的好处不仅是税负低，而且还从国家的优惠中得到实际利益，从而提高了外商的资本收益率。上表也可看出，在"八五"期间，外商得到的税收优惠利益逐年增多，从二三十亿元人民币到一百几十亿元，这些由国家让出的税收利益在外商投资企业的实收资本中所占的百分比依次是：8.9%、4.0%、10.1%、6.4%、5.5%。也就是说，国家出让的税收利益使外商投资企业的资本收益率提高上述这些百分点。资本收益率的提高进而又成为外商投资企业竞争优势的一个来源。

表6-17 外商投资企业的税收优惠利益（1991—1995年）

	1991年	1992年	1993年	1994年	1995年
汇编企业数（个）	12 542	19 032	31 733	38 715	45 869
盈利企业盈利额（亿元）	137.60	200.60	390.39	440.97	675.75
按33%税率应征税额（亿元）	45.41	66.20	128.83	145.52	223.00
实际缴纳所得税（亿元）	10.20	14.30	27.12	35.00	61.23
优惠利益（亿元）	35.21	21.90	101.71	110.52	161.77
隐含所得税率（%）	7.4	7.1	6.9	7.9	9.1

资料来源：财政部工交司，1996年。

6.6 本章小结

①由于我国对外商投资企业产品内销的限制较为宽松，1995年外商投资企业产品内销额已占全国工业企业国内销售总额的14.7%，在国内市场引进了相当程度的国际竞争。但在不同行业，内资企业对这

种国际竞争的反响不同。

②在一些我国原有技术落后,产量低,民族企业也少的行业中,20世纪80年代基本上走的是引进与合资生产的道路,直至20世纪90年代初期,民族企业才开始独立批量生产,加上国内需求量大,市场尚未饱和,因此国内市场中外商与民族企业的竞争尚未引起强烈的反响。而在一些我国已有相当发展,具有一定技术基础,民族企业已较多的行业中,外商投资企业产品大量内销后,使原有内资企业受到竞争压力,引起了程度不同的反响。

③汽车工业是我国国民经济中的支柱产业,它在本章的理论分析框架中属于全球产业,产品可贸易性强,跨国公司在行业中支配程度高。但由于我国原有汽车工业落后,产量低,内需潜力大,因此国际竞争主要表现在国内市场,加上我国有关部门对汽车工业的外商投资给予精心指导,中外合资的股权比例大体上以中方控股为主,因此,汽车工业吸引外资基本上达到了支持民族汽车工业发展的目标,国内市场的国际竞争主要表现为国产品与进口品的竞争。

分析表明,20世纪90年代中期,汽车进口比例明显下降,国内供给的市场占有率提高,由此可见汽车工业的进口替代效果是存在的。当然,这种效果与关税保护及非关税限制是有关系的。由于取消了外贸出口补贴,出口能力的稳步增长便可以反映中国汽车工业的国际竞争力有了提高,特别是汽车零配件出口增长较快,也反映了中国汽车工业的产品质量、技术性能等国际竞争力的因素指标状况。

④但是,未来我国汽车工业成长所面临的挑战仍是严峻的。当前制约我国汽车产品国际竞争力的主要因素是:缺乏规模经济;技术开发能力弱;资源配置效率低;依赖贸易措施的保护。

⑤洗涤用品行业是典型的多国内产业,其产品可贸易性较小,但跨国公司在该行业中的支配程度较高。跨国公司在我国洗涤用品行业的

投资,一方面迅速增加了洗涤用品的产量,满足了国内日益扩大的需求;另一方面对内资企业也造成了较大的竞争压力。由于对洗涤用品行业引进外资没有股权限制,所以跨国公司在中国的投资项目多采取外方控股形式,并利用技术品牌优势取代或挤垮内资企业,在不到10年时间里,由跨国公司控制的外商投资企业就迅速支配了我国洗涤用品市场。据预测,到2000年,我国洗衣粉市场将成为世界三大洗涤剂跨国公司控制的市场,而民族企业在这个行业将丧失竞争力,或充其量只能处于从属的地位。

⑥轮胎行业也属于多国内产业。我国对外商投资轮胎业有一定限制,如1995年发布的外商投资产业导向目录中,对投资斜交胎和子午线轮胎均有一定限制。而在此之前,行业主管部门也做了若干限制规定。但事实证明这种限制的约束十分无力,外商投资在轮胎行业的发展迅速,已建立37家合资企业,其中22家是大中型合资企业。在已投产的22家大中型合资企业中,外方控股为16家,有的股权比例高达95%。据统计,1995年20家合资企业占全国轮胎行业的产量、产值分别达到33.9%、39.8%;其中14家外方控股的合资企业占全国轮胎行业的产量、产值分别为30.0%、34.1%。可见,海外投资者已在相当程度上支配中国轮胎市场。外资企业不仅具有自身资金、技术的优势,而且还享有中国政府给予的优惠政策,因此竞争力较强,而内资企业由于自身弱点加上不平等竞争因素,显示竞争乏力。这种状况若不改变,民族轮胎工业不仅难于提高竞争力,而且有被外商逐步合资吞食的危险。

⑦本章把商业零售业作为纯国内产业的案例加以分析。纯国内行业的产品和服务可贸易性小,需求的满足主要通过当地供给,较少通过国际贸易,跨国公司在该行业中的支配程度也较低。由于商业零售业在我国外资准入中属于限制类,按中央政府规定,利用外资还属于试验阶段,因此外商投资的进入仍然十分有限。即便各个地方政府自行审

批了一些"计划外"外商投资企业,但投资额总起来看仍然不大。外商投资的有限进入和适度竞争,对我国商业零售业的影响基本是积极的。不仅加快了城市商业设施的建设和改造,而且通过合资企业的示范和竞争,在不同程度上提高了我国开放城市商业零售企业的竞争力,促进了商业体制改革和商业经营方式的多样化。

⑧在多国内产业中,外商投资企业在竞争中往往处于优势地位,其竞争优势在多大程度上来源于中国政府的税负优惠,本章的结论是,在"八五"期间,外商投资企业的所得税率实际上只有7%—9%。国家向外商出让的税收利益最高达到一百几十亿元人民币,这无疑提高了外商投资企业的资本收益率,从而使外商有可能利用这种收益转化为其在市场竞争中的措施和手段。

第七章 利用外资与提高产业竞争力的国际经验

7.1 日本利用外资与产业重组

日本经济的成功很大程度上取决于其产业重组的能力,尤其在制造业部门不断发展具有更高生产率和竞争力的产业部门,尤其在第二次世界大战之后,随着日本的技术进步,产业不断升级,制造业中不断出现具有较高附加值的新兴生产部门(见图7-1)。在这个过程中,虽然日本政府的政策主要是发挥国内企业的主导作用,甚至在开始还采取措施限制外国股权投资(但不包括跨国公司采取的其他参与方式),而且在后来的阶段还鼓励对外直接投资,但是,跨国公司在日本的产业重构和新兴制造业的成长中还是发挥了作用,从而对日本产业竞争力的提高做出了积极影响。

1949年日本实施了外汇和对外贸易管理法,其中以选择性进口限制来保护幼稚产业,对付外国竞争者。1950年日本又实施了国外资本引进法,其主旨是积极促进外资引进新的有效技术。在此基础上日本于1952年实施了提倡产业合理化法。在这个法律下,在每个产业中政府扶持一些重点企业,给予特殊待遇,如低利率的特殊融资,进口生产设备的特殊外汇限额和特殊的折旧准备等。[①]这些措施不仅培育了一

[①] 李京文、〔美〕D.乔根森、郑友敬、〔日〕黑田昌裕等:《生产率与中美日经济增长研究》,第334页。

个产业的竞争力,而且为产业结构更新提供了技术准备。

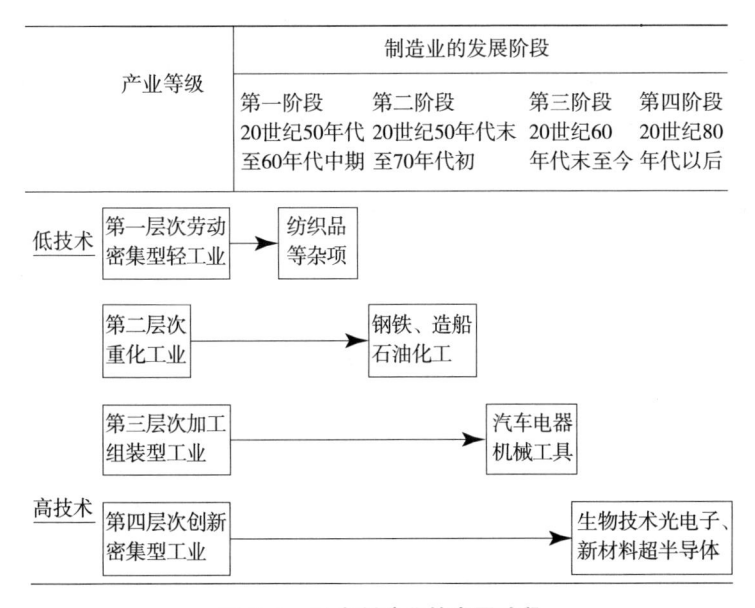

产业等级	制造业的发展阶段			
	第一阶段 20世纪50年代 至60年代中期	第二阶段 20世纪50年代末 至70年代初	第三阶段 20世纪60 年代末至今	第四阶段 20世纪80 年代以后
低技术 第一层次劳动 密集型轻工业	→ 纺织品 等杂项			
第二层次 重化工业		→ 钢铁、造船 石油化工		
第三层次加工 组装型工业			→ 汽车电器 机械工具	
高技术 第四层次创新 密集型工业				→ 生物技术光电子、 新材料超半导体

图 7-1 日本制造业的发展阶段

资料来源:Ozawa, T. (1993), "Foreign Direct Investment and Structural Transformation: Japan as a Recycler of Market and Industry," *Business and the Contemporary World*, 5 (2), pp.129-150。

7.1.1 外资流入及与外国跨国公司的联系

战后初期,日本不鼓励吸收外国直接投资,新兴产业的发展主要靠国内企业来推动,因此,日本利用外国跨国公司的特定优势主要是采取非股权的合同安排方式,例如许可协议和分包生产(Subcontracting),通过这种安排来获得先进技术,而不是通过外国直接投资流入来获得技术转让。

在战后的最初阶段,美国跨国公司对于提高日本轻工业的国际竞争力发挥了特殊的重要作用。这个时期在日本被称作"盲人贸易时期"

(the days of blind trade），因为日本公司没有海外商业信息的收集和传送渠道，一切生产过程，包括产品设计、式样、规格、价格以及产品包装都完全听从外国企业的安排。例如，美国跨国公司向日本服饰生产商传授各种知识，怎样设计产品，提供式样技巧，以及让日本生产的产品进入它们自己的营销渠道，从而向日本出口商打开了更多地进入美国市场的机会。事实上在20世纪50年代初期，美国服装跨国公司是把日本作为其海外低劳动成本的分包生产基地的第一个主要国家。正如一项研究所指出的那样："早期的服装进口商几乎专门与日本大贸易公司合作，尤其是三井（Mitsui）公司。美国进口商提供自己购买或自己生产的产品样品，然后在日本利用廉价成本进行生产。"正如一些美国进口商所说："我们教会他们如何生产时装，如何捆扎纱线并打包，等等。"[1] 日本厂商的学习方法经常采用模仿制作方式。在其他轻工业部门中，例如体育用品和鞋子等行业的发展中也大体相似。在战后初期，日本就是把出口业务作为一种学习方式，占据零售业务环节的西方跨国公司则作为他们的导师，日本在这种相互关系中建立了自己的比较优势和相对竞争力。

从20世纪50年代开始，日本政府就鼓励日本汽车公司向外国跨国公司学习，政府批准合资企业，并用稀缺的外汇进口外国组装产品中的某些部件，从而按外国的模型要求进行局部装配。被批准的合资企业有：1952年日本日产公司与英国奥斯汀建立的合营企业（Nuissan-Austin）；1953年五十铃公司与英国罗斯公司建立的合营企业（Isuzu-Rootes）；1953年日野公司与法国雷诺公司建立的合营企业（Hino-Renault）；1953年三菱重工与美国公司建立的合营企业，其汽车部分后来成为三

---

[1] Bonacich, E. and David V. Waller (1994), "Mapping a Global Industry: Apparel Production in the Pacific Rim Triangle," in Bonacich, E. (ed.), *Global Production: The Apparel Industry in the Pacific Rim*, Temple University Press, pp.21–41.

菱摩托和奥弗莱的合营企业。这些局部装配的合资企业在期限上都很短，其主要功能是为了帮助日本汽车厂商学习大规模生产的基本技术。[①] 日本学者认为这种收益不高的生产的目的是学习，学习技术和管理，使之成为未来竞争优势的来源。日本的汽车厂商开始先从西方汽车跨国公司那里得到技术转让，但它们并不满足于局部装配生产，它们改革了生产组织和管理，最后成为世界汽车工业的有力竞争者，而且还通过对外直接投资，使英国和美国的汽车工业发生了结构变革。

除了第二次世界大战后初期美国政府给予的特定项目的"援助"之外，日本还是通过各种方式吸收了不少外国资本来发展本国产业。据统计，1949—1970年，日本吸收的外国资本累计达到139亿美元，其中大部分是美国私人资本。[②] 如在证券投资累计额58.97亿美元中，美国外资为37.21亿美元，占63.1%。

美国私人资本在1960年以前大都以贷款的形式输入日本，1960年以后直接投资的比重日益增加。1960年前后输入日本的外国资本（80%以上为美国私人资本）的变化情况如表7-1：

表7-1　日本吸收外资形式的变化

单位：百万美元

年份	股份投资	证券投资	公司借款	银行贷款	外汇贷款	合计
1950—1959	100.1	1.4	0.1	726.0	30.0	858.5
1960—1963	540.2	3.3	0.4	1 377.1	431.3	2 352.3
合计	640.3	4.7	0.5	2 104.0	461.3	3 210.8

资料来源：大蔵省『財政金融統計月報』、1964年5月号。

1962—1969年日本引进外资（其中大部分为美国私人资本）的情况如表7-2所示：

---

① Ozawa, T. (1994), "Japan's External Asymmetries and Assembly Industries: Lean Production as a Source of Competitive Advantage," *Transnational Corporations*, 3 (3), pp.25–52.

② 総理府統計局『日本統計年鑑』、1970年；『日本工業統計 (1970)』。

表 7–2　日本吸收外资的形式

单位：百万美元

年份	股份投资	其中：参加管理者	证券投资	公司借款	银行贷款	外汇贷款	合计
1962	164.7	22.6	0.7	0.1	358.4	155.0	678.9
1963	185.3	42.7	0.8	0.2	503.9	194.1	884.3
1964	84.8	30.6	1.8	0.9	650.8	174.5	912.8
1965	83.3	44.6	0.4	2.7	379.6	62.5	528.5
1966	126.7	39.8	0.4	0.3	329.7	—	457.1
1967	159.8	29.8	0.3	0.1	637.5	50.0	847.8
1968	670.0	52.7	0.3	0.0	947.4	219.0	1 836.6
1969	2 462.9	53.8	0.2	0.5	789.6	235.0	3 488.2
合计	3 937.5	316.6	4.9	4.8	4 596.9	1 090.1	9 634.2

资料来源：総理府統計局『日本統計年鑑』、1970 年、第 307 ページ。

从表 7-1 及表 7-2 可见，1950—1959 年直接投资（股份投资）同贷款之比为 1∶7；1960—1963 年为 1∶2.5；1962—1969 年为 1∶1，可见到 20 世纪 60 年代末期，外国直接投资的比重提高了。

又据统计，以购买股票方式在日本进行的外国投资（其中美国资本占 60%—70%），1950—1969 年累计达 42.41 亿美元；1970—1971 年又激增了 39 亿多美元。[1] 这些情况说明，外国资本已越来越深入地渗透到日本企业中，外国资本大都集中在电力、钢铁、机械、石油、运输等基础工业部门。

日本企业在吸收美国私人资本中，经常采取吸收其技术投资的形式，而且这种形式的数量不断增长。所谓技术投资，即美国跨国公司以对日本企业提供的技术为基础，而取得对该企业的支配权和管理权。战后日本经济的一个极大弱点是技术水平低，日本企业为了提高技术水平，增强在国际市场上的竞争能力，因而大量引进外国先进技

---

[1] 『東洋経済統計日報』、1972 年 5 月。

术，主要是美国技术，从战后截至1972年3月底，日本共输入外国技术10 182件，其中60%以上是由美国大公司进口的。[①] 美国输往日本的技术投资，也大都集中在石油、机械、钢铁、电力、化学等重要工业部门。

由于上述原因，日本大企业与美国跨国公司都有各种投资或技术合作关系，据1969年统计，日本三菱、三井、住友、第一这四大企业与美国跨国公司的合作方式见表7-3及表7-4。

1969年美国11个大跨国公司所属的41个公司也与日本的企业合办了66家合营企业。

表7-3　日本大企业与美国跨国公司的合作方式

日本企业	与美国跨国企业合办的企业数（个）	接受美国私人银行贷款的企业数（个）	接受美国企业"技术援助"的件数（件）
三菱	18	29	156
三井	17	10	70
住友	14	22	77
第一	7	5	17
合计	56	66	320

资料来源："日本垄断资本与军国主义"，香港《经济导报》，1971年第1228—1230期。

表7-4　美国跨国公司与日本企业合办的企业数

单位：个

美国公司名称	属下公司数	与日本设立合办企业数	美国公司名称	属下公司数	与日本设立合办企业数
摩根集团	13	17	波士顿集团	1	2
洛克菲勒集团	4	11	万国宝通集团	2	2
杜邦集团	4	12	美国银行集团	1	1

---

① 大藏省『財政金融統計月報』、1969年5月号；『東洋経済統計日報』、1972年5月。

（续表）

美国公司名称	属下公司数	与日本设立合办企业数	美国公司名称	属下公司数	与日本设立合办企业数
美伦集团	5	7	摩根—洛克菲勒集团	3	4
芝加哥集团	5	7	洛克菲勒—美伦集团	1	1
古尼-普兰德集团	2	2	合计	41	66

资料来源："日本垄断资本与军国主义"，香港《经济导报》，1971年第1228—1230期。

据日本书刊资料，1966年，日本石油化学工业部门有13个美日合办企业，机械制造部门有5个合办企业。1968年，非铁金属部门有10个合办企业和两个美资有关系的企业；原子能部门，5个机构中有4个完全依靠美国技术。又据日本官方材料，1968年上半年，日本全国外资企业有527家，其中333家是纯粹美资或美日合资企业。据日本经济研究机构调查，1970年日本全国外资企业已超过800家，其中利润最大的246家属于纯粹美资或美日合资企业。[①]

20世纪70年代以后，日本重工业部门为了进一步提高技术水平，增强国际竞争能力，加强了与美国军火工业生产商的经济技术合作。日本三菱重工等大企业在20世纪70年代与美国五角大楼和军火工业巨头有着广泛接触。通过扩大日本企业的军需生产，日本企业从美国工业中得到更多的经济和技术资源的输入。

7.1.2 引进技术是利用外资中的主要目的

日本吸收外国资本，很大程度上是为了引进国外先进技术，并促进本国的技术创新和发明。1955—1965年期间，日本主要是通过积极引进欧美先进技术发展本国制造业。1965年以后，在引进技术的同时，

[①] "日本垄断资本与军国主义"，香港《经济导报》，1971年第1228—1230期。

又自主地进行技术的发明创造,推动国内技术进步。到20世纪80年代,日本政府提出,要从过去的"改良型"(或叫"收割型技术")转变为"播种培育型技术",通过开发智力资源,进一步提高技术水平,推进创造性自主技术的研究开发,并使之产业化。在20世纪70年代以前,技术主要靠引进,因此日本国内研究开发经费还比较少。1965年,日本研究开发经费约占国民总产值的1.52%,比较欧美工业国的2%—2.5%低,从20世纪70年代以后,比重不断增加,1980年曾达到3.22%的高峰。[1]日本政府打算到1990年要稳定在3%左右。在20世纪70年代末和80年代初,日本政府对技术开发资金的投入比重上也还比较低,国内技术开发资金的分担大体是政府占30%,企业占70%,而欧美工业国大体是各占一半,从20世纪80年代以后,日本政府也逐步提高了技术开发资金的比重。

日本利用外资的政策,重在引进国外先进技术,这体现在《外汇及外贸法》和《外资法》的规定及其运用中。凡根据1950年日本政府的《外资法》规定所鉴定的外资项目,其外国技术的输入,合同期限超过一年,费用以外汇支付的叫作甲种技术输入,这种输入方式需要经过外资审议会,大藏省等部门批准;另一种叫作乙种技术输入,即根据《外汇及外贸法》鉴定的合同,期限在一年以下,费用以外汇支付,如果期限超过一年,费用以日元支付而无权兑换外汇,这种输入方式只需经过日本银行的批准。

据日本政府统计,引进技术在20世纪50年代每年平均达230件,20世纪60年代猛增为1 000件,进入20世纪70年代后每年超过2 000件。截至1975年12月,日本共引进外国技术25 777件。[2]甲种技术

---

[1] National Science Board (1985), *Science Indicators: The 1985 Report*, U.S. Government Printing Office; Bureau of the Census (1986), *Statistical Abstract of the United States: 1987*, U.S. Government Printing Office.

[2] 日本丸の内調査センター編『日本における外国資本の状況(1968)』、第102ページ;『読売年鑑(1973)』、第956ページ;『読売年鑑(1977)』、第957ページ。

输入是日本引进外国技术的主要方式,在 1950—1975 年的 25 年间累计共达 16 692 件,其中属于机械工业的项目最多,达 8 573 件,占一半;其次属于化学工业的,达 2 318 件;属于纤维制品方面的有 1 275 件;此外,还有金属及金属制品,铁矿及有色金属,石油以及塑料工业等。① 引进的技术,主要来自美国,大约占 60%,此外联邦德国、英国、瑞士、法国等各占一定的比重。

据统计,1965 年日本因引进外国技术支出款项为 1.66 亿美元,1970 年增加为 4.33 亿美元,1975 年达到 7.12 亿美元。② 又据日本科技厅统计,1950—1973 年,日本引进技术总计花费 43.6 亿美元,引进 21 863 项外国技术,这些技术的 49.1% 来自美国。③

日本引进国外先进技术主要通过以下三种方式:

一是大量购买技术许可证和专利权。从战后到 1970 年 4 月,日本向国外购买了约 13 000 件许可证和专利权,其代价和推行费用大约为 60 亿美元,而产生这些专利权和许可证的科学研究和试验的直接和间接费用总额估计约为 1 800 亿—2 000 亿美元④,即引进的费用与其所产生的收入的比率大约为 1∶30,这是日本从国外跨国公司的合作中得到的巨大利益。

二是通过建立一系列新兴工业部门引进新技术。第二次世界大战后,日本不断发展新兴工业部门,如汽车、石油化工、精密机械、合成纤维、电子、家用电器等,日本只用了 15 年时间,就走完了发达资本主义国家经过半个世纪才实现的重化学工业化的过程。在建设新兴工业部门中,日本大量进口国外先进的机器设备,成为引进国外先进技术的一

---

① 日本経済企画庁調査局編『経済要覧』、1977 年、第 234-235 ページ。
② 『科学技術白書 (1976)』。
③ 日本科学技術庁振興局『外国技術輸入年度報告』、1973 年、第 27 ページ。
④ 日本政治経済研究所『日本機械工業』、1960 年、東洋経済新報社、第 200 ページ。

种方式,其机器设备进口总额的半数以上也是来自美国,因此在相当长一个时期,日本对美一直处于贸易逆差。

表 7-5 反映,在 20 世纪 60 年代中期以前,日本进口贸易对美国的依存度达到 1/3,而且一直处于贸易逆差。可见在日本工业化和建立新工业中,对美国资本货物和机器设备的进口需求一直很强烈。

表 7-5 日本对美国的贸易逆差(1955—1965 年)

	1955 年	1956 年	1957 年	1958 年	1959 年	1960 年
出口金额(十亿日元)	164.2	198.1	217.1	248.6	376.8	396.6
占出口总额(%)	22.7	22.0	21.1	24.0	30.2	27.2
进口金额(十亿日元)	278.6	384.2	584.3	380.2	401.6	559.3
占进口总额(%)	31.3	33.0	37.9	34.8	30.9	34.5
差额(十亿日元)	-114.4	-186.1	-366.7	131.6	-24.8	-162.7
	1961 年	1962 年	1963 年	1964 年	1965 年	
出口金额(十亿日元)	384.2	504.1	542.5	663.0	892.5	
占出口总额(%)	25.2	28.5	27.6	27.6	29.3	
进口金额(十亿日元)	754.5	651.2	747.8	841.0	851.8	
占进口总额(%)	36.1	32.1	30.8	29.4	28.9	
差额(十亿日元)	-370.3	-147.1	-205.3	-178.0	40.7	

资料来源:総理府統計局『日本統計年鑑』、1970 年、第 307 ページ。

三是日本从 1955 年开始,进行了大规模设备投资和设备更新,从而对国外新技术的需求不断增长。20 世纪 50 年代后半期和 60 年代,日本设备投资是以私人企业设备投资为主的。日本私人企业的设备投资,1955 年度为 9 601 亿日元,而到 1970 年则增加为 147 207 亿日元,增加了 14.3 倍。[①] 在重要资本主义工业国中,日本私人企业设备投资比重是最高的。以 1970 年为例,日本私人企业设备投资在国民总支出

---

① 日本経済企画庁調査局編『経済要覧』、1972 年、第 57 ページ。

中所占比重为20.1%，而其他主要资本主义国家只有6.4%（美国）至16.7%（联邦德国）。[①]

由于设备投资大量增加，设备更新便极为频繁。制造业法人企业的设备折旧率，1950年为4.78%，而1971年折旧率就提高到13.3%。日本的大部分机器5年左右就更新一次，这使工业生产能力在新技术基础上迅速提高。1955年超过6年以上的老机器占日本全部机器设备的43%，1964年下降为27%，10年间减少了15.8%。[②]频繁的设备更新和大规模设备投资，引起了对国外先进技术装备的较大需求，机器设备进口成为引进新技术的一种重要形式。

由于大量引进国外先进技术，1955—1966年日本工业劳动生产率平均每年增长9.4%，而增长中的56%是由于设备水平的提高，44%是由于新工艺的采用，[③]而后者又大部分是由于外国先进技术的引进。以1968年为例，日本的工业总产值为1 400亿美元，在外国工艺基础上生产的产品达到168亿美元。1965年电气机械制造业总产值为2 445.5亿日元，其中由于技术引进的产品价值755.2亿日元，后者占30.9%[④]大量引进新技术最突出的作用，就是迅速提高生产率。日本全部产业以金额表示的劳动生产率（粗附加值÷在业人数）以1955年为100，1970年增至398，制造业增至424，而一些主要工业部门增加得更多：金属冶炼430，电气机械469，运输机械579，化学639，一般机械653。[⑤]

---

① 『エコノミスト』、1997年5月18日号、第141ページ。

② 日本経済企画庁『資料 経済白書二十五年』、1972年、日本経済新聞社、第206ページ。

③ 『オリエンタル エコノミスト』、1968年第688号、第14ページ。

④ 〔苏〕阿·米·沙尔科夫：《日本和美国》，复旦大学资本主义国家经济研究所译，上海人民出版社1974年版，第322页。

⑤ 日本東洋経済新報社編『経済統計年鑑1974』、第272ページ。

7.1.3 引进技术与产业竞争力

引进国外先进技术极大地提高了日本产业的国际竞争力,使日本得以利用扩大出口推进经济高速增长。在出口贸易中,由于日本的产品成本低,竞争力强,加上 1971 年前又多年享有稳定的低汇兑率(360 日元兑换 1 美元)的好处,出口扩张势头很猛。1950—1970 年,日本出口每年平均增长 19%。[①] 仅 1963—1973 年,日本出口额就增长 4.7 倍,同期联邦德国增长 2.6 倍,法、意 2.5 倍,美国 1 倍,英国 0.5 倍。[②] 日本出口的增长率既高于国民总产值的增长率,也高于日本工业的增长率。

出口商品结构的高级化也反映了日本产业竞争力的提高。战后初期,日本的出口商品仅限于几种轻纺工业品,随着重工业化学工业的发展,钢铁、汽车、船舶、化肥、收音机、电视机、照相机以及磁带录音机等陆续成为重要的出口商品,从而很快提高了出口额。1955 年出口额为 20.1 亿美元,1972 年增加到 285.9 亿美元,增加了 13.5 倍;其中重工业化学工业品的比重已由 36.8% 提高到 77.2%。由于日本商品出口的迅速增长,它在世界商品出口中所占的比重不断提高,1955 年为 2.2%,而 1970 年提高到 6.2%。[③] 这样,日本生产对国外市场的依赖程度也迅速提高了,1950 为 18.3%,1971 年达 34.4%。[④]

当日本企业丧失劳动密集型产品的国际竞争力的时候,它们面临转移产业至海外或结构调整的选择。当这些公司在海外建立生产基地时,它们包成为跨国公司,它们只是具有边际效率的中小型企业,而那

[①] 『世界週報』、1972 年 2 月 15 日、第 73 ページ。
[②] 高橋亀吉『戦後日本経済躍進の根本要因』、1976 年、日本経済新聞社、第 381 ページ。
[③] 金森久雄『わたしの戦後経済史:エコノミストの 50 年』、1995 年、東洋経済新報社、第 231 ページ。
[④] 『世界週報』、1973 年 4 月 24 日、第 51 ページ。

时大企业却有能力在国内生产中调整结构。

当日本进行产业高级化的结构调整时,政府和私人企业合作通过各种非股权形式从外国跨国公司那里获得技术。在这种技术转让和吸收知识的制度性安排渠道中,虽然没有发生直接投资,但跨国公司仍发挥了重要作用。无疑,在这个过程中,日本产业的技术竞争力的改良,导致了其出口竞争力的提高。

7.1.4 日本对外投资及产业竞争力的保持

20世纪50年代的外汇管制限制了日本对外直接投资。当这种管制逐渐放松,日本对外投资开始发生,从而促进了国内的结构调整进程。日本的对外直接投资经历了4个阶段:寻求廉价劳工;寻求资源及后来的"清洁环境"(house-cleaning);加工组装;寻求联盟。这些类型的对外投资缩小了丧失竞争力的国内产业从而加快了日本产业的结构调整进程,而且为有竞争力的产业提供了新增资源。转移到海外的产业不仅重新获得竞争优势,而且避免了贸易摩擦。

对外直接投资的最初动力来自转移轻型劳动密集型产业的需求,这些产业开始促进日本的工业化进程,但随着非熟练劳动的短缺和工资上升而丧失竞争力。1955年,食品、饮料、烟草、纺织、服装、皮革制品等产业占制造业产出的75%,并占出口额的44%。1969—1973年,当这些产业的份额迅速下降时,出现了对外投资的第一次浪潮,当时轻工业对外投资占对外总投资的44%。日本劳动密集型制造业大多数是中小型企业,它们在邻近国家和地区寻找生产基地,如中国台湾、韩国、中国香港和新加坡,这些地方不仅有丰富的廉价劳工,而且社会文化障碍较少,因此交易成本较低。

产业转移型投资使资源配置从低效部门释放出来,特别是劳动力和工业场地。如果没有这种资源释放,结构调整就不可能平稳进行。

反过来,结构调整也释放边际产业中的另一部分资源,如技术、机械,使这些在国内已成为无用之物的生产资源转移到别国从而延长了它的竞争力生命,并使东道国在利用这些资源中提高本国产业的竞争力。

到1970年,日本制造业已较少依赖轻工业而在生产和出口中较多依靠现代化的重化工业和机械、交通设备制造业。但重化工业不仅需要扩大生产空间,而且要进口大量自然资源(包括能源),更重要的是,它的严重污染问题使它的进一步发展都受到实际上和环境上的制约,从而再次发生了结构调整的要求。促使日本制造业朝更少耗费资源,更少污染,更多知识密集的产业,如汽车和电器产业方向发展。1978—1985年,日本对外投资中,金属制品工业、化学、石油和煤炭制品业的对外投资比重上升了。与前一次对外投资高潮对产业结构调整的作用一样。它排除了失去竞争力的产业,为有潜力的产业释放了资源,尤其是日本开始把资源密集型产业移植到资源供给国家,如矿产加工和炼铝工业,为国内工业"清洁了环境"。

到1980年,汽车和电器(尤其是家用电器)几乎占制成品出口的2/3。这些产品带来的大额贸易顺差导致日本与北美、西欧主要贸易伙伴的贸易摩擦。这时,加工组装型产业的对外投资一方面可以缓和摩擦,而且还能继续利用日本企业的竞争力去扩大市场,但这不是通过出口,而是通过对外直接投资。1986—1990年第三波的日本海外投资高潮中,机械和交通设备在制造业对外投资中占一半。这除了有助于日本产业扩大市场,而且还有助于东道国汽车工业提高竞争力,包括英国和美国。

进入20世纪90年代,由于日元迅速升值,日本工业生产中的一部分,特别是附加值相对较低的生产部门面临很大压力,日本制造业对外投资再次升温,从而支持新一轮的产业结构调整,把一些生产部门转移到低成本国家,主要是亚洲,从而减弱日元升值的压力。这些生产部门包括某些零部件生产,它使东道国能够利用廉价进口投入品进行组装加工获益,还包括一些最终消费品如收音机、彩电、微波炉,在这些产品生产中日本企业已失去比较优势,但在经济迅速增长的亚洲国家中需求又有较快增长(见表7-6)。

表 7-6 日本制造业产出、出口、对外投资的结构[①]变化

(%)

年份	劳动密集型轻工业				资本技术密集型、加工组装型工业			
	食品、饮料和大烟草	纺织服装皮革	其他[②]	总计	化工、石油煤制品	基本和装配金属制品	机械、交通设备和电器	总计
A 制造业产出[③]								
1955	42.5	11.9	20.3	74.7	7.2	10.7	7.3	25.2
1970	17.4	7.6	21.4	46.4	14.0	16.6	22.8	53.4
1980	14.4	6.1	18.4	38.9	13.8	16.3	31.1	61.2
1990	9.1	3.5	15.6	28.2	13.7	12.4	45.7	71.8
B 制造业出口额								
1955	6.2	37.3	—	43.5	5.1	19.2	—	24.3
1970	3.4	12.5	11.8	27.7	6.4	19.7	46.3	72.4
1980	1.2	4.8	9.5	15.5	5.3	16.5	62.7	84.5
1990	0.6	2.5	9.6	12.7	5.5	6.8	74.9	87.2
C 制造业对外投资总额[④]								
1969—1973	5.0	23.8	14.7	43.5	18.9	14.7	22.9	56.5
1978—1985	4.3	5.2	10.5	20.0	16.6	25.2	38.2	80.0
1986—1990	5.2	3.3	17.9	26.4	12.2	8.9	52.5	73.6

资料来源:UNCTAD (1995),"World Investment Report 1995," p.242。
注:①占制造业总值的百分比;
②"其他"包括玩具、厨房用具、体育用品、箱包等;
③以1985年市场价格计算的GDP;
④以批准和通知为依据。

到20世纪90年代中期,日本致力于发展知识密集型、研究开发型产业,在发展这些产业和服务业中,另一种类型的对外投资活动开始进行,即与外国跨国公司建立战略联盟,从而达到提升产业水平的目的。提升产业取决于开发新产品和新技术,因此日本企业与外国跨国公司在研究开发以及产品开发中建立战略联盟。由于研究开发的成本高,加上风险大,因此其产业竞争也很激烈,具有产业优势的跨国公司之间的联盟成为必要。日本跨国公司积极加入这种联盟正是为了保持其竞争力。

虽然制造业的对外投资迅速增长,但日本对外投资最活跃和最大的部门是服务业。这反映出日本服务业像其他发达国家一样,已成为最大的产业部门。在海外设立贸易和金融机构有可能满足制造业出口厂商和制造业跨国公司的需求,达到总体上提高竞争力的效果。旅游、宾馆、饭店、零售商业已向海外发展,既为当地顾客服务,也为海外日本居民服务,但至今还只以服务海外日本消费者为主,开发这些产业的潜在竞争优势还大有潜力。

7.2 亚洲发展中国家和地区的经验

7.2.1 结构调整的两种平行发展

在亚洲发展中国家,纺织、服装和电器产业发挥很重要的作用。纺织和服装都是这些国家工业化过程的先行产业。相对来讲电子工业是新兴产业,它不仅包括大量中间品以及作为各种产品和服务业的投入品的零部件。当纺织服装业趋向衰落时,电子工业成为技术进步和产业高级化的标志。但这两种产业的生产环节或分支行业也有相似之处。例如,纺织和服装总体上看是劳动密集型的,而电子工业虽然是资金密集型的，但一些产品已成为标准化产品，只需要使用非熟练劳动进行生产，从而与劳动密集型生产无异。相反，纺织业也包括一些资本技术密集的生产环节（如精纺纱）和高附加值产品（如时装）。因此，产业结构调整就包含了两种平行的发展过程，一是在不同产业间消长变化，如纺织业消减，电子工业发展；二是在产业内部，劳动密集、低技术、低附加值的生产和产品向资金技术密集、中高技术、高附加值的生产和产品方向发展。在亚洲发展中国家，这两种过程都已发生，而在其中，外国直接投资和跨国公司都发挥了直接的重要作用。

7.2.2 纺织与服装业的引进外资

东亚地区的中国香港、中国台湾以及韩国、新加坡在外国跨国公司进入之前就已有纺织和服装业的生产。但那时是内向型产业。跨国公司进入的最大作用是把这个产业转变为外向型经济。例如，韩国和中国台湾取法日本，主要靠非股权安排来获得技术和跨国公司控制的要素。韩国纺织服装业外资企业雇用人数占该行业的比例从1975年的7%下降至1986年的3%；中国台湾则从1976年的30%降至1986年的10%。[①] 但在20世纪60年代初期，也就是中国台湾出现出口导向工业化的第一阶段，这些经济体中的纺织品出口的60%是由日本贸易公司支配的。一些东盟国家在工业化的初始阶段更多地依靠外国直接投资，在马来西亚，1990年外国直接投资占固定资本的45%，在泰国，1986年外资企业销售额占45%。

跨国公司进入"亚洲四小龙"经历了4个阶段：

第一阶段，"亚洲四小龙"利用丰富的廉价劳动力成为服装生产

[①] Ramstetter, E. D. (1991), *Direct Foreign Investment In Asia's Developing Economies And Structural Change In The Asia-pacific Region*, Avalon Publishing, p.121, 152.

商，从而出现了非熟练劳动推动的工业化阶段。外国跨国公司支付的工资低于工人的预期。

在美国和日本，纺织和服装业已失去竞争力，它们的产业结构调整促进了亚洲东道国外向经济的发展。美日企业在亚洲国家的多样化经营，向当地企业提供了经营资金、质量控制和进入外国市场的渠道。进入美国市场不仅依靠美资企业，而且20世纪60年代亚洲建立的日资企业也发挥了作用。美国跨国公司包括零售贸易公司和各种制造业公司，到20世纪70年代，随着美国产业结构的调整，这些制造公司很多都消失了。日本的跨国公司包括一些大的综合商社和专门的纺织品公司，其中大、中、小企业都有。

第二阶段，随着亚洲东道国当地服装业的成长，在出口活动中，当地企业开始减少对外国跨国公司的依赖。在政府支持下，当地企业设立自己的贸易公司以支持本国企业出口。例如韩国政府1975年通过指定大型企业集团的贸易机构，把这些中小企业组成为综合商社来发挥这种作用。为了达到最低出口量和出口商品品种，综合商社通过兼并和收购等方式吸收了各种出口厂商从而改组了一部分制造业。[①]中国台湾也颁布了促进大贸易公司的规定，但由于遇到反对力量因此不如韩国成功。此外，当地服装业向上游产业发展，从植物纤维向合成纤维发展，并逐渐发展了合成纤维的精纺、织、染等生产技术。

第三阶段的结构调整是向上游替代发展，即发展合成纤维纺织业，这需要比服装制作更多的资本和技术，"亚洲四小龙"主要依靠日本的合成纤维生产商取得技术转让，这主要通过合资企业和少数股权的企

---

① Young Ki Lee (1990), "Conglomeration and Business Concentration in Korea," in Kwon, J. K. (ed.), *Korean Economic Development*, Greenwood Press, pp.325–339.

业。特别在韩国和中国台湾有不少这种合资企业。

一旦东道国企业掌握了合成纤维生产,包括相关的精纺、织、染等技术,东道国企业就开始进一步发展上游替代,包括为合成纤维和塑料生产提供原料的石油化工,它们通过许可和出让少数股权的方式从跨国公司那里得到好处,例如1980年韩国设立三星石油化工公司与三井(Mitsui)石化产业合资的企业(三菱15%股权),生产聚酯纤维的原料,整个20世纪80年代,中国台湾通过与三菱(Mitsubishi)化工及其他跨国公司的合资、合作建立了石化产业(见图7-2)。

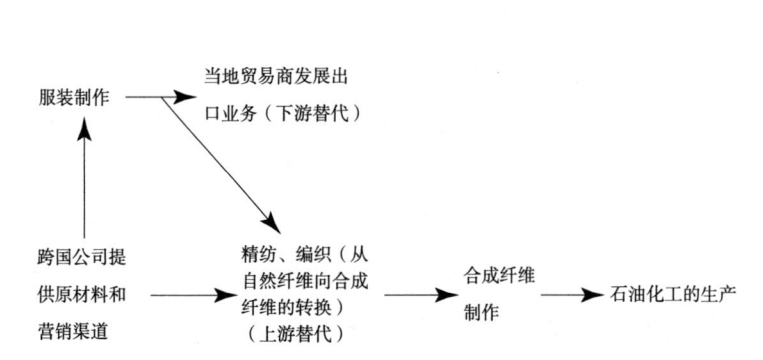

图7-2 "亚洲四小龙"纺织服装业的演化发展

资料来源: Ozawa, T. (1995), "The Flying-geese Paradigm of Tandem Growth: TNCs' Involvement and Agglomeration Economies in Asia's industrial Dynamism," Paper Presented at the 1995 AIB Annual Meeting in Seoul。

服装生产的加工环节是高度劳动密集型的,因此必然要发生结构变革。一个国家一般只能在发展的初期阶段或一个有限的时期保持其比较优势,这个阶段的竞争优势来源在于能够得到大量从农村进入制造业的低工资的非熟练劳动力。因此,一个国家服装的出口竞争力是一个短暂的现象。随着工资的上升,"亚洲四小龙"很快就丧失了它们在服装上的竞争优势,韩国和中国台湾就是因此出现了服装业的衰退。在韩国,1987—1991 年,服装业的工人和雇员减少了 40%[1],在中国台湾,服装业的衰退表现为出口下降,从 1987 年 50 亿美元下降到 1991 年的 43 亿美元,从占中国台湾纺织品出口的 53% 比重降至 36%。[2]

7.2.3 纺织服装业对外投资的发生

当一个国家作为服装生产基地在竞争力丧失后,跨国公司另寻东道国投资。而且一旦原有的东道国拥有自己的生产能力后,也会把它们的一部分生产转移到低工资国家或地区,因此使对外投资增加(见表 7-7)。在 20 世纪 90 年代初期,寻求廉价劳动力是产业转移的主要激励因素,例如在中国大陆的平均工资率通常只有中国台湾的 1/10,如果考虑到其他生产成本,如原材料、机械、交通收费和税收,在中国大陆生产一件服装的成本大约只有中国台湾的 1/4。[3] 从"亚洲四小龙"向中美洲转移产业的另一个激励因素是有可能利用面向主要市场的出口配额。

表 7-7　日本纺织服装业在亚洲的投资企业数(1950—1994 年)

单位:个

东道国(地区)	1971 年以前	1971—1975 年	1976—1980 年	1981—1985 年	1986—1989 年	1994 年
韩国	5	19	2	1	3	17
中国香港	3	4	1	3	17	37
中国台湾	24	4	—	—	6	18

---

[1] Lee, Seung Hoon and Ho Keun Song (1994), "The Korean Garment Industry: From Authoritarian Patriarchism to Industrial Paternalism," in Bonacich, E. (ed.), *Global production: The Apparel Industry in the Pacific Rim*, pp.325–339.

[2] Gereffi, G. and Mei-Lin Pan (1994), "The Globalization of Taiwan's Garment Industry," in Bonacich, E. (ed.), *Global Production: The Apparel Industry in the Pacific Rim*, pp.126–146.

[3] Ibid., pp.132–133.

(续表)

东道国（地区）	1971年以前	1971—1975年	1976—1980年	1981—1985年	1986—1989年	1994年
新加坡	2	1	1	1	—	4
小计	34	28	4	5	26	76
印尼	1	16	2	—	—	41
马来西亚	1	7	2	1	2	14
菲律宾	—	4	1	—	3	7
泰国	18	4	2	3	9	50
小计	20	31	7	4	14	112
中国内地（大陆）	—	—	—	2	15	168
总计	54	59	11	11	55	356

资料来源：UNCTAD (1995), "World Investment Report 1995," p.247。

1959—1991年，中国台湾服装和鞋业的对外直接投资80%以上分布在中国香港、新加坡、菲律宾、印尼、泰国和马来西亚。中国内地是香港服装厂商的最主要投资地，1991年，较大的香港服装厂商对外投资74家，45家在中国内地。

除了转移产业，"亚洲四小龙"还在发达国家建立贸易公司以发展自己的出口营销渠道。例如，中国香港的公司开始购买美国公司，美国商标直接竞争；而且还设立了一些专卖店，由于服装生产从总体上是劳动密集型的，因此对成本差异十分敏感，因此，跨国公司总是把生产基地从一个国家转向另一个国家。但是，它们总是把高附加值、周期短和时装化的样式的生产保留在母国基地。"亚洲四小龙"从最明显的劳动密集型的生产环节开始进入纺织和服装业，并逐渐沿着上下游方向向价值增值链的其他环节发展。在这个过程中，每步发展都是与要素禀赋和技术条件相适应的；但通过技术引进，国内产业升级与跨国公司的合资、合作，以及通过建立本国服装跨国公司，形成了新的生产能力。假如东道国能够很好利用与跨国公司的合作来改善它们的能力并学会如何在国际市场上竞争，纺织和服装业的全球化就有可能帮助发展中国家建立并调整它们的制造业部门。

7.2.4 电器工业

"亚洲四小龙"的发展还在于它们能够从劳动密集型的产业向资本技术密集型产业顺利调整。电器业是最典型的例子。今天,电器产品和服务在这些国家和地区的制造业产出、就业和出口中已占有很大比重。电器工业还迅速扩散到东盟国家,马来西亚最先进,其余依次是泰国、印尼、菲律宾。亚洲电器工业具有很强的竞争力,早在20世纪80年代末,"亚洲四小龙"在世界电器产业中最有竞争力的10个国家和地区中仅次于日本、美国、德国、英国,而且20世纪90年代以后,它们与东盟4国在世界出口市场中的份额提高了。电器已成为亚洲出口制成品的最大项目,1988年占新加坡制成品出口的45%,在其他3个国家或地区占1/5—1/4,在马来西亚占50%。[①]

电器工业利用昂贵的研究开发所取的技术进步成果,结果,这个产业在任何发展中国家的发展都很难离开跨国公司为之提供技术和其他要素。虽然通过许可、加工贸易、分包、直接投资到战略联盟等各种方式能取得这些要素,但也只能证明发展中东道国的电器业外国直接投资的作用要比其他产业(尤其是纺织服装业)更重要,由于技术的独占性,跨国公司在这个行业的作用也显得更为重要。如果发展中国家能够成功地开发技术,并获得设计和开发的主动,就能逐步降低对外资的依赖,随着产业的成长,发展到对外投资。

7.2.5 韩国的经验

韩国是发展电器工业最成功的发展中国家,它利用与跨国公司的

---

① Ernst, D. and David O' Connor (1992), *Competing in the Electronics Industry: The Experience of Newly Industrializing Economies*, OECD.

联系获得技术转让,学习管理并进入出口市场,同时政府也给予有力支持。虽然韩国,还有中国台湾,在利用外国直接投资发展本国产业方面只获得有限的成功,但电器工业都是一个例外。如用雇用人数来衡量,1974年外资企业在该产业占40%,1984年上升为70%,1986年下降到57%。①外资企业在出口品中的比重更高,1974年为2/3,1986年达到3/4。

发展过程与纺织服装业有些相似,韩国企业开始集中进入电器行业中劳动密集型的生产环节,为一些消费电器如收音机和黑白电视机进行加工组装,开始为国内市场生产,而后逐渐以价格竞争为手段进行出口。由于美国、日本跨国公司的进入,欧洲跨国公司紧随其后,结果使该产业很快提高了档次。20世纪60年代中期,外资企业加工组装进口零部件然后出口,韩国政府成功地劝诱摩托罗拉(Motorola)、辛格尼特克(Signetics)、仙童(Fairchild)、控制数据(Control Data)等跨国公司把它们重点控制的生产集成电路的加工组装生产线以及其他电器零件生产线转移到韩国以便降低成本。②与此同时,日本跨国公司也大量建立了已成为标准化产品的消费电器的合资企业,如半导体收音机和电视机。

从1965年日韩关系正常化以后,日本对韩国的直接投资在最初的发展阶段至关重要,1961年和1962年在马自达和三洋公司的技术指导下,两个晶体管收音机工厂建立了起来,20世纪60年代末期,东芝公司在韩国设立一个合资企业和两项主要的技术协议。这些企业都是为消费电器产品进行加工组装,或生产录音磁带或零件。20世纪70年代日本电气公司建立了两个合资企业,即金星电器和三星—日本电气。1973年马自达与韩国企业以50∶50的股权建立

---

① 这个数字包括电气机械和电子工业。
② Bloom, M. (1992), *Technological Change in the Korean Electronics Industry*, OECD.

了第一家彩电生产企业并出口,同时还有不少其他合资企业和技术协议。[1]

利用跨国公司的直接投资以及加工贸易协议,当地企业获得了基本技巧和吸收能力,从而能成功地使用进口技术。一旦有了基本的吸收能力,就可以更经常地使用许可协议来获得更先进的技术。韩国企业就是利用许可协议从飞利浦公司获得技术来生产放像机的,飞利浦向10家韩国公司发放了许可证。当日立公司从1兆动态随机存储芯片生产向4兆芯片发展时,它向金星公司发放了技术许可和技术援助,使之能生产1兆芯片,事实证明这种技术转让对韩日企业双方都是有利的。[2]

与跨国公司的联系,使韩国电器工业有可能不断提高产品档次,从生产收音机、单色电视、磁带录音机到彩色电视机、微波炉、录像机再到电子计算机和电子通信设备。随着民族企业获得必要的技术和在研究开发领域中更加活跃,愈来愈多的零件已能在国内生产。大宇、金星、现代、三星等公司已开始在全球竞争。虽然它们仍然依靠美国和日本的跨国公司进行营销,主要通过原产设备制成品出口(即加工贸易)协议,但它们现在在开发和在美国和欧洲销售自己品牌产品方面已取得成功(彩电、微波炉和个人电脑)。

从20世纪80年代初开始,由于国内工资上涨和本币升值,成本压力增加,韩国公司已开始把彩电和微波炉的生产转移到印尼、马来西亚、菲律宾、泰国和中国、印度、墨西哥、葡萄牙、土耳其,对外投资的另一个动因是与外国跨国公司建立联盟,获得技术;再一个动因是克服市场进入障碍,尤其在美国和欧洲的投资(见表7-8)。

---

[1] Bloom, M. (1992), *Technological Change in the Korean Electronics Industry*.
[2] Hong, Yoo-Soo (1994), "Technology Transfer: The Korean Experience," KIEP Working Paper, pp.43–51.

表 7-8　韩国电子工业的演进发展

时期	产品和生产经营类型			跨国公司的作用
	零件	消费电器	营销	外国直接投资和贸易
20世纪60年代	半导体管集成电路存储极	劳动密集型加工装配	为国内市场生产的收音机和黑白电视机	与跨国公司建立加工贸易关系	吸引外资企业进口零组件进行加工组装
↓			晶体管收音机、录音机及其磁带		
20世纪70年代	电容器电阻		彩电电视机和微波炉	↓	提高许可的作用
↓		↓			
20世纪80年代	磁头半导体集成电路块		录像机、放像机、电子通信设备计算机和附属设备		对外输出资本与外国跨国公司联盟
↓					
20世纪90年代		研究开发密集型	努力建立商标品牌出口	努力在海外东道国生产零组件

资料来源：UNCTAD (1995), "World Investment Report 1995," p.251。

7.2.6 中国台湾的经验

中国台湾电子工业发展与韩国大体相似。20世纪50年代末期以前，中国台湾实行电器工业进口替代发生，20世纪50年代和60年代生产的电器产品主要是已标准化的家用电器产品如电扇、荧光灯、电灯泡和电炉以及一些简单的工业电气产品如铜线、电表和马达、电池、电话、电容器等，并主要在境内市场销售。20世纪60年代末期，在技术引进和外资进入，特别是进入出口加工区，电子工业得到新的发展。当时，大多数产品是由外商独资企业和合资企业生产的。虽然开始依赖跨国公司，但外资企业并不能支配中国台湾电气和电子工业。相反，在政府政策鼓励下，向外资企业提供零配件的供应商以及当地企业大量涌现，1961—1970年，这种企业建立了356家，是外资企业的2.6倍。这项政策不仅扶持了本土企业的成长，而且吸收了大量就业，并导致外资企业在电子和电气机械工业中比重的下降。1976年外资企业雇员数占整个行业的60%，1986年下降到37%，但外资企业的雇员绝对数仍是增长的，在出口比例中，外资企业也从83%降至44%。[①]

在20世纪70年代，外资企业不断扩大生产，提高产品档次，迅速扩大彩电、录音机和计算器的生产，到20世纪80年代，产品更新和结构调整的过程仍然持续下去，从而开始生产个人电脑、印刷机、录像机、微波炉、集成电路、监视器和电动机，并取代旧的电子和电气产品。中国台湾电器产品出口的增加引起了与发达国家的贸易摩擦，从而促使厂商向外投资，并在这些国家与跨国公司建立新的技术联系。同时在工资低、市场扩大迅速的地区生产家用电器产品，如电扇、电饭锅、电冰箱、彩电、微波炉等。这使中国台湾迅速成为中国大陆第二大的外资来源地，仅次于中国香港。

7.2.7 跨国公司在产业结构调整中的作用

以往的分析往往强调跨国公司有形资产和无形资产的直接作用，而没有分析竞争压力带来的间接影响，也没有涉及服务业，多分析积极的一面，淡化消极的一面，例如对当地企业家的取代、市场支配和社会文化影响。但总的看，可以得出以下结论：

跨国公司通过转移那些已失去竞争优势的产业到海外生产可以促进母国经济调整，从而为具有竞争优势的产业释放经济资源。海外投资还能得到国内产业所需的资源，或与外国跨国公司分享资源，降低成

[①] Schive, C. and Jenn-Hwa Tu (1991), "Foreign Firms and Structural Change in Taiwan," in Ramstetter, E. D. (ed.), *Direct Foreign Investment In Asia's Developing Economies And Structural Change In The Asia-pacific Region*.

本,提升国内产业。

跨国公司在东道国的投资所带来的资源有助于建立、提高一个产业,特别是能够帮助一个产业从内向转化为外向,并具有国际竞争力,从而提高东道国的竞争优势。

资源在母国和东道国的转换以及在多个海外生产基地的重复利用,把不同国家的产业调整联系在一起,在这个过程中,它们能够提高有关国家的经济绩效并平稳地进行调整。

跨国公司在知识密集型产业中具有更大的潜在作用,例如电子工业,而在标准化产品的生产中,其作用则较小,例如纺织服装业。产业特性的不同,跨国公司进入该产业的具体形式也不同,在前者,通常多采取股权控制的严格形式,而在后者,控制多采取非股权安排。

然而即使像日本、韩国、中国台湾,虽然有能力引进技术并开发当地创新能力,但在建立纺织服装业的某个阶段也依赖跨国公司的有形和无形资产。在能力有限的国家,这种依赖性就更强;其原因就在于虽然有大量廉价劳工,但没有足够条件使之成为劳动密集型出口者。因此,这类国家需要吸引外资企业为之提供有关资源,特别在工业化的早期阶段。

亚洲国家和地区的经验表明,一个经济上成功的发展中国家将涌现自己的跨国公司并向外输出技术,通常它先在本地区的其他发展中国家进行直接投资,这说明互相获益的国家往往灵活地运用了资本流进流出来促进各自的调整。

投资来源增加,使直接投资对东道国的结构调整更为重要。直接投资的增加通常使产业向知识更密集化的方向发展从而使结构调整更依赖直接投资,包括那些主要依靠自己能力的国家,因此,愈来愈多的国家开放外资政策,以便让跨国公司在产业结构调整中发挥更大的作用。

西方专家认为,发展中东道国从资本流入、产业转移,以及贸易扩大中得到的好处更多,因为这改善了那些不具有比较优势的产业的效率,在资本输入输出的相互影响中形成母国与东道国的产业分工关系。日本学者称之为"雁行发展模式",在这个模式中,日本产业领先,"亚洲四小龙"处于第二梯队,东盟 4 国的印尼、马来西亚、泰国、菲律宾是第三梯队,中国、越南、印度、巴基斯坦是第四梯队,形成梯度发展。这种梯度发展就是靠外资和跨国公司的作用。

7.2.8 资本流动下相互影响的特征

发展水平不同的国家具有相应的结构特征和成本差别。结构特征差别愈大,跨国公司使自己有形与无形资产的优势与不同条件和成本相结合的回旋余地愈大,在发展过程中,发展水平较高的国家应有能力提升产业或把边际产业转移至海外,中等发展水平的国家应有能力开发企业特定优势吸收外国直接投资和技术,并最终提高产品档次,发育本国的跨国公司。对于低收入国家来说,在资本输出入相互影响中形成的结构调整能力将促使它们以竞赛的方式去追随高收入国家,学习它们的经验。在某种条件下,一些产业政策有助于形成这种能力。

对于新旧产业来说,结构调整都需要有市场需求。需求可以是国际市场,例如日本和"亚洲四小龙"的初始需求来自美国。需求也可以是国内的,它来自国内的发展。发展本身就有助于调整,因为它易于使衰退产业得到消化并形成对吸引外国直接投资的激励。

调整市场证明,即使在产业政策指导下对若干产业进行调整的国家里,也需通过出口和国际竞争来证明其效果。以亚洲为例,没有人试图通过政府政策来取代市场证明,相反,政府帮助私人部门避免市场失败,提高市场竞争优势并获得跨国公司的资源。

建立跨国公司资源流动的框架,需要采取更开放的国际经济政策才能为跨国公司提供更好的环境使之能把自己的竞争需求与东道国的比较优势结合起来在世界上配置资源。

跨国公司资源的全球配置，不仅需要开放国际贸易，而且要开放外资政策。有利的投资环境包括：政治和宏观经济稳定，恰当的商业和公司法，良好的社会和产业基础设施，如高识字率和可靠的电信、交通和其他公用设施特别是电力，还要有一个高效率的行政管理。

结论是：

无论是母国还是东道国，当致力于提高自身产业竞争力时，资本流动和跨国公司进出有助于不同发展阶段的经济进行结构调整。当然各国的产业结构调整还需要具备其他因素，但跨国公司的进入能使调整发生在企业、行业和更广义的产业层次上。发展中和发达国家的经验都表明，资本流动和跨国公司进入能使内向型的企业或产业成为出口导向型的，具有国际竞争力的企业或产业。

亚洲的经验还表明，由资本流动促进的调整当同时发生在发展水平不同的国家时，跨国公司在这个过程中重新配置资源会产生互相影响和相互促进的效果，并由此形成的产业分工与合作推动了地区或世界经济的一体化。在国内和国际其他因素的配合下，这种互相促进往往成为一国产业结构调整的有效开端。随着国家经济的发展，企业获得竞争力，有的还成为跨国公司，此时，国内的产业调整就是由资本的进出或外国与本国的跨国公司来促进的。

亚洲的经验在其他地方能否重复，显然这是不可能的，因为各地情况的差别性，使调整不可能只有一个处方。此外，在这种动态发展过程中，各国政府的政策影响不同，例如今天韩国政府的政策肯定不同于处于发展初期阶段国家的政策。在政府干预方面，各国的政策也不同，从放任自流到采取一定干预的产业政策，并由此影响外资政策，从而决定了跨国公司在其工业发展中的作用。但如果具备某些基本条件，往往不同的政策也会导致相似的结果。这些具有普遍性的基本条件是：

发展水平差别，这也包括要素价格和结构都有差异的不同国家。甚至有许多中等收入国家也需要调整。高收入国家能否帮助别国的调整，也取决于这种帮助是否对自己的调整有利。因此跨国公司促进东道国制造业的调整是否成功还要看高收入国家的贸易政策及市场开放程度。东道国的投资环境和跨国公司的资源流动框架在吸引外资方面起着重要作用。地区一体化协议导致更大的市场空间，调整的成效可以在这个市场中得到证明。贸易与投资自由化促使跨国公司在东道国从降低生产成本着手到采取新的投资并建立地区性和全球性生产网络，以便使自己提高效率，增强竞争力。

7.3 拉美国家的经验

7.3.1 外资流入

到1995年，拉美和加勒比地区的外国直接投资存量达到2 258亿美元，使该地区成为发展中世界外资流入第二重要的区域，1993年外国直接投资流入超过190亿美元，1994年达200亿美元，1995年达到266亿美元。[1] 但该地区各国的发展不平衡，尤其是与私有化相关的外资流入不平衡。一些国家如阿根廷，外资流入下降幅度较大，但秘鲁等国却有很大增加，从总体看，外国直接投资要比该地区其他形式的私人投资稳定，如表7-9显示。1988—1994年，外国直接投资集中在若干国家：阿根廷、巴西、智利、哥伦比亚、墨西哥和委内瑞拉，该6国占拉美加勒比地区外资流入的71%。从1993年流入量来看，阿根廷为63亿美元，名列榜首，墨西哥为49亿美元，智利是8.9亿美元。

---

[1] UNCTAD (1996), "World Investment Report 1996," pp.57, 240.

表 7-9　拉美加勒比国家外国直接投资流入量（1988—1994 年）

单位：百万美元

国家及地区	1988年	1989年	1990年	1991年	1992年	1993年	1994年	1995年	1988—1994年平均
墨西哥：	2 879	3 174	2 632	4 762	4 933	4 901	4 432		3 959
外国直接投资	1 956	2 785	2 432	3 956	4 842	4 901	—		3 479
债务转换	868	389	85	19	—	—	—		227
私有化	55	—	115	787	91	—	—		175
阿根廷：	1 147	1 028	1 836	2 349	4 179	6 305	1 200		2 591
外国直接投资	807	869	305	465	518	694	—		610
债务转换	340	159	886	20	1 512	2 984	—		984
私有化	—	—	645	1 954	2 149	2 627	—		1 229
巴西：	2 969	1 267	901	972	1 580	802	2 241		1 533
外国直接投资	882	321	618	850	1 485	752	—		818
债务转换	2 087	946	283	68	95	50	—		588
私有化	—	—	—	54	—	—	—		9
智利：	1 027	1 289	590	623	711	891	2 533		1 095
外国直接投资	—	67	235	663	743	941	—		530
债务转换	—	1 107	355	-40	-32	-50	—		268
私有化	—	115	—	—	—	—	—		23
哥伦比亚：	203	576	500	574	790	950	1 504		728
外国直接投资	203	576	500	522	790	950	—		590
债务转换	—	—	—	—	—	—	—		—
私有化	—	—	—	52	—	—	—		9
委内瑞拉：	89	213	451	1 916	692	372	993		675
外国直接投资	39	30	148	159	608	347	—		222
债务转换	50	183	303	258	70	25	—		148
私有化	—	—	—	1 499	14	—	—		252
秘鲁：	26	59	41	-7	127	349	2 695		470
外国直接投资	26	59	41	-7	-13	60	695		123
债务转换	—								—

（续表）

国家及地区	1988年	1989年	1990年	1991年	1992年	1993年	1994年	1995年	1988—1994年平均
私有化	—	—	—	—	140	289	2 000		347
哥斯达黎加	122	101	163	187	262	285	245		195
多米尼加	106	110	133	145	180	183	169		147
特立尼达和多巴哥	63	149	109	169	178	379	242		184
所有国家	9 075	8 219	7 773	12 277	14 241	16 027	16 826		12 062

资料来源：UNCTAD (1995), "World Investment Report 1995," pp.71–72。

1994年墨西哥金融危机导致外国证券投资的急剧下降，外国直接投资是否也随之下降呢？金融危机确实对国家经济增长和稳定有影响，以占据国内市场为目的外国直接投资也趋于下降。但美国与墨西哥的经济一体化取得了稳定的成效。墨西哥比索的贬值为出口导向投资提供了新的投资，并使外国投资者购买国内资产只需支付较低价格。北美的跨国公司利用这个机会扩大了它们的地区性生产网络，从而更有利于进入北美自由贸易区市场。在若干产业中，如汽车、消费电器和纺织服装及机械，来自其他地区的外国直接投资和跨国公司为了服从北美自由贸易区关于原产地的强硬规则，也进入墨西哥投资。从而刺激了外资流入墨西哥的复苏，1995年头两个月，墨西哥已批准外国直接投资37亿美元，是上年同期的4倍。[①]这说明，墨西哥外资流入已与过去易受投机因素影响的短期和证券资本流入不同，跨国公司是从长期战略来考虑对墨西哥的投资。墨西哥只要能保持宏观经济稳定，它就仍是该地区吸引外国直接投资最有利的国家。

一部分外国直接投资是受该地区私有化方案的刺激而流入的，1989—1993年，这部分流入在拉美7个最大的受资国中占17%，但在一些国家，私有化因素所持续的时间很短，如在智利，1989年因私有化流

---

① UNCTAD (1995), "World Investment Report 1995," p.70.

入的外资占10%，第二年就下降到零；在墨西哥，1994年高峰，占17%，但1992—1993年就下降到不足1%。也有一些国家的私有化对吸引外资有很大作用，如阿根廷和秘鲁，在秘鲁，1994年私有化吸引的外资是上年外资流入该国的6倍。巴西还没有执行明确的私有化方案，但从1995年开始电信业私有化已经起步。如果这个领域向外资开放，将会吸引大量外资进入。1994年巴西拥有拉美50家最大的国营公司中的28家，当年当墨西哥已经把200亿美元国有资产私有化，阿根廷把160亿美元国有资产私有化时，巴西只搞了60亿美元。私有化的结果是，1990—1993年，拉美最大的500家公司中，外资企业的数量从138家增加到151家，国有企业从105家下降到72家（见表7-10）。同期外资企业在500家公司中销售额的比重从24%提高到29%，外资企业在500家公司中地位的上升对于其所在东道国的意义在于有助于使该国经济进入国际市场并获得国际资源。1991—1993年，拉美最大的200家出口公司增加了40亿美元出口额，外资企业的贡献是30亿美元；1993年仅墨西哥外资企业的出口就占全国出口额的一半以上（见表7-11）。

表7-10　外资企业在拉美500家最大公司中的地位（1990年、1993年）

国家及地区	1990年 外资企业	1990年 最大500家	1990年 外资企业占500家的比例（%）	1993年 外资企业	1993年 最大500家	1993年 外资企业占500家的比例（%）
阿根廷：						
公司数（个）	16	49	3.2	28	76	5.1
销售额（十亿美元）	8	27	2.5	21	44	5.1
巴西：						
公司数（个）	85	291	17.0	70	242	14.0
销售额（十亿美元）	49	151	15.1	59	172	14.3

（续表）

国家及地区	1990年 外资企业	1990年 最大500家	1990年 外资企业占500家的比例（%）	1993年 外资企业	1993年 最大500家	1993年 外资企业占500家的比例（%）
智利：						
公司数（个）	5	21	1.0	10	31	2.0
销售额（十亿美元）	1	13	0.3	3	17	0.7
哥伦比亚：						
公司数（个）	7	23	1.4	7	26	1.4
销售额（十亿美元）	2	7	0.6	2	12	0.5
墨西哥：						
公司数（个）	21	75	4.2	32	96	6.4
销售额（十亿美元）	17	87	5.2	31	128	7.5
委内瑞拉：						
公司数（个）	3	24	0.6	3	18	0.6
销售额（十亿美元）	1	34	0.3	1	32	0.2
其他国家：						
公司数（个）	1	17	0.2	1	11	0.2
销售额（十亿美元）	1	8	0.3	2	8	0.3
拉美合计：						
公司数（个）	138	500	27.6	151	500	30.2
销售额（十亿美元）	78	325	24.0	120	413	29.1

资料来源：UNCTAD (1995), "World Investment Report 1995," p.75。

表 7–11　拉美最大 200 家出口公司中外资企业的地位（1991 年、1993 年）

国家及地区	1991 年 外资企业	1991 年 最大200家	1991 年 外资企业占200家的比例（%）	1993 年 外资企业	1993 年 最大200家	1993 年 外资企业占200家的比例（%）
阿根廷：						
公司数（个）	7	30	3.5	5	28	2.5
出口值（十亿美元）	1	5	1.5	1	5	1.4
巴西：						
公司数（个）	37	95	18.5	30	92	15.0
出口值（十亿美元）	5	15	7.6	5	18	7.0
智利：						
公司数（个）	4	10	2.0	7	13	3.5
出口值（十亿美元）	1	5	1.5	1	5	1.4
哥伦比亚：						
公司数（个）	5	10	2.5	4	11	2.0
出口值（十亿美元）	1	3	1.5	1	3	1.4
墨西哥：						
公司数（个）	12	43	6.0	12	37	6.0
出口值（十亿美元）	7	21	10.6	10	23	14.3
委内瑞拉：						
公司数（个）	—	3	—	—	3	—
出口值（十亿美元）	—	13	—	—	13	—
其他国家：						
公司数（个）	—	9	—	2	16	1.0

（续表）

国家及地区	1991 年			1993 年		
	外资企业	最大200家	外资企业占200家的比例（%）	外资企业	最大200家	外资企业占200家的比例（%）
出口值（十亿美元）	—	4	—	1	3	1.4
拉美合计：						
公司数（个）	65	200	32.5	60	200	30.0
出口值（十亿美元）	16	66	24.2	19	70	27.1

资料来源：UNCTAD (1995), "World Investment Report 1995," p.76。

在建立北美自由贸易区以前,随着美国、加拿大的大量外资流入墨西哥,在墨的外资企业已开始进行产业结构的调整。1989—1994 年,美国在墨西哥的直接投资存量从 83 亿美元增加到 164 亿美元,加拿大的直接投资存量则增加了 4 倍。[①] 到 1994 年已开业投产的外资企业有半数以上是 1989 年以后进入的。同时,墨西哥在美国的直接投资存量 1993 年达 120 亿美元,1994 年则达 220 亿美元。这种相互流动提高了美墨两国在汽车、电气机械和电子设备产业中生产一体化的整合水平。由于在墨西哥的外资企业完全进入地区性生产网络,从而促进了企业组织结构的调整。结果,企业内贸易已占墨贸易的 1/4 以上,并且该比重还不断升高。墨西哥与北美经济一体化的加深促进了墨西哥制造业从封闭的、国内市场取向的生产转向地区一体化的生产。这反过来又促进了北美自由贸易区的谈判。

智利与北美自由贸易区的一体化与墨西哥有相似之处。从 20 世纪 80 年代中期开始,大量外资流入智利,1993 年度从美国和加拿大流入智利的直接投资流量占其外资流入量的 62%。1994 年度外资流入量

---

① UNCTAD (1995), "World Investment Report 1995," p.76.

达25亿美元。1990—1993年,外国直接投资占其国内资本形成的8.6%,而同期墨西哥只占6.6%,整个拉美地区只占7.2%。智利对北美自由贸易区其他国家的直接投资微不足道,而美国、加拿大跨国公司进入智利也主要是开发自然资源,而不是制造业,特别是矿产、植物纤维、木浆、水果。1994年,65%的美国在墨直接投资存量分布于制造业,而智利只有8%。因此,美国、加拿大对智利的投资就不能使区域生产一体化推进到在墨西哥的程度。1993年,在智利的外资企业的企业内贸易只占其贸易额的6%,而整个拉美的平均水平为20%,墨西哥高达27%。

然而,智利对拉美其他国家的投资十分活跃,1990—1994年,智利对外直接投资年度流出量从800万美元增加到8.76亿美元,到1995年4月底,智利的对外直接投资存量已达20亿美元。其中61%分布在南美,25%分布在中美和加勒比,11%在欧洲,只有1%在北美和墨西哥。阿根廷是智利最大的投资市场,占智利对外直接投资存量的38%。

智利对外直接投资存量的56%分布在金融、保险、房地产和服务业,17%分布于交通通信业,10%分布于制造业和能源。从20世纪70年代以来,由于智利经济对外开放,所以企业具有国际竞争力,对外投资增加反映智利企业希望寻求国际市场以扩大经营,另一方面的原因是,智利比索对美元升值的压力,到1995年中期,智利比索在12个月中已升值20%,国家外汇储备已超过150亿美元,迫使智利企业向外投资。智利企业在对外投资中,还与法国、荷兰、日本、加拿大、西班牙、美国的制造业、金融业跨国公司建立了联盟关系,从而加强了自己在地区性市场中的地位。

1993年,美资控股企业在巴西制造业部门的出口倾向已增至17%,在墨西哥已增至32.1%;当年美资控股企业在巴西制造业的出口比重已达13.1%,在墨西哥已达20.9%,[1] 与亚太地区相比,美国、日本

---

[1] UNCTAD (1996), "World Investment Report 1996," pp.110–111.

在拉美的外资企业的出口倾向一般要低于其在亚太地区的外资企业，这说明拉美地区的国内市场较大，吸收外资企业的产品的容量较大；但外资企业的出口占拉美国家的出口总额的比重却要高于不少亚太国家，这主要也是反映出拉美国家内资企业的内向性较强，在拉美国家的一些产业中，外资在密切该产业与世界市场联系方面发挥了积极作用，例如美日外资企业对拉美食品制造业出口的贡献（见表7–12）。如巴西和墨西哥，1990年两国制造业外资企业的销售额占制造业总销售额的80%；外资企业出口额分别占两国制造业出口的44%和58%。[①] 在墨西哥的交通设备制造业和巴西的非电气机械工业的制成品出口中外资企业发挥了特殊重要的作用。

7.3.2 外资对拉美出口贸易的促进

表 7–12　美日外资企业对拉美食品制造业出口的贡献
（1982年、1989年、1992年）

年份	食品和制造业出口额（百万美元）	美国 外资企业出口额（百万美元）	美国 占出口比例（%）	美国 出口倾向（%）	日本 外资企业出口额（百万美元）	日本 占出口比例（%）	日本 出口倾向（%）
1982	47 403	4 692	9.9	11.9	556	1.2	28.0
1989	75 415	10 613	14.1	22.0	810	1.1	30.1
1992	85 395	13 995	16.4	22.7	675	0.8	22.0

资料来源：UNCTAD (1995), "World Investment Report 1995," p.210。
注：出口倾向是指外资企业的国际销售额（包括向母国出口）占其总销售额的比重。

在20世纪80年代以前，墨西哥的汽车工业是国内市场导向的，由于美国跨国公司的进入和成功地改组，从20世纪80年代开始已逐步转向出口导向，在拉美已成为最具有国际竞争力的产业。美国的外资

[①] Mortimore, M. (1995), "The Contribution of TNCs to Industrial Restructuring: Insights from the Experience of Latin America," Paper Prepared for UNCTAD.

企业对提高巴西非电气机械工业的竞争力已做出了贡献,1977—1989年,美资企业的出口倾向从 15% 提高到 27%,出口额从 3 亿美元提高到 16 亿美元[①]（见表 7-13）。

表 7-13 拉美国家美资控股企业的出口倾向

(%)

东道国	美资企业出口所占比重				该国出口占 GDP 的比重			
	1977年	1982年	1989年	1992年	1977年	1982年	1989年	1992年
巴西	7.1	8.9	13.4	15.1	7.2	7.1	7.7	9.5
智利	—	—	21.4	30.0	19.0	22.1	31.8	24.2
墨西哥	10.0	10.3	31.9	27.3	6.2	12.4	11.4	8.4
日本	7.2	8.7	14.9	11.0	11.4	13.0	9.4	9.0
法国	23.8	27.2	26.4	28.0	16.1	16.9	17.8	17.0
英国	31.1	31.0	25.1	30.4	22.6	20.2	18.1	18.0

资料来源：UNCTAD (1995), "World Investment Report 1995," p.211。

7.3.3 产业结构调整

第二次世界大战后,外国直接投资和跨国公司对拉美一些国家制造业的建立和发展发挥了积极作用。一些新的工业如汽车、石油化工、电气和非电气机械等部门就是在外国直接投资带动下建立起来并满足了国内市场需求;同时,一些传统产业如纺织、食品加工业得到更新,许多国内企业被外资企业所取代。在一些国内尚未发育和空白的产业中,政府批准外国公司进入,从而填补了这些产业的空白[②]（见表 7-14）,在 20 世纪 80 年代初期以前,拉美地区在发展中国家成为吸引外国直接投资最重要的区域。

[①] Mortimore, M. (1995), "The Contribution of TNCs to Industrial Restructuring: Insights from the Experience of Latin America."

[②] Gereffi, G. (1990), "Big Business and the State: East Asia and Latin America Compared," *Asian Perspective*, 14 (1), p.17.

表 7-14　拉美国家制造业中外资企业占该行业增加值的比重
（20 世纪 80 年代末 90 年代初）

制造业行业	东道国和外资企业的比重			
	1%—5%	6%—10%	11%—50%	51%—100%
纺织、服装、皮革	玻利维亚（4） 墨西哥（5）	乌拉圭（6） 哥伦比亚（7） 秘鲁（10）	阿根廷（14） 巴西（13）	
食品、饮料、烟草	玻利维亚（2）	哥伦比亚（8）	乌拉圭（12） 墨西哥（16） 巴西（19） 阿根廷（19） 秘鲁（27）	
制纸	玻利维亚（1）		阿根廷（12） 巴西（15） 哥伦比亚（17） 墨西哥（19）	
金属	玻利维亚（5）		乌拉圭（21） 巴西（29） 阿根廷（36）	
化工		玻利维亚（7）	乌拉圭（27） 哥伦比亚（32） 阿根廷（33）	巴西（51） 秘鲁（55） 墨西哥（78）
机械设备			阿根廷（39） 巴西（45）	墨西哥（66）
电气和非电气设备			玻利维亚（21） 乌拉圭（29） 哥伦比亚（32） 巴西（49）	秘鲁（61） 墨西哥（64）
交通设备		玻利维亚（8）	乌拉圭（14） 哥伦比亚（25）	墨西哥（66） 巴西（67）
所有制造业	玻利维亚（2）		乌拉圭（14） 哥伦比亚（18） 墨西哥（30） 巴西（33）	

资料来源：UNCTAD (1995), "World Investment Report 1995," pp.230-231。

尽管外国直接投资对拉美国家的工业化发挥了积极作用,但日益高涨的保护国内市场的措施阻碍了外资企业对国内产业的更新作用。这种情况的背景是,第二次世界大战后,以普莱维什(Raul Prebisch)为代表的一些保护民族经济利益的经济学家极力主张落后国家发展民族工业要实行保护关税、保护国内市场,并对出口制成品进行补贴。在民族工业化上主张先发展进口替代工业,基本实现国产化,然后再发展加工工业品和制成品的出口替代。普莱维什的学说在拉美国家有相当的追随者,并对政府决策有重要影响。尽管他们的主张主观上反映了拉美国家争取民族经济独立,争取民族经济利益的愿望,但客观上也导致了贸易与外资政策的一些片面性,产生了负面效果。结果,产业结构调整半途而废,许多产业失去国际竞争力。[①] 外国跨国公司和拉美本国的大企业是拉美国家制造业的主力,但文献普遍认为跨国公司对拉美国家的产业结构调整影响是负面的,或非积极的,但究竟是什么原因,文献中的看法并不一致。一种观点认为,跨国公司的性质与它对当地工业的影响类型有关,例如相对于日本跨国公司,美国跨国公司的经营方式和技术不仅具有负面影响,而且趋向于进口替代和内向型工业化。另一种观点认为,跨国公司的作用并不是按其本身的性质来划分的,只要有恰当的环境和条件,任何经济上有力的跨国公司既可以诱致东道国实行进口替代工业化,也可以诱致出口导向工业化目标。[②]

不管文献中对跨国公司历史上在拉美国家所起的作用如何,最近墨西哥汽车工业的变化表明,跨国公司对产业结构调整的积极作用。

墨西哥汽车工业发轫于1925年美国福特汽车公司在墨西哥建立了第一个组装工厂。20世纪30年代和40年代美国通用汽车和克莱斯

[①] UNCTAD (1995), "World Investment Report 1995," p.231.
[②] Gereffi, G. (1990), "Big Business and the State: East Asia and Latin America Compared," *Asian Perspective*, 14 (1).

勒公司也相继在墨西哥建立了外资企业。从那时起,跨国公司在墨西哥汽车工业中占据支配地位。到 1980 年,进入墨西哥的世界级汽车厂商还有日产、雷诺、大众,直至 20 世纪 80 年代中期,墨西哥政府都奉行进口替代政策,外国汽车厂商就是在该项政策鼓励下进入寻找市场的。国内市场容量有限,加上进口替代政策的保护,导致汽车价格过高,产品质量不良,引致社会各方面的不满。[1]此外,缺乏国内零部件的竞争性生产导致大量进口和贸易不平衡。[2]

墨西哥的债务危机使客车的国内需求急剧下降,在几乎整个 20 世纪 80 年代汽车工业都处于危机之中。20 世纪 80 年代末期的客车产量才恢复到 1981 年的水平。从 20 世纪 80 年代末期开始,汽车工业得以复苏并扩张。到 1995 年,墨西哥的发动机产量居世界第一位,其整车产量也比韩国多。随着汽车出口量的迅速增加(见表 7-15),到 1990 年,墨西哥在车辆进出口中的贸易顺差已达 13 亿美元。[3]

表 7-15　外资企业在墨西哥客车工业中销售比重(1978—1994 年)

销售	1978—1982 年	1983—1987 年	1988—1992 年	1993—1994 年
销售车辆数(千辆)	296.1	249.7	577.3	839.3
大型外资企业:				
国内销量(千辆)	244.3	180.7	334.9	377.5
出口量(千辆)	14.8	56.4	242.4	461.8
出口占总销量(%)	4.9	23.7	42.0	55.0

资料来源：UNCTAD (1995), "World Investment Report 1995," p.232。

---

[1] Shaiken, H. (1991), "The Universal Motors Assembly and Stamping Plant: Transferring High-Tech Production to Mexico," *Columbia Journal of World Business*, 26 (2).

[2] Mortimore, M. (1995), "Transforming Sitting Ducks into Flying Geese: The Mexican Automobile Industry," *Desarrollo Productivo*, No. 26.

[3] Calderón Hoffmann, A., M. Mortimore, and W. Peres Núñez (1995), "Mexico's Incorporation into the New Industrial Order: Foreign Investment as a Source of International Competitiveness," *Desarrollo Productivo*, No. 21, pp.85-93.

发生这种变化的原因是,日本汽车厂商在美国市场对美国厂商的竞争挑战迫使美国厂商把生产转向低成本的生产地点。墨西哥在地理上邻近美国,运输成本低,因此对降低总成本十分有利。墨西哥政府的开放政策也起了重要作用,政府放松对该工业的控制,进入北美自由贸易区,放宽边境的经济贸易活动,等等。结果促进了美国日本的跨国公司把它们在墨西哥的生产体系纳入其全球生产体系。20世纪70年代和80年代,外国直接投资对墨西哥汽车工业发生了从寻求市场到寻求效率的根本变化。外资进入对墨西哥汽车工业的促进作用有:

增加投资:1984—1989年,汽车工业吸收了外国直接投资总额的16%。[1]20世纪90年代初期,主要投资者是大众公司(15亿美元)和日产公司(10亿美元)。1994年,批准的外国直接投资项目达25亿美元,其中福特、通用和克莱斯勒计划投资10亿美元,大众和日产投资12亿美元,新的投资商BMW和本田投资2.46亿美元。[2]

技术:大多数外资企业引进了先进技术。例如,通用汽车的外资企业模仿日本汽车企业的先进技术,而这项技术是在日本设计、组装并检验,然后运至墨西哥。一些零部件厂坐落在组装厂附近,这也是日本制造商的思路,都成为美资企业的模仿样板。

组织和管理:跨国公司在墨西哥的投资企业中推行先进的管理办法,明显提高了效率。以生产率和质量来衡量,墨西哥的外资企业已赶上或在某些指标上已超过美国汽车工业的记录,包括在美国的日资企业的指标记录。[3]

---

[1] Mortimore, M. (1994), *Transforming Sitting Ducks into Flying Geese: The Example of the Mexican Automobile Industry.*

[2] Calderón Hoffmann, A., M. Mortimore, and W. Peres Núñez (1995), "Mexico's Incorporation into the New Industrial Order: Foreign Investment as a Source of International Competitiveness."

[3] Mortimore, M. (1995), "The Contribution of TNCs to Industrial Restructuring: Insights from the Experience of Latin America."

技能：在培训方面，跨国公司投以巨资，它们送许多雇员到海外学习以获得先进工作方法的经验。通用公司在墨西哥的企业规定，所有新雇员在开始工作以前必须接受 4 个月的高强度培训，在工作岗位上，多数人还要继续接受培训。

市场：进入国际化生产体系的外资企业必然得到跨国公司的内部市场。1992 年，汽车工业的出口额已占墨西哥向 OECD 国家总出口的 16%，在全国最大的 5 家出口企业中，第一、第二和第五名企业都是汽车厂。1993 年，克莱斯勒、福特、通用、日产、大众在墨西哥的外资企业出口额达 78 亿美元，此外，1992 年向美国出口的摩托车零件也达 58 亿美元。

总之，从 20 世纪 80 年代中期以来的 10 年间，墨西哥汽车工业已经从保护主义政策下形成的不完整的、低生产率的状况转变为快速增长并具有国际竞争力的行业。1980 年它在制造业中的产出比重只有 8%，1991 年已达 21%，从而明显地促进了墨西哥工业的调整。在这种变化中，外国直接投资和跨国公司发挥了主要作用。这一方面归因于墨西哥政府的开放政策，鼓励跨国公司把它们在墨西哥的生产纳入其国际化生产体系，另一方面也归因于跨国公司的战略适应了墨西哥自身比较优势的动态变化。

7.4　本章小结

①战后初期，日本不十分鼓励吸收外国直接投资，新兴产业的发展主要靠国内企业来推动。日本利用外国跨国公司的特定优势主要是采取非股权的合同安排方式，通过许可协议和分包生产来获得技术转让。

②日本利用外资的政策，重在引进国外先进技术，通过外汇管制以及对技术输入的外汇支付优惠，来鼓励外国技术输入，为了避开外汇管

制，美国跨国公司对日本的直接投资，经常采取技术投资方式，从而增加了外国技术对日本的输入。

③引进国外先进技术极大地提高了日本产业的国际竞争力，使日本得以利用扩大出口推进经济高速增长。对外投资促进了国内产业结构调整，减少了丧失竞争力的国内产业，并为有竞争力的产业提供了新增资源。转移到海外的产业不仅重新获得竞争优势，而且避免了贸易摩擦。因此，对外输出资本也是保持产业竞争力的一种手段。

④亚洲发展中国家和地区的经验表明：产业结构调整有两种平行发展过程：一是不同产业间的消长变化，二是在产业内部低附加值生产向高附加值生产的演化。在这两种发展过程中，外国直接投资和跨国公司都发挥了直接的重要作用。

⑤从简单的劳动密集型的生产加工环节向资本、技术、知识密集型的上游替代或下游替代方向发展，是发展中东道国产业成长的一般规律，也是发展中东道国发展为对外输出资本的投资母国的必要前提。

⑥跨国公司在知识密集型产业中具有更大的潜在作用，例如在电子工业；而在标准化产品的生产中，其作用则较小，例如纺织服装业。产业特征不同，跨国公司进入该产业的具体形式也不同，在知识密集型产业，跨国公司多采取股权控制的严格方式，而在标准化产品生产中，多采取非股权安排方式。

⑦亚洲的经验表明：由资本流动促进的调整当同时发生在发展水平不同的国家时，跨国公司在这个过程中重新配置资源，因此会产生互相影响和互相促进的效果，并由此形成产业分工与合作，推动地区或世界经济一体化。在国内和国际其他因素的配合下，这种互相促进往往成为一国产业结构调整的有效开端，在此过程中，一些企业抓住机遇，提高了竞争力，有的还成为跨国公司。

⑧与亚太地区相比，美国、日本在拉美的外资企业的出口倾向一般

要低于其在亚太地区的海外企业,这说明拉美地区的国内市场较大;但外资企业出口占拉美国家出口总额比重却要高于不少亚太国家,这既反映拉美国家内资企业的内向性,也反映外资企业在促进拉美国家出口贸易中的作用。

⑨第二次世界大战后,外国直接投资对拉美一些国家制造业的建立和发展发挥了积极作用,一些新的工业如汽车、石油化工、电气和非电气机械等部门就是在外国直接投资带动下建立起来的,但这种投资只带来了进口替代和内向型工业化的效果,而没有使拉美国家的产业走向国际竞争舞台。但有迹象表明,在20世纪90年代,墨西哥汽车工业在跨国公司带动下将有希望成长为具有国际竞争力的行业。这一方面归因于墨西哥政府的开放政策,它鼓励跨国公司把它们在墨西哥的生产纳入其国际化生产体系;另一方面也归因于跨国公司的战略适应了美墨两国汽车工业的比较优势的动态变化。它对其他发展中国家的启示是,引进某种工业生产技术,其结果是使该行业成为进口替代,还是出口导向,不仅取决于东道国的市场需求状况,而且还取决于该行业在投资母国与受资东道国之间比较优势的现状与发展。在20世纪50年代,美国与墨西哥的汽车工业投资,只能形成进口替代,而在20世纪90年代,则有可能成为出口导向,就是说明了这个道理。今天,我国在引进外资中,也要注意观察所投资行业的国际比较优势的状况与发展,才可能对该行业的市场目标前景做出分析和预测。

第八章　提高产业竞争力的宏观政策

8.1　政策目标与引导方式

8.1.1　借鉴当代跨国投资理论

传统国际资本流动理论从宏观经济分析出发,一般只强调,一国引进外资的必要性在于"两缺口",即储蓄缺口导致资金不足,以及外汇缺口导致进口资本品乏力。通过引进外资,弥补建设资金和外汇不足,可以促进东道国经济增长,并增进东道国经济福利。在这种理论影响下形成的外资政策,注重吸收外资的金额数量和项目数量,以及外资企业的产出和对国内生产总值的贡献。显然,这种理论和政策注重外资的资金资源流量,从效果来看注重直接的人均经济福利。因此特别易于被发展水平较低的低收入国家所吸收和采纳。

当代国际直接投资理论从企业微观层次出发,主要探讨了跨国企业对外直接投资的经济机理所在,从企业特点优势、内部化交易两方面分析了对外投资的经济合理性,从区位选择角度分析了这种经济合理性得以实现的途径。这种理论分析不仅考察了资本的跨国界流动,而且更重要的是考察了企业的技术和各种无形资产跨国界流动的特点与方式,揭示了跨国公司之所以成为对外直接投资重要担当者以及世界经济重要力量的深层原因所在,对传统国际资本流动理论是一个很大的发展和进步。

当代跨国投资理论注重分析技术要素和无形资产流动反映了第二次世界大战后科学技术进步和科学技术成为最重要的生产力的现实。当然，由西方学者创立的当代跨国投资理论，其目的是为垄断资本和西方跨国公司服务的，他们总结第二次世界大战后跨国投资发展的经验和规律，也主要是有利于西方主要投资母国的跨国公司，而很少有人考虑要为发展中受资国提供点什么思想和知识。因而他们的理论很容易被发展中国家所忽略，对外资政策的影响也较小。这种状况不仅反映了受资国的经济发展水平，而且也反映了受资国利用外资的水平。

但是，恰恰是这种理论揭示了跨国公司成为世界生产力要素优化配置与国际化生产组织者的秘密，揭示了其竞争优势的秘密。希望提高利用外资水平、有望在国际分工阶梯上攀升的发展中受资国恰恰需要对此给予较大的关注和借鉴。

8.1.2 我国的发展目标

我国是发展中国家，又是大国，为了对人类做出较大的贡献，不仅需要提高人民生活水平，还要增强国家的综合国力。这就需要有先进的科学技术和具有国际竞争力的产品和产业，才能保障我国在国际社会中的经济、社会地位，才能保证国家的独立、主权、和平，才能维护社会主义制度和人民民主专政。这就是我们的国家目标，利用外资要有利于实现这个目标。不断增加外商投资的累计金额和项目数量，固然有助于增加国内生产总值，实现庞大的 GDP 规模，增加就业，提高人民收入，但这只是我们目标的一部分，甚至可以说只是比较次要的一部分。因为我们依靠利用内资或提高内资的使用效率也同样可以达到这个目的，特别在进入 20 世纪 90 年代中期以后，我国储蓄率已经高达35%以上,出现存款大于贷款的现象,国内已有相对剩余资金并向海外投资,1996年底国家外汇储备已经突破1 000亿美元。这说明我国建设资金短缺和外汇短缺的状况已经大大缓解,依靠外资弥补"两缺口"的紧迫性已不很突出。相反,利用外资中更重要的目标却日益突出出来。这就是要通过吸收外商直接投资或通过外国跨国公司的其他合作形式,引进先进技术和管理,获得技术许可和转让,建立研究开发机构,培育我国自己具有国际竞争力的产品和产业。在目前我国的技术水平与外国先进水平有较大差距的情况下,仅仅依靠内资和国内技术是难以达到目的的,因此要利用外资的中介渠道来获取技术要素和信息、知识。从某种意义上说,提高利用外资的水平,其内涵就是从重点利用资金投入转向重点利用技术、知识等先进要素的投入;从形式上看,就是从仅仅吸收股权投资转向股权与非股权安排等多种形式,包括对外资的中介渠道和国际网络的利用。

这样说也并不意味着利用外商的资金投入已经不需要。我国建设资金短缺的缓解在不同地区,不同产业也是不平衡的,在广大中西部内陆地区和乡村地区,吸收资金投入仍是很重要的,但在东部沿海地区,特别是在国内融资相对容易并易于吸收跨国公司投资的地区,应明确提出利用外资的政策目标转换,把重点从资金合作转向技术、管理、知识的合作。在这个问题上我们要借鉴日本的经验,在20世纪50年代和60年代,日本国内资金并不富裕,经济高速增长,资金缺口一直很大,即便如此,日本的利用外资政策始终是把与跨国公司的技术合作和非股权安排方式放在更重要的位置,把资金合作和股权投资放在相对次要的地位,从而有利于培育国内具有国际竞争力的产品和产业,比较恰当地处理了促、进竞争,但产业又不至于被控制,国内市场不至于被支配的互惠关系。

8.1.3 政策目标转换的制约因素

阻碍利用外资政策目标的转换,既有主观认识方面的因素,也有客观实际的原因。从主观认识上分析,发展中国家的人易于接受传统国际资本流动理论中"两缺口"学说,习惯于资金合作的发展模式。在我国,更重要的原因是一些人对我国的国家目标的认识不很清楚,甚至并不认同。一些同志把我国国家发展的目标只定位于人民的经济福利水平,这对于许多发展中国家也许是适用的。但我国实行的社会经济,政治制度受到西方敌对势力的仇视,捍卫国家主权和领土完整仍然任重道远,我国必须有强大的国力才能在世界上有立足之地。因此我们必须全面坚持邓小平提出的三个有利于的标准,只坚持一两个有利于不行,要三个都坚持。

客观实际方面的原因主要是资金分散、融资渠道过于单一。因此,我国从统计上的累计数字来看,资金资源并不匮乏,但具体到一个产业、一个企业,资金都很紧张。出现宏观上看资金短缺并不严重,微观上看到处都缺资金的怪现象。

从国内间接融资渠道情况看,1994 年国家银行较上年新增各项存款为 6 097.47 亿元,当年新增各项贷款为 5 141.76 亿元;1995 年国家银行较上年新增各项存款为 9 454.8 亿元,当年新增各项贷款为 7 790.5 亿元。可见连续两年都是新增存款大于新增贷款。但在存款中,城镇储蓄存款比重大,而且继续上升,企业存款比重呈下降趋势。1994 年城镇储蓄存款占各项存款比重为 54%,企业存款比重为 39%;1995 年城镇储蓄存款比重上升为 56.6%,企业存款比重下降为 37.4%;该两年,企业新增存款分别为 3 795 亿元、3 053 亿元,城镇储蓄新增存款分别为 4 657 亿元和 6 097 亿元,[①] 可见近两年我国社会资金有继续分散化

---

① 《中国统计年鉴(1996)》。

的趋势。企业存款比重下降,意味着企业资金来源将更多地受到国家货币政策的制约,在货币从紧政策下,企业筹资就很困难。

再从企业筹资方式来看,除银行信贷外,还有自筹、直接融资和借外债三种方式。

企业自筹资金的困难在于企业资金积累的能力很弱。一方面是由于工业企业利润水平较低,1995年每百元销售收入实现利润只达2.55元;另一方面是我国工业企业普遍缺乏规模经济,即使有经济效益较好的个别企业,但由于规模限制,单个企业的资金规模也有限制。我国乡及乡及以上的工业企业多达59万个,其中大型企业只有6 416个,1995年每个企业的平均产值规模为3.95亿元,按产值利税率11%计,利税为4 300万元,扣除税收,利润不过一两千万元;中型企业也只有16 591个,每个企业平均产值规模为0.65亿元,按产值利税率11%计,利税只为721.5万元,利润水平更低。小型企业虽然多达56万个,但每个企业的平均产值规模只有530万元,利税不足60万元。[①]可见,我国工业企业由于缺乏规模经济,单个企业资金积累能力很弱,往往靠一个企业的资金办不成什么事。

直接融资渠道,所能提供的资金流量还很少,上海、深圳两个股市每年发行的A种股票,加上企业债券、金融机构债券、国家投资债券等,一般不超过1 000亿元。1994年A种股票筹资额为49.62亿元,企业债券161.75亿元,金融机构债券776亿元,三项合计只有937亿元。而且,金融机构发行的债券不一定用于增加工业企业信贷和投资。因此工业企业从直接融资渠道所能得到的资金要小于这三项合计数。

企业通过证券市场利用外资也还刚刚起步,1992年在国内股市中采用了B种股票来吸引国外投资,到1995年底,60家上市公司大约吸收了20亿美元的B股资金。1993年一部分中国企业开始在中国香港、

---

① 以上数据均引自《中国统计年鉴(1996)》。

纽约股票市场发行股票筹集资金,到1995年,大约有超过20家国内企业在国外证券市场融资大约40亿美元。总起来看,企业通过证券市场筹集外资的数量也很有限,也远远不能满足大多数企业对资金的需求。

在利用国外贷款方面,虽然有很大进展,但我国担心外汇风险,因此在利用外资政策上主张利用直接投资的意见在决策中占支配地位,而利用国外贷款始终很谨慎。到1995年底,我国外债余额为1 065.90亿美元,其中外国政府贷款占20.7%,国际金融组织贷款占13.9%,国际商业贷款只占49.4%。外国政府贷款和国际金融组织贷款往往用于非生产性或非工业性项目,因此实际上不大可能成为工商企业资金的来源。由于在向国外借款中的谨慎态度和严格的控制措施,我国外债风险很低。1995年偿债率仅为2.3%,负债率为15.5%,债务率为69.9%,[①]大大低于国际上公认的安全警戒线。

8.1.4 深化改革的内容

上述说明,由于资金分散、融资渠道单一集中,我国社会资金状况呈现累计总量虽大,但企业仍感资金紧张的局面,从而制约了我国在与外国直接投资者合作中从单纯引进资金向引进技术、知识要素方向转变的进程。为了改变这种状况,需要在企业组织结构和国内投融资体制方面深化改革;同时还要在利用外资政策上做一些调整。

企业组织结构的调整主要是通过企业联合、兼并等方式组建企业集团,以达到规模经济,从而使单个企业资金积累规模能更多地满足本企业的发展需要,缓解企业资金饥渴。在国内投融资体制方面,要逐步扩大直接融资渠道的资金流量,增加企业的资本金,降低企业的资产负债比例,减轻企业负担,增加企业的资金积累能力。直接融资流量太

[①] 偿债率指偿还外债本息与当年贸易与非贸易外汇收入(国际收支口径)之比;负债率指外债余额与当年国民生产总值之比;债务率指外债余额与当年贸易与非贸易外汇收入之比。

小，既不利于改善企业财务状况，也不利于国内资本市场发育。而且，直接融资口子开得太小，但全社会资金累积量又很大的情况，往往使股市承受极大压力，时常出现股市陡升陡降的波动局面，这对管理和规范我国股市交易也是不利的。

调整外资政策的含义是对利用外资的方式进行适当分工。对于国家审批的大型投资项目，凡是以引进资金为主，不需要太多技术和管理投入的项目或企业，应鼓励其采取国外贷款、国内外证券市场筹资等方式利用外资；凡是以引进技术和管理为主，同时也需要一定外资，但以我方投资为主的项目或企业，应积极与国际跨国公司合作，采取股权和非股权方式建立合资合作企业。对于地方审批的中小型项目，也要有相应的筹资导向，在允许大部分技术优势不明显的外商直接投资项目设立的同时，也要引导一部分项目以引进外商的技术和管理为主；同时引导另一部分项目以获取国外贷款或进入国内外证券市场的方式利用外资，或者一个项目同时采用两种引资方式，从而保障我方的股权控制地位。

为此，需要进一步完善国内外上市公司的法规和政策并提高透明度。在需要对上市公司采取数量和规模控制的情况下，不要采取内部审批指标的办法，而应面向社会，实行公开招标，平等竞争。这样不仅有助于筛选上市公司，提高上市公司质量，而且有助于发育为上市公司提供各种服务、咨询的社会中介机构，这也是建设利用外资的社会基础设施的一项内容。

在利用国外直接投资与间接投资的选择上，过去有一种误解。好像利用国外间接投资容易因还本付息问题产生外汇支出过多，易引发国际收支不平衡；而利用外国直接投资就没有这个问题。确实在利用国外间接投资中，无论是国外贷款，还是证券市场融资，还本付息和股份分红都需要由债务人用外汇支付，而且支付数量和期限都很明确，成为外汇流出的一个常量，因此常常被看作是对债务人不利的筹资方式。国际直接投资是股权投资,合资企业中的中外双方都是股东,不是外方的债务人,因此不存在还债问题,往往也就误认为不会发生外汇流出现象,对国际收支平衡没有负面影响。实际上并非如此,国际直接投资同样也存在外国投资者汇出利润问题,从而成为外汇流出的一个项目。在 1995 年以前,在我国的国际收支平衡表中,在投资收支差额项下,历年都是利息支出大于利润支出,1995 年利润支出只有 4 亿美元,而利息支出则达 25 亿美元,说明外债对外汇流出的影响比直接投资大得多。但 1995 年情况发生很大变化,当年利息支出增加到 31.5 亿美元,但利润支出则猛增至 99.53 亿美元。[①]1996 年利息支出只有 29.4 亿美元,而利润支出再增至 116.8 亿美元,致使投资收支逆差达 124.4 亿美元。[②] 说明从 1995 年起,我国外商投资企业已进入投资利润汇出的高峰阶段。国际直接投资对外汇流出的影响正在显示出来并超过了间接投资的影响。可见,利用国际直接投资也并不是一种只有收入不需付出的筹资方式,它是否比利用间接投资更有利,不能一概而论,而应依具体情况具体分析,才有正确的结论。

从我国一些产业部门吸收外商投资的实际情况看,一些项目的外方投资者并非本行业的生产商,不具备生产技术知识和经验,而只是投资商利用了股权投资方式,其股权控制的目的,有的是为了支配国际购销环节,以便转移价格;有的是为了把合资企业合并入母公司财务报表,以便包装后在海外上市获取创业利润。这种合资行为都可能对中方合资方的权益具有潜在的不利因素。显然,这样的合资项目,如中方合资方改由利用国外间接投资的方式筹集资金,对中方的经济利益更有保障。

前几年,国家在利用外资政策中强调以利用直接投资为主是与当时的国际收支状况有密切联系。20 世纪 80 年代我国外汇储备很少,直到 1993 年,我国外汇储备不过达 200 亿美元,采取慎重举债的政策是

---

① 《中国统计年鉴(1996)》。
② "一九九六年度中国国际收支平衡表",《中国外汇管理》,1997 年第 4 期,第 63 页。

正确的。1994年以后我国外汇储备大幅度增加，而且外商投资项目也已进入利润汇出的高峰阶段，可以考虑用增加外债的办法来抵顶一部分直接投资，从而促进一部分与外商合作的项目从资金合作为主向以技术要素、知识、信息以及研究开发合作为主转变。

8.1.5 技术结构分析与引进策略

为了加强引进技术，要了解海外企业的技术结构。文献一般把外国投资带来的技术分为两类：一类是"内在的"（internalized）；另一类是"外在的"（externalized）。前者是指在国际化生产一体化中外商的直接所有权控制，并使用其技术资产；后者则不同。从广义上说，两者的区别在于第一类往往以外资独资企业或控股企业的形式出现，第二类则不以股权控制为特征，其技术转让往往通过许可证形式，甚至外商没有股权投资，只有技术投入。[①] 当然，第一类形式有许多优势是明显的，除外国大企业本身具有的技术资产优势外，还具有内部协作的优势。后一类形式的不足之处是，当外在形式的技术转让发生时，往往交易成本很高。因此，外在形式的技术转让往往发生的场合是，跨国公司愿意用标准化的技术来赚取技术转让费用，而且，东道国企业的技术吸收消化能力比较强。

在某些情况下，外国投资者会认为采取外在转化形式比内在转让形式更有利。例如投资项目盈利水平较低，或投资项目对国外母公司有风险时，投资者一般愿意采取外在形式。此外，当东道国市场较小，或此项投资对跨国公司的总体战略并不很重要时，采取外在转让形式会降低协调成本，而且还能得到技术转让费。外在转让形式在文献中往往又叫作"外资进入"（foreign involvement）。

[①] UNCTC (1994), "Determinants of the Form of Technology Transfer," *Transnational Corporations and Technology Transfer to Developing Countries*, The United Nations Library on Transnational Corporations, Vol. 18, Routledge, p.172.

从 20 世纪 60 年代中期以来,跨国公司采取外在技术转让形式有增加的趋势。其原因与跨国公司技术转让的战略有关。一些因素影响了两种转让形式的相对成本和收益。首先,各国跨国公司的竞争力和较小公司的竞争力都在提高,打破了美国跨国公司独霸的地位,这导致了企业特定技术优势的扩散。这使内部化使用这种技术优势的相对收益消失,促使跨国公司更愿意以外在形式转让其技术资产。而且,较小的和新的跨国公司不像大跨国公司那样具有协作优势,因此更愿意通过外在形式转让技术。其次,东道国的谈判地位提高,有利于实现弱化外国控制的目标。第三,东道国的政府政策在某些部门对外资有股权比例要求,在不能控股的情况下,跨国公司只能以外在形式转让技术以获取转让费。第四,从 20 世纪 70 年代初期以来,发展中东道国的投资风险增加,也使跨国公司愿意考虑非股权安排进入方式。第五,20 世纪 70 年代国际银行借贷和离岸金融市场的扩张使发展中国家对于利用外资方式有了更多的选择,也促使跨国公司愿意以外在形式转让技术。

8.1.6 技术转让形式的产业适应性

从 20 世纪 70 年代以来,发展中东道国通过外在形式吸收外国技术转让的产业特点是:

①石油工业:非股权安排,主要是生产的合作承包、服务承包和风险承包,这些形式极大地取代了外资独营。

②矿业:其趋势与石油工业相同,到 20 世纪 70 年代末期在一些领域中,生产合作安排、合资合营、服务与管理承包增长很快并有取代外资独营的趋势。

③制造业:在出口导向和高技术产业中,外在形式没有明显趋势;但在成熟技术和低技术产业中却已有这种趋势,所不同的是国与国之间有差别。

④服务业：交钥匙工程已广泛使用在核动力工业中；在公共设施和基础设施行业，技术援助已很普遍；在饭店业、航空、海运业中特许和管理合同也很明显。

发展中东道国对于认识外在形式吸收外国技术的意义有进一步提高。在巴西，外国直接投资数量很大，而且在制造业中，外国股权和产出比重的份额都很高，但巴西在一些重工业，如石油化工和金属冶炼业中已广泛采取国有企业控股，外资只占少数股权的政策，在制造业中广泛采取当地企业与外国公司订立技术合同的方式。[①] 韩国是限制外资控股和外商独资的典型，但它允许外资占少数股权，从而支持国内企业发展。在韩国的所有合资企业中，3/4 以上是本国企业控股，3/4 以上的技术许可协议是在非外资控股企业中签订的。

从工业行业来观察，外国直接投资中的独资企业，其技术许可和转让通常发生在商标食品、饮料加工，人造纤维、医药、汽车生产（非组装加工），消费电器、电力设备以及电子零配件的海外定点销售组装业中。在这些行业中采取这种转让形式的原因与产品差异化有关：研究开发密集、专利作用、品牌商标，促销与营销战略的重要性。如果发展中东道国的市场较大，这些因素会使产业门槛较高，从而对跨国公司采用内部化技术转让方式提供较高的回报。

在另外一些行业中，外在形式比较普遍甚至占支配地位。如在服装、海外半导体产品组装业、纺织品业中的国际分包和技术许可；化肥工业中的合资合营和工程咨询；汽车组装加工中的许可协议；农业机械和设备中的合资合营；电力设备中的许可和交钥匙合同。

产生表 8-1 所述行业特点的原因是，国际分包生产特别适合于劳动密集的出口导向型的行业如纺织、服装和电器；对于小企业来说，它

[①] Guimarães, E. A., P. S. Malan, and J. T. de Araújo Jr. (1982), "Changing International Investment Strategies: The 'New Forms' of Foreign Investment in Brazil," Discussion Paper No.45, IPEA/INPES.

们没有能力在世界范围内直接建立生产体系,因此这种形式对于它们进入东道国要比直接投资有利,或者当一些企业还没有意愿在发展中国家直接进行股权投资但又试图进入时,这也是一种尝试。在汽车组装业中,对发展中国家的企业给予许可协议,部分原因是各国跨国公司之间市场竞争的结果,部分原因是东道国政府对外资股权比例的限制。在化肥和重型设备行业(如发电设备),要求投资规模大,生产往往集中在少数最大和最先进的发展中国家。对跨国公司来说,它们往往只愿意通过一次性合同来转让技术,如提供特殊服务,提供特殊资本品和加工技术;当然当东道国市场足够有吸引力时,它们也希望参与股权投资以便建立合营企业。

表 8-1　发展中东道国不同行业外资进入的不同方式

行业部门	跨国公司进入的主要形式	市场导向	跨国公司的主要优势
食品和饮料加工 商标食品	外商独资企业 合资企业	国内	产品差异化
纺织品、服装 人造纤维	直接投资、许可 交钥匙工程	国内	先进的加工和产品技术
服装 时装	分包 许可、直接投资	出口 出口	营销技术 产品差异化、营销技术
药品	直接投资以及与投资相联系的许可	国内	产品差异化、技术不断创新
化肥	与东道国合营	国内	技术、管理与营销
汽车 　国外组装 　国外生产	许可 直接投资	→国内	技术、管理和营销
电力设备	合资合营	国内	技术、管理和营销
半导体	直接投资 分包	→出口	技术不断创新

资料来源:UNCTC (1994), "Determinants of the Form of Technology Transfer," *Transnational Corporations and Technology Transfer to Developing Countries*, p.194。

还有一些行业，虽然东道国市场较大，而且技术是成熟和标准化的，因此行业进入门槛不高，差品差异化可能性也不大，如大宗出口食品、大类纺织服装品以及一些药品，但由于东道国的促进，国外投资者也会采取直接投资和独资经营。然而，即使在这些行业中，跨国公司有时也会采取外在形式转让技术，例如当东道国政府有某些限制或政策使外商独资和控股企业很难进行商标和品牌注册时便会这样做。在这些行业中，无论是内在还是外在形式，商业技术转让都不会达到很高水平，因此只有通过其他形式获得技术，如进口机器引进技术，企业家、技术工人、技术人员的流入雇用，以及技术文献情报的交流，等等。

以上分析了发展中国家不同行业在获得技术转让中采取的两种形式。由此可以看出，采取哪种形式既取决于外国投资者的利益驱动，也取决于东道国政府的政策。我国是一个市场潜力很大的国家，许多行业都有外国投资者的独资或控股企业，在这些企业中，技术转让主要通过内在形式，技术扩散的进程较为缓慢，不利于国内企业学习和仿效。而在外资非控股企业中，技术许可和其他外在形式的技术转让也还没有得到应有重视，往往达不到引进技术和管理的效果。这方面的工作大有改进的余地。为了鼓励采取外在形式获得技术转让，应采取：

①在审批外商投资项目的可行性报告时，无论是外资控股还是非控股项目，都要求提供以外在形式进行技术转让的条款。特别是技术成熟和标准化的产品和行业，更要强调外在形式的技术转让，否则就不予以审批。在技术高级和新兴行业中，也要求有部分外在形式的技术转让，如确系只有通过内部化机制才能进行技术转让的产品和行业，必须在无竞争状态下才能给予审批。

②批准国内企业通过外债（包括贷款、证券融资）筹资的可行性报告，也需要提供技术转让的意向协议。政府有关部门依据企业筹资的经济合理性和技术转让意向协议的科学性两方面标准来批准举债可行

性报告,从而把企业举债纳入技术进步机制的规范化轨道中。

③批准外国产品的品牌和商标注册,必须附有技术转让的条款。在难以证明发生技术转让的项目中,审批外国产品的品牌和商标应慎重对待。

8.2 外资政策与产业政策

8.2.1 协调外资政策与产业政策的指导方针

1995年我国政府颁布了《外商投资产业指导目录》,这是第一部关于协调外资政策与产业政策关系的指导性文件。[①]文件从保护国内产业安全的角度,提出了在外资进入的国内产业分为鼓励、允许、限制、禁止四大类。这种分类方法的主要依据是什么,文件没有说明,但从实际分类的结果来看,其主要依据是:(一)列入禁止类的主要是资源性和基础设施行业,其目的主要是为了保证国家经济、政治安全。(二)列入限制类的主要是技术水平较高的工业行业和对国民经济波及面影响较大的服务业(如金融、商业),可见其主要目的也还是为了保证国家对国民经济基础性行业的控制和政府宏观调控的通畅。总起来看,列入这两类的行业都是原来垄断程度较高,或产业集中度较高的部门。应该说,在扩大开放,打开大门的新形势下,建立起这种最主要堤防是完全必要和正确的。文件的指导思想也是明确的。

但从1996年以来情况看,国内民族工业感到压力最大以及内资企业在国内市场上纷纷丢失占有率的恰恰是允许和鼓励外商进入的行业部门。这样就发生一个问题,是否允许和鼓励类的行业就意味着内资企

[①] 国家计划委员会:《指导外商投资方向暂行规定,外商投资产业指导目录》,中国计划出版社1995年版。

业可以弃守,而让外资独资和控股企业占据支配地位,如果不全是,那么内资企业如何增强竞争力,国家对该两类行业应当有哪些具体的指导性政策和措施?显然这些问题暴露了原有的《指导目录》还不够具体的缺陷。这个缺陷并不仅仅是技术性失误,在一定程度上反映了指导方针的不全面,即没有确立提高我国产业竞争力的指导思想,而只局限于选择出保护领域,有失于消极之嫌。实际上,随着对外开放的扩大,保护领域也将进步缩小,而且保护领域事实上也面临外资渗透的挑战。

正确的全面的指导方针应当是,在划定一定范围的保护性行业前提下,开放性行业引进外资要以提高我国产业竞争力为目标,一些空白行业引进外资,也要有助于民族工业的发育和成长。保护性行业也要确立提高竞争力的指导思想,因此对可能预计的行业要给定保护的时间表,从而促其提高竞争力。

为了使开放性行业在引进外资中有利于提高国内产业竞争力,应当依据不同行业的特点制定不同的外资政策,也就是要使《指导目录》进一步具体化。这种具体化的工作不可能对数千个产品和行业一一规定不同措施,因此关键是要找到一个比较科学的分类方法,依据这种分类方法制定不同的外资政策。

8.2.2 市场竞争类型划分的外资政策

依据产品的可贸易程度和跨国公司在市场中支配程度来划分的四种市场竞争类型:全球竞争型行业、多国内竞争型行业、完全竞争型的大宗贸易品行业和纯国内完全竞争型的行业的划分方法可以将允许和鼓励外商进入的行业再进行一次分类,并依该四类的行业特点来制定不同的利用外资政策,从而促进国内产业竞争力的提高。

政府对跨国公司在不同产业部门进入的干预措施,并不仅仅局限于发展中国家,也并不仅仅局限于主张国家控制经济的意识形态的国家。传统上被认为是开放的国家如美国和其他OECD成员国也都有它们的规则和保护措施。[①]其基本的原因是跨国公司进入必然促进本国产业的全球化,因此需要本国经济对世界产业变化做出准确和迅速的调整。国际相互依存的加强无疑增加了各国国民经济调整的负担,在自由贸易和自由投资下,结构调整要快速适应各国产业竞争力变化的新环境。在互相依存的国际环境下,各国政府已经充分认识到,为了适应全球竞争的新形势,必须关注本国产业的竞争力问题。因此其外资政策的着眼点更多地从这个视野出发。

8.2.3 全球竞争型行业

一般来讲,在东道国市场比较狭小的情况下,跨国公司进入全球竞争型行业对东道国的出口增长是有利的。而且全球竞争型行业一般资本技术密集度都比较高,跨国公司的股权投资既有利于资金输入,也有利于技术输入,然而,当东道国市场容量较大时,跨国公司建立的合资企业就会把全球竞争市场的目标从国外移向国内,从而增加本国企业的市场压力。

对这种情况,一些发展中东道国采取出口要求的措施。例如巴西汽车工业就是一个例子。大多数跨国公司为了进入巴西这个有前景的市场,都承担了大量出口的义务。[②]我国对一些全球性产业采取股权比例要求的措施,如对汽车工业,整车厂不允许外资控股。因此外商投资多向零部件的上游方向发展,而汽车零部件上游方向的技术密集程度恰恰比较高,形成外商控制上游附加值高的产品,民族工业占据下游附加值低的产品的不利格局。从产业竞争力和经济福利角度考虑,政策选择恰

---

① Doz, Y. L. (1986), "Government Policies and Global Industries," in Porter, M. E. (ed.), *Competition in Global Industries*, p.226.
② Ibid., p.235.

恰应当颠倒过来。汽车整车组装厂可以让外商控股或合资，但要求履行出口比例合同要求，保证民族工业有一定国内市场份额，在外资整车厂建立的同时，迅速发展国内供应商，通过外在形式获取技术转让，或通过与外国整车厂建立技术与购销联系，占据上游产品生产部门，上游产品竞争力的增强，最终会使国内整车组装厂产品竞争力提高。

全球竞争型行业产品的可贸易性强，提出出口要求，企业是有可能做到的。根据国际惯例，政府可以规定企业的出口比例要求，而且合资企业的合同章程中往往也订有出口比例的承诺，因此事实上可以通过全球性产业扩大出口。

此外，还应积极鼓励国内企业进入全球性产业的国际市场，或者通过成为外资企业的供应商进入国际化生产体系，或者通过与外资的非控股合营，积极使本企业产品进入国际市场，这方面日本的汽车工业和消费电器工业提供了成功的经验。

总之，全球竞争型行业的外资政策的指导原则是，一般不采取股权比例要求，这有利于引进新兴产业和我国技术空白的行业的外国投资，虽然不会很快获得技术转让，但会有技术外溢效果。对其产品，允许少量内销，以便刺激和示范国内消费需求，为发育国内产业提供条件。但企业在投资交易中要强调出口比例，政府要检查监督合同章程的执行。在允许外商独资和控股的情况下，政府应积极扶持民族工业成为外资企业的供应商，民族产业应迅速向上游替代方向发展，而不要都挤在下游环节过度竞争。

8.2.4 多国内竞争型行业

对于已经具有一定工业化基础的东道国来说，多国内行业一般都是国内已有成熟产品和生产技术历史的行业，虽然也面临产品更新和生产技术更新问题，但国际流行的产品生产技术主要是成熟和标准化的技术。在我国,这类行业的国内企业数量一般都已不少,产品以国内销售为主,在国内市场中占有最主要份额。这类行业的产品不少都是大众消费品,生产项目一般具有投资较少,见效较快的特点,是我国经济建设中重要的资金积累来源。

多国内行业的特点是产品可贸易性不强,但跨国公司在该行业中的支配程度却较高,因此跨国公司进入东道国投资此类行业,其主要意向都是为了取得市场份额甚至支配地位。近几年外国跨国公司进入我国投资,不少都集中于此类行业。民族工业感到纷纷丢失市场份额的或市场压力大的也主要是这类行业,如洗涤用品、轮胎、感光材料、啤酒、饮料、药品等行业,这类行业都不是国民经济的基础性重要行业,因此在 1995 年的产业《指导目录》中一般都划在鼓励与允许外商进入的类别。但这类行业的进入门槛较低,是国内资本进入工业领域的重要行业,加上产品接触广大消费者,形象影响力大,因此国内舆论的呼声和压力却较大。

由于这类行业的产品的可贸易性较差,不可能通过出口要求来减轻国内市场压力,所以该类行业外资政策的指导原则应当是,对于最终产品的投资项目应对外商投资有股权比例限制,但不必有出口比例要求。特别是这类行业应成为外在形式获得技术转让的重点行业,由于这类行业生产技术在国外基本是成熟和标准化的技术,无须通过内在形式转让,而我国也乐意以许可、专利等形式获取转让费。同时,这类行业的资金需求也可以更多地通过外债途径去解决,不一定都要走外商直接投资的道路,特别是不一定都要让外商控股,或通过增资控股。但这一类行业对外商的股权投资也要网开一面,即放开上游产品的股权投资比例。一般目前这类行业的上游产品技术密集度较高,国内资本不易进入,应让外商进入发展成为这类行业供应商,以提高这类行业的产品水平。在股权比例上,这类行业与全球行业的政策指导正相反,后者实行放开下游,内资工业占据上游;多国内行业实行内资工业占据下游,放开上游。在出口要求上,这两类行业的指导原则也正好相反。

需要指出,发展供应商都是这两类行业提高民族产业竞争力的重要手段。发展供应商在股权比例上的要求也都是相对而言。例如,在全球行业中发展供应商,如果把我方控股绝对化也可能不利于引进先进技术;在多国内行业,供应商的股权也不一定都一概让予外资方。因此掌握股权比例的灵活性,也是服从于技术吸收和产业竞争力的总原则。

8.2.5 大宗贸易品行业

大宗贸易品行业的特点是产品可贸易性强但跨国公司支配程度较低。外资进入我国大宗贸易品行业主要是利用我国廉价劳动力和其他生产资源,从而通过贸易获利。我国的经济福利主要体现在加工收费和就业上。从产业竞争力来看,只有生产环节具有相对竞争力,而在上游投入品和下游营销环节均不具有竞争力,因此我国在某些大宗贸易品的产业竞争力是不完整的,如服装和纺织品。

针对该类行业的特点,外资政策的指导原则是,生产环节的投资允许内资与外资自由竞争,不设股权比例要求。大宗贸易品生产环节进入门槛较低,因此要鼓励内资企业在股权中占支配地位,而外商往往也把战略重点放在上下游环节,一般不与中方争夺生产环节,对此,我方要鼓励外商在我国设立上游产品基地,允许外资控股和独资,以发展供应商,提高我国生产环节的产业水平。同时,鼓励我国工商外贸企业积极介入营销领域,通过特许、专利、营销渠道分享等技术转让,逐步获得营销环节的特殊要素,从下游环节增强产业竞争力,因此,该类行业的外资政策可概括为:保住中间,放开上游,发展下游。

8.2.6 纯国内完全竞争型行业

该行业的特点是产品可贸易性差，跨国公司支配程度也低，多集中于为个人服务的行业，如商业零售业、美容、理发、牙医和餐饮业。这类行业的竞争力多取决于企业管理水平，个人技艺，投资进入门槛一般不高。这类行业除个别行业外，在提供就业岗位和社会资本积累等方面都不具有重要性，因此外资进入的负面影响较小，应扩大外资进入，引进竞争。但要引导消费健康发展，特别要强调保护消费者权益，要把保护消费者权益作为内外资企业平等竞争的基本标准，从而纳入利用外资的政策规范和引进外资的指导原则。

8.2.7 按跨国公司不同生产体系划分的外资政策

跨国公司是适应生产高度国际化的企业运作方式和组织形式，其国际化生产体系，可以把价值链的各个环节定位在世界各个理想地点，从而降低各个环节的成本，提高整个价值链的竞争力。伴随这种资源的重新优化配置，跨国公司把资金，技术、信息管理要素输入各个东道国企业，成为直接投资和各种生产要素流动的承担者以及国际化生产的组织者，从20世纪90年代以来，为了加大吸引外资力度，提高利用外资水平，国内不少人主张要吸引国际大跨国公司来华投资。吸引跨国公司的有利一面是技术和产品档次较高，管理先进；不利一面是跨国公司竞争力强，进入中国往往以取得市场支配为目的，民族工业难与匹敌，不少企业有生存危机。因此，为了趋利避害，在吸收跨国公司投资问题上，也要研究对策，应根据不同跨国公司的特点制定不同的利用吸收政策。

来华和将来来华投资的跨国公司很多，这里不可能对每个公司的特点一一分析，也只能将其主要特点进行一下大致分类。跨国公司的国际化生产体系，大致可分为三种形态或三种类型：

8.2.8 独立存在类型及对应政策

这个类型的特点是，跨国公司在东道国建立的独资企业或合资企业，生产与母国工厂相同的产品，各自独立经营，在经营过程的各个环节上，公司内各个企业并无直接联系，也就是说该东道国企业与公司内其他企业的经济活动尚未结合为同一条价值链，故称之为"独立存在战略"（Stand-alone Strategy），又称为"多国化战略"（Multi-domestic Strategy），这样的国外企业，也称为"独立存在加盟"（Stand-alone affiliate）。例如生产洗涤用品的尤尼·利弗（Uniliver）公司，生产复印机的美国施乐公司，生产巧克力的雀巢公司在世界各地的生产，均采取这种独立存在战略进行经营。

显然，独立存在战略的经常特点是以东道国国内市场为主要取向，特别是当东道国国内市场容量较大时，跨国公司在东道国设厂生产母国工厂的复制品，其主要目的就是企图越过东道国贸易壁垒，打开东道国市场。

跨国公司的独立存在战略与多国内竞争型行业的特点大致相吻合。因此采取独立存在战略的跨国公司也往往是进入多国内竞争行业进行投资的企业。根据上述对多国内行业利用外资的指导原则，对采取独立存在经营战略的跨国公司也大体与之相吻合，即对这类跨国公司的投资在谈判中不强调出口比例要求，但我方一般要坚持控股地位，合营企业中的中方资金来源应多渠道筹集，包括利用外债。同时，在与这类跨国公司的投资交易中应尽可能强调通过外在形式获得技术转让。独立存在战略的经营特点也显示技术要素流动的内部化机制不可能太强，再加上对这种经营特点行业的投资进入限制较少，跨国公司之间的竞争较多，因此从这类跨国公司中获得外在技术转让的可能性较大。

8.2.9 简单一体化类型及对应政策

这个类型的特点是跨国公司在东道国设立的企业只是在某些经营环节上与公司内其他企业发生联系,但还没有建立所有环节的联系,最常见的联系方式是,零部件由公司内的国外企业供应,东道国企业利用本国廉价劳动进行加工装配。从母国公司来讲,这个经营战略的特点就是把一个生产过程中的劳动密集环节转移到东道国。文献把它称为"简单一体化战略"(simple integration Strategy),或称"国外来源战略"(Outsourcing Strategy)。电子元器件的加工装配是跨国公司常见的投资项目。20世纪60—70年代,跨国公司采取"电器合同制造"(Contract electronics manufacturing)的方式,在美国本土生产晶体管,空运至东南亚的加工装配企业,加工成集成电路,再空运至美国公司检验,并分别供应给跨国公司内部和外部的用户。[1] 其他例子还有生产运动鞋和运动衣的美国奈克(Nike)公司,它把设计开发和营销集中在美国,但生产加工环节却全部分布在国外40多个地点进行,20世纪80年代中期以前主要在韩国、中国台湾、东南亚,近几年转向我国东南沿海地区,日本丰田公司在东盟5国中的4国都设有不同的零部件生产工厂,其产品全部供应日本丰田公司之用。

"简单一体化战略"的经营特点反映出它具有出口导向特征。在技术要素流动上内部化倾向不强,完全可以采取外在转让的各种形式。跨国公司在东道国的生产活动一般只是利用廉价劳动或其他生产资源,而不主要是争夺市场。其最终产品既有可能是劳动密集型的,也有可能是资本技术密集型的,但在东道国的投资项目往往都是其中的劳动密集型生产环节,其产品无论作为最终产品还是中间品,一般都返销至发达国家消费。

---

[1] Sherrie van Tyle (1994), "Contract Manufacturing," *Electronic Design*, 42 (25).

跨国公司的简单一体化战略所进入的行业,有的具有大宗贸易品竞争型行业的特征,有的具有全球竞争型行业的特征。在大宗贸易品行业中,一般跨国公司支配程度较低,存在大量中小企业的竞争,来我国投资的外商中,也多数是中小企业,像奈克这样的跨国公司是少数。因此对这类跨国公司的投资,其指导原则与该行业其他中小企业投资基本相同,即我方不强调出口比例和股权比例,但力争引进上游投资,争取我方在下游环节参与的前途。对于具有全球竞争行业特征的跨国公司外资的政策是我方不强调股权比例,但对于可能内销的产品强调出口比例。同时积极发展国内供应商,争取有更多的国内供应商与外资控股或独资企业建立购销联系,使外资企业不断扩大国内采购率。

8.2.10 国际一体化生产类型及对应政策

这个类型的特点是跨国公司在东道国设立的企业的各项经营活动与各个环节都与公司内其他企业建立了全面联系,所以文献中又称为"国际综合化生产战略"(Complex international Production Strategy)由于这种战略往往是在区域一体化趋势强的有关国家中采用,因此跨国公司在其中一个国家或地区设立区域总部,对于分布在区域内各国的公司内企业的经营活动,进行统一部署,将它们的经营环节纳入同一条价值链,这样的网络又称为"区域性核心网络"(regional core networks),例如1967年美国福特汽车公司成立了"福特欧洲总部",以"开普利"(capri)车型的设计、研制、生产、销售统一组织西欧协作网,在西欧各地有效配置福特的资源。这实际上是将一个企业内部的各个分厂、车间、工段、工序分布到欧共体有关国家中去,是企业内部分工取得了国际分工的形式而在欧共体范围内的再现。[①]

---

① 王林生:《跨国经营理论与实务》,第36—37页。

这个经营战略的特点反映出产品输出具有企业内贸易的特征,技术要素流动具有较强的内部化机制的倾向,是跨国公司国际化生产体系中比较成熟的形态。在这种经营战略下,跨国公司生产布点的区位选择可能基于多方面的考虑,有的是根据东道国要素成本(劳动力、土地、人力资本),有的是考虑东道国(或地区)市场需求;有的是根据东道国外在规模经济和相关支持产业的优势;有的是出于与别的跨国公司建立战略联盟的需要。例如福特欧洲网络的建立,其目的主要就是考虑进入西欧市场,并利用西欧各国工业的外在规模经济和汽车工业相关支持产业的优势。

这种经营战略所进入的行业,一般都是全球竞争型行业,产品可贸易性强,跨国公司的支配程度也比较高,但对这种跨国公司来华投资,能否采用全球竞争型行业利用外资的指导原则,还要看设在我国的企业是与海外的公司内企业形成一体化网络,还是与国内的公司内各个企业自成一个一体化网络。前一种网络是外向型的,后一种网络是内向型的。

对于外向型的网络投资,其政策与全球竞争行业基本相同,即放宽股权比例要求,而在投资交易中强调出口比例要求,政府检查监督。放宽股权比例要求的目的是充分发挥这种类型技术要素内部化机制实施的特点,使先进产品和技术尽可能引入我国生产,同时努力发展国内供应商与之配套,加快技术外溢的转让步伐。这种类型的生产往往是中间品生产,其产品消费者往往是公司内下游生产环节,形成企业内贸易。因此批准设立这种投资项目一般不会与我国企业争夺国内市场。相反,通过发展我国民族产业供应商,还有助于民族产业的产品进入国际化生产体系。

内向型网络,情况就有所不同。由于我国幅员大,市场潜力大,一个国家就相当于欧洲许多国家。一个国际化生产网络体系在欧洲可能是外向型的,放在我国可能就成为内向型的,即整个网络体系建在我国,中间产品是企业内贸易,但最终产品仍在国内销售。近几年已有一些跨国公司提出要求在我国建立控股投资公司，以便在我国境内建设一批合资企业，由投资公司统一协调其在华投资企业的生产经营活动，投资公司具有财务融资、产品贸易和培训职工的统一协调功能。显然这种投资要求就是要把跨国公司的国际化生产网络放在一个大国范围内组织。因此对于审批这类投资项目应取慎重态度。

对于目前我国还是技术空白和行业空白的投资项目，而在我国未来经济发展中又是需要填补的行业，可以允许设立此类投资公司，由外方独资或控股，但只允许设立数量有限的 2—3 个主要环节或主要零部件的生产厂，并由外资控股。但其他零部件的生产应由我方控股，形成一定数量的国内供应商。给予投资公司产品贸易权，允许在国内销售，但合同要有出口比例。

对于目前我国已不是技术空白和行业空白的项目，或通过其他技术引进方式可以建设的项目，审批这类投资更要慎重。如果允许设立此类投资公司及其网络体系，那么合同中要规定产品大部或全部出口，如果产品必须在国内销售，审批这类投资项目又确有市场需求，我方应在投资公司中占 50% 股权，生产网络的投资也要体现双方股权比例大体相当的原则。因此对中方合作伙伴的资格要有较高水平要求，除了管理协调和一定技术能力之外，还要求有较强的筹资能力，必要时可在海外通过外债筹资。中方合作方不具备资格，也不能予以审批。

根据行业的市场竞争特征和跨国公司生产体系的组织方式来协调产业政策和外资政策之间的关系，这还仅仅是一种思路。把这种思路转化为政策语言的政策条文，还需要学者和政府工作人员的密切配合和深入讨论，才能完善我国的指导外商投资的产业目录。1995 年的《指导目录》有一个优点，审批人员不需要太多专业知识或不需要经过培训，就能照章办事，行与不行，判断标准比较简单。而在本文新思路下完善的《指导目录》，尽管政策条文再具体，也会遇到许多介于行与不行,判断标准难以掌握的事情。因此就需要对审批人员进行学习和培训,让他们了解这种文件的理论背景、分类方法及其政策目标导向,使审批人员具有较多的专业知识,才能在实际工作中较好地掌握政策。因此,完善我国产业政策与外资政策的协调关系,不仅是指导方针的完善,政策条文的完善和具体化,而且也是各个审批机构增加专业知识,提高业务素质的系统工作,需要各方面加强协调配合。

8.3 产业组织与有效竞争

我国产业竞争力低与产业组织状况有密切关系,研究提高产业竞争力不能不涉及产业组织和完善产业组织政策。

8.3.1 产业组织现状的主要问题

(一)企业规模不经济和生产的非专业化

1. 企业规模小而分散,难以达到规模经济。从企业数量结构看,1995年全国工业企业单位数达到734.15万个,其中乡及乡以上工业企业59.2万个。大型企业6 416个,中型企业16 591个,大中型企业加起来只占所有工业企业的3‰,占级及乡以上工业企业的3.9%。从不同规模企业数量结构看,与多数国家的情况相似。但从产值结构看,1995年大型企业仅占工业总产值的27.6%,中小型企业72.4%。[①] 而美国100家最大工业公司就占了工业总资产的50%,英国100家最大工业公司占工业总资产的60%以上。在汽车、机械、石化、钢铁等规模经济效益十分明显的产业中,我国企业规模过小的现象更为突出。

1995年,我国汽车年产总量145.27万辆,其数不足通用汽车公司的1/5;最大的东风汽车厂的年产量也仅18万辆,人均产量2辆,人

---

① 《中国统计年鉴(1996)》。

均产值 1.98 万美元,全国 80% 以上的汽车厂的年产量不足 1 000 辆。同期,日本丰田公司人均产量达 48.2 辆,人均产值为 134 万美元。世界汽车年产量超过百万辆的企业 12 个,其产量之和约占世界总量的 77%。日本、美国、德国等汽车生产大国,80%—90% 的汽车产量集中在 3—5 家大型企业。

在钢铁工业中,企业最佳经济规模一般为年产钢 1 000 万吨以上,而我国最大的钢铁企业年产量则仅为 800 多万吨。1995 年我国年产钢 9 535.99 万吨,大约只占世界总产量的 1/10,但却有钢铁企业 1 700 多家,我国钢铁企业数虽占世界钢铁企业总数的 2/3,但平均每个企业年产钢仅 5.4 万吨,年产 20 万吨以下的中小企业占 60% 以上。美、日、英、德、法等国家的几家钢铁企业,其年产量已占全国钢铁总产量的 70% 以上。

在石油工业中,世界上炼油企业平均年生产规模为 533 万吨,最大炼油厂为 3 000 多万吨。我国 116 家炼油企业平均年生产规模仅为 167 万吨,不及世界平均水平的 45%,我国最大炼油厂年生产规模仅为 870 万吨。乙烯生产装置也存在类似问题。我国现有和在建的乙烯装置共 18 套(不包括万吨级以下),平均每套规模为 21 万吨,其中 30 万吨左右的 7 套,占 39%;14 万吨以下的 11 套,占 61%。发达国家 30 万吨以上的企业已占 67% 以上,最大规模达到 90 多万吨。

棉纺、食品、家电等行业企业规模偏小和分散的问题更为突出。棉纺企业最小合理经济规模为 3 万—8 万锭。1992 年我国拥有棉纺企业 2 023 个,其中 1 万锭以下的企业 1 259 个,拥有 409 万锭,分别占全国棉纺企业总数和纱锭总数的 60% 和 9.8%;2 万—3 万锭的企业 429 家,占企业总数的 20%;3 万锭以上的企业 410 家,约占企业总数的 20%。在全国 6 000 多家造纸厂中,企业年平均生产规模仅有 3 000 多吨,与世界平均 5 万吨的水平相差甚远。在 800 多家啤酒厂和 130 多家洗衣机厂中,达到最小合理规模的分别只占 12% 和 6.9%。

2.企业专业化水平低,缺乏合理的分工。我国企业中间产品自制率高,工艺齐全,但专业化水平低。到20世纪90年代中期,机械工业的"全能厂",仍占机械企业总数的80%。它们从毛坯、零部件、机械加工、工具机修、模具到各类工艺流程,应有尽有,样样俱全。根据1986年全国工业普查资料,1985年在专业化水平较高的机电行业中,其外购件产值占总产值的比例为45.0%,扣除当年进口散件比例大的消费电子和材料购量大的农机具,比例值降至27.6%,远低于国外50%—60%的水平。[①] 时隔10年,我国机电产品零部件外购率仍维持45%的水平,与10年前相比没有变化。其中,金属加工业的外购率仅为15.3%,工业专用设备业的外购率为16.2%,而美国零部件专业化生产已达58%,日本在20世纪70年代就达到70%以上。与发达国家相比,我国机械工艺专业化水平也很低。据统计,我国主要工业城市的铸件产品协作量只占30%,锻件占22.6%,热处理占15.1%,电镀占40%,模具量占10%,而发达国家的工艺专业化水平平均在60%—80%。

(二)行业层次上的行政性分割和封闭化

在计划体制下,我国工业行业设立许多专业部门进行管理,国家按照行政部门体制对各行业的投资、生产、供销进行计划控制和管理,企业财务通过管理部门直接与国家财政相联系,从而使部门自成体系,自我配套。改革开放以后,虽然实行简政放权,政府各部门多数都已不直接管理企业,企业财务也已不直接与政府部门相联系。但原有的计划体制,包括基建投资计划、技术改造计划和信贷资金分配在这一程度上都还以原有的部门系统为基础进行平衡和分配,因此部门体系在许多行业依然维持。特别在进入门槛较高的行业,这种体系和部门特征更为明显,例如钢铁行业,除拥有钢铁生产、铁矿及原料矿山外,还有庞大的为之服务的耐火材料、铁合金、碳素制品等辅助原料生产单位,以

---

① 王慧炯主编:《产业组织及有效竞争》,中国经济出版社1991年版,第125页。

及冶金机械制造、建筑施工、地质勘探、科研设计院所乃至专业高等院校等单位。1995年，在该行业拥有的409万职工中，直接从事钢铁生产的只有317万人，占77.5%。部门自成体系，加剧了行业的封闭。

由于部门自成体系，有时还造成行业分割，专业生产和分工协作便难以进行。如南京地区的金陵石化公司、扬子石化公司、南化公司、仪征化纤公司四大化工企业，本是一个相互依存紧密联系的工业生产体系，在生产上应分工协作，彼此供应原料、半成品、成品，从而提高各自专业化生产水平，但由于这四大企业分属于中石化、纺织总会等行业部门及江苏省，结果互相掣肘，致使企业之间的经济联系被割裂，协作难以进行，资源得不到充分利用。如石化总公司所属扬子公司生产的聚酯化纤原料（PTA等），是纺织总会所属的仪征化纤公司生产所需要的。在扬子已有年产45万吨生产能力并计划改造到年产60万吨的情况下，仪征却向上游原料生产扩展，"八五"期间新建了年产25万吨PTA的生产装置，"九五"又提出再新建年产35万吨PTA的生产装置，并要求配套新建PTA所需原料年产50万吨PX等装置，扬子则向下游生产延伸，要求新上年产10万吨瓶用聚酯切片的生产装置。如果扬子与仪征充分发挥两公司专业化分工协作的整体优势，可节省上百亿元资金。上海高桥石油化工基地、茂名与广州乙烯、宝钢与上钢等也都存在类似的问题。[①]

在进入门槛比较低的行业部门，如轻工、纺织、电子、机械、建材等部门，各种投资主体互相交叉，原有的部门系统互相当程度上已经被打破，部门自成体系，自我配套有了改变。但由于仍维持原有的计划管理体制框架，行业发展管理仍以计划范围为基础。因此出现部门内的分割现象，一个行业往往分为系统内和系统外两类企业，系统内企业是以行业主管部门的计划管理范围为边界，系统外的企业则来自许多其他

---

① 引自国家计划委员会、国家经济贸易委员会1996年有关调研材料。

行业,因此行业主管部门往往并不清楚后一类企业的发展状况,甚至不清楚有多少这类企业,因此这些行业的发展管理或规划往往距离实际甚远。

(三)地区层次上的经济结构趋同化

1. 各地区产业结构日趋相似。据测算,20世纪90年代初我国中部与东部工业结构的相似率为93.5%,西部与中部工业结构的相似率为97.9%。从各省(区、市)来看,1981年地区工业结构与全国工业结构相似系数达0.9以上的省(区、市)有18个,占省(区、市)总数的62.1%。1989年我国地区工业结构与全国工业结构相似系数达0.9以上的省(区、市)有22个,占省(区、市)总数的75.9%。省内地市间也存在产业趋同化的问题,如湖南省各地市工业结构与全省工业结构的相似系数在0.8以上的有10个地市,占地市总数的72%。江苏、山东等绝大多数省份也存在类似情况。

2. 地区工业产品结构日趋相似。20世纪80年代以来,许多地方为了要产值、要利润、要税收,纷纷上马电冰箱、洗衣机、彩电等家电项目,小纺织、小酒厂、小塑料、小炼油等许多小加工项目"遍地开花"。到20世纪90年代,不少地区又不顾本地实际条件和可能,争相发展化工原料、石油加工、钢铁、乙烯等项目,趋同化涉及的产业、产品越来越多,呈现进一步蔓延之势。地区结构趋同化起源于初级产品的加工,继而伸展到以家电为代表的机电产品,20世纪90年代中期开始进入基础设施和支柱产业。据统计,1978年有2个省生产洗衣机,1995年则增加到23个省(区、市);1978年有26个省(区、市)生产电视机,1995年增加到29个省(区、市);电冰箱生产也由1978年的18个省(区、市)增加到23个省(区、市);到20世纪90年代中期,纺织、塑料、氮肥、自行车、钢铁、石油加工、汽车、摩托车、化学纤维等许多工业产品分别由20多个省(区、市)甚至30个省(区、市)同时生产。

3.各地区支柱产业选择雷同。"九五"时期,汽车、电子、机械、石化等已被大多数省(区、市)列为支柱产业。将汽车工业作为支柱产业的省(区、市)有22个,而且整车成为绝大多数省份发展的重点;将机械作为支柱产业的省(区、市)有16个;将化工作为支柱产业的省(区、市)有16个,其中又以石化为重点,有24个省份将电子列为支柱产业,其中又将电子工业中的通信设备、计算机、电子声像等作为发展的重点;14个省份将冶金工业列为支柱产业。这意味着我国"九五"时期又可能出现新一轮地区支柱产业及相应产业结构的趋同化。

8.3.2 对内资产业竞争的不利影响

根据中国统计年鉴,1995年全国独立核算工业企业510 381家,平均每个企业的产值规模为1 077万元,资产规模为1 552万元,资产负债率为64.9%;全国国有独立核算工业企业87 905家,平均每个企业的产值规模为2 945万元,资产规模为5 400万元,资产负债率为65.6%;全国独立核算"三资"工业企业49 559家,平均每个企业产值规模2 162万元,资产规模为2 693万元,资产负债率为59.2%。这说明,从总体来看,"三资"工业企业的平均规模和资产负债状况好于所有内资企业,又不如国有企业。但国有企业平均资产规模是"三资"企业的两倍,而产值仅比"三资"企业高36%,说明国有企业资产效率较低,财务状况也劣于"三资"企业,下面再选取一些主要行业进行比较。

在表8-2的15个行业中,"三资"企业的资产负债率全部低于工业企业和国有企业,说明"三资"企业财务状况较好。从"三资"工业企业与国内企业的比较来看,除化纤制造业以外,"三资"企业的产值规模和资产规模均明显大于国内工业企业的平均水平。所以从总体上看,"三资"企业在与国内多数工业企业竞争中将处于优势地位。就"三资"企业与规模较大的国有企业的比较来看,"三资"企业在食品加工业、食品制造业、饮料制造业、金属制品业、交通运输设备制造业、电气机械、电子及通信设备业等 7 个行业中有比较明显的优势；国有企业在纺织业、化学制品业、化纤制造业、专用设备制造业等 4 个行业中有比较明显的优势，在服装、医药、橡胶制品、普通机械等 4 个行业中，"三资"企业与国有企业的平均规模大致相当。总体上看，如果考虑到国有企业资产效率和财务状况因素，"三资"企业还略占优势。

表 8-2 "三资"企业与国内工业企业的平均规模及财务状况比较（1995 年）

行业	独立核算工业企业 产值规模（万元）	独立核算工业企业 资产规模（万元）	独立核算工业企业 资产负债率（%）	国有独立核算工业企业 产值规模（万元）	国有独立核算工业企业 资产规模（万元）	国有独立核算工业企业 资产负债率（%）	独立核算"三资"企业 产值规模（万元）	独立核算"三资"企业 资产规模（万元）	独立核算"三资"企业 资产负债率（%）
食品加工业	990	871	73.7	1 604	1 697	77.6	3 291	2 897	66.4
食品制造业	617	761	68.1	715	1 061	76.0	1 577	2 070	54.5
饮料制造业	785	1 182	67.9	1 706	2 800	74.9	2 256	3 664	50.4
纺织业	1 792	2 143	77.4	4 200	6 150	82.9	1 954	2 454	62.9
服装业	735	630	65.7	927	1 327	72.0	1 236	1 013	62.3
化学制品业	1 346	1 816	67.4	3 670	5 797	69.3	1 918	2 470	60.8
医药制造业	1 784	2 632	67.6	2 349	3 830	74.1	2 169	3 184	52.1
化纤制造业	6 077	9 445	61.5	11 330	19 044	74.5	3 067	5 234	66.3
橡胶制品业	1 330	1 639	69.4	3 875	5 656	74.0	3 302	4 085	60.9
金属制品业	537	638	68.6	909	1 755	76.3	1 853	2 426	59.8
普通机械制品业	798	1 229	67.5	2 181	4 560	71.2	2 317	3 352	53.7
专用设备制造业	940	1 390	66.8	2 041	3 865	69.7	1 197	1 638	53.4
交通运输设备业	1 699	2 351	66.4	4 166	6 942	68.0	5 773	6 518	59.0
电气机械制造业	1 319	1 650	68.0	2 205	3 985	74.1	2 831	3 269	60.2
电子及通信设备业	3 164	3 823	68.7	3 944	7 396	76.6	5 234	4 690	63.2

资料来源：《中国统计年鉴（1996）》。

当然列入该统计范围的"三资"企业，不完全是外资控股和外商独资企业。但也已足以反映由于我国企业规模不经济，面临外资进入竞争的被动局面。据国家工商局统计，外商独资企业累计在全国"三资"企业中的比重1995年已达到32.9%。在外商投资的重要区域和重要行业，外商控股现象也有明显发展。1995年，福建省1 000万美元以上的合资企业中外商投资占57.8%，1 000万美元以上的合作企业中外商投资占79%。在深圳市外商投资企业中外方出资额占总投资50%以上的达70.9%，上海市、湖北省、重庆市外商投资企业的外资比例分别是51%、58.7%、61%，在一些重要行业，外方控股的现象也很突出。例如我国工程机械行业19家合资企业中有15家外方控股。在集成电路行业前8家企业中，外商投资企业有6家，其中5家企业外方控股。在化工行业，在104个1 000万美元以上的项目中，由外商控股的项目有58个，占总数的55.77%，在医药行业，最早成立的13家医药合资企业中，已有10家由外方控股，福建省投资总额最大的26家外商投资企业中，独资占16家，外商绝对控股9家，中方控股的仅有1家，其投资涉及金融、电力、化纤、玻璃、水泥、家用电器、石化、电子、造纸、房地产等行业。这说明，在外商投资中，股权控制是一个重要的现象。而这种现象又与我国产业组织状况相关联。

首先，由于我国企业规模小而分散，所以除少数行业外，实际上投资进入门槛很低。外商只需以不多资金就可以建立独资企业或在合资企业中控股，这为外商在我国产业中实行大范围、大面积的股权控制方式提供了有利条件。

其次，我国企业不仅小而分散，而且专业化和分工协作差，企业之间难以形成稳定的经济联系和业务关联，企业之间互相封闭，极易使外商进入任何领域并形成与单个互不关联企业的谈判，从而使国内企业在投资谈判中实际处于不利地位，而且在市场竞争中也处于不利地位。

再次,由于行业封闭和地区分割,吸收外商投资很难与国家经济发展战略、宏观调控目标和行业发展规划相协调,与产业政策、区域布局、企业组织政策相一致。由于"饥不择食",往往出现盲目性和重复建设,同时也使我方谈判条件大大降低,许多外商谈判就常常拿一个地方的项目条件压另一个地方的项目,行业规划和产业协调被外商各个击破,出现了"鹬蚌相争,渔翁得利"的结果。

产业组织状况方面的问题,不仅使我国内资企业在吸收外商投资谈判中处于不利地位,给予外商股权控制以有利条件,而且使内资企业在市场竞争中面临很大压力。

据调查,1995年乡及乡以上"三资"工业企业占全部工业产品销售收入比重达19.1%;而同期国有工业企业占全部工业产品销售收入的比重也不过33.8%。[1] 可见国有企业已面临"三资"企业激烈的市场竞争。当年"三资"企业资本收益率达7.7%,而国有企业资本收益率只有3.3%。[2] 可见"三资"企业在竞争中处于有利地位。

在新兴产业和高新技术产品领域,外商投资企业的国内市场占有率不断增加,部分企业已占据了市场的绝对优势地位。例如,微电子行业是各国产业提升中都试图占据的制高点,而目前我国生产大规模集成电路的前8家企业中,合资企业5家,4家由外商控股,外商独资企业1家,国有企业只2家。在6家外商投资企业中,外商出资4.69亿美元,占总投资7.15亿美元的66%,中方企业出资2.46亿美元,占总投资的34%。从产品的技术档次上看,外资企业普遍高于国有企业,0.8μm以下的产品大多数由外资企业生产。在移动通信行业,外商独资企业产品已占国内市场的90%,计算机行业中,外商投资企业的产量约占国内总产量的60%。

---

[1] 据国家经济贸易委员会调研资料。
[2] 据国家经济贸易委员会调研资料,资本收益率=净利润/实收资本×100%。

高利润行业的市场有被外商占据优势的倾向。由于我国产品更新慢,加上产业间分工协作不发展,给予外商投资可乘之机,其投资多选择下游产业和最终产品,而且都是市场前景广阔、利润率高的大众消费品,相应必然使成本高、利润率较低的行业留给内资企业经营。从机械行业来看,仅汽车、电工、工程机械和石化通用机械就占了全行业引进外资金额的75%,医药行业的外商投资企业基本上都集中在生产制剂方面,而生产原料药的几乎都是内资企业。据估算,1995年外商在华移动通信市场上获得了巨额利润,摩托罗拉销售收入32亿美元,爱立信、西门子、北方电信都是10亿美元左右。按30%的利润率估计,上述公司仅1995年的利润额就达到15亿—20亿美元。

在内资企业已有大量生产的行业中,外商投资企业挤占市场现象也很明显。例如机床行业原来国内生产已有较好基础,但进口和外商投资企业产品的国内市场占有率已从1990年的27%,上升至1995年的64%,再如,仪表行业有3家国有企业均于20世纪80年代从美国引进了某种变送器的设计和制造技术,经过消化吸收,产品水平已有很大提高,国内市场占有率很高。但1995年其中一个厂与美国公司谈判建立生产该产品的合资企业,外方控股80%,5年后形成5万台生产能力,可市场容量只有4万台,结果可能是合资一个企业,挤垮一个行业。又如,我国水泥行业通过"六五""七五"的技术引进和改造,其生产技术已比较成熟,但由于外商投资办厂较多,其产量已占国内市场的35%。其他如轮胎、照相机、啤酒、某些家用电器产品均有此类现象。

国产品牌受到冲击是内资企业面临竞争不利形势的一个重要方面,例如,国内照相机经过若干年的努力已经建成了独立的生产体系,形成了海鸥、东方、凤凰等国内名牌。外商在国内投资生产照相机后,大多采用国外品牌。随着原有照相机生产企业多数已被挤垮,国内最知名的海鸥照相机的产品也已很少,机械行业合资企业和产品大多数采用国外品牌,比较典型的是电梯、复印机行业。国外品牌取代国内品牌的现象在家用电器、服装、饮料等日用消费品行业中表现最为突出,最知名的品牌几乎全是国外的。

国外著名品牌伴随外资企业的产品竞争,不仅使我国已有品牌失去了市场,同时还给我国发展自己的名牌增加了难度。我国自行研制的 HID-04 型大容量局用程控数字电动交换机的技术已达到世界先进水平,在国内已有相当知名度,在国际数字交换机领域也产生了巨大影响,并且已有出口,但国外一些名牌产品在其政府支持下通过在中国投资倾销等方式开始抢占我国市场。由于我国企业资本实力不及国外大公司,且我国对外商投资企业在税收等方面有许多优惠政策,因此市场份额大幅度下降。国产品牌的丧失,一方面给我国企业无形资产造成了直接损失,另一方面,使我国名牌失去了进入国际市场的机会,不利于增强我国企业的国际竞争力。

8.3.3 产业组织政策的调整

调整产业组织政策的主要内容就是理顺竞争、联合、企业交易等经济关系。产业组织政策的目标分为两个层次;直接的基本目标是使产业组织合理化,其标志是产业既能获得规模效益,又有竞争活力,即有效竞争;间接的目标就是通过产业的有效竞争,提高企业微观效益,进而增加国民收益。

不同的产业其产业组织状况的合理性标准不同。因此需要对产业分类,并相应制定不同的组织政策。产业分类有两种方法和目的:一是根据规模经济和竞争的兼容状况对产业的市场结构分类,以便明确不同产业合理的集中程度和类型;二是对产业的大中小企业关系类型进行分类,以明确不同产业中大中小企业协调发展的基本模式。

根据规模经济与竞争兼容状况,产业可粗略划分为三大类:第一类产品是为获得规模效益只需适度集中,但有众多竞争者的产业。这类产业在国民经济中占多数。对这类产业,要鼓励发展适度规模和适当集中,但政策重点是搞好市场组织和信息指导;第二类产业是因规模经济必须高度集中或较高集中的产业(如汽车、化纤、钢铁),产业有效竞争的典型状态是集中竞争,骨干企业或企业集团数可以较少,但至少也要有几个;第三类是自然垄断产业(如铁道、水电、某些矿山),应当允许独家经营,同时加强政府直接指导和社会监督。

根据产业的技术经济组织特点和产业生产、劳动、经营的可分性,产业的大企业(即大中骨干企业)和众多中小企业(包括乡镇企业)的关系可大体划分为三种基本类型:一是纵向或水平分工的专业化分工协作关系;二是竞争关系;三是独立关系。对于大中小企业关系属于第一类型的多数产业,政策的重点是鼓励大中小企业按专业化分工协作的方向,通过建立企业集团、分包制、横向经济联合等形式进行发展。对大中小企业关系属于二三类型的多数产业,政策应根据企业潜在竞争力确定支持对象。通过上述分类指导方式,形成分层竞争与协作相结合的有效竞争的市场结构,从而从整体上提高内资企业的竞争力。

为达到上述政策目标,应从以下几方面着手:

①完善国家产业政策,发挥产业政策在优化产业组织状况中的指导作用。

首先要尽快全面制定合理经济规模标准,使存量调整和增量投入有据可依,根据各行业的技术经济特点和资源特点,强调适用性与先进性相结合,把世界产业技术发展的先进水平与我国实际情况结合起来,与我国经济、社会发展状况相适应,在规模经济效益显著的行业中制定经济规模标准,以形成一种阻止低于经济规模的企业进入的壁垒。特别是要重点抓好汽车、钢铁、石化、电子等行业的经济规模标准的制定。修订《关于基本建设项目和大中型划分标准的规定》。

其次要做好生产力布局规划和产业政策区域化工作。我国大多数省、区、市在经济发展中突出工业和制造业发展是不可避免的,因此地区间的产业分工不可能再出现初级产品—制成品的旧式产业间分工模式,只能发展产业内的分工模式。但产业内的分工也要按照要素禀赋特征确定地区比较优势,既选择和发展本地区差异化产品,又选择和发展按资本实力和技术差距形成的适合当地的生产环节,形成与别省、区、市的产业内水平分工和垂直分工。在此基础上形成与其他省、区、市纵向或水平分工的大中小企业之间的专业化分工协作关系。改变现存地区产业结构趋同化的重点是改变产品无差异,地区间大中小企业既无纵向分工,也无水平分工的封闭现象,而不是笼统地要求一些地区只发展某些产业,另一些地区只发展另一些产业的旧式产业间分工的做法。

②改革企业制度,形成企业有效竞争的基础。

首先要按照专业化分工和发展规模经济的要求,组建大型企业集团。特别要在规模经济要求集中度较高的产业中,建立健全现代企业制度,本着有利于技术进步,有利于提高市场占有率,有利于生产要素的合理配置,有利于存量资产的盘活和增量资产的有效利用的原则,以现有骨干企业为核心,以产权为纽带,以名牌产品为龙头,培育一批跨地区、跨部门、符合专业化分工和规模经济要求的大型企业集团。通过组建企业集团打破条块分割,使企业集团成为市场的主体,以实现资源的优化配置。新组建的企业集团,特别是核心企业,一开始就应按照现代企业制度的要求,实行彻底的政企分开,以企业资产保值增值为目的,独立运作。

其次要加强现有企业的联合兼并,积极盘活国有资产。在重点产业和集中度高的产业中组建新的大企业集团的同时,普遍推进各行业企业间的联合兼并。一是继续扩大国家鼓励企业联合兼并政策的实施范围;二是积极推进跨地区、跨所有制的企业联合兼并;三是鼓励将经营不善的企业,交由同行业优势企业托管经营。为使企业联合兼并规范化,应当加快建立产权交易市场。企业联合兼并虽然是企业行为,但各级政府也要加强引导,注重创造有利于企业重组和资产流动的外部环境。同时要防止不恰当的行政干预,特别是"拉郎配"的做法。

③发展和组织市场,形成企业有效竞争的环境。

有组织的市场,既是企业竞争的场所,又是企业有效竞争的条件。现阶段发展与组织市场的主要工作要突出市场机制在资源配置中的基础性作用,其主要内容有以下几点:

第一,进一步改革价格体制,调整部分产品的比价关系。形成主要由市场决定价格的机制,使价格正确地反映资源的稀缺程度和生产成本,促进各经济主体合理使用资源。除极少数垄断性产品和不宜参与竞争经营的商品和服务的价格以外,竞争性的商品价格全部放开,由市场调节。在理顺各种比价关系中,特别要调整上游产品与下游产品之间、基础产品与制成品之间以及可替代产品之间的比价关系;调整热线和热点产品的价格。通过完善价格机制,形成以市场为基础的资源配置方式。

第二,加快国有商业银行和商业化进程。首先是完善资金管理办法,实行资产负债比例管理和风险管理,避免和尽可能减少地方行政领导对银行信贷业务的干预。其次是各家银行按照国家产业政策的信贷原则,积极进行项目评估工作,加快项目审批和贷款发放进度;支持企业跨地区、跨行业的经济联合,积极培育企业集团。再次是逐步在大中型企业推进主办银行制度,密切银行和企业的关系。

第三,进一步完善现行分税制为主的财政管理体制。首先通过分税制的完善,提高中央财政的经济实力,使国家有能力从存量和增量两个方面,对现有产业结构、区域经济结构、企业组织结构进行全面调整和改造。其次对跨地区投资的企业所得税实行"先分后税"的原则,鼓励跨地区投资。再次是加快建立国有资产经营预算,建立国有资产的注入渠道,促进产业结构调整。

④改善宏观管理,制定协调配套的政策手段。

要求财政、信贷、投资等政策要与产业政策协调配套。可以考虑实行的政策手段有:

在财税政策方面完善投资方向调节税的征管,发挥投资方向调节税在调整投资结构方面的作用,投资方向调节税收入在财政上列收列支,作为重点建设项目资本金,专项用于基础产业和基础设施的建设。

在信贷政策方面运用利率杠杆,对国家产业政策优先支持发展的行业和企业在贷款利率上实行下浮、不浮或少浮,对产业政策限制发展的项目要实行上浮。

在投资政策方面增加国家重点建设项目投资力度的同时,控制国家产业政策限制发展的项目建设,而且应规定五类项目不应批准投资建设:一是国家产业政策禁止发展的项目;二是不符合规模经济标准的项目;三是现有生产能力严重闲置的扩建、新建项目;四是有条件依托现有企业进行投资而又新铺摊子的项目;五是国家区域政策限制某一地区建设项目。

在投资管理中,改变按基本建设和技术改造分头管理的现行体制,实行统一的国家资产投资管理制度。同时,在投资项目管理上,要改变过去单纯按项目投资限额划分审批权限的办法,实行依据国家产业政策并考虑投资限额的新的项目审批办法。对属于国家产业政策限制发展的项目,不管投资额多少,审批权一律属于中央投资主管部门;对属于国家产业政策支持发展的投资项目,要加强项目布局规划管理,规划内的项目要简化程序,加快审批,规划外的项目,特别是热点产业的投资项目,要依不同情况而把项目审批权集中在中央和省两级投资主管部门,不应盲目下放审批权;对达不到产业政策规定的经济规模的项目,投资主管部门不应予以批准。

8.4 市场规范与竞争援助

8.4.1 市场规范的背景和方向

我们要研究的市场规范,是对外开放及贸易投资自由化趋势下的市场规则。即便是市场经济国家,这种市场规则也因国家而异,特别在发达国家与发展中国家之间更有很大差别,但这种差别在当代国际投资自由化潮流影响下,正在趋于缩小。

从20世纪80年代以来,发展中国家为了吸收外国资金,纷纷采取更加开放的自由化措施,对外经济政策的基本取向发生很大转变。20世纪90年代以来,拉美安第斯国家放弃了合营企业中民族资本控股的股权比例要求;印度放宽了外资外汇政策;东南亚国家制定了许多吸引外资的优惠政策;中东欧各国靠加速私有化来吸引外资,等等。据联合国跨国公司与投资公司统计,1993年,57个国家102个有关外国直接投资的立法变化中,有101个是朝着自由化方向发展的;1994年49个国家110个立法变化中,108项是更趋向于自由化的。另外,1991—1994年373个有关外国直接投资管理规则的变化中,只有5个不是朝着更自由化的方向发展的。各国外资政策的自由化趋向,意味着各国在吸收外国直接投资方面面临日趋激烈的国际竞争。

根据邓小平对外开放和利用外资的思想,我国原则上是支持贸易与投资自由化的。1993—1995年,江泽民主席连续三次出席了亚太经合组织领导人非正式会议,1994年11月在印尼签署的《茂物宣言》,表明了我国支持在亚太地区循序渐进地推进贸易与投资自由化的基本立场和方针。这说明,在国际投资自由化和世界经济一体化的新形势下,我国必然顺应世界潮流的发展,外资政策的总方向也要适应国际竞争的新形势,从而把握国际投资的新机会,为我国的现代化建设争取更多更有质量的国外投资。

在日益扩大开放的形势下,利用外资也要讲政治,这个政治就是要维护国家主权完整和政治独立,要保障国家经济安全。根据马克思主义基本原理,只要阶级、民族国家存在,就不能说没有民族工业,不能说没有民族经济利益。利用外资就是要最大限度地争取我国的民族经济利益。在此过程中,有时采取一些防范措施是必要的。这一点连西方国家也是如此。1980年的美国综合贸易法规定,外资兼并美国企业危及国家安全时,总统可以行政干预。1994年韩国三星集团试图兼并法国汤姆森集团的民用生产部分,引起法国国民议会轩然大波,议会断然否决这桩兼并案,认为这将危及法国工业生产的生存能力。西方国家的警惕性尚且如此,我们不可不引以为戒。

在外资大量进入的形势下,国内的要素市场、商品市场都将发生很大变化,国际竞争将更多地引入国内市场,这是不可避免的。面对外国资本的竞争,对民族经济进行适度保护是必要的。但保护终非长久之计。关键是要创造一个公平合理的市场规范,使民族企业有可能在这种市场环境中增强竞争力,并走向国际。

全国人大八届四次会议通过的《中华人民共和国国民经济和社会发展"九五"计划和2010年远景目标纲要》指出:"要适应社会主义市场经济发展需要和国际经济通行规则,初步建立统一规范的对外经济体制,扩大对外贸易和对外经济技术交流与合作。"这段话指出了我国建立对外开放体制下市场规范的基本方向:

第一,这种市场规范要适应社会主义市场经济完善与发展的需要,其基本规则和主要政策内容应成为市场经济体制完善的有机组成部分,不可能也不允许游离于我国经济体制变革的总方向之外。这种规范所体现的对民族工业的保护,也不可能是计划经济时代下用直接的行政控制或行政干预的办法,用缩小市场机制调节范围的方法。

第二,这种市场规范要求符合国际经济通行规则。国际经济通行规则包括禁止性规范、适用规范以及事实上允许存在三种类型。在关贸总协定的乌拉圭回合谈判结束时,各成员缔结的最后文件协议中包含了《与贸易有关的投资措施协议》,提供了有关国际贸易与投资等经济关系的基本规范性框架,是我们处理贸易与投资方面国内外经济关系的重要依据。

8.4.2 规范市场的主要内容及法律

规范市场的主要内容有:

第一,维护投资者和生产者公平竞争的权利。公平竞争是国际规范的普遍的原则,在贸易与投资关系方面其对东道国的基本要求是禁止使用进出口数量限制和保证国民待遇。在乌拉圭回合谈判中,与贸易有关的投资措施共有14项,谈判结束时达成的"最后条文"包含了《与贸易有关的投资措施协议》,其中4项措施列入禁用范围。例如"当地成分"一款,即要求外资企业在生产中必须按一定比例购用东道国的原材料或零部件,这形同进口数量限制,故应取消。其他各项,包括未列入协议的各项对各国的政策取向、习惯做法和思想观念也必将产生重要影响,对于禁止性规范的例外和采用,往往只适用于国家经济遇到特殊的、或紧急的情况时,因而不是常规性的保护手段。

我国作为吸收外商投资的主要东道国之一,现实情况是,为了吸引和留住外商投资,政府采取和实施了许多优惠措施,以实现我们的政策目标,但这种差别化的待遇,主要是体现在不同所有制和经济成分上。

这是因为,在改革开放的初期阶段,计划体制在相当程度上还在经济生活中发挥作用,国内民族企业既受其约束,同时又享受计划在物资供给、价格、市场销售方面的保护,因此给予外商投资企业以若干优惠待遇,正是为了使外商投资企业能与民族企业公平竞争,当改革已进行了18年之后,计划体制发挥作用的范围已经极其有限,国内民族企业已基本面临市场环境。在这种情况下,外商投资企业仍然享受的优惠待遇就成为不平等竞争的主要矛盾。今后,随着市场取向改革的深化,我们要把差别化待遇的措施从体现在不同所有制上转移到体现在不同产业上,从而更有效地实现我们的利用外资目标和产业政策目标。而且,这种差别化待遇措施的政策体现的转移,也有利于创造内外资企业公平竞争的政策环境。

在维护投资者和生产者的公平竞争上,官方法规须与国际经济通行规则协调一致,不应冲突,并且还要有透明度和公开性。但是这并不排除这样一种现象:由于民间的行业习惯做法容易避开有关国际规范条款的制约,因此使国内长期存在的某些做法和传统关系形成对民族企业的一层缓冲的屏障。这种保护方式是可以供我们借鉴的,但是也要明确,无论采用适用规范的保护措施,还是采用民间隐蔽的保护措施,都会在吸引和留住外资上付出一定代价,因此也要权衡利弊。

第二,保护消费者权利是规范市场的重要内容。不平等竞争的一种行为是以假、冒、伪、劣商品和服务进入市场,其直接后果是损害消费者利益,因此,保护消费者利益实际上也将促进公平竞争。世界上有许多保护消费者权利的主张和组织,不仅对一国政府的经济政策有重大影响,而且对国际经济惯例也有明显影响作用。如绿色保护主义主张及其活动,对某些国际经济通行规则的形成和制定显然起了不可低估的作用,我们应尽快学习和借鉴并运用它来规范市场。同时我们还要看到,体现我国多民族和悠久历史文化传统的消费习惯,也是我国国民的消费者权利,只要不带有歧视性规定,就可以通过制定有关满足我国国民消费习惯的标准和要求,达到既规范市场又保护民族企业的目的。

第三,保护公平合法的国民权利也是实行公平竞争的重要内容。东道国吸收外商投资,除了企业自身的经济利益之外,还会给东道国带来国民收益,如就业、工资福利、培训、技术转让、国家税收等等。这些国民收益是东道国的国民权利。尽管发展中国家在投资交易中谈判地位较弱,但也应尽量在投资合约的有关立法中得到合理体现并有效执行。然而,国民权利被侵犯,也可能是合约双方当事人的行为结果,而不是一方强加于另一方。一般在私有制经济中,交易双方是各自的所有者,交易是其所有权的交换,无论怎样交易,都建立在公平竞争的基础上。但我国是公有制为主的国家,在与外商交易中,不排除有外商用违法手段私下交易,也不排除我方有一些不称职或不合格的公有制代表人,见私利而忘公义,在不公平竞争基础上签署合约。目前对这类不公平竞争的结果尚无追索权,但我国可以考虑在有关法律中制定对这种不公平合约的调查追索条款。

8.4.3 规范市场的法律

在外商投资方面,我国已制定了不少有关准入、企业设立和管理、企业经营和利益分配等方面的法律法规,但有关市场竞争秩序的法律法规,还不完善。根据产业组织理论,各产业各有其"适宜"的市场结构,所谓"适宜"是指既可避免过度竞争,又可防止垄断操纵,因此现有的《反不正当竞争法》不能代替《反垄断法》。"反垄断"不包括"自然垄断"和有关国家经济命脉的"国家垄断"行业。西方国家大多有《反垄断法》,旨在保持行业内适度竞争,以便提高效率。我国也应抓紧制定颁布《反垄断法》,以防止某些跨国公司挟其资本和技术优势在某些领域形成垄断,或滥用其支配地位,操纵价格和市场,有意挤垮民族企业。国外反垄断措施一般依据市场占有份额,如美国国会20世纪70年代通过的行业调整法规规定,当只有4家或更少的大型企业占有50%或更多的市场销售额时,即被认定为垄断性市场,就必须重新调整结构。但在制定《反垄断法》时,界定有关市场的定义十分重要,例如1956年美国政府指控杜邦公司垄断玻璃纸市场的100%,但法院认为玻璃纸只是包装材料的一种,杜邦公司在包装材料市场中只占18%的份额,结果政府败诉。[①]这提醒我们,在制定《反垄断法》前,需对我国的市场结构和市场分类进行科学的研究。

另外,还要补充和完善《反不正当竞争法》。该法也是规范市场秩序的法律依据,应针对近年产品市场、要素市场、无形资产市场、人才市场交易中出现的新矛盾、新问题,加以补充和完善。当前突出的是应在产品市场规范中制定反倾销措施。反倾销措施一般依据产品的成本价格,低于生产成本出售的产品价格,即可列入反倾销调查。一些外商投资企业一方面为了逃避税收,制造亏损假账;另一方面又以较低价格出售产品,对这种不正常现象即可通过反倾销调查,或者堵住偷漏税,或者纠正倾销行为。要素市场和无形资产的交易要增加透明度,更多采用招标的方式,防止国有资产流失。人才市场交易要考虑我国的高等教育制度基本上还是国民福利制度,私人付费的高等教育还很少这一现实情况,制定若干措施使不同企业在获得专业技术人员方面大致处于平等的竞争起跑线上,对于违反规定的,应以不正当竞争论处。

8.4.4 对民族工业的竞争援助

在开放不断扩大,外资大量进入的形势下,不少行业的民族企业要

---

① 曹士兵:《反垄断法研究:从制度到一般理论》,法律出版社1996年版,第35页。

面临一个适应、调整、重组的阶段,才有可能进入竞争状态。帮助民族企业顺利度过这个适应、调整、重组时期,使之站在大致平等的竞争起跑线上,是竞争援助的主要含义,而不是对已进入竞争后的失败者给予特殊照顾。明确了这一点,竞争援助就与过去的行政保护划清了界限。竞争援助分为国家的援助、企业自我援助和国际规范的援助。

国家的援助是必要的,但国家援助应主要采取间接援助方式,直接援助只能是少量的。

国家的直接援助主要是指一些新兴产业部门,我国技术空白或还十分幼稚,但从我国长期经济发展战略目标看又是需要大力发展的部门,为了引进资金和技术,开始难以避免外商独资或外商控股企业占据支配地位,为了对这些行业中的民族企业给予必要的扶持,国家可以从投资、技术引进以及社会集团购买等方面支持该部门中的民族企业成长并与外资企业竞争。政府在这方面的支持措施不违反国际规范。当这些行业中的民族企业已经具备竞争条件时,政府应停止原有的直接援助措施,促使其在竞争环境中发展自己,提高自身竞争力。

在多数行业中,国家只能采取间接援助措施。间接援助中具有普遍意义的是在政府指导下建设引导外商投资的市场服务体系;其次是在政府指导下对某些行业的民族企业进行重组,形成供应商网络。

8.4.5 外商投资市场服务体系

吸收外商投资中出现的重复引进、竞争无序、技术标准不统一、无形资产流失等问题,说明需要完善政府的管理水平和手段。与市场机制相适应的管理手段是要建立一个全国统一规范的投资市场,以及为该市场服务的各类社会中介组织,从而形成一种市场服务体系。

首先,这有利于海外投资者进入中国大陆市场。在市场机制调节下,市场主体能否对生产资源进行合理配置,取决于能否获得充分可靠的信息。对于海外投资者来说,获取这种信息显得尤为重要。在外商投资数量还比较少的情况下,外商投资决策所需要搜寻的信息量还不是特别大,那种随机耦合、或通过地方政府部门牵线搭桥、各类招商引资洽谈会上一对一谈判的方式还是比较有效的,但随着外商投资数量的增多,特别是外商投资在一些行业和一些地区已经比较集中的情况下,搜集和获得跨地区、跨部门的有关信息就成为外商投资决策的必要条件,于是就会产生对全国性市场信息服务以及有关咨询的需求。有了满足这种需求的市场服务体系,就可以使外商更全面地了解我国的利用外资政策、各地投资环境和市场情况,有助于海外投资者对投资区位、投资领域和合作伙伴进行筛选和决策。

其次,有利于国内引资方提高与外商合作的水平。有了这种市场服务体系,可以广泛搜集并集中储存海外投资方的投资意向和合作要求的有关信息,方便国内引资方有目的地寻找合作伙伴,就可以避免若干行业的多个引资方找同一个投资方的低效率现象。同时,有了这种服务体系,就可以集中各方面力量来了解投资方的资信状况、技术水平状况及其在世界各地的投资和市场网络,从而增加引资方对投资方的全面了解。特别是通过市场服务体系的媒介和运作,可以打破地区和部门的界限,使国内一些有共同需求,但各种条件又都不完全具备的引资企业联合起来,形成一个大的企业集团与海外大企业,特别是跨国公司合作,从而提高引资方的谈判地位,达到公平交易的目的。此外,国内一些重点建设项目或基础设施项目的招商外资,可以通过市场服务体系实行招标方式来选择海外投资者,从而保证国内引资者找到最佳的投资合作者。

再次,有利于国家产业政策的贯彻落实以及对外商投资的宏观调控。1995年国家发布了《指导外商投资方向暂行规定》和《外商投资产业指导目录》，但要使它们真正贯彻落实，不仅要完善、细化该指导目录，而且要有贯彻国家产业政策、落实宏观调控的具体手段和措施。事实证明，目前完全采取由政府各部门依据投资的不同类型、投资和不同限额进行行政审批的办法，难以避免重复引进带来的局部利益与全局利益的矛盾，难以避免投资分布不平衡造成的生产力布局不合理，难以避免实际上形成各地各行业按条条块块分割，从而造成投资效果不理想等问题。因此应依据市场运行机理和市场调控办法进行改革和完善。一方面要完善国家的产业指导目录；另一方面就是要建立服务于国家产业政策的全国统一的市场服务体系，主要靠市场手段来实现国家的宏观调控。

贯彻国家产业政策目标的具体手段，除了少量必要的行政审批，主要依靠有组织的市场交易。这就要建立一个高效的全国统一的市场服务体系。在这个体系中，全国省会一级和其他大中城市的外商投资市场服务中心实行计算机联网，使尽可能多的投资项目信息输入该服务体系的计算机档案，该服务体系依据国家产业政策对进入不同市场结构类型的投资者制定不同的投资交易规则，由此规范交易程序，实现公平交易。在不完全竞争和有限制进入的行业中，投资项目的交易应由服务体系组织专家委员会论证审定，经过论证审定的合同，工商管理部门才予以登记注册。

目前，在北京、上海、深圳等大中城市已经出现一些地区性的功能尚不健全的各类咨询服务机构，这些机构是应运而生的新生事物，反映了在我国建立这种市场服务设施已经有了现实的需求，展示了良好的发展前景，应引起政府部门和社会各界的高度关注，并从政策、舆论、技术支持、智力资源等各方面给予必要的扶持。扶持的措施可以从以下几方面着手：

第一，在中央政府有关部门的支持下，促进现有分布在全国各地的服务咨询机构加强协作，着手进行计算机联网，并共同制定业务工作的内容及其规范，同时向其他大中城市扩展分支机构，形成在中央政府有关部门指导下的全国统一的社会中介结构，类似于全国外汇交易中心这种组织体系。

第二，这种市场服务体系主要靠自身的服务能力和服务质量，如有关信息搜集的广度和深度，与国内外企业、各类社会中介机构的联系面等，来吸引国内外投资者和受资者，并与服务体系之外的交易行为竞争，但为了贯彻国家的产业政策目标，政府有关部门应该把不完全竞争和有限制进入的主要行业的投资交易限定在服务体系之内进行，从而发挥该体系服务于国家产业政策，提高市场组织化水平的功能，通过市场手段落实国家宏观调控的目标。

第三，社会各界，特别是有关研究机构和技术部门应该为这种服务体系的发育提供有关的技术支持，使投资项目信息更易于为计算机存储、传送甚至直接进行交易。该服务体系还应该得到社会上有关的技术、经济、法律等各专门学科专家的大力支持，组成围绕市场服务中所需要的各类社会中介机构，从而进一步完善市场服务体系。

8.4.6 产业重组，形成供应商网络

在一些竞争比较充分的行业中，增加外商投资项目的审批必然会付出国内市场代价，一部分民族企业因竞争不过必然会被迫停止、减产或退出。在这些行业中政府要有计划、有目标地指导民族企业安全退出并进入新的生产领域，这就是实行产品结构重组，让民族企业成为各类供应商，特别是为技术水平较高的外资企业配套协作供应，对双方都很有利。从理论上说，某种最终产品的市场份额是有限的，但从中间产品看，其互相之间的社会分工协作又使市场无限细分。当某种产品的

市场份额被少数外商企业占有,但它仍需要上下游产业的支持,其外部规模经济的获得,则更需要大量服务型企业和辅助型企业的存在;其主产品的制造,也不排除与许多中小民族企业进行前后向专业化分工的可能性,并形成供应商网络。因此,引导一部分民族企业从竞争不利的生产领域退出,从专业分工细化的角度去寻找适合自己的市场位置,变被动为主动,实现以市场换更大市场。

8.4.7 企业的自我援助

1. 企业选定正确竞争战略

一般来讲,外资企业技术水平较高,民族企业在一定时期内难以改变技术劣势。引进外国技术也不能指望外国大企业会把核心技术和尖端技术转让给我们。因此民族企业一般不可能在技术领域比外资企业领先,但这并不意味着民族企业在产品生产方面的国际竞争力就一定落后。

美国与日本争夺世界半导体霸主地位是一个很有启发意义的例子。集成电路(IC)是由美国发明,日本在20世纪50年代前半期自美国引进技术,20世纪60年代和70年代快速增长。20世纪80年代左右IC需求大幅增加,美国本土供不应求,导致日本对美出口剧增,对美IC贸易在1980年转为顺差。此时IC产品已进入64K动态随机存取记忆体(DRAM)的时代,决定半导体竞争力高低的主要因素,已由过去的技术开发能力转为包括品质管制在内的制造技术,也就是设备投资能力和品质。日本企业凭借和发挥这方面优势,20世纪80年代初期就获得世界半导体市场35%的占有率,1988年达到50%以上,美国反而降至40%以下。20世纪90年代初期,世界半导体市场主流由DRAM转为MPU,美国以MPU为攻坚主方向,加上美国个人电脑市场迅速成长,其半导体市场占有率逐渐回升,在1993年终于再度超越日本,取得半导体世界的领导地位。[①]

上述例子说明,技术开发能力不具有最优越地位的国家的产业,也可以依靠别的环节的竞争优势取得国际竞争力。在当代科学技术日新月异的情况下,技术创新产品的生命周期往往很短,仅仅依靠技术创新优势往往并不能长久保持本国在该产业中的竞争优势。产品一旦走向成熟,决定竞争胜负的主要因素往往就转移到其他环节。因此我国民族企业不要因技术开发能力较弱就无所作为,应当根据本行业本产品的生命周期正确选择本企业战略,发挥本企业优势,而不一定都把提高技术开发能力作为唯一的战略目标,相反,企业战略目标应当因企业而异,这样就能增强自己的竞争地位。

2. 企业联合的自我援助

企业联合起来加强自己的竞争地位,其措施有:一是中小企业以经济利益为纽带形成专业分工协作,或各种技术经济合作的联合体与外国大资本竞争,从而保证民族企业联合体在市场中占有一定份额。二是民族企业间的某些习惯做法和交易方式可以保持,从而形成民间性的自我保护机制,以提高团体成员的竞争地位。三是发挥工业行业协会的社会中介作用,协调行业内的公众利益,如对本行业内民族企业参与中外合资合营的做法、合约提出建议和批评,也可以在事前订立企业共同遵守的公约,以协调行业内部的成员利益。

8.4.8 国际规范援助

国际规范援助是指制定和形成有关境外投资者的社会责任制度的国际规范。由于某些外商投资项目会带来环保、生态平衡问题,有的会引起有关企业、行业内要素的重新调整,其中最突出的问题是调整后剩

[①] 泊原:"美日争夺半导体霸主地位",《中国经营报》,1997年2月18日。

余人力资源的重新就业问题。因此1994年度联合国贸发会议跨国公司与投资司的《世界投资报告》已提出,协助东道国解决这些问题是跨国公司的"社会责任",包括再培训计划和对失业者的个人资助等,这可视为分摊"社会成本"的一项具体措施。应当通过各种渠道呼吁国际社会重视这个问题,并在将来的国际投资的世界性规范中反映发展中国家的这一利益要求。

在尚未形成这类国际规范之前,发展中国家可以采取的措施是:第一,实行"绿色保护",制定有关的环境保护标准、技术标准、卫生检疫标准等,从保护消费者利益着手,既可以防止境外投资者把一些污染环境和不符合卫生标准的投资项目转移到我国,又相对提高境外投资者的进入成本,避免对民族企业形成低成本冲击,国际规范允许制定这些标准,但要求对中外投资者一视同仁,不能有歧视性规定,因此在采用这些措施时,相对也要提高对国内民族企业的要求。第二,仿效西方国家的做法,即由工会向跨国公司进行"集体谈判",以解决实施外资项目过程中剩余人员的转业培训和维持生计等问题,应考虑将此项措施纳入我国的社会保障体系。目前我国在对外招商引资中尚未充分运用和发挥工会组织的力量和作用,今后需逐步改变。

8.5 海外投资与产业升级

8.5.1 我国海外投资现状

根据联合国贸发会议跨国公司与投资司统计,20世纪90年代中国在发展中国家已是最大的对外投资国之一(见图8-1)。到1994年底,900家中国公司已在130个国家和地区建立了4 600多个海外分支机构,累计对外直接投资达到 157.7 亿[①] 美元。仅 1990—1994 年,平均每年对外直接投资流量达 24.29 亿美元。

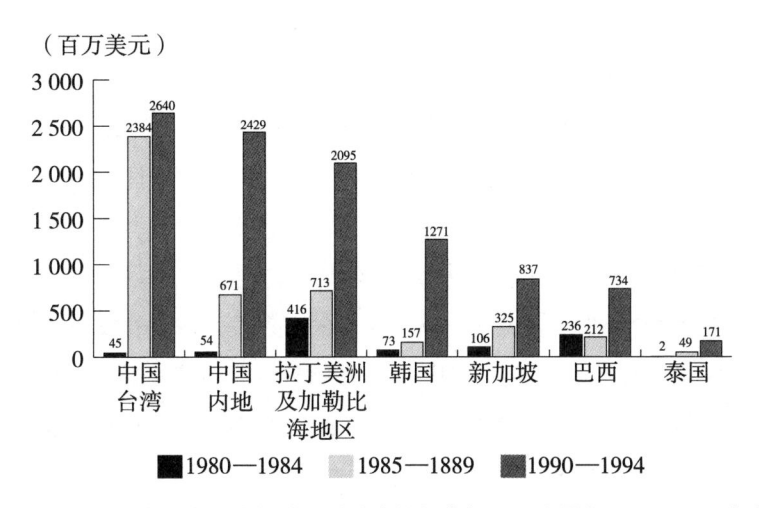

（百万美元）

地区/国家	1980—1984	1985—1889	1990—1994
中国台湾	45	2384	2640
中国内地	54	671	2429
拉丁美洲及加勒比海地区	416	713	2095
韩国	73	157	1271
新加坡	106	325	837
巴西	236	212	734
泰国	2	49	171

图 8-1　若干发展中国家与地区对外直接投资年平均流量（1980—1994 年）

资料来源：UNCTADstat 数据库,https://unctadstat.unctad.org/wds/TableViewer/tableView.aspx?ReportId=96740。

1995 年的《世界投资报告》对其他来源的统计数据做出了解释和评论。国际货币基金组织的统计数据是以中国国家外汇管理局各省市分局采集的样本数据为依据。其主要优点是提供了资本实际流动情况,包括股权资本、利润的再投资、和其他直接投资,例如公司间借贷款。其主要缺陷是估计数的样本量还比较有限,而且不能提供地区分布和部门分布。其估计中国累计海外投资额已达 160 亿美元,大大高于中国对外贸易经济合作部的统计。中国对外贸易经济合作部的累计统计额为

---

① 《中国对外经济贸易年鉴》历年数据为 52 亿美元,但该年鉴 1996/1997 年度的统计表上共有 40.23 亿美元投资总额,其中中方投资仅 18.58 亿美元,显然前后有矛盾。另据国际货币基金组织 1995 年 6 月发表的国际收支平衡表,到 1994 年底,中国累计对外直接投资额为 160 亿美元,此数与《1995 年世界投资报告》相近,作者取《报告》数据。

52亿美元,该数据是以初始投资的批准金额为依据,不包括实际流出。例如没有反映利润再投资,海外企业到第三国的直接投资,公司间借款,中国私人企业的对外直接投资,以及金融部门的对外直接投资等。而且,大量小型投资项目几乎都无法得到统计,因此中国对外贸易经济合作部的统计数据肯定大大低估了中国对外直接投资的数量。

中国企业对外投资主要有两个目的:一是寻求进入国外市场的渠道,另一个是寻求自然资源供给。也有少量技术密集型行业中的大型企业,如航空、航天和电子,在海外建立了分支机构,其目的显然是为寻求技术合作,但为数甚少。从事贸易的对外投资占海外投资的50%以上。虽然合计金额甚为可观,但海外贸易企业和其他服务企业的平均规模很小。相反,寻求资源的海外企业虽然数量很少,但投资规模较大,如投资于西半球和澳大利亚的矿山、森林业,非洲和拉美的海洋捕捞业,因此,其合计投资额也占海外投资总额的30%。而制造业的海外投资大约只占15%,相对较少。这些投资主要分布于非洲和亚太地区。制造业对外投资大多数是为了绕过贸易壁垒的需要。中国自己有丰富的廉价劳动供给、不太贵的地租,因此制造业对外投资并不主要是为了提高生产效率。

在地区分布上,中国香港是中国海外投资最集中的地方(见图8-2),据港府调查统计,内地在港的累计投资总额到1996年已达140亿美元。许多中国大公司把香港作为进一步跨国投资的基地。如福建华闽公司和广东实业公司在世界各地建立的企业都是从其香港基地出发的。由于香港的地理因素、文化背景再加上香港经营的灵活性,使许多中国内地公司都愿意先在香港投资注册企业,然后再寻求进一步向海外投资发展。

北美是中国海外投资第二集中地,其余依次是澳大利亚、中东欧和亚太地区。

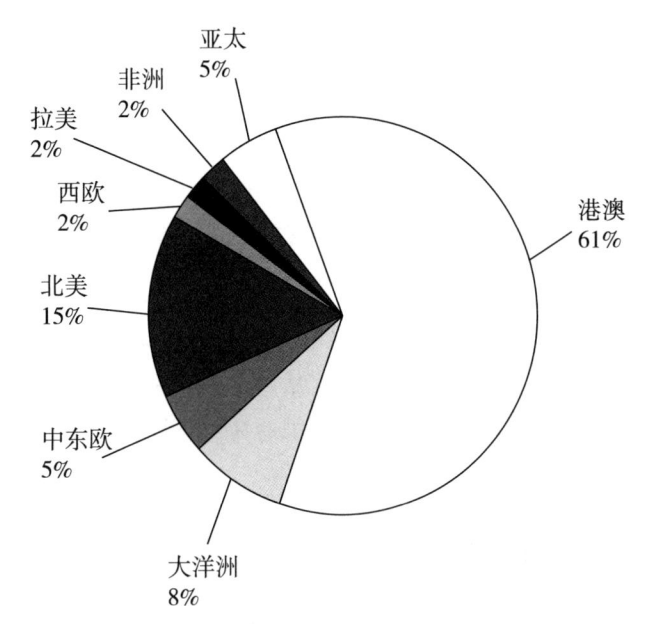

图 8-2 中国对外直接投资的地理分布（1979—1993 年）

港澳 61%
北美 15%
大洋洲 8%
亚太 5%
中东欧 5%
非洲 2%
拉美 2%
西欧 2%

资料来源：同图 8-1。

中国内地在中国香港的海外投资企业中，由中央政府和省市政府管辖的企业占有重要地位。例如中国招商局，涉及交通、造船和修理、饭店、制造业和基础设施投资，零售业、银行和保险，它属于中国交通部管辖。再如中国华润公司，这是中国最大的服务业企业，属于中国对外贸易经济合作部和中国银行香港分行所有。而中国银行又是香港的第二大银行。

从 20 世纪 90 年代初期开始，中国的海外企业已开始通过香港股票交易所和各种债务工具来筹集资金。多数中国国有企业都不能满足香港股票交易所的上市要求，特别是达不到会计和财务报告标准，因此有些国有企业在香港收购了已经上市的公司，或者收购了虽未上市，但已符合上市要求并随后就要上市的公司；还有一些国有企业在香港建立能够达到上市标准的股份公司。这些活动也构成中国企业的向海外投资活动，当然，上市公司所筹集的资金，一部分又返回中国内地投资，形成中国企业对外投资与引入外资的双向活动。这种情况表明，中国企业对外投资已成为吸引外资进入中国的一个手段。

综上所述，到20世纪90年代中期为止，中国的海外投资活动主体还仅局限于贸易、资源与吸引外资等目标。海外投资与国内的产业调整尚未发生联系，特别是制造业的对外投资比重还很小，通过制造业对外投资建立与国内生产的分工关系，从而促进国内产业升级等对外投资所具有的功能尚未发挥，反映出我国海外投资政策与国内产业竞争力的目标尚未建立有机的联系。

8.5.2 海外投资与产业升级的理论

为了提高生产效率，产业调整是一个必要的手段。调整意味着改变部门间的产出结构、就业结构和出口结构，即改变一个产业内部的活动类型。需求变化、要素价格与供给的变化，以及因技术进步引起的比较优势的变化，都会引发产业调整的需求；国内资本积累和人口增长，以及国内外需求与偏好的变化都会引起产业调整。当一国的初期发展是建立在廉价劳动丰富的供给之上时，经济发展通常会导致工资上升和劳动密集产业比较优势的丧失，从而产生开发别的国家的需求。发展往往伴随着一个持续的"创造性的破坏"过程。[1] 从弗农的产品生命周期理论来看，开发别的国家，转移劳动密集型产业，事实上是延长了产品的生命周期。

产业调整既是生产率和收入增长的结果，也是其变化的推动力量。由此反映出，国家间生产率与人均收入的差别是与它们的产业结构特

---

[1] Schumpeter, J. A. (1942), *Capitalism, Socialism, and Democracy*, Harper & Brothers.

征紧密相联的。从广义上说,从初级生产部门经第二产业再向现代第三产业发展的结构转换是经济进步的标志。例如,一些发展中国家的经济开始往往是由低生产率的前工业化服务业支配的,当工业化开始后,这些服务业萎缩了,但随着经济发展和结构变迁,现代的生产性服务业又得到发展。概括起来说,在经济增长和发展中,产业调整有三种类型:

第一是一个经济的部门间调整,即从初级部门,特别是农业经制造业再到服务业。工业化将促进这种部门间的转换。

第二是部门内部的调整,即从低生产率的低技术的、劳动密集型的轻工业到高技术、高生产率的知识密集的产业的转换。

第三是一个产业内部的调整,即从低技术、低附加值的商品或服务向高技术、高附加值商品或服务的转换。

通过对外直接投资,引进新的生产和经济活动或更新现有的经济活动,资本的母国和东道国的经济都会发生调整。20世纪50年代末期,邓宁教授就已经得出这个看法,[1] 而且他的观点也得到一些学者对澳大利亚、加拿大、新西兰、荷兰等国的实证研究的证明。对外投资往往把母国和东道国各种资源要素互相组合起来,如资金、研究开发能力、技术、技巧、组织与管理技术,进入市场等要素的相互流动给母国和东道国都带来了好处。股权投资和非股权安排、外商独资到合资,或仅仅是许可和分包协议都能发挥这种作用。

对资本输出国来说,对外直接投资通过向海外转移已失去比较优势的产业,能够为国内尚具有或即将具有比较优势的产业提供更多生产资源。而且从海外获得的稀缺资源还有助于更新国内产业,与外国跨国公司分享这些资源还有助于降低国内产业升级的成本。在资本流

---

[1] Dunning, J. H. (1958), *American Investment in British Manufacturing Industry*, Allen & Unwin.

动的母国和东道国多次使用由资本流动物化的资产,把不同国家的产业调整联系起来,从而有可能提高母国与东道国产业调整的绩效,或降低母国产业调整的成本。

日本学者小岛清是对外投资与产业调整理论的鼓吹者。他认为资本输出母国将失去比较优势的产业转移至东道国,使东道国产业的比较优势由潜在变为现实,产业结构发生新的变化;同时,母国减少失去比较优势的产业的生产,可以腾出更多资源扩大具有比较优势的产业的生产和出口,母国的产业结构也发生新的变化,这样的直接投资会使两国的比较成本的差距扩大,从而使双方充分得到国际分工和贸易的利益。更重要的是,按这种产业调整要求所进行的直接投资将导致贸易的扩大,这可以称为"顺贸易导向的投资"(Pro-trade oriented Investment),这对投资与贸易之间是互相补充的关系,而不是互相替代。相反,如果是把具有比较优势的产业,通过投资转移到海外,则母国与东道国的比较成本差距反而缩小,这就减少了双方可享受的国际分工和贸易的利益。母国也就减少可供出口的比较优势产品,不利于母国贸易收支平衡,也限制了贸易的扩大,这就是投资代替了贸易,被称为"反贸易导向的投资"(Con-trade oriented Investment)。[1] 在这种理论的影响下,从20世纪60年代起日本的对外直接投资、20世纪80年代起韩国、中国台湾的对外直接投资,都是以投资带动贸易,形成顺贸易导向的投资,通过对外投资带动了本国本地区产业结构的调整,以新的国际分工强化了自己的竞争力。

8.5.3 韩国、中国台湾的对外投资鼓励政策

从20世纪60年代开始,韩国、中国台湾接受日本的对外投资和产

---

[1] Kojima, K. (1973), "A Macroeconomic Approach to Foreign Direct Investment," *Hitotsubashi Journal of Economics*, 14 (1).

业转移,出口导向的劳动密集型产业得以迅速发展,成为日本"雁行发展模式"下的第一层投资与产业调整互动关系的外围地区。到20世纪80年代,随着韩国、中国台湾的经济成长,劳动工资上升,本币升值,加上美国的贸易保护政策,劳动密集型产业已逐渐丧失优势,它们也开始仿效日本的做法,通过对外投资,转移"边际产业",以加速本地产业调整。由于政策目标明确,韩国、中国台湾都对海外投资采取了鼓励政策,从而使韩国、中国台湾从20世纪80年代末期开始,出现了对中国大陆和东盟四国的产业转移高潮,同时促进和带动了本地产业的高级化。

韩国的政策:

20世纪80年代以前,韩国有少量对外直接投资,但政府不鼓励。20世纪80年代以后政府采取奖励政策鼓励对外投资。其主要目的是开发海外资源;扩大海外市场、增加出口;转移落后产业。政府委托韩国银行主管韩国厂商的对外投资事宜,厂商对外投资还可得到韩国银行的融资支持。

政府对厂商海外投资的主要规定有:

投资范围:开发资源、开拓市场、确保渔场、转移落后技术和产业,获得尖端科技。

投资方式:购买证券、贷款、购买不动产、技术服务。

投资者条件:母公司在韩国本土设立一年以上,并在该产业有一年以上经营经验,持有对外投资的所需资本,企业经营状况达到适宜对外投资的标准。

海外企业的管理机构:韩国银行、当地韩国使馆。

政府对厂商海外投资的奖励制度有:

①投资补贴:政府设立"海外投资损失准备金",对于符合条件的海外投资损失给予补贴。

②融资支持:韩国银行设立海外投资资金融资、海外事业资金融

资、主要资源开发支援资金融资三项基金,对符合条件的对外投资项目给予资金融通。

③保险支持:政府规定,海外投资中遇到的没收、战争、汇款风险,政府给予15年保险期,该项保险所征收的保险费率仅为0.44%—0.55%,而赔偿比例则高达90%。

④其他支持:政府还与11个主要的资本流进的东道国签订投资保障协定,与27个东道国签订了避免重复课税协定,通过双边关系,支持厂商进入东道国。

中国台湾的政策:

20世纪70年代中国台湾当局对海外投资还采取保守政策。20世纪80年代后,中国台湾当局迅速调整政策,变为积极鼓励,采取了一系列措施支持海外投资,如放宽对外投资的资格限制、放松外汇管制、设立对外投资保险制度等。与韩国、日本不同的是,中国台湾没有设立"海外投资损失准备金"之类的补贴制度,这对于经营风险较高的海外原料开发商不利。由于缺乏原料,日本规定企业投资于海外原料业,海外投资损失准备金可高达100%。中国台湾没有这项补贴,因此厂商投资于海外原料业的极少。

当局对厂商海外投资的主要规定有:

主管机构:经济部(投审会)

投资范围:确保原料与市场,引进先进技术,输出落后技术,开展国际分工。

投资方式:机器、原料、半成品、设备输出,技术、专利权、商标权、还可作为股本。

投资者条件:实收资本额2 000万元台币以上,企业负债比例在300%以内。

海外企业管理机构:投审会

当局对厂商海外投资的奖励制度有：

①减免税：股本红利、技术转让费收入，两项免税，企业盈利之所得税可减免，减免部分充为海外投资损失准备金。

②融资：融资总额占厂商对外投资总额的70%以内，可给予7年期限的长期融资，而且中国台湾当局掌控的台湾银行基本放款利率中的固定利息减10%。

③保险：海外投资中如遇没收、战争、汇款风险，当局给予7—10年保险期，该保险所征收的保险费率为0.60%—0.95%，但赔偿比例达90%。

④其他：当局与有关东道国签订投资保障协定和避免重复课税协定，支持厂商对外投资。[①]

8.5.4 我国海外投资的外汇条件

1994年以前，我国由于外汇短缺，不鼓励对外投资，对资本项目采取严格控制，因此事实上对海外投资事业并无明确的政策目标。随着对外经贸关系的扩大，资本往来和进出流动事实上不断增大。不少国际交易业务中，国内资金滞留境外现象增加，不管其合理与否，实际上都成为经常项下向资本项下转移的资金。据有人计算，从改革开放以来，我国通过各种渠道流出的长短期资本大体上与资本流入的数额相当。[②] 这个现象说明，尽管资本项目管制很严，但在经常项目开放条件下，资本流出实际上将会增加。因此，与其让它盲目流出，不如明确政策，开辟渠道，让它合理流出。

从1994年以来，我国外汇储备一直增加，到1996年底，国家外汇储备已超过1 000亿美元，雄居世界第二。谨慎地开放一些资本流出的途径和渠道，从外汇条件来看，已不构成制约因素。

---

① 引自林彩梅：《多国籍企业论》，第686—687页。
② 见王军："开放时期中国资本流动的规模和结构分析"，《中国外汇管理》，1996年第5期。

8.5.5 我国产业转移与调整的趋势

与其他的主要发展中国家相比,中国目前在土地和有形资本方面极贫乏,尤其在按高等教育年份计量的人力资本存量上排名落后(见表8-3)。尽管预测的中国经济增长会很快,但是比起其他主要发展中国家,中国的要素富足程度不会有很大改变,其结果是中国将会仍然保持在劳动密集型制成品上的专业化,而逐渐地在资源密集型产品上失去部分市场份额。

世界银行对一组发展中大国的129个产业的比较优势指数所做的对比表明,中国的比较优势模式与印度、泰国和印度尼西亚十分相似。而且有证据表明,在过去的10年中,这些国家的贸易结构已经变得和中国的贸易结构很接近。

表8-3 中国在要素资源上与其他大的发展中国家的比较

国家及地区	播种面积（公顷，每个劳动者人均）		人均有形资本（千美元）		人力资本（人均受中等教育的年份）		人力资本（人均受高等教育的年份）	
	1995年	2020年	1995年	2020年	1995年	2020年	1995年	2020年
中国	0.12	0.10	1.61	13.15	4.22	5.94	0.18	0.36
韩国	0.07	0.06	21.48	115.17	5.65	6.44	3.03	6.75
马来西亚	0.42	0.40	15.84	139.62	3.78	5.70	0.53	2.20
印度尼西亚	0.19	0.18	2.70	21.94	2.34	6.20	0.51	1.59
菲律宾	0.20	0.19	2.99	27.17	3.48	6.17	2.74	5.02
印度	0.30	0.29	1.68	8.20	3.92	4.38	0.45	1.30
巴西	0.61	0.58	9.56	31.22	1.76	3.83	1.12	2.08

资料来源:转引自世界银行《2020年的中国》编写组编《2020年的中国:新世纪的发展挑战》,世界银行中国代表处译,中国财政经济出版社1997年版。

中国的比较优势将会逐渐地转向中等技术水平的制造业部门,同时,在服装制造业等这些低技术含量的部门将逐渐失去比较优势,在这种转化过程中,中国内地和中国香港有可能失去世界服装市场上高达

16%的市场份额（而工业化国家同样也会失去另外的10%的市场份额），而印度尼西亚、印度、泰国和菲律宾将会弥补这一份额，这是中国转移产业的内在根据。

一些中等技术水平的制造业部门，如传统的钢铁、造船等重化工业和家用电器等行业的国际分工，正处在剧烈的变动之中。钢铁业和造船业由于发达国家（包括韩国）国内成本上升、环保要求加强，成为夕阳产业的趋势已很难逆转，而向发展中国家转移正在强化。1996年中国成为世界第三大船舶生产国和第一大钢铁生产国，钢铁产业进而发展成为比较优势相对较强的部门。同时，经过近10年的进口替代，中国的中低档家用电器也完成了国产化任务，成本大大降低，在国内市场上逐渐超过进口品牌，形成一些大规模集团公司，在国内市场的规模和利润支撑下，正进军国际市场，再现20世纪60—70年代日本家电的出口奇迹，形成比较优势明显的生产部门。

在一些高技术产业部门，中国也将在一些周边产品生产中取得优势，如电子计算机的周边产品部分，已经标准化生产，大规模向发展中国家和地区扩散。中国台湾、新加坡、马来西亚、印度尼西亚、泰国已经是电脑周边产品生产的重要基地。因此在中国大陆与这些国家、地区的经济一体化中，也将发展起周边产品的生产。同时，美国IBM等一些大的电脑公司也在中国进行加工贸易生产。1996年中国电脑生产的崛起，在很大程度上得益于对外经济合作。1991年中国计算机类产品进出口总额为6.4亿美元，1997年增长到131.6亿美元，占电子产品出口比重为27.5%；1993年贸易从逆差转为顺差，当年顺差额为0.8亿美元，1997年顺差额已增至43亿美元。[①]与传统的劳动密集轻纺产品不同，机电产品的出口，受发达国家的配额等贸易保护主义政策的限制较少。因此，正在进行的全球产品结构和国际分工调整，对中国形成

---

① 计算机产业发展状况分析论文，https://www.doc88.com/p-6995229721151.html?r=1。

若干新的具有比较优势的生产部门提供了机遇。

根据预测,中国在增加值的阶梯上将向上移动,这体现为在轻工制造产品(如皮革、纤维等)、金属制品和其他制造产品的市场上将获得10%的份额,在运输机械和其他机械制造方面将获得8%的市场份额。与此同时,印度、马来西亚和泰国也将增加这些行业的市场份额。于是,中国大陆和这些国家的市场份额会高于韩国和中国台湾的市场份额,从而取代工业化国家的市场份额。在资本高度密集的重工业行业中(如化学工业、橡胶、塑料、造纸、钢铁和有色金属),中国也会获得部分市场份额(4%)。但工业化国家将依然保持其在这些部门中的主要市场份额的地位。

根据预测,中国制造业产品出口的快速增长将趋向于降低其产品的相对价格。同时,不断上升的中国对机械运输设备的进口将趋向于使这些产品的价格相对昂贵。任何国家的贸易条件的改变将依赖其在某一种类产品部门中的专业化程度。工业化超前于中国的国家和地区,如韩国、马来西亚和中国台湾,可能会获得部分利益,但在贸易条件方面会略有损失。与中国齐头并进、相互竞争的东亚和南亚国家虽然在贸易条件方面有所损失,但是仍然可以获得利益。而非洲南部和拉美国家将只获得微小利益,同时在贸易条件上也会略有损失。

表8-4说明,从长期趋势看,我国一些低技术的劳动密集型产品或产业将逐渐丧失比较优势,贸易条件会趋向不利,转移这些产业是国内产业的调整的题中应有之义。

从以往已经发生的海外投资的效果来看,开发国外资源的投资占30%,这对于补充我国经济建设中的资源不足,是十分有益的,应当继续鼓励发展。50%以上的投资投向于海外小型贸易企业,这些企业为国内提供国际经贸消息,或返回内地投资,对发展经济也做出了贡献。但我国在海外缺乏生产基地、国内的对外贸易基本上已由国内的外贸公司和有外贸经营权的企业来经营,因此事实上这些小型贸易企业并无生意可做,加上资本不足,也难以进入当地商业批发零售市场,多数小型企业事实上只是国内母公司的办事处、接待处,并无经营功能。这部分投资比重最大,因此改进我国海外投资政策势在必行。

表 8-4　预测的发展中国家(地区)在贸易份额和贸易条件上的变化

(%)

发展中国家类型	在世界贸易中的所有部门中的贸易份额的改变 1992—2020 年	累积的贸易条件的改变 1992—2020 年
与中国进行贸易的亚洲国家(地区),但不是主要竞争对手①	1.0—3.0	-3.0—-9.0
与中国在出口结构上相似的亚洲国家②	0.3—2.8	-8.0—-13.0
其他发展中国家	-0.2—0.1	-3.0—4.0

资料来源:转引自世界银行《2020 年的中国》编写组编《2020 年的中国:新世纪的发展挑战》。

注:①包括韩国、马来西亚和中国台湾;
　　②包括印度、泰国、菲律宾、印度尼西亚。

8.5.6　海外投资政策的改进

政策改进的基本方向是:在不影响我国国际收支安全的前提下,略为松动对外长期资本流出项目的管制,略为松动为长期资本项目配套的一定限额的短期资本流出的管制,禁止经常项下外汇向资本项下转移。海外投资事业设立产业指导目录和地区投向指导目录,设立鼓励、允许、限制、禁止不同类别进行分类指导,国家设立海外投资事业联审办事机构统一审批和管理海外投资的事前事后事宜。

政策改进的目标是:海外投资服务于国内经济建设,以开发海外资源,补充国内资源不足为目的;以吸收国外资金,开辟海外筹资渠道为目的;以转移边际产业,扩大国际分工,扩大对外贸易和海外市场为目的。

政策改进的主要措施是制定海外投资事业的产业和地区指导目录，进行分类指导：

①把寻求资源型投资列为鼓励类

矿产、森林、海洋渔业是寻求资源的主要产业，投资地区必须是资源充裕和投资环境较好的国家和地区。投资方式以实物资本与外汇资金相结合。对此类投资设立海外投资损失准备金，设立10年保险期，设立专项融资，对投资红利和企业所得税免征国内税。

增加国内供给的农业开发项目也列入此类。

②把寻求海外筹资渠道，吸收国外资金的投资方式列为允许类。

在境外收购上市公司，或收购符合上市条件即将上市的公司，其收购资金所形成的海外投资列入允许类。其上市公司所筹集的资金应有相应比例返回投资，该数额应等于或大于对外投资的数额。如不能返回投资，以违规论处，母公司将被处以对外投资总额30%以上的罚款。该项投资不设奖励制度。

③把转移边际产业、顺贸易型对外投资列入鼓励类。

未来5—10年，我国东部沿海地区的劳动密集型产业将逐渐成为边际产业，丧失竞争力，面临产业升级需求。为了降低调整成本，让新兴产业获得更多资源，必然需要转移边际产业。向内地转移是一条途径，向海外投资，扩大周边国家市场也是一条途径。

该类投资主要限定在周边不发达国家，投资方式以实物资本为主，辅以少量外汇资金。该类投资的奖励措施主要是设立专项融资，专项融资必须用以购买国内生产的资本品和原料，以实物出口。另外设立3—5年期的保险支持措施。

④列入允许类的还有：

向周边不发达国家和中东欧国家投资设立小型贸易企业；在港澳

地区设立引导并经营中国内地加工贸易企业的贸易公司。这些允许类不设奖励制度。

⑤列入限制类的有：

在港澳地区设立海外投资的地区总部需要有较大投资规模，规模过小，只是一般贸易企业不允许设立。地区总部的投资要有项目意向和准备。

在中国港澳地区、日本、北美、西欧等发达国家设立小型贸易企业，特别是没有经营功能的贸易企业列入限制类。

⑥列入禁止类的有：

抽逃资金和变相抽逃资金；

违法所得；

在非资源型国家和地区设立寻求资源投资，在发达国家设立边际产业转移投资；

其他。

8.6 本章小结

① 随着资金、外汇缺口的缓解，利用外资中更重要的目标正日益突出出来。这就是要通过吸收外商直接投资或通过外国跨国公司的其他合作形式，引进先进技术和管理，获得技术许可和转让，建立研究开发机构，培育我国自己具有国际竞争力的产品和产业。在目前我国的技术水平与外国先进水平有较大差距的情况下，要利用外资的中介渠道来获取技术要素和信息、知识。从某种意义上说，提高利用外资的水平，其内涵就是从重点利用资金投入转向重点利用技术、知识等先进要素的投入；从形式上看，就是从仅仅吸收股权投资转向股权与非股权安排等多种形式，包括对外资的中介渠道和国际网络的利用。

②为了从单纯引进资金向引进技术、知识要素方向转变,需要在企业组织结构和国内投融资体制方面深化改革,同时还要在利用外资政策上做一些调整,增加国外贷款、国内外证券市场筹资方式,以缓解国内资金需求压力,从而使利用外国直接投资或与跨国公司合作可以更多地从引进先进技术要素方面着眼。

③在引进外国先进技术中,要重视以外在形式获得跨国公司的技术转让,外在形式的技术转让可以避免外国跨国公司的股权控制。

④协调我国外资政策与产业政策的指导方针应当是:在划定一定范围的保护性行业的前提下,开放性行业引进外资要以提高我国产业竞争力为目标,一些空白行业引进外资,也要有助于民族工业的发育和成长。保护性行业也要确立提高竞争力的指导思想,因此对可能预计的行业要给定保护的时间表,从而促其提高竞争力。

⑤为了使开放性行业在引进外资中提高竞争力,应依据不同行业的特点制定不同的外资政策,不同行业特点的分类依据是本书的理论分析框架:按产品的可贸易程序和跨国公司在市场中支配程度划分的四种市场竞争类型。依此四类划分行业,并制定具体的利用外资政策。

⑥在吸引跨国公司投资中,为了趋利避害,也要依据不同跨国公司的特点来制定具体政策。跨国公司的国际化生产体系大致可分为三种类型,因此有三种相应的对策。只有把行业特点和跨国公司特点加以具体分析,才能使我国利用外资的政策具体化工作建立在科学的基础上。

⑦产业组织状况方面的问题,不仅使我国内资企业在吸收外商投资谈判中处于不利地位,给予外商股权控制的有利条件,而且使内资企业在市场竞争中面临很大压力。

⑧调整产业组织政策的主要内容就是理顺竞争、联合、企业交易等经济关系。不同的产业其产业组织状况的合理性标准不同,因此需

要对产业分类,并相应制定不同产业的组织政策。产业分类有两种方法和目的:一是根据规模经济和竞争的兼容状况对产业的市场结构进行分类,以便明确不同产业合理的集中程度和类型;二是对产业的大中小企业关系类型进行分类,以明确不同产业大中小企业协调发展的基本模式。

⑨ 我们要研究的市场规范,是对外开放及贸易投资自由化趋势下的市场规则。它的基本方向是:适应社会主义市场经济体制发展的需要,并符合国际经济通行规则。规范市场的主要内容有:维护投资者和生产者公平竞争的权利;保护消费者权利;保护公平合法的国民权利。《反垄断法》和《反不正当竞争法》等法律法规体系是规范市场的主要武器。

⑩ 在外资大量进入的形势下,不少行业的民族企业面临一个适应、调整、重组的新任务,之后才有可能进入竞争状态。帮助民族企业顺利度过这个阶段,使之站在大致平等的竞争起跑线上,是竞争援助的主要含义,而不是对已进入竞争后的失败者给予特殊照顾。明确了这一点,竞争援助就与过去的行政保护划清了界线。竞争援助分为国家的援助,企业自我援助和国际规范的援助。

⑪ 海外投资与产业升级的理论概括是:对资本输出国来说,对外直接投资通过向海外转移已失去比较优势的产业,能够为国内尚具有或即将具有比较优势的产业提供更多生产资源。而且从海外获得的稀缺资源还有助于更新国内产业,与外国跨国公司分享这些资源还有助于降低国内产业升级的成本。在资本流动的母国和东道国多次使用由资本流动物化的资产,把不同国家的产业调整联系起来,从而有可能提高母国与东道国产业调整的绩效,或降低母国产业调整的成本。

⑫ 中国的比较优势将会逐渐地转向中等技术水平的制造业部门,同时,在服装等低技术行业将失去比较优势,这是中国转移产业的内在

根据。而我国现有的海外投资基本上局限于开发国外资源和从事小型贸易,产业投资为数甚少,改进海外投资政策势在必行。

⑬政策改进的目标是:海外投资服务于国内经济建设,以开发海外资源,补充国内资源为目的;以吸收国外资金,开辟海外筹资渠道为目的;以转移边际产业,扩大国际分工,扩大对外贸易和海外市场为目的。

参 考 文 献

中文

财政部编:"外商投资企业财务统计资料",1995年。
蔡北华、徐之河主编:《经济大辞典·工业经济卷》,上海辞书出版社1983年版。
曹远征、孙安琴:"国际竞争力概念翻新,世界龙虎榜重新排名",《经济日报》,1995年8月23日。
陈汉文编:《竞争中的合作》,四川人民出版社1987年版。
陈淮:"从外商抢占国内市场引出的若干战略思考",国务院发展研究中心《调查研究报告》(总522号),1996年4月12日。
陈琦伟:《国际竞争论》,学林出版社1986年版。
狄昂照、吴明录、韩松、李正平:《国际竞争力》,改革出版社1992年版。
第三次全国工业普查办公室编:《中华人民共和国1995年第三次全国工业普查资料摘要》,中国统计出版社1996年版。
国家计划委员会:《指导外商投资方向暂行规定,外商投资产业指导目录》,中国计划出版社1995年版。
国家体改委经济体制改革研究院、中国人民大学、综合开发研究院(中国·深圳)联合研究组编:《中国国际竞争力发展报告(1996)》,中国人民大学出版社1997年版。
国家体改委经济体制与管理研究所宏观调控课题组:"宏观经济体制变动中的企业资金状况分析",《经济研究》,1996年第1期。
黄素庵:《美国经济实力的衰落》,世界知识出版社1990年版。
江小涓:《经济转轨时期的产业政策》,生活·读书·新知三联书店上海分店、上海人民出版社1996年版。

李京文、〔美〕D.乔根森、郑友敬、〔日〕黑田昌裕等:《生产率与中美日经济增长研究》,中国社会科学出版社1993年版。
李岚清主编:《中国利用外资基础知识》,中共中央党校出版社、中国对外经济贸易出版社1995年版。
梁能:《跨国经营概论》,上海人民出版社1995年版。
林彩梅:《多国籍企业论》,五南图书出版有限公司1990年版。
刘国光等主编:《1997年中国:经济形势分析与预测》,社会科学文献出版社1996年版。
卢圣亮:"日本战后开放资本市场的经验及其对我国的启示",《国际商务》,1997年第1期。
上海市外商投资企业协会培训部编:《外商投资企业管理实务》,机械工业出版社1994年版。
盛斌:"中国制造业的市场结构和贸易政策",《经济研究》,1996年第8期。
苏宁、张上塘主编:《中国利用外商投资问题研究》,国际文化出版公司1996年版。
孙盘兴主编:《经济竞争学》,中国城市出版社1991年版。
陶珸、谢朝斌:《竞争论》,辽宁人民出版社1990年版。
王慧炯主编:《产业组织及有效竞争》,中国经济出版社1991年版。
王军:"开放时期中国资本流动的规模和结构分析",《中国外汇管理》,1996年第5期。
王林生:《跨国经营理论与实务》,对外贸易教育出版社1994年版。
王洛林:"正确处理利用外资和发展民族工业的关系",《中国工业经济》,1996年第9期。
王洛林等:《外商投资的经济社会效益评价——理论与方法》,鹭江出版社1992年版。
王新奎:《国际贸易与国际投资中的利益分配》,生活·读书·新知三联书店上海分店、上海人民出版社1995年版。
王云霞、张铭:"国有控股公司与市场组织结构问题探析",《经济研究》,1996年第12期。
王志乐:《成功的合作 广阔的前景:德国企业在华直接投资》,中国社会科学出版社1994年版。
吴红:"谈洗涤用品行业利用外资",《国际经济合作》,1996年第3期。
伍海华:《经济发展与利用外资规模》,武汉大学出版社1995年版。

夏申、储祥银主编:《关税与贸易总协定大辞典》(修订版),对外贸易教育出版社1993年版。

杨圣明、裴长洪、冯雷:"趋势、效益、结构、监管——我国加工贸易问题研究",《国际贸易问题》,1996年第7期。

杨治:《产业经济学导论》,中国人民大学出版社1985年版。

殷醒民:"论中国制造业的产业集中和资源配置效益",《经济研究》,1996年第1期。

余惕君、王伟军:《国际竞争策略》,上海远东出版社1993年版。

张德霖:"论我国现阶段垄断与反垄断立法",《经济研究》,1996年第6期。

张汉林、马凤琴编:《关税及贸易总协定与中国对外贸易的发展》,对外贸易教育出版社1993年版。

张上塘:"外商投资企业经营效益调查分析",《国际商务》,1995年第6期。

赵英、胥和平、邢国仁:《中国经济面临的危险——国家经济安全论》,云南人民出版社1994年版。

中国社会科学院工业经济研究所编:《中国工业发展报告(1997)》,经济管理出版社1997年版。

邹东涛、杨秋宝:《经济竞争论》,四川人民出版社1989年版。

周升业主编:《对外开放下的金融运行》,中国金融出版社1994年版。

《1993年世界投资报告》,储祥银等译,对外贸易教育出版社1994年版。

〔苏〕阿·米·沙尔科夫:《日本和美国》,复旦大学资本主义国家经济研究所译,上海人民出版社1974年版。

〔美〕路易士、〔美〕阿里森:《全球经济大战》,黄宏义译,中国友谊出版公司1985年版。

日本政治経済研究所『日本機械工業』、1960年、東洋経済新報社。

英文

Blomstrom, M. (1986), "Multinationals and Market Structure in Mexico," *World Development*, 14 (4).

Bloom, M. (1992), *Technological Change in the Korean Electronics Industry*, OECD.

Bonacich, E. and David V. Waller (1994), "Mapping a Global Industry: Apparel

Production in the Pacific Rim Triangle," in Bonacich, E. (ed.), *Global Production: The Apparel Industry in the Pacific Rim*, Temple University Press.

Buckley, P. J. and Mark Casson (1976), *The Future of the Multinational Enterprise*, Palgrave Macmillan Books.

Calvo, G. A., L. Leiderman and C. M. Reinhart (1994), "The Capital Inflows Problem: Concepts and Issues," *Contemporary Economic Policy*, 12 (3).

Cantwell, J. (1994), *Transnational Corporations and Innovatory Activities*, The United Nations Library on Transnational Corporations, Vol. 17, Routledge.

Caves, R. E. (1974), "Multinational Firms, Competition, and Productivity in Host-Country Markets," *Economica*, 41 (162).

Caves, R. E. (1982), "Patterns of Competition," *Market Structure and Industrial Performance*, The United Nations Library on Transnational Corporations, Vol. 15, Routledge.

Chan, S. (1995), *Foreign Direct Investment in a Changing Global Political Econo-my*, Palgrave MacMillan.

Dickie, R. B. and Thomas A. Layman (1988), *Foreign Investment and Government Policy in the Third World: Forging Common Interests in Indonesia and Beyond*, Palgrave Macmillan.

Dunning, J. H. (1958), *American Investment in British Manufacturing Industry*, Allen & Unwin.

Dunning, J. H. (1981), *International Production and the Multinational Enterprise*, Allen & Unwin.

Dunning, J. H. (1993), *Multinational Enterprises and the Global Economy*, Addison-Wesley.

Dunning, J. H. (1994), "Globalization, Economic Restructuring and Development," The Prebisch Lecture for 1994, UNCTAD.

Ernst, D. and David O' Connor (1989), *Technology and Global Competition: The Challenge for Newly Industrialising Economies*, OECD.

Ernst, D. and David O' Connor (1992), *Competing in the Electronics Industry: The Experience of Newly Industrializing Economies*, OECD.

Fieleke, N. S. (1993), "International Capital Transactions: Should They Be Restricted?" IMF Policy Discussion Paper.

Francis, A. and P. K. M. Tharakan (1989), *The Competitiveness of European*

Industry, Routledge.

Ghosh, A. R. and Jonathan D. Ostry (1993), "Do Capital Flows Reflect Economic Fundamentals in Developing Countries?" IMF Working Paper.

Graham, E. M. (1995), "Foreign Direct Investment in the World Economy," IMF Working Paper.

Guimarães, E. A., P. S. Malan, and J. T. de Araújo Jr. (1982), "Changing International Investment Strategies: The 'New Forms' of Foreign Investment in Brazil," Discussion Paper No.45, IPEA/INPES.

Guisinger, S. (1986), "Host-Country Policies to Attract and Control Foreign Investment," *Transnational Corporations and Economic Development*, The United Nations Library on Transnational Corporations, Vol. 3, Routledge.

Healey, D. T. (1991), *Japanese Capital Exports and Asian Economic Development*, OECD.

Hong, Yoo-Soo (1994), "Technology Transfer: the Korean Experience," KIEP Working Paper.

Hymer, S. (1976), *The International Operations of National Firms: A Study of Direct Foreign Investment*, MIT Press.

Katrak, H. (1994), "R&D Activities of Multinational Enterprises and Host Country Welfare," in Balasubramanyam, V. N. and D. Sapsford (eds.), *The Economics of International Investment*, Edward Elgar.

Kim, Wi Saeng and Esmeralda O. Lyn (1990), "FDI Theories and the Performance of Foreign Multinationals Operating in the U.S.," *Journal of International Business Studies*, 21 (1).

Kindleberger, C. P. (1969), *American Business Abroad*, Yale University Press.

Kojima, K. (1973), "A Macroeconomic Approach to Foreign Direct Investment," *Hitotsubashi Journal of Economics*, 14 (1).

Lall, S. (1978). "Transnationals, Domestic Enterprises, and Industrial Structure in Host LDCs: A Survey," *Oxford Economic Papers*, 30 (2).

Lall, S. and P. Streeten (1977), "TNCs and Welfare of Host Countries: Analytical Considerations," *Transnational Corporations and Economic Development*, The United Nations Library on Transnational Corporations, Vol. 3, Routledge.

Lee, Seung Hoon and Ho Keun Song (1994), "The Korean Garment Industry: From Authoritarian Patriarchism to Industrial Paternalism," in Bonacich, E. (ed.), *Global*

Production: The Apparel Industry in the Pacific Rim, Temple University Press.
Meyer, S. and Tao Qu (1995), "Place-Specific Determinants of FDI: The Geographical Perspective," in Green, M. B. and Rod B. McNaughton (eds.), *The Location of Foreign Direct Investment: Geographic and Business Approaches*, Ashgate Publishing.
Nunez, W. P. (1993), "FDI since 1982: Behaviour and Effects," *Transnational Corporations and Industrialization*, The United Nations Library on Transnational Corporations, Vol. 11, Routledge.
OECD (1994), "The Performance of Foreign Affiliates in OECD Countries."
Okamoto, Y. (1994), "Impact of Trade and FDI Liberalization Policies on the Malaysian Economy," *The Developing Economies*, 32 (4).
Ozawa, T. (1994), "Japan's External Asymmetries and Assembly Industries: Lean Production as a Source of Competitive Advantage," *Transnational Corporations*, 3 (3).
Porter, M. E. (1980), *Competitive Strategy: Techniques for Analyzing Industries and Competitors*, Free Press.
Porter, M. E. (1985), *Competitive Advantage: Creating and Sustaining Superior Performance*, Free Press.
Porter, M. E. (1986), *Competition in Global Industries*, Harvard Business School Press.
Porter, M. E. (1990), *The Competitive Advantage of Nations*, Free Press.
President's Commission on Industrial Competitiveness (1985), *Global Competition: The New Reality*, The Report of the President's Commission on Industrial Competitiveness, Vol. 2, U.S. Government Printing Office.
Rayome, D. and James C. Baker (1995), "Foreign Direct Investment: A Review and Analysis of The literature," *The International Trade Journal*, 9 (1).
Reich, R. B. (1991), "Who is Them?" *Harvard Business Review*, March-April.
Rutter, J. W. (1992), *Recent Trends in International Direct Investment*, International Trade Administration.
Shaiken, H. (1991), "The Universal Motors Assembly and Stamping Plant: Transferring High-Tech Production to Mexico," *Columbia Journal of World Business*, 26 (2).
Shapiro, J. E., Jack N. Behrman, William A. Fischer and Simon G. Powell (1991), *Direct Investment and Joint Ventures in China: A Handbook for Corporate Negotiators*, Quorum Books.

Shirai, Sayuri. and Dongpei Huang (1994), "Information Externalities Affecting the Dynamic Pattern of Foreign Direct Investment: The Case of China," IMF Working Paper.

U.S. Bureau of Economic Analysis (revised 1995 estimates), "United States Direct Investment Abroad: Operations of United States Parent Companies and Their Foreign Affiliates," Table II. K. 1.

UNCTAD (1995), "World Investment Report 1995."

UNCTAD (1996), "World Investment Report 1996."

UNCTC (1994), "Determinants of the Form of Technology Transfer," *Transnational Corporations and Technology Transfer to Developing Countries*, The United Nations Library on Transnational Corporations, Vol. 18, Routledge.

Vernon, R. (1966), "International Investment and International Trade in the Product Cycle," *The Quarterly Journal of Economics*, 80 (2).

Yarbrough, B. V. and Robert M. Yarbrough (1994), *The World Economy: Trade and Finance (3rd Edition)*, Dryden Press.